21世纪经济管理新形态教材·工商管理系列

服务管理

（第二版）

谢礼珊　彭家敏　关新华 ◎ 编著

清华大学出版社
北京

内 容 简 介

本书是一部系统介绍服务管理理论与方法的教材,在吸收国内外服务管理教材和服务管理学科前沿科研成果的基础上,紧密结合中国服务发展和服务管理实践的需求,从服务概述、构建服务体系、服务运营管理、卓越服务四篇共 16 章对服务管理的基本理论与管理方法展开阐述,涵盖了服务管理的主要内容,强调服务管理的核心问题,突出营销、运营和人的行为的匹配与协调管理。

全书主线清晰,结构合理,内容丰富,可用作工商管理、旅游管理、公共管理等专业的服务管理教材,也可作为从事与服务相关工作的行业管理人员的参考用书。

本书封面贴有清华大学出版社防伪标签,无标签者不得销售。
版权所有,侵权必究。举报: 010-62782989,beiqinquan@tup.tsinghua.edu.cn

图书在版编目(CIP)数据

服务管理/谢礼珊,彭家敏,关新华编著. —2 版. —北京: 清华大学出版社,2023.7(2025.2重印)
21 世纪经济管理新形态教材. 工商管理系列
ISBN 978-7-302-64293-0

Ⅰ. ①服⋯ Ⅱ. ①谢⋯ ②彭⋯ ③关⋯ Ⅲ. ①服务业-企业管理-高等学校-教材 Ⅳ. ①F719

中国国家版本馆 CIP 数据核字(2023)第 139154 号

责任编辑:陆浥晨
封面设计:李召霞
责任校对:宋玉莲
责任印制:沈 露

出版发行:清华大学出版社
网　　址:https://www.tup.com.cn,https://www.wqxuetang.com
地　　址:北京清华大学学研大厦 A 座　　　　邮　　编:100084
社 总 机:010-83470000　　　　　　　　　　邮　　购:010-62786544
投稿与读者服务:010-62776969,c-service@tup.tsinghua.edu.cn
质 量 反 馈:010-62772015,zhiliang@tup.tsinghua.edu.cn
课 件 下 载:https://www.tup.com.cn,010-83470332
印 装 者:三河市天利华印刷装订有限公司
经　　销:全国新华书店
开　　本:185mm×260mm　　印　张:17　　字　数:399 千字
版　　次:2016 年 4 月第 1 版　2023 年 7 月第 2 版　印　次:2025 年 2 月第 2 次印刷
定　　价:49.00 元

产品编号:094680-01

作者简介

谢礼珊

博士，中山大学管理学院教授、博士生导师。长期致力于服务营销与管理研究，关注价值共创与价值共毁、顾客—服务机器人互动、虚拟社区服务、智能服务体验、服务创新等研究主题。主持国家自然科学基金5项，广东省自然科学基金3项；在《南开管理评论》《旅游学刊》《管理科学》《管理学报》以及 Tourism Management、International Journal of Hospitality Management、Journal of Business Research、Tourism Management Perspective、International Journal of Contemporary Hospitality Management、Journal of Services Marketing 等重要学术刊物上发表论文90多篇，出版著作和教材10多部；主持完成中国移动广州分公司、广东省电信公司、广东省高速公路有限公司、广东省高速公路协会等多项企事业咨询课题。曾获国家旅游与文化部优秀科研成果奖，广东省高教厅科技进步三等奖等。

彭家敏

博士，广东工业大学管理学院副教授、硕士生导师。长期从事服务管理、旅游管理、市场营销等领域的科研及教学工作。关注一线员工服务心理与行为、服务品牌、企业与顾客价值共创、智能服务体验、在线医疗与健康服务、消费者幸福感等研究主题。在《营销科学学报》《管理评论》《预测》以及 Tourism Management、International Journal of Hospitality Management、International Journal of Contemporary Hospitality Management、Technology in Society 等重要学术刊物上发表论文30多篇，出版学术专著1部、教材3部。主持国家自然科学基金2项、中国博士后科学研究基金1项、广东省自然科学基金2项、广东省哲学社会科学规划项目1项、广东省高等教育教学改革项目1项，并参与多项国家级和省部级课题的研究，为多家服务型企业提供咨询。

关新华

博士，广东财经大学文化旅游与地理学院副教授、硕士生导师。主要从事服务营销和管理、旅游企业管理等领域的教学及科研工作，长期主讲"服务管理""旅游调研统计"等本科课程。主持国家、省部级科研课题2项，参与国家和省部级科研课题10余项。在《南开管理评论》《旅游学刊》《经济管理》以及 International Journal of Contemporary Hospitality Management、Journal of Services Marketing、Tourism Management Perspective、Journal of Hospitality and Tourism Management 等国内外知名学术刊物发表论文30余篇，出版教材和专著2部。

服务业的高速发展是现代经济的重要特征,服务经济已经成为许多国家的主导经济。信息技术的发展使新兴服务和创新的服务形式不断涌现,大量劳动力由制造业向服务业转移。发达国家服务业可吸纳其劳动力总量的75%左右。中国服务业占到经济总量的1/2,并呈现积极的发展态势。越来越多的企业把服务作为企业获取竞争优势的重要源泉。

早期的实践者试图借助基于制造业的传统管理理论和营销方法,但却发现它们在解决服务问题时有诸多限制。来自市场营销、生产运营和人力资源管理等不同学科的学者从不同角度,致力于开发适合服务特性的管理理论和方法,服务管理研究由此拉开帷幕。20世纪70年代,学者们首先根据营销活动中的服务、服务产出和服务传递过程的特性,提出一些新的模型、概念和工具,成为服务管理的基础。20世纪80年代以后,众多学者在服务质量、流程设计、服务接触、顾客满意、供需管理、服务文化及员工服务行为等学术和实际操作领域展开了深入研究,关于服务管理的书籍不断增多。

随着服务理论的研究向纵深领域发展,服务管理已经发展为一门学科,研究服务运行及发展规律。这既得益于企业家的不断摸索,也离不开研究者的集体努力。1978年,决策科学学会(DSI)在波士顿会议上第一次明确了服务运营管理的学术地位。1989年,《服务业管理国际学报》创刊。1990年,首届服务管理国际学术研讨会在法国召开。1998年,《服务研究评论》首次出版,并迅速成为该领域有影响力的杂志。2005年,IBM阿尔马登(Almaden)研究中心创建了一个新学科:服务科学管理与工程(SSME)。服务实践的发展和服务理论的研究相辅相成,相互促进。近年来,服务主导逻辑、价值共创、制造业服务化、智能服务、顾客旅程等新概念层出不穷,服务管理理论与方法取得了突破性的进展。了解研究现状,快速把握研究前沿,系统介绍服务管理理论与方法,探索具有中国特色的服务管理理论和发展战略,正是促成我们修订本教材的主要原因。

本书由四篇16章组成。第一篇为服务概述,介绍服务和服务经济、服务主导逻辑、制造业服务化和服务战略。第二篇为构建服务体系,介绍服务设计与服务开发、服务场景与设施、服务员工管理,以及服务中的顾客。第三篇为服务运营管理,介绍服务质量、服务流程、服务需求与生产能力,以及服务生产率。第四篇为卓越服务,介绍服务价值共创、顾客体验管理、智能服务和服务创新。

本书在作者多年教学、研究与实践经验总结的基础上编写而成。与第一版相比,第二版的前三篇内容在保持原书基本框架结构的基础上,吸纳服务管理研究的最新成果和进展,并结合中国服务管理的实际特点,对服务管理理论体系重新进行了梳理。第四篇题目修订为"卓越服务",内涵和外延都发生了巨大变化,更强调服务价值共创、顾客体验管理、智能服务和服务创新，强化了科技进步在服务管理中的应用，内容更加充实。本书的读者对象可包括工商管理类专业本科生、研究生、MBA 学生，服务业管理人员，服务业研究人员，企业高级管理人员以及从事服务管理活动的相关人员。

中山大学管理学院谢礼珊教授负责全书的统筹策划和统稿。谢礼珊教授负责第十三章到第十五章的编写和修订，同时与广东工业大学管理学院的彭家敏副教授共同负责第五章到第十二章的编写和修订，与广东财经大学文化旅游与地理学院的关新华副教授共同负责第一章到四章和第十三章、第十六章的编写和修订。华南农业大学人文与法学学院的龚金红副教授参与第十章、第十二章初稿的编写。中山大学管理学院博士生朱腾腾参与第十三章、刘灿棉参与第十五章、廖平参与第十四章和第十六章部分内容的资料收集和初稿编写工作。这本教材是各位参编老师和研究生辛勤劳动的结果，也是集体智慧的结晶。

在本书编写过程中，我们综合了众多学者的研究成果和企业实践者的经验，也吸收了不同学科的知识，从不同类型的出版物中收集了原始材料，参考或引用了许多专家的观点，我们尽可能地在教材的参考文献中列出所参考的著作和论文，如有遗漏之处，还请文献的作者与我们联系，我们一定补充。本书的出版要感谢这些著作和论文的作者，教材后面的参考文献反映了他们的成果和贡献。在本书付梓之时，在此对他们表示衷心的感谢！

由于时间匆促和水平所限，书中难免有疏漏和不当之处，恳请专家和广大读者批评指正。

编著者

2023 年 6 月

第一篇 服务概述

第一章 服务和服务经济 ... 3
- 第一节 服务的定义和特征 ... 3
- 第二节 服务的分类 ... 8
- 第三节 服务在经济中的作用 ... 12
- 思考与练习题 ... 16
- 即测即练 ... 16

第二章 服务主导逻辑 ... 17
- 第一节 商品主导逻辑与服务主导逻辑 ... 17
- 第二节 服务主导逻辑的基本前提 ... 22
- 第三节 服务主导逻辑的理论基础 ... 25
- 思考与练习题 ... 28
- 即测即练 ... 28

第三章 制造业服务化 ... 29
- 第一节 服务化的相关概念 ... 29
- 第二节 服务化的动因 ... 34
- 第三节 服务化的途径和挑战 ... 36
- 思考与练习题 ... 39
- 即测即练 ... 39

第四章 服务战略 ... 40
- 第一节 服务战略的本质 ... 40
- 第二节 服务战略管理 ... 42
- 第三节 服务竞争战略 ... 45
- 思考与练习题 ... 51
- 即测即练 ... 51

第二篇　构建服务体系

第五章　服务设计与服务开发 ······ 55

　　第一节　服务设计概述 ······ 55

　　第二节　服务设计思路 ······ 59

　　第三节　新服务开发 ······ 68

　　第四节　多层级服务设计 ······ 70

　　思考与练习题 ······ 77

　　即测即练 ······ 77

第六章　服务场景与设施 ······ 78

　　第一节　服务场景模型 ······ 78

　　第二节　服务设施的选址和布局 ······ 86

　　思考与练习题 ······ 91

　　即测即练 ······ 91

第七章　服务员工管理 ······ 92

　　第一节　服务三元接触与服务利润链 ······ 92

　　第二节　服务员工角色管理 ······ 95

　　第三节　授权管理 ······ 101

　　思考与练习题 ······ 105

　　即测即练 ······ 106

第八章　服务中的顾客 ······ 107

　　第一节　服务传递中的顾客角色 ······ 107

　　第二节　顾客行为管理 ······ 109

　　第三节　顾客授权 ······ 115

　　思考与练习题 ······ 118

　　即测即练 ······ 118

第三篇　服务运营管理

第九章　服务质量 …… 121

- 第一节　服务质量的内涵和测量 …… 121
- 第二节　服务质量差距分析 …… 128
- 第三节　服务质量持续改进 …… 134
- 思考与练习题 …… 138
- 即测即练 …… 139

第十章　服务流程 …… 140

- 第一节　服务流程的类别 …… 140
- 第二节　服务流程设计 …… 143
- 第三节　服务流程评估与优化 …… 147
- 思考与练习题 …… 151
- 即测即练 …… 151

第十一章　服务需求与生产能力 …… 152

- 第一节　服务供需平衡管理 …… 152
- 第二节　收益管理 …… 159
- 第三节　排队管理 …… 163
- 思考与练习题 …… 169
- 即测即练 …… 169

第十二章　服务生产率 …… 170

- 第一节　服务生产率的内涵 …… 170
- 第二节　服务生产率的测量 …… 177
- 第三节　服务生产率的提高 …… 180
- 思考与练习题 …… 184
- 即测即练 …… 184

第四篇 卓越服务

第十三章 服务价值共创 ································· 187
第一节 价值共创的含义与特征 ································· 187
第二节 基于流程的价值共创 ································· 193
第三节 价值共毁 ································· 197
思考与练习题 ································· 202
即测即练 ································· 202

第十四章 顾客体验管理 ································· 203
第一节 顾客体验的含义与测量 ································· 203
第二节 顾客旅程与接触点 ································· 206
第三节 顾客体验管理 ································· 214
思考与练习题 ································· 219
即测即练 ································· 219

第十五章 智能服务 ································· 220
第一节 智能服务特征与智能服务系统 ································· 220
第二节 智能服务体验 ································· 225
第三节 智能技术接受模型与智能技术悖论 ································· 229
思考与练习题 ································· 233
即测即练 ································· 233

第十六章 服务创新 ································· 234
第一节 服务创新内涵 ································· 234
第二节 服务创新驱动和制约因素 ································· 241
第三节 开放式服务创新 ································· 246
思考与练习题 ································· 251
即测即练 ································· 251

参考文献 ································· 252

第一篇 服务概述

第一章 服务和服务经济

本章介绍服务对经济的贡献和服务业增长的驱动力，阐述服务的定义、服务区别于商品的特征，描述服务的不同分类等。
- 掌握服务的内涵。
- 明确服务在经济中的作用。
- 了解服务与商品的基本区别与特征。
- 理解服务分类及其经营管理启示。

第一节 服务的定义和特征

一、服务的定义

关于服务，目前尚没有一个统一的权威定义，不同学者从不同视角解读服务的内涵。奎恩（J. B. Quinn）等（1987）指出，服务包括所有产出为无形产品或构建品的全部经济活动，通常在生产时被消费，并以便捷、愉悦、省时、舒适或健康的形式提供附加价值，这正是购买者最为关注的所在。格罗鲁斯（C. Grönroos，1990）提出，服务是指或多或少具有无形性的一种或一系列活动，通常（但并非一定）发生在顾客同服务的提供者及其有形的资源、商品或系统相互作用的过程中，以便解决消费者的有关问题。菲茨西蒙斯（J. A. Fitzsimmons）和菲茨西蒙斯（M. J. Fitzsimmons）（2001）认为，服务是顾客作为一个合作生产者时，所获得的一种不可存储的、无形的经历。泽丝曼尔（V. A. Zeithaml）等（2002）则认为，服务就是行动、流程和绩效。瓦戈（S. L. Vargo）和卢斯科（R. F. Lusch）（2004）将服务定义为专业能力（包括技术和知识）的应用，并且通过一定的行为、过程和表现来给实体（包括组织、团体、个体和自己）带来利益。1960 年，美国市场营销学会（AMA）将服务定义为"可以独立出售或与商品共同出售的一些活动、利益或满足感"。随后其在此基础上进行了修订，服务被界定为"可被区分界定、主要为不可感知，但却可使欲望得到满足的活动。这些活动并不需要与其他商品或服务的出售联系在一起。生产服务时可能会或不会需要利用实物，而且即使需要借助某些实物协助生产服务，这些实物的所有权也不涉及转移的问题"。

约亨·沃茨（Jochen Wirtz）和克里斯托弗·洛夫洛克（Christopher H. Lovelock）认为，服务是一方向另一方提供的经济活动，在特定时间内会给服务接受者（人、物或资产）带来预期的结果。顾客付出货币、时间和精力，期望通过服务组织所提供的货物、劳力、专业技能、网络和系统等获得价值。对于服务过程中出现的任何有形要素，顾客通常都无法获得其所有权。这一界定包括以下内容：①服务是两方之间的经济活动，这暗示着在市场上的买卖双方之间存在价值交换；②服务是基于时间的行为；③购买方购买服务是为了所期望的结果，如很多公司将其销售的服务称作满足潜在顾客需求的"解决方案"；④顾客付出货币、时间和精力来交换从购买服务中获得的价值，这些价值源于使用能创造价值的有形或无形场所、系统等要素，而不是占有这些要素，得到它们的所有权（只有少数例外，如汽车修理过程中零部件的更换，餐馆制作的食物和饮料，但这些有形要素给顾客带来的价值通常低于与其相伴随的服务的价值）。该定义比较全面地描述了服务的主要特征。关于"服务"的定义出现多样化现象的主要原因在于服务的复杂性和多样性。

二、服务的特征

服务具有过程性、无形性、生产与消费同步性、顾客参与服务生产、异质性、易逝性和不涉及所有权转移的特征。这些特征之间并非互相独立，而是相互联系的。商品与服务之间存在着内在区别。表 1-1 总结了商品与服务的区别。

表 1-1 商品与服务的区别

商品	服务
一个物件、物品	一种活动或一个过程
有形	无形
生产、传递与消费过程分离	生产、传递与消费过程同时发生
通常顾客不参与生产过程	通常顾客参与生产过程
标准化/同质	异质性
可储存	无法储存/易逝性
涉及所有权的转移	不涉及所有权的转移

资料来源：桑杰夫·波多洛伊，詹姆斯·A. 菲茨西蒙斯，莫娜·J. 菲茨西蒙斯. 服务管理：运作、战略与信息技术（第 9 版）[M]. 张金成，范秀成，杨坤，译. 北京：机械出版社，2020：12-15；克里斯廷·格罗鲁斯. 服务管理与营销——服务竞争中的顾客管理（第 3 版）[M] 韦福祥，等，译. 北京：电子工业出版社，2008：38-40.

1. 过程性

服务最重要的特征就是其过程性。服务是由一系列活动构成的过程，而非一件物品。为顾客提供解决方案的过程需要运用各类资源，如人力、物力及其他有形资源，包括信息、基础设施等，通过互动的形式来帮助顾客解决问题。可以说，服务的其他特征都是从这一特征派生而来的。

2. 无形性

虽然服务过程常常包括一些有形要素，但是服务行为本身是无形的或不可触知的。服务企业生产的是"表演"，而不是实体物品，因此从服务中获得的利益从本质上来说来自"表演"。由于服务是一种行动、过程或表现，因此我们不能如接触有形商品那样显而易见地看到、感觉到或触摸到服务。医疗保健服务是由提供者针对患者及其家属进行的行为，如手术、诊断、检查和治疗等。尽管患者可以看到或接触到服务的部分有形内容，如设备、病房等，但实际上很难把握医疗服务的过程。即使一项诊断或手术已经完成，患者也可能没有完全理解医院已经提供的服务的具体细节或者服务的过程和结果。服务的无形性不仅给顾客带来了评价的困难，也给企业带来了挑战。一方面，服务的创新不能申请专利，因此新的服务概念可以轻易地被竞争对手模仿。另一方面，服务不容易向顾客展示，顾客难以评估其质量，感知的风险和不确定性更大。顾客往往依赖服务企业的声誉或其他方式对服务进行评价，因此企业的市场沟通面临更多的挑战。

无形性被部分学者认为是服务最重要的特征。但有形与无形的界线往往并不是那么容易分辨，有形商品与无形服务之间往往并不存在明显的分水岭。即使是有形商品，在顾客的头脑中也不一定总是有形的。例如顾客可以从主观和无形的角度来感知一个西红柿，如描述对西红柿的联想和享用西红柿的体验或者感受都可以是很主观和无形的。顾客对奢华手机的感知也可以以一种主观的方式来进行，例如对手机带来的身份满足感或者娱乐体验的描述，其无形程度也很高。据此有学者认为，无形性并不是界定商品和服务的有效尺度。准确的表述应当是：不同的服务，其无形程度不同。图 1-1 为林恩·肖斯塔克（Lynn Shostack）所提出的服务—有形商品统一体概念，即按有形元素占主导向无形元素占主导依次排列分布。事实上，纯粹的商品和服务都是不存在的。作为一个整体，企业所提供给消费者的大多是处于以商品为主附加服务或以服务为主附加商品的状态。或者说在消费的整体中，是有形的要素占主导还是无形的要素占主导。如酒店服务中必须有床和其他设施，汽车修理服务需要零部件和维修设备设施等。

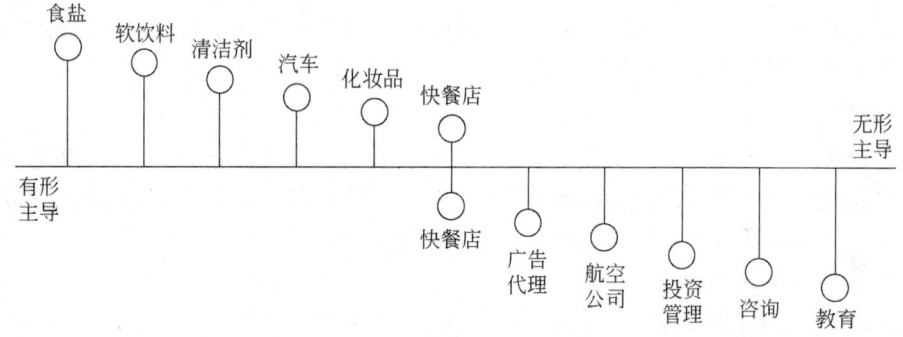

图 1-1　在商品和服务中有形元素和无形元素的相对价值对比

资料来源：Shostack G L. Breaking free from product marketing[J]. Journal of Marketing, 1977, 41(2)：77.

3. 生产与消费的同步性

大多数商品是先生产，然后进行销售和消费。而大部分服务却是先销售，然后同时进行生产和消费。如一辆汽车可以在广州本田生产，运到武汉，两个月后卖掉，并在以后数年的时间内消费。酒店服务在顾客没有出现时是无法提供的，顾客入住酒店享受服务过程是生产和消费同时进行。在制造业中，质量是事先生产好的，由有形的标准进行严格控制。在服务业中情况则不同，服务质量是在生产和消费过程中由顾客和服务提供者共同生产出来的，服务质量和顾客满意度将在很大程度上依赖于顾客与企业接触和互动的"真实瞬间"

（moment of truth）发生的情况，包括员工的行为、员工和顾客之间的沟通，以及周围顾客的影响等。如果企业还依赖于传统的制造业质量控制模式，那么需要顾客亲自参与的服务可能出现一些难以控制的状态。此外，生产与消费的同步性也意味着企业不太可能通过扩大规模来获得显著的规模经济效益。

4. 顾客参与服务生产

在许多服务中，顾客不仅是服务的接受者，还参与服务生产，与服务提供者共同创造服务。顾客可采用与服务人员合作的方式参与到服务进程中，如理发店、餐馆、快餐店及图书馆等，顾客需要配合服务人员来获得服务，甚至有些服务环节需要顾客自己动手来做。顾客也可以采用自助的方式参与服务，如从自动柜员机中取款，在机场自助服务点办理登机手续或通过网站预订座位等。在很多行业，顾客拥有选择权，如可以通过多种渠道来获取银行服务，在零售店购物或上网购物，在教室听课或通过有线或无线远程方式上同一门课。在健身中心，顾客既可以选择在健身器材上自己锻炼来获得所期望的健身效果，也可以选择聘请私人健身教练来指导锻炼方式，并获取专业建议和反馈。顾客在服务进程中往往扮演"兼职员工"的角色。在顾客参与服务的情况下，服务企业可以通过培养顾客的习惯，使他们掌握更多技能，从而提高生产率，获得更多效益。如开发对顾客更加方便的网站、设备、场所和系统，确保运营人员能提供及时的支持，不仅顾客自身得到好的体验和结果，也帮助企业提高了生产力，降低了成本。顾客作为参与者出现在服务过程中，还要求服务管理者重视设施的设计，而这在传统制造业中是不需要考虑的。如顾客并不在意汽车是在何种环境中制造出来的，他们能看到的是放在汽车经销商陈列室中的成品，但他们会关注汽车经销商如何为他们提供服务以及服务的环境。在服务环境中的体验，如内部装饰、陈设、布局、噪音及颜色等，都能够影响顾客对服务的感知。如果服务设施的设计符合顾客的需要，则有利于提高服务质量。

5. 异质性

由于顾客、员工和管理人员会对服务生产和传递过程产生影响，企业很难对服务的投入产出过程进行标准管理，因此服务具有异质性。实体商品可以在可控制的条件下进行生产：先进行商品设计以制定出生产效率和生产质量方面的最佳标准，然后在商品生产出来后检查其是否与质量标准相一致。然而，对那些生产和消费同时进行的服务来说，服务产品的最后组装是在服务实时生产过程中发生的。服务的异质性主要是由于人们之间的相互作用以及伴随着这一过程中的所有变化因素所导致的，如在同一天，一位心理咨询师向两位不同的顾客提供不同的服务。这取决于顾客的需要、个性和咨询师的精力等因素。服务的结果可能因为顾客的不同而出现差异，造成服务的异质性。服务质量受到服务提供者不能完全控制因素的影响，如顾客对其需要清楚表达的能力、员工满足这些需求的能力和意愿、其他顾客的到来以及对服务需求的程度等。服务往往不能完全按照计划和宣传推广的那样提供给顾客。服务企业如何保证向顾客提供具有一致性质量的服务，是他们面临的挑战。服务企业可以根据顾客个性化的需求提供定制化的服务，或者开发一种标准化的服务交付系统，使得顾客接受相同类型和水准的服务，即实施标准化。

6. 易逝性

易逝性指服务不能被储存、转售或退回的情况。虽然服务的提供需要一定的场地、设备和劳动力,但这些仅仅是生产过程要素的一部分。如果在一定时期内没有需求,没有使用的生产能力就被浪费掉了。如飞机上的座位、医院的病房、酒店里的房间等如果没有被销售与使用,就不能重新收回并在以后使用或重新出售。又如法律顾问、心理咨询师若没有客户上门咨询,他们空置的工作时间也无法储存留待以后再用。在某些服务情景下,公司可以把其服务过程的一部分储存起来。如麦当劳可以把汉堡包储存有限的一段时间,但是不可能把整个服务过程都储存起来;星期四晚上整个服务系统的富余生产能力也不可能存到星期五晚上的营业高峰时再用。服务能力的充分利用是管理者克服易逝性将面临的挑战。顾客对服务的需求在高峰期和低谷期差别很大。如人们在中午 12:00—13:00 吃午餐的习惯给餐馆造成很大压力,春节和十一长假期间出行人口数量的增加对交通运输部门的运力是个考验,滑雪场夏天需要考虑如何解决淡季出现的亏损。企业管理人员往往不得不面对相对固定的服务供给能力与顾客波动需求间的矛盾,因此为充分利用生产能力而进行需求预测并制订有创造性的计划就成为富有挑战性的重要决策。

7. 不涉及所有权的转移

服务通常不牵涉所有权的转移。顾客从服务中获取了价值,但通常并不获得对任何有形要素的所有权(餐饮服务中的展品饮料和维修服务中安装的备用部件除外)。通过租用、进入等形式,顾客获得了有形物体的使用权、劳动力和专业人员的雇佣权,或机构和网络的进入权,并得到了他们想要的利益(如表1-2所示)。例如,人们乘坐飞机从一个地方到另一个地方,手中的登机牌是其获得交通服务的有形证据(也称有形展示),而电子登机牌的使用使得这一有形证据也不再被需要。入住酒店,房间所有权并没有转移到宾客手中。使用汽车代驾服务时,人们并不拥有司机,只是利用了司机的驾驶技能。在一些情景下,服务接触的结果使顾客获得了有形的物品,如顾客购买财产保险后拥有保险单,但保险的核心服务是在万一家中失火的情况下提供安全感。再如企业购买咨询服务,获得咨询公司提供的书面报告供再阅读、保存或共享,但报告只是咨询服务的载体而不是服务的核心。

表 1-2 服务的非所有权分类

服务类型	对顾客的价值	举例	管理挑战
租赁货物服务	暂时取得独家使用权	交通工具、家具、设备、礼服、工具、游船	选址和维护
租用特定的空间和场所	获得更大空间中某一部分的独家使用权	酒店房间、飞机座位、存储空间、饭店桌椅、剧院座位	清洁问题、获取规模经济
租用劳动和技能	雇佣他人(团队)完成工作	汽车维修、管理咨询、诊疗	专业知识是可再生的资源,但时间是有限的
共享设施(实体环境)服务	获准进入设施一段时间	主题公园、健身房、露营地、收费道路	排队问题和人数控制
系统和网络使用服务	以付费方式获得特定网络的使用权	专业化信息服务、电信服务、互联网、电力设施	可用性和定价决策

资料来源:桑杰夫·波多洛伊,詹姆斯·A. 菲茨西蒙斯,莫娜·J. 菲茨西蒙斯. 服务管理:运作、战略与信息技术(第9版). 张金成,范秀成,杨坤,译. 北京:机械工业出版社,2020:15.

第二节 服务的分类

认识服务的特征有助于寻求创新的管理方法。同样地，将服务从不同视角进行分类，也有助于发现服务的共性。不同服务行业间可以相互借鉴，从而使企业在服务管理和运营过程中做出更加有针对性的决策。

一、服务分类的必要性和思路

服务管理的概念应当适用于所有服务组织，如医院的管理者可以从餐厅和酒店业得到一些启发。但服务业的多样性、不同服务行业的性质存在明显差异，造成了服务管理通用性的局限。服务分类有助于更有条理地讨论服务管理，打破行业障碍，互相取长补短。专业服务企业如管理咨询公司为客户制定咨询方案的过程，与律师为法庭辩护所做的材料和程序准备工作，以及医生为心脏手术所做的医疗准备工作会存在某些相似之处。服务分类基于一些关键变量的共性而展开，通过抽取不同服务行业的共性和管理经验而使服务管理具有一定通用性，进而为跨行业的服务管理相互借鉴经验提供依据。

对服务进行分类，可以依据以下标准进行：无形性程度、与消费者接触的程度、同时性程度、差异化程度、不可储存性程度、时间变化引起需求变化的程度、服务定制化程度、劳动密集程度、服务是面向人还是设备等。不论采用何种方式，服务分类都应该理论联系实际，应该能够产生激发管理行为的新观点。

二、服务分类

由于服务企业的多样化及在顾客关系方面的差异，对服务进行一般性的战略讨论非常复杂。为了避免服务的"近视症"，即认为一个行业中的概念不能运用于另一行业，超越服务行业的界限进行战略性的考察是十分必要的。以下介绍几种有战略启示的服务分类方法，这些分类超越行业的界限，拓宽了视野，对于经营管理很有借鉴意义。

1. 基于服务活动性质的分类

服务活动可以分为两个维度，即谁或什么是服务的直接接受者，以及服务的无形性程度。据此可以将服务划分为人体服务、所有物服务、精神服务和信息服务 4 种类型，如表 1-3 所示。

该分类一方面有助于服务企业反思传统的服务传递方式。如在服务过程中，顾客是否需要亲临现场？顾客亲临现场只是为了开始或终止交易？如果顾客必须在场，他们必须亲赴服务场所并成为整个过程的一部分，还是服务提供者上门服务也是可能的？这对于设施设计和员工的交互作用具有重要启示，因为顾客的印象将影响他们对服务的感知。另一方面，这种分类有助于分析服务设施位置的影响和营业时间的便利性。如商业银行大量采用自动柜员机和其他取代人际接触的技术设备等均是基于服务设施位置和时间便利性的考虑。此外，创造性地思考服务性质有助于识别更方便的传递方式，甚至创造出可以替代服务的产品。上述 4 种不同类型服务的划分为我们进行服务创新提供了思路，如明星演唱会作为影响听众体验的无形娱乐服务活动，发行明星演唱会唱片则可以视为代替演唱会的产品，而网络音乐平台的出现又代替了唱片。

表 1-3 基于服务活动性质的服务分类

服务活动的性质	服务的对象	
	人	所有物
有形活动	人体服务 美容美发 旅客交通服务 医院医疗服务	所有物服务： 货运服务 熨烫与干洗服务 维修与保养服务
无形活动	精神服务 教育 广告/公关 心理治疗	信息服务： 会计服务 银行服务 法律咨询服务

资料来源：约亨·沃茨，克里斯托弗·洛夫洛克. 服务营销（第 8 版）. 韦福祥，等，译. 北京：中国人民大学出版社，2018：18.

2. 基于顾客关系的分类

服务企业有机会与顾客建立长期的关系，因为顾客直接与服务提供者进行交易，而且经常是人际交互。相反，制造企业由于通常使用经销商、批发商和零售商构成的分销渠道而与最终消费者隔离。但在 B2B 情境中，工业采购商会与供应商建立长期关系。通过回答以下两个问题：服务组织与顾客间是会员关系还是非正式关系，服务传递是持续进行还是每次交易都是单独记录和付费，可以将服务划分为四种类型，如表 1-4 所示。

表 1-4 基于顾客关系的服务分类

服务传递的性质	服务组织与顾客间关系的类型	
	"会员"关系	非正式关系
服务的持续传递	保险、电话登记、银行、电力、导游协会	广播电台、警察保护、灯塔、公共高速公路
间断的交易	长途电话、剧场套票预定、通行证或月票、航空公司的常客	汽车租赁、邮政服务、付费电话、餐馆、公共交通

资料来源：Lovelock C H. Classifying services to gain strategic marketing insights[J]. Journal of Marketing, 1983, 47(3)：13.

对于服务组织来讲，充分了解自己的顾客是重要的竞争优势。拥有一个包括顾客姓名、地址和服务要求的数据库，使得确立目标市场和给予每个顾客特别的关注有了依据。如与顾客建立会员关系的服务组织不仅了解目前的顾客是谁、在哪里，而且知道他们如何利用组织所提供的服务。这就使得组织可以有效利用广告、促销手段以及人员销售等手段与目标市场进行营销沟通，为顾客提供一对一的定制化服务并赢得顾客忠诚。顾客也会从与企业建立的正式关系中得到利益，如航空公司对加入旅客俱乐部的会员进行里程奖励。

3. 基于定制和判断的分类

很少有日用消费品是基于特殊要求而生产的，大部分工业用品也是如此（它们均是基于大规模生产的商品）。对于服务行业，情况却大不相同：由于服务的生产与消费同时进行，顾客常常是过程的参与者，这就为通过定制服务来满足顾客需求提供了机会。如表 1-5 所示，根据服务定制的程度高低和服务人员根据自己的判断调整服务的程度可以将服务划分为四种不同的类型。

表 1-5 基于定制和判断的服务分类

与顾客接触的服务人员为满足顾客需求判断调整服务的程度	服务定制的程度	
	高	低
高	法律服务、卫生保健/外科、建筑设计、猎头公司、房地产公司、出租车服务、美容师、教育/辅导	教育（大型课堂）、预防性健康计划、大学餐饮服务
低	电话服务、酒店服务、银行零售业务、自助餐馆	公共交通、日常家电维修、电影院、观赏性体育比赛、快餐店

资料来源：Lovelock C H. Classifying services to gain strategic marketing insights[J]. Journal of Marketing, 1983, 47(3)：15.

根据以上分类进行服务定位具有重要的战略意义。在一个特定行业中，不同企业可能占据不同的分区，如大学餐饮服务的定制化程度比较低，但是判断程度较高；自助餐馆则与之相反；快餐店处于"低—低"区。更多的定制及允许服务人员行使判断的战略对改进服务传递系统有重要意义。

4. 基于需求和供给性质的分类

制造企业可以通过产品库存来应对需求的波动，从而使其获得稳定生产所带来的效益。服务组织却无法这样做，因为储存易逝的服务是不可能的。例如飞机起飞后，空座所能带来的潜在收益也就永远消失了。同样，如果特定时间内对服务的需求超过其供给，超额的部分也无法转化为现实收益。例如，一家会计师事务所由于现有业务太多以至于无法为潜在客户提供税收和审计业务，其他会计师事务所就可能接受这一业务。尽管如此，需求与供给的不平衡并非存在于所有服务情境中。表 1-6 根据供给受限制的程度和需求随时间波动的范围对服务进行分类。

表 1-6 基于需求和供给性质的服务分类

供给受限制的程度	需求随时间波动的范围	
	宽	窄
最高需求通常能满足，且无较大延迟	电力、天然气、电话、医院妇产科、火警和匪警	保险、法律服务、银行、洗衣和干洗
最高需求经常超过供给能力	会计和税收准备、客运、酒店和汽车旅馆、餐馆、影剧院	与以上服务类似，但企业的基础能力不足

资料来源：Lovelock C H. Classifying services to gain strategic marketing insights[J]. Journal of Marketing, 1983, 47(3)：17.

为确定每种情况下最恰当的战略,服务组织需要考虑下列问题:需求波动的性质如何,是否具有可预测的周期性,还是随机的、无法预测的?是什么原因导致需求的波动?若是由顾客习惯或偏好引起,市场营销是否可以改变这些因素?若是由不可预见的事件如天气、意外灾难等引起,市场营销又可以做哪些事情?改变服务能力或供给水平存在哪些机会,在高峰时段能否雇用临时工?

5. 基于服务传递方式的分类

理解服务的传递需要回答以下两个问题:顾客与服务组织面对面接触是否必须,抑或是可以通过远程交易实现?服务组织是设置单一服务场所,还是在不同地点拥有多个服务场所?基于此,服务可以分为六种类型,如表 1-7 所示。

表 1-7 基于服务传递方式的服务分类

顾客与服务组织	服务的可获性	
互动的本质	单一场所	多个场所
顾客去服务场所	剧院、理发店	公共汽车、快餐连锁店
服务组织上门服务	草坪修整服务、灭虫服务、出租车	邮递、上门紧急维修
电子远程服务	信用卡公司、地方电视台	广播网、电话公司、电视网络

资料来源:Lovelock C H. Classifying services to gain strategic marketing insights[J]. Journal of Marketing, 1983, 47(3):18.

当顾客必须去特定的服务场所时,该服务的便利程度是最低的。通过多个场所提供服务提高了顾客接受服务的便利性,但是也带来如何保证服务质量和一致性的新问题。当服务的对象是无法移动的物体时,如建筑物的翻修、草坪的维护以及公园环境美化等,服务组织上门服务就成为唯一可选的服务方式。此外,随着通信技术的发展,部分服务将无需顾客与服务组织的直接接触,远距离交易成为可能并变得越来越普遍,因为它们向顾客提供了方便和高效的服务传递。如互联网技术的推广和大数据的运用使企业在提供定制化服务的同时减少了顾客与服务人员面对面交流的次数。

除上述分类外,学者们还采用不同标准对服务进行了其他分类,如分为营利性服务与非营利性服务。两者的区别主要基于以下问题:由谁制定服务的价格?由谁控制服务提供品?是像营利部门那样由市场或行业的自动调节机制来决定服务价格,还是由政府当局直接对服务定价?非营利性服务通常由政府部门提供,有时个人或团体也提供公共福利。营利性服务以盈利为目的,主要面向个人、企业或其他组织,由供需关系决定服务价格,如出租车、洗衣店、餐厅、电影院等。又如,将服务划分为内部服务和外部服务。组织不仅需要为外部顾客提供服务,还要服务于内部顾客,即员工。这就是内部服务与外部服务的划分。内部顾客的观念来源于内部营销和质量管理,认为"没有满意的员工就没有满意的顾客"。员工和各部门之间互为顾客和服务提供者,这样做可以加强组织内部顾客导向理念,提高内部服务质量。

第三节　服务在经济中的作用

服务无处不在。作为消费者，我们每天都在使用服务。乘坐公共交通工具、上网、打电话、享用快餐美食、美容美发等，这些都是个人服务消费的例子。服务企业向制造商提供广告、咨询、融资、产品设计、人力资源招聘和培训等商业服务，这时候服务的对象是组织。服务作为社会的重要组成部分，是世界经济发展的重要推动力之一。20 世纪中期以来，世界经济结构发生了深刻的变革，即工业革命以来长期占主导地位的制造业在国民经济中的比重日渐削减，新兴的服务业蓬勃发展，全球进入了"服务经济时代"。随着服务经济的发展，服务在社会经济中的地位和作用与日俱增，一个国家的服务业水平反映了该国的社会经济发展水平和国际竞争力。

一、服务业与经济演进

科林·克拉克指出，在一个国家的工业化进程中，就业从一个领域转到另一个领域是不可避免的。这就是克拉克—费雪假说（Clark-Fisher hypothesis），该假说通过大多数劳动力的活动来区分经济类型。图 1-2 描述了经济活动的五个层级结构，其中第三层级至第五层级都与服务业相关。

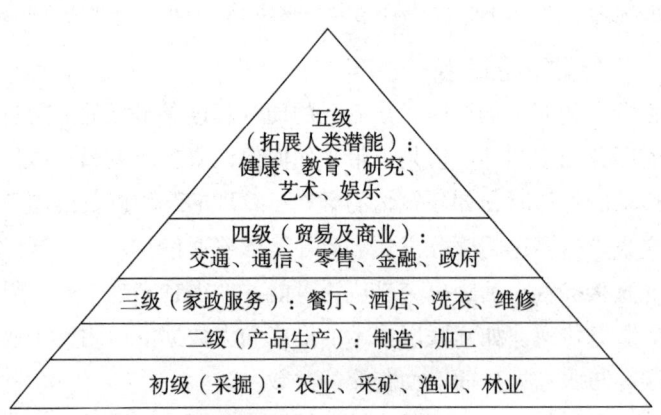

图 1-2　经济活动的阶段

资料来源：桑杰夫·波多洛伊，詹姆斯·A.菲茨西蒙斯，莫娜·J. 菲茨西蒙斯. 服务管理：运作、战略与信息技术（第 9 版）. 张金成，范秀成，杨坤，译. 北京：机械工业出版社，2020：5.

哈佛大学社会学教授丹尼尔·贝尔（Daniel Bell）将经济发展大致分为三个阶段，即前工业社会、工业社会和后工业社会。前工业社会依靠劳动力并从自然界提取初级资源。农业社会是前工业社会的一种形态。劳动者凭借体力和传统习惯在农业、矿业和渔业辛勤劳作，生活条件受到许多自然条件的限制，如天气、土壤质量和水源等。生活节奏由自然决定，工作节奏随季节而变，使用简单的手工工具进行延伸的家庭劳动是前工业社会主要的生产方式。以家庭为基本生产单位、以手工为主要生产方式的自给自足的小农经济在社会中占主导地位，生产的目的主要是为满足家庭生活需要而不是交换。习惯、传统和权威是前工业社会结构的重要支撑。

工业社会的主要特征是大机器生产取代以往的农业、手工业，成为主导性活动，降低成本和提高产量是关注的焦点。能源和机器设备使每小时产量成倍增长，人们的工作性质也产生改变。劳动分工创造出不同类型的工种。工作在工厂这样的人造环境中完成。生活节奏与机器的步调一致，每日有严格的工作时间和时钟控制。人们的生活质量由物质产品的数量衡量。工业社会以生产和机器为轴心，是为了制造商品而组织起来，协调物质产品生产和分销的复杂性导致官僚组织的形成。工业社会以工业生产的商品经济为主导，主要的社会商品是机器化生产的工业产品。个人是社会生活的基本单元，社会被认为是市场上做出的所有决策的总和。

后工业社会是工业社会进一步发展的产物，也被称为服务经济、数字经济、新经济和知识经济时代。人们的生活质量不是由物质产品的数量决定，而是由健康、教育、娱乐等方面的服务水平决定。后工业社会是以服务为基础的社会，最重要的因素不是体力劳动或能源，而是信息。专业人士成为社会的主导力量，信息成为重要资源。大多数劳动力不再从事农业和制造业，而是从事服务业，包括除了农业、工业之外的商业、财经、交通、卫生、娱乐、科研、教育和行政工作等。后工业社会以知识经济为主导，主要的社会商品是知识产品和信息产品。社区取代个人成为社会的基本单位。

二、服务业对经济的贡献

（一）服务业对国内生产总值的贡献

无论是发达国家还是发展中国家，服务业的规模都在不断扩大。服务业已成为经济社会发展的战略引擎，成为世界经济增长的重点所在。在大部分发达国家和地区，服务业一般占国内生产总值（GDP）的70%甚至更高。以中国澳门为例，其美食、观光、酒店住宿、会议展览、娱乐等服务业特色明显，是亚洲最发达、最富裕的地区之一。巴哈马群岛和百慕大群岛均由群岛组成，经济结构以旅游业、离岸金融业和保险业为主，其服务业在GDP中所占比重均达75%以上。巴拿马由于巴拿马运河的运营，客运和货运业高度发达，加之集装箱港口、自由港口区以及金融服务、保险和旅游业，服务业在GDP中的比重达到70%以上。

（二）服务业对就业的贡献

服务业的迅速发展创造了很多新的就业机会。吸纳就业的不仅是传统的低收入服务行业，如餐饮服务、物业保洁服务等，还包括建立在知识经济基础上的专业性服务行业，如生产性服务、教育服务、医疗服务等。据世界银行的统计数据显示，高收入国家服务业劳动力占比达70%以上，中等收入和低收入国家服务业劳动力占比分别为50%左右和30%左右。

（三）服务业在国民经济中的"黏合剂"作用

农业、采掘业和制造业是经济发展的基础，服务业是促进其他部门增长的过程产业，在国民经济中发挥着黏合剂的作用。如图1-3所示，里德（Riddle）构造了一个"经济部门相互作用模型",描绘了服务在经济中的独特作用,即服务不是边缘化的或奢侈的经济活动,而是位于经济的核心地带。

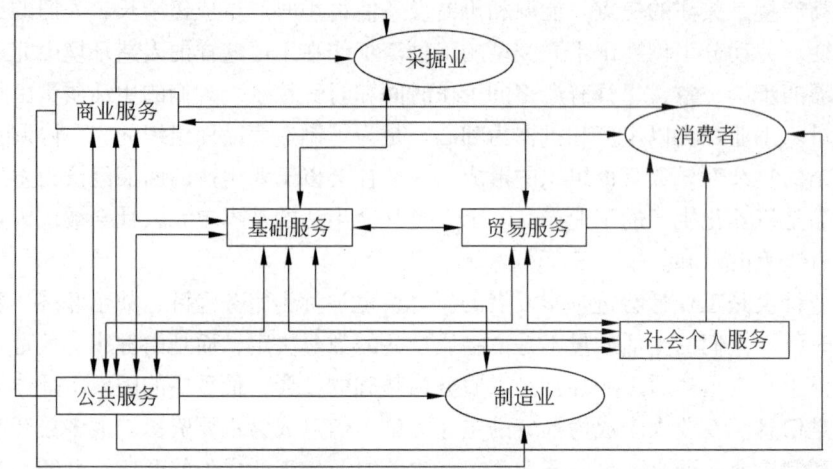

图1-3 交互经济模型

资料来源:Riddle D I. Service-led growth: The role of the service sector in world development[M]. New York: Praeger, 1986: 27.

图1-4 从另一个角度揭示了经济生活中服务业和制造业之间的相互依赖性。诸如通信、运输等基础性服务是经济发展的基础。商业服务能以更经济有效的方式向制造企业提供咨询、广告和审计等服务。各种社会和个人服务将原来由家庭承担的职能推向社会经济领

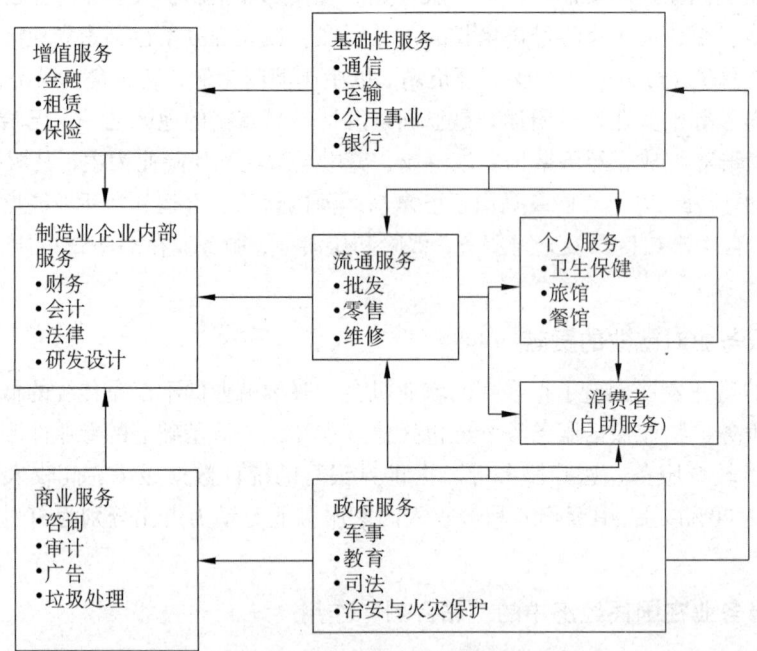

图1-4 服务在经济中的角色

资料来源:Guile B R, Quinn J B, eds. Technology in services: Policies for growth, trade, and employment[M]. Washington, D.C: National Academy Press, 1988: 214.

域,如餐饮、住宿、儿童看护等。顾客通过自助服务成为服务的贡献者。政府服务在为投资和经济增长提供稳定的环境方面起到了关键作用。公共教育、医疗保健、道路维护、食品安全和公共安全等各项服务措施是一个国家经济繁荣、人民生活富裕的必要条件。此外,制造业的盈利能力逐渐需要依靠开发具有附加值的产品来维持。如电梯制造企业很早以前就发现从售后服务中获得的收入大大超过电梯产品销售获得的收入,汽车制造商也发现其利润更多来自汽车的售前、售中和售后服务而不仅仅局限于汽车生产。

三、服务业增长的驱动力

服务经济的发展受到包括政府政策、社会变迁、商业趋势、信息技术进步和全球化的影响,这些因素形成一股合力,正在重新塑造需求、供给和市场竞争的格局乃至消费者的决策风格。图1-5展现了服务经济发展的驱动因素。

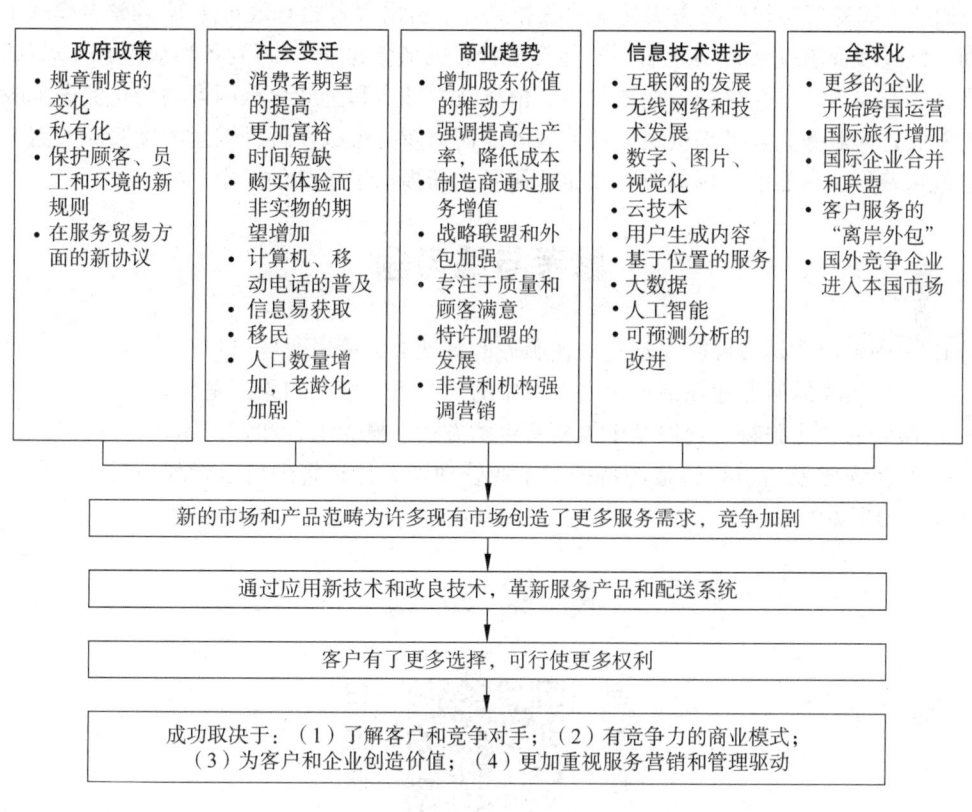

图1-5 向服务经济转变的驱动因素

资料来源:约亨·沃茨,克里斯托弗·洛夫洛克. 服务营销(第8版). 韦福祥,等,译. 北京:中国人民大学出版社,2018:12.

社会变迁是服务业增长的重要推动力,如人口老龄化、双职工家庭的增加对服务业产生了重要的影响。人口老龄化使退休老人参加非全日制工作的机会增加。由于加入到劳动大军中的年轻人越来越少,一些面临劳工短缺的公司将被迫雇佣已退休的员工,尤其是在临时和非全日制的岗位上。同时,寿命的延长使老年人在保健、公共交通和娱乐方面的服务需求扩大。双职工家庭正在快速取代由丈夫、主妇和孩子组成的传统家庭结构。女性走出家门工作已经成为全球的趋势，而这又会直接或间接地刺激某些服务业的发展，如家政服务、学前教育和餐饮等。对于双职工家庭来说，他们愿意为某种服务付费以获得更多的空闲时间。这也为休闲、娱乐和旅游业带来巨大的商机。针对这类人群的以节省时间为目的的各种服务应运而生，如政钟点工服务、餐饮外卖服务、送货上门服务、代客购物服务等。

服务业快速增长的另一个值得关注的驱动因素是技术。信息和通信技术的发展对服务业来说至关重要。大数据、云计算、用户生成内容、移动通信、网络技术、人工智能以及基于应用程序的顾客自助服务等，是促进服务革命最重要的因素。这些技术能够使企业加深与顾客的关系，提供多元化的信息沟通渠道和个性化服务，增强顾客需求分析能力，提高生产率和盈利能力。更重要的是，这些新技术催生了很多具有创新性的服务模式，从点对点服务（如爱彼迎利用网络实现旅游者和家有空房出租者的有效对接），到整合模式（如滴滴、曹操出行通过App将单个司机与打车者有机结合起来），再到各种众包服务平台等。总之，政府政策、社会变迁、商业趋势、信息技术进步和全球化等因素的变化促进了服务业的发展，为服务企业带来机遇，也使服务业面临新的挑战。各种因素激发服务的需求，但也意味着更加激烈的市场竞争，对企业服务创新提出了更高的要求。

思考与练习题

1. 一国的经济是否可能完全建立在服务的基础上？请说明理由。
2. 一些国家的服务业在国内生产总值中的比重不断增长的原因是什么？
3. 服务有什么独特之处以至于需要特定的方法、概念组合和知识体系？
4. 服务不涉及所有权转移的特征对企业管理者有什么管理启示？如何看待共享经济快速发展的现象？

即 测 即 练

自学自测　扫描此码

第二章 服务主导逻辑

本章介绍服务主导逻辑，探讨服务主导逻辑的内涵、基本前提和理论基础。
- 了解服务主导逻辑对服务、资源、价值等概念的界定。
- 掌握服务主导逻辑与商品主导逻辑的区别。
- 理解服务主导逻辑的基本前提。
- 了解服务主导逻辑的理论基础。

第一节 商品主导逻辑与服务主导逻辑

服务主导逻辑是瓦戈和卢斯科在 2004 年提出的一种科学研究范式，是相对于商品主导逻辑而言的。作为组织和理解客观现象的底层哲学，逻辑的提出往往先于理论的形成，逻辑在思考范式层面提供了看待问题的视角。商品主导逻辑与服务主导逻辑正是认识经济和市场交换的不同逻辑或不同的视角。

一、商品主导逻辑与服务主导逻辑的核心概念

20 世纪之前，学术界主要关注"实体商品主导的交换模型"，核心概念包括有形性、静态的、独立分散的交易，以及对象性资源。尽管在瓦戈和卢斯科两位学者之前并未有学者提出"商品主导逻辑"的说法，然而越来越多的学者发现这种"新古典经济传统""制造逻辑"或"陈旧的企业逻辑"存在缺陷。21 世纪学术界主要关注于"服务主导的交换模型"，核心概念包括无形性、能力、动态、交换过程和关系，以及操作性资源。与商品主导逻辑相比，服务主导逻辑对服务、资源和价值进行了重新界定。表 2-1 总结了商品主导逻辑和服务主导逻辑中概念的主要区别。

（一）对服务的界定

商品主导逻辑与服务主导逻辑最根本的区别在于对服务的界定。传统上，人们把服务视为无形的产品，是有形商品之外的附属物，对服务的定义也根据其不同于商品的特征而进行。在宏观上，三种产业的划分也体现出这一特点。服务主导逻辑将服务定义为某一实体通过行为、过程和表现，运用专业能力（知识和技能）以实现其他实体或自身利益的过程。根据这一定义，服务可以分为直接服务和间接服务两种形式，商品或货币是间接服务的实现方式。

表 2-1　商品主导逻辑和服务主导逻辑的概念对比

核心概念	商品主导逻辑	服务主导逻辑
服务	商品和服务 交易	服务和体验 关系和合作
资源	对象性资源 获取资源	操作性资源 寻求资源
价值	附加价值 交换价值 价格	价值共创 情境价值 价值主张
系统	供应链 信息不对称	价值创造网络 对称的信息流
互动	促销/宣传 最大化行为	开源交流 通过交换来学习

资料来源：Vargo S L, Lusch R F, Akaka M A. Advancing service science with service-dominant logics: Clarifications and Conceptual Development. In: Maglio P P, Kieliszewski C A and Spohrer J C, eds., Handbook of Service Science, Service Science: Research and Innovations in the Service Economy [M]. Berlin, Springer, 2010：144.

（二）对资源的界定

资源分为两类：操作性资源和对象性资源。其中操作性资源是无形的、动态的，在多数情况下不会损耗、可再补充、可复制，能够创造额外的、新的操作性资源，如知识和技能。对象性资源具有有形性、静态性、有限且可损耗等特征，如物力和财力资源。

传统的商品主导逻辑更注重对象性资源，强调企业对生产资料的占用，而服务主导逻辑认为操作性资源才是企业竞争优势的根本来源。由于服务的过程要运用专业能力，因此服务主导逻辑关注操作性资源，即知识和技能，认为企业应该通过资源创造、资源整合和障碍消除来寻求资源，而非获取资源。

（三）对价值的界定

服务主导逻辑将服务理解为运用专业能力（知识和技能）以实现其他实体或自身利益的过程。由于服务的目的在于实现实体的利益，因此服务主导逻辑关注使用价值（或文化情境价值），而非交换价值（商品主导逻辑关注的视角）；认为价值应该由使用者所感知并确定，是企业和顾客共同创造的，而非由生产者创造后再传递给顾客。在价值创造的过程中，企业、顾客、商品所扮演的角色不同。传统的商品主导逻辑强调企业的重要性，认为企业是价值的创造者，而顾客只是被动的消费者。新兴的服务主导逻辑强调操作性资源的重要性，认为企业只是价值主张者，商品只是操作性资源的载体，而顾客才是价值的决定者。这意味着企业要持续地与顾客合作、共同学习，以应对顾客差异化与动态的需求。两种逻辑对价值的界定如表 2-2 所示。

表 2-2　商品主导逻辑和服务主导逻辑对价值的界定

	商品主导逻辑	服务主导逻辑
价值范畴	交换价值	使用价值或情境价值
价值创造者	企业，通常是供应链中的企业	企业，关系网中的伙伴和顾客

续表

	商品主导逻辑	服务主导逻辑
价值创造过程	企业将价值嵌入到商品中,价值通过增强或提高商品属性来添加到商品中	企业通过营销提出价值主张,顾客通过使用继续进行价值创造过程
价值的意义	为企业增加财富	为企业提高适应性、生存性和系统性成功
价值的测量	名义价值的数量,交易中所得到的价格	受益者的适应性和生存性
所利用的资源	主要是对象性资源	主要是操作性资源,有时也是对象性资源
企业的角色	价值的生产和分配者	价值的主张和共同创造者,服务提供者
商品的角色	产出单位,被嵌入价值的对象性资源	操作性资源的载体,给企业的能力带来价值
顾客的角色	价值的使用者和消费者	通过整合企业提供的资源和其他资源共同创造价值

资料来源:Vargo S L, Maglio P P, Akaka M A. On value and value co-creation: A service systems and service logic perspective [J]. European Management Journal. 2008, 26(3): 148.

二、服务主导逻辑与商品主导逻辑的区别

与商品主导逻辑相比,服务主导逻辑除了对服务、资源和价值进行了重新界定之外,两者的差别还表现在交易的基本单位、商品角色、顾客角色、价值的决定等方面,如表2-3所示。商品主导逻辑认为商品是一种最终的产品和对象性资源,营销人员和顾客只是商品的接受方,商品中的价值是由生产者所决定的。服务主导逻辑则认为商品的价值是由顾客所决定的。企业只是提出价值主张,同时商品只是操作性资源的载体,顾客是服务的合作生产者,强调顾客的作用。

表2-3 商品主导逻辑与服务主导逻辑的区别

	商品主导逻辑	服务主导逻辑
交易的基本单位	商品,主要由对象性资源来决定	所需的利益,由操作性资源和服务来提供,包括特殊能力(知识和技能)
商品的角色	商品是一种对象性资源,是最终的产品,营销人员只是接受它,并改变它的交易时间、地点、外型和所有权	商品只是操作性资源的载体,是价值创造过程中的中间"商品"
顾客的角色	顾客只是商品的接受方。营销者可以将他们进行细分、识别、区分和促销。顾客只是对象性资源	顾客是服务的合作生产者。营销是和顾客进行互动的一个过程。顾客是主要的操作性资源,只是偶尔作为对象性资源
价值的意义和决定性因素	价值是由生产者所决定的,是嵌入到对象性资源中的(交换价值)	价值是由顾客所感知和决定的(使用价值),来自于操作性资源的应用,偶尔由对象性资源来传递。企业只是价值主张者
企业与顾客的相互作用	顾客是一种对象性资源,只是为了创建资源交易	顾客积极地参与到相互交往和合作生产中,是主要的操作性资源
经济增长的动力	财富体现在对剩余的有形资源和商品的获得,包括拥有、控制和生产对象性资源	财富的获取是通过专业知识和技能的应用和交换,它代表的是一种对操作性资源的使用权

资料来源:Vargo S L and Lusch R F. Evolving to a new dominant logic for marketing[J]. Journal of marketing, 2004, 68(1): 7.

对市场中交换内容、交换主体、交换地点和交换方式等方面的认识有助于我们进一步深入服务主导逻辑的内涵。在商品主导逻辑的视角下，交换的内容是商品和服务，交换的主体为企业和顾客，交换发生在市场上，且交换需要通过管理营销组合来完成。然而在服务主导逻辑的视角下，交换是行为者们在服务生态系统中，通过共创营销组合来交换服务和体验的过程，如表2-4所示。

表 2-4 商品主导逻辑与服务主导逻辑的对比

	商品主导逻辑	服务主导逻辑
内容	商品和服务	服务和体验
主体	企业和顾客	行为者
地点	市场	服务生态系统
方式	管理营销组合	共创营销组合

资料来源：关新华，谢礼珊，皮平凡. 服务主导逻辑的内涵与理论渊源探究[J]. 服务科学和管理, 2017, 6(1): 51.

在商品主导逻辑下，交换的内容为企业产出，分为有形商品、无形服务，以及商品与服务的某种组合。因此企业以产品为导向，注重通过专业化、机械化和标准化等方式提高产品的生产效率。服务主导逻辑则认为，交换的内容为服务和体验，企业的产出是为满足顾客需要而服务的，顾客在其独特的生活情境中体验企业提供的产出。由于获得服务和体验是顾客寻求市场交换的根本原因，因此企业要以服务为导向，在考虑自身的生产率的同时，关注顾客所获得的效果，即通过达到顾客期望的效果来赢得企业的效率。由于交换的内容从商品与服务（产品在市场中的不同表现形式）转变为服务与体验（一种过程），因此市场中的商品不再是最终产物，而成为传递服务和体验的工具。

关于交换过程中所涉及的主体，商品主导逻辑常常采用二分法将其区分为企业—顾客、生产者—消费者或供给—需求的来源等，而服务主导逻辑统称为行为者。两种逻辑视角下企业、顾客所扮演的角色、企业与顾客间的关系都有所不同。商品主导逻辑认为，企业通过制造商品或服务创造价值；而消费者作为外生的、孤立的实体，是产品的接受者，毁灭或消耗价值；营销人员可以通过细分顾客、渗透市场、将产品分销给顾客并在市场上进行促销等活动显著地影响顾客的态度、情感和行为。因此企业与顾客是交易的主体—客体关系，只有重复地接触才能建立关系。然而在服务主导逻辑看来，企业在顾客进行价值创造的过程中起协助作用；顾客是内生变量，是服务的合作生产者；所有参与交换的经济和社会行为者（如企业、顾客等）都是资源的整合者、服务的提供者和价值的创造者，且在整合资源、提供服务和创造价值的过程中具有动态特征，是操作性资源。从这种意义上看，企业与顾客是主体—主体关系，所有的交换，不论是B2C、B2B，还是C2C（B代表business，C代表customer），在本质上都是A2A（actor to actor）。

商品主导逻辑认为，交换发生在市场中，且市场是预先存在的。而服务主导逻辑则认为，交换发生在服务生态系统或市场系统中。服务生态系统是一个自发传感并响应的松散的时空结构。在这一结构中，社会和经济行为者通过制度、技术和语言进行互动，他们共同生产服务，互相提供服务，并共同创造价值。其中，"自发传感并响应"意味着行为者之间相互联系，根据变化自发确定何时对变化做出响应以及如何行动，信息技术的发展大大促进了这种传感和响应。"时空结构"说明行为者和资源在地理空间的排列和时间维度。"松散的"指行为者间的联系主要通过软约束进行。"使用语言、制度和技术"意味着行为者依赖语言和其他社会制度（如货币系统、法律等）来管理主体间的交换。"共同生产服务"指行为者邀请其他行为者协助其生产服务提供物。"相互提供服务"意味着行为者需要通过直接或间接的（如货币）服务交换来帮助其他行为者。最后，"共同创造价值"则指行为者将自身资源与其他资源整合，创造该情境中独特的价值。

关于交换的方式，商品主导逻辑认为应该围绕产品（product）、价格（price）、渠道（promotion）和促销（place）（简称4Ps）四方面的管理来进行，如提供有独特卖点的产品，根据不同市场定位制定不同的价格，注重销售网络的建立，通过促销刺激消费者购买等。服务主导逻辑在此基础上，将4Ps置于更具战略性的位置上，从管理营销组合转变为共同创造营销组合（如图2-1所示）。在该逻辑下，4Ps被视为持续服务流的一部分，该服务流嵌入于整个动态的营销系统中，构成社会的和经济的动态流动。在这一动态环境中，价值由服务提供者与顾客、合作伙伴共同合作创造（共创的服务代替产品）。价值主张本身也是共同创造的，企业不仅与顾客，还与社区（如品牌社区）共同提出价值主张（共创的价值主张代替价格）。促销则由交谈和对话所取代，作为整合营销沟通的战略路径。分销渠道则由价值创造的过程和网络代替，该过程和网络也是动态的，处于不断发展和演进过程中。最后，企业的关注点应该不是利润最大化，是不断学习，而利润是市场对企业学习成果的反馈。

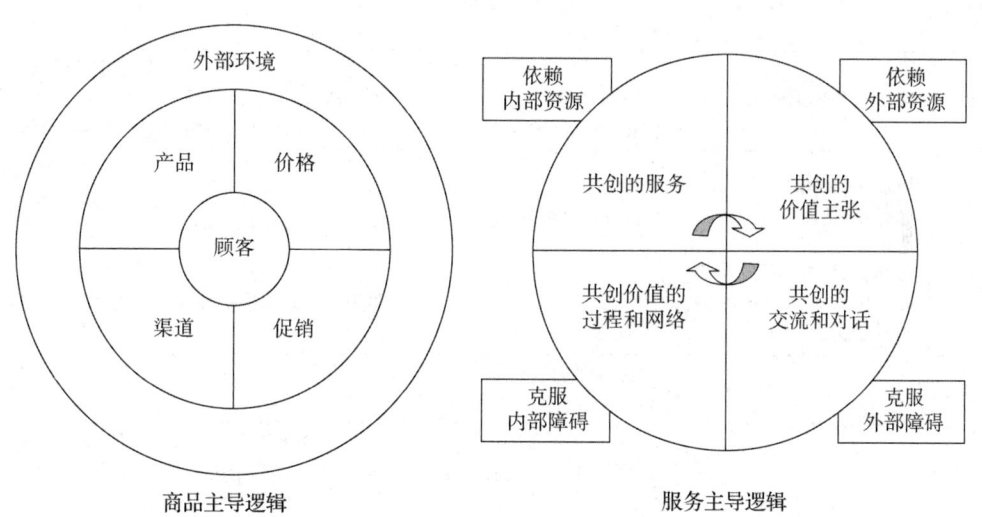

图2-1　商品主导逻辑和服务主导逻辑下的营销组合

资料来源：Lusch R F, Vargo S L. Service-dominant logic as a foundation for a general theory. In：Lusch R and Vargo S, Eds, The Service-Dominant Logic of Marketing：Dialog, Debate, and Directions [M]. ME Sharpe, Armonk, NY：2006, 408, 413 Vargo S L, Lusch R F. From goods to service (s)：Divergences and convergences of logics[J]. Industrial Marketing Management, 2008, 37(3)：257.

第二节　服务主导逻辑的基本前提

一、服务主导逻辑的 11 个基本前提

2004 年，瓦戈和卢斯科发表论文提出服务主导逻辑，并阐述了服务主导逻辑的八个基本前提（foundational premise，FP）。论文发表以后，服务主导逻辑引起了学术界的广泛关注和讨论。他们在 2006 年、2008 年和 2016 年对基本前提的表述进行了修正，不断地补充和完善，将其增至 11 个，具体如表 2-5 所示。

表 2-5　服务主导逻辑基本前提的修正和补充

编号	最初的基本前提	修正/新的基本前提	解释
FP1	专业技能和知识的应用是交换的基本单元	服务是交换的根本基础	服务是操作性资源（知识和技能）的应用，是所有交换的基础。为获得服务而交换服务
FP2	间接交换掩盖了交换的基本单元	间接交换掩盖了交换的根本基础	由于服务是通过商品、货币和机构的复杂组合来提供的，因此交换的服务基础并不明显
FP3	商品是服务提供的分销机制	同左	通过使用商品（耐用和非耐用），可以获得其提供的价值
FP4	知识是竞争优势的基本源泉	操作性资源是战略利益的基本来源	导致期望改变的比较能力驱动着企业
FP5	所有的经济都是服务经济	一切经济都是服务经济	因为不断增长的专业化和外包，服务直到现在才变得越来越明显
FP6	顾客总是价值的合作生产者	价值是由多个行为者共同创造的，其中总是包括受益者	价值创造是互动的
FP7	企业只能提供价值主张	行为者不能交付价值，但是可以参与到价值主张的创造和提供过程中来	只有价值主张被接受后，服务提供者才能为价值创造提供应用性资源，并且合作/互动地创造价值，但是不能单独创造和/或传递价值
FP8	以服务为中心的观点是顾客导向和关系的	以服务为中心的观点必然是受益者导向和关系的	由于服务是根据受益者确定的收益进行定义，并与受益者共同创造，因此在本质上是受益者导向和关系的
FP9	组织的存在是将微观的专业化能力整合并转化为市场中需求的复杂服务	一切社会和经济的行为者都是资源整合者	价值创造的情境是网络的网络（资源整合者）
FP10	—	对受益者而言价值总是独特的和情境化的	价值是异质的、体验性的、情境性的和具有意义的
FP11	—	价值共创是通过行为者产生的制度和制度安排来协调进行的	制度是合作和协调活动的工具，对嵌套和重叠的服务生态系统中的资源整合和服务交换活动提供构建的基石

资料来源：Vargo S L, Lusch R F. Evolving to a new dominant logic for marketing[J]. Journal of marketing. 2004, 1(68)：1-17；Vargo S L, Lusch R F. Service-dominant logic：What it is, what it is not, what it might be, In：Lusch R and Vargo S, Eds, The Service-Dominant Logic of Marketing：Dialog, Debate, and Directions [M]. ME Sharpe, Armonk, NY：2006, 43-56；Vargo S L, Lusch R F. Service-dominant logic：continuing the evolution[J]. Journal of the Academy of Marketing Science. 2008, 36(1)：1-10；Vargo S L, Lusch R F. Institutions and axioms：An extension and update of service-dominant logic[J]. Journal of the Academy of Marketing Science, 2016, 44(1)：5-23.

二、基本前提的含义

FP1 的核心是明确服务在当今各种交换中的重要性，指出服务是交换的根本。传统的观点认为，贸易中的交换是商品或服务的交换，但顾客购买的并不是商品本身，而是商品的功效，而这种功效是通过专业技术和知识的应用所产生的。换句话说，顾客购买的是专业技术和知识的应用。根据服务主导逻辑对服务的定义，顾客购买的就是服务，交换的基本单位其实是服务，是用服务来交换服务。

FP2 指出间接的交换会掩盖交换的根本基础。传统的商品主导逻辑之所以没有认识到服务是交换的基本单位，是因为在生产者和最终用户的交换过程中包括了很多间接交换，如生产商与经销商或渠道商、经销商与经销商，以及用货币交换代替货物的交换等。这些间接交换掩盖了交换的基本单位。服务的提供以商品、货币等复杂的组合为媒介。

FP3 指的是有形商品只是服务提供的分销机制，是服务的载体。商品是操作性资源在对象性资源上的应用所产生的。有形商品的价值必须通过使用（价值）来体现，所以有形商品只是服务的一种载体，商品交换的本质是服务的交换。

FP4 指出操作性资源是企业战略利益的基本来源。作为操作性资源之一的知识是竞争优势的基础来源，其他操作性资源也可以使企业获得竞争优势，所以两位作者后来将其完善，指出操作性资源是企业竞争优势的基本来源。2016年两位学者进一步指出，竞争是（应该是）第二激励因素，通过服务提供实现价值共同创造是首要的，因此将"竞争优势"修改为"战略利益"。

FP5 指出一切经济都是服务经济。不论是在狩猎时代、农业时代，还是在工业时代、数字时代，都在进行着知识和技能（操作性资源）的不断提炼和交换。狩猎时代以觅食和狩猎知识和技能的应用为特点，农业时代是耕种的知识和技能，工业经济时代是大规模生产和组织管理的知识和技能，服务和信息经济时代是关于信息、纯知识和技能的交换。服务不仅仅是现在变得重要，其在经济中的作用也随着专业化的进程越来越明显。服务主导逻辑提出，一切经济都是服务经济的重要假设。

FP6 说明价值是由多个行为者共同创造的，其中总是包括受益者。从商品主导逻辑来看，生产者和消费者通常被视为分离的实体以使得生产效率最大化。然而，服务主导逻辑指出，价值创造的过程是多主体参与的。价值通常是多个参与者创造的，不仅包括参与二元交换的行为者，通常还包括许多其他行为者。价值的实现总是一个共同创造的过程，需要企业、顾客和其他利益相关者积极参与。

FP7 指出行为者不能交付价值，但是可以参与到价值主张的创造和提供过程中。传统的理论认为商品的价值是由企业创造和生产出来，然后向顾客进行销售，将价值传递给顾客，顾客只是价值的接收方。但服务主导逻辑认为行为者（如企业）并不能创造价值，其从研发到制造，再到销售的过程只是提出一种价值主张，只有当该商品得到其他行为者（如顾客）的认同、购买和使用，价值才被创造。同样，价值主张也不是由服务提供者单独创造的。相反，它们可能是由包括服务提供者和受益人在内的多个参与者共同创造的价值潜力的叙述。

FP8 指出服务主导逻辑本质上是建立在以受益者为导向和顾客关系的基础之上的。从

FP6 和 FP7 中，我们不难发现受益者（如服务接受者）在服务主导逻辑中的重要性，根据服务的定义可以说明以服务为中心的观点必然是受益者导向和注重客户关系的。

FP9 指出一切社会和经济的行为者都是资源整合者。不仅组织可以将微观方面的专业能力整合和改变为顾客所需的复杂服务，其他的社会经济体也可以将各种资源进行整合，从而满足不同实体的需求。企业间的竞争不再仅仅是单个企业之间的竞争，也不是单个价值链的竞争，而是上升到一个关系网与另一个关系网间的竞争。在同一关系网中，存在多个同级别、同类型的企业，它们之间的关系既是竞争又是合作，都在进行不同的资源整合。

FP10 指出对受益者而言，价值总是独特的和情境化的，即价值由且只由受益者来决定。只有得到受益者的认可，该商品或服务的价值才得到体现，这说明了受益者在价值决定和价值创造中的作用。

FP11 指出价值共创是通过行为者产生的制度和制度安排来协调进行的。制度是相对分离、独立的规则、规范、意义、符号、法律和实践等。制度安排是相互关联的一系列制度构成的相对连贯的集合。制度化是制度的维持、打破和改变，包括通过新参与者、重新定义参与者角色和再组织服务生态系统资源、参与者用新的方式共创价值等。制度在服务生态系统中扮演核心角色，协调和促进服务生态系统参与者的价值共创行为。此外，制度还促进服务生态系统实现服务创新，制度化和制度安排都是服务创新的关键过程。

11 个基本前提之间并非相互独立，而是存在五个核心的基本前提（FP1、FP6、FP9、FP10 和 FP11，也称为公理），由此派生出其他六个前提（也称为定理）。第一，服务主导逻辑最基本的前提——服务是交换的根本基础（FP1），认为服务的交换是为了获得服务，因此一切经济都是服务经济（FP5）。又由于服务是知识和技能（操作性资源）的运用，因此操作性资源是战略利益的基本来源（FP4）。第二，价值是由多个行为者共同创造的，行为者中总是包括受益者（FP6），说明价值的实现总是一个共同创造的过程，要求企业、顾客和其他利益相关者积极参与。受益者只有将服务提供者提供的资源（产品）与其他资源（如自身的知识和技能）整合起来，并运用这些资源时才能创造价值，因此行为者不能交付价值，但是可以参与到价值主张的创造和提供过程中（FP7）。商品是服务提供的分销机制（FP3），人们购买不是为了获得商品本身，而是在于其蕴含的知识和技能。第三，一切社会和经济的行为者都是资源整合者（FP9），意味着不仅组织可以将专业化技能转化为复杂的服务，个体和家庭都可以扮演资源整合者的角色。事实上，在以物易物的时代，资源整合者之间进行的就是服务的直接交换。随着劳动分工的细化，垂直营销系统的发展，以及规模庞大、官僚体制和等级森严的组织的出现，使得服务与服务的交换变得间接。人们依靠自己的知识和技能获得货币，再用货币购买所需要的服务，这种间接交换掩盖了交换的根本基础（FP2）。第四，对受益者而言，价值总是独特的和情景化（FP10），说明受益者在特定时间、特定地点以及特定情境中根据自身体验决定其获得的价值，是受益者感知的价值。在这一过程中，受益者与服务提供者可以直接接触，也可以通过其产品进行间接接触；可以是一次性交换，也可以多次购买。不论何种情形，都意味着交换的关系性，因此以服务为中心的观点必然是受益者导向和关系的（FP8）。第五，价值共创是通过行为者产生的制度和制度安排来协调进行的，说明制度和制度安排的重要性（FP11）。

第三节　服务主导逻辑的理论基础

一、经济学与服务主导逻辑

经济学为服务主导逻辑重新界定"服务"奠定了基础。近代经济学以亚当·斯密的《国富论》为奠基之作，目的在于解释劳动分工和交换如何对社会福利做贡献。斯密认为，国家财富是由生产性的活动——创造那些可以出口交换的、剩余的有形产品——创造的，财富由有形产品构成，而不是对产品的使用。围绕农业和工业生产的有形产品的分销，形成了市场营销这种业务职能。由于人类对有形性更易感知、更习惯，因此传统营销在很大程度上关注商品，并将其作为交换的基本单位。尽管以上观点得到多数人的认可，但仍有部分学者持不同意见。如早在19世纪，巴斯夏（F. Bastiat）和斯特林（P. J. Stirling）就批评了政治经济学家认为价值仅仅依赖于有形物体的观点，认为市场中的交换是服务的交换，巴蓬（N. Barbon）也指出，所有商品的价值来自于对其的使用，除了愉快，没有什么东西有价值。购买的只有满意。通过对经济学科的诞生和发展历史进行回顾，瓦戈和摩根（F. W. Morgan）发现，到19世纪末学者们对经济活动的解释形成两种模型，一种以服务为中心，另一种以商品为中心。由于后者更加符合政治经济学家唯物的观点，以及牛顿力学对科学的界定，因此成为经济学的主流。事实上，经济学家对服务的重视最早可追溯到赛伊（J. A. Say）提出的效用概念，而巴斯夏（F. Bastiat）指出的"伟大的经济法则是服务与服务的交换"更清晰地表明"服务"一词在经济学思想的早期就得到了学者们的关注。这就为服务主导逻辑对服务的重新界定提供了经济学基础。

服务主导逻辑强调操作性资源的重要性，这一结论以经济学的企业成长理论、核心能力理论以及资源优势理论为基础。企业成长理论认为企业是在特定管理框架内的一组资源的集合，企业内在因素决定了其成长。企业使用自己拥有的生产资源所产生的服务是企业成长的原动力。企业成长并非由市场的均衡力量所决定，而是由每个企业自身的独特力量（使用自身的资源所产生的服务或能力）所推动。核心能力理论认为核心能力是企业获取竞争优势的源泉，是企业最重要的战略资产。这种在企业资源积累的发展过程中建立起来的企业特有的能力应该具备有价值性、独特性、难以模仿、难以替代和延展性等特征。资源优势理论则是一种强调细分市场与资源重要性的竞争性厂商行为方法论，将资源定义为可供厂商进行有效生产或能使厂商有效地获得对某些细分市场具有价值的市场报价的有形与无形资源。即资源是那些能为厂商获得现实生产能力的任何东西，可以是金融方面的现金储备，物质方面的厂房、原材料，人力资源方面的员工知识和技能，组织方面的控制能力、文化，信息资源方面有关市场的信息，以及公共关系方面与竞争对手、供应商和消费者的关系等。以此为基础，康斯坦汀（J. A. Constantin）和卢斯科进行了操作性资源和对象性资源的区分，后者是操作或执行的对象，前者作用于对象性资源或其他操作性资源。

不论是企业成长理论提出的"独特力量"，核心能力理论关注核心能力的特征，还是资源优势理论突出资源比较优势与厂商竞争优势的关系，其在本质上都强调资源的重要性。服务主导逻辑的突破就在于将操作性资源置于对象性资源之上。以操作性资源为基础，不仅可以成倍提高对象性资源的价值，而且可以创造额外的操作性资源。至于对象性资源，它本身并不存在，而是以潜在的状态存在。一个简单的例子可以说明这一点：在人类认识到石油的价值以前，它不是资源。同样，在人们学会开垦土地之后，土地才转化为资源。因此操作性资源（知识和技能）是经济和社会交换的基本资源，也是竞争优势的根本来源。

二、营销学与服务主导逻辑

服务营销、关系营销和体验营销理论为服务主导逻辑奠定了基础。尽管早期的服务营销研究侧重于区分商品与服务，如拉思梅尔（J. M. Rathmell）识别出服务不同于商品的13种特征、洛夫洛克（C. H. Lovelock）认为服务有7种特征、泽丝曼尔等提出服务的IHIP四大特征（即无形性、异质性、易逝性以及生产和消费的同时性），但有学者指出这种区分是一种负担，需要重新审视背后的逻辑，并以整合的视角看待商品和服务。以格罗鲁斯为代表的北欧学派重新将服务定义为一种过程，该过程由一系列活动组成，目的在于为顾客提供解决方案。这些活动发生在顾客和服务人员、商品和其他有形资源，系统和/或代表服务提供者的基础设施之间，并很可能涉及其他顾客。服务主导逻辑将服务定义为知识和技能的应用过程，与北欧学派的定义有着异曲同工之妙，不再关注商品与服务的区别，而是更加关注两者的本质联系。

作为交易营销的对立面，关系营销强调企业应通过建立、维护和加强与顾客和其他伙伴的关系来获得一定利润，以满足各方的利益。关系营销的提出得益于理论界B2B营销和服务营销的发展，如服务营销开发了顾客关系生命周期模型。B2B营销强调企业应该与顾客合作并建立合作伙伴关系。在关系营销中，关系意味着信任和承诺，代表着长期的、重复交易，企业可以通过沟通和满意度等方式来管理顾客，实现顾客终生价值的最大化。服务主导逻辑进一步拓展了关系的范围，认为不论在一次性还是多次交易中都存在关系，因为即使是一次性交易，也暗含了法律的或社会的承诺，即企业应确保这种交换关系会在未来较长的时间内为顾客产生有价值的服务，而其得到的回报则是品牌资产的创造和积累。服务主导逻辑提出以服务为中心的观点在本质上是关系导向的。

体验营销为服务主导逻辑中价值的共同创造提供了依据。对体验的关注，始于著名战略管理学家普拉哈拉德（C. K. Prahalad）和市场营销学家拉马斯瓦米（V. Ramaswamy）的一系列研究。他们发现，随着信息技术的发展，消费者的角色发生了巨大的变化：消费者不仅对产品有着丰富的信息，在选择商品和服务的过程中积极主动，而且消费者之间的联系也越来越密切，越来越多地参与到企业设计产品、开发生产流程、制定营销策略和控制营销渠道等各方面，因此成为企业能力新的来源。传统的将企业和顾客割裂开，视企业为价值创造者，顾客为产品接受者，以及市场执行价值交换和价值提取的职能等观点已经过时，更确切的表述应该是企业和顾客在价值创造过程中进行合作，价值创造的关键在于动员顾客合作生产，因为价值是顾客在特定时刻、特定地点、特定事件背景下共同创造的体验。以此为基础，服务主导逻辑将顾客视为价值的共同创造者，且价值的共同创造离不开顾客和企业的互动。

消费文化理论揭示了消费者行为、市场和文化意义间的动态关系。该理论与服务主导逻辑也存在天然的联系。如消费文化理论的研究者指出，人们消费的已经不是物品而是符号,而服务主导逻辑强调有形商品是服务提供的分销机制。人们购买商品的真正原因并不在于商品本身,而在于其传递的服务或利益,而这些服务或利益通常是无形的(如品牌、自我形象、社会联系、意义等)。消费文化理论强调要研究处于情境中的消费者,以便更好地了解消费者如何利用企业的提供物来服务自身,而服务主导逻辑认为价值具有体验性和情境性,需要由受益者独特地和现象地决定。消费文化理论认为人们试图在物品中并通过物品的消费建立关系,市场交换嵌于社会关系中,而服务主导逻辑强调以服务为中心的观点在本质上是关系导向的。交换中存在关系,价值共同创造中也存在关系,关系还可以作为共享的体系和制度,如品牌、交换的标准,以及更高层面的宗教和文化等。消费文化理论指出在消费实践中,消费者利用既有的资源和材料,在使用企业提供物的过程中生产出符合自身需要的利益,对应地服务主导逻辑强调使用价值的重要性。

三、网络概念与服务主导逻辑

网络概念为服务主导逻辑中服务生态系统的提出奠定了基础。早在 1995 年,施特娜(I. Snehota)和哈肯森(H. Håkansson)就将网络方法运用于分析全球背景下 B2B 的关系,认为市场并非传统教科书阐述的那样是现存的客观机制,而是由买方和卖方的关系构成的网络。在某企业所处的网络中,其他企业的成功对该企业是有利的。如果该企业帮助网络中的其他企业发展并取得成功,那么其自身成功的可能性也大大提高。在供应链管理领域,学者们介绍了供应链网络结构的概念,认为企业与供应商的关系可分为不同层级,从第一层的直接互动到第二层的间接互动,而企业与顾客间的关系也具有类似的层级结构。企业内部的业务流程以及企业与供应链网络中其他企业的业务流程都嵌于这些层级中。此外,实践领域中网络的现象和作用也越来越显性化。以旅游业为例,旅行社作为连接旅游者与旅游目的地的桥梁,在旅游供应网络中扮演着资源整合者的角色,将顾客与交通运输、住宿、餐饮和零售企业以及旅游目的地运营商等联系在一起。基于网络理论研究的深入和实践的发展,服务主导逻辑提出了服务生态系统(也称为价值网络)的概念。该系统是相对独立的、自我调节的资源整合系统,系统中的行为者遵循共同的制度,并通过交换服务来共同创造价值。由于价值网络包括所有提供某一价值的行为者,往往将企业、不同层级的供应商、不同层级的顾客,甚至是竞争者都置于同一价值网络中,因此供应链仅仅是价值网络的一部分,它嵌套于覆盖范围更大、更全面的价值网络中。

四、制度思想与服务主导逻辑

制度思想为服务主导逻辑的扩展和更新奠定了理论基础。服务主导逻辑的基本前提提出,价值共创是通过行为者产生的制度和制度安排来协调进行的,强调制度在价值共创中的重要性。这一观点以社会学、经济学、政治学和组织科学中的制度思想为基础,且将制度置于更重要的位置。制度代表着游戏规则,其表现形式多种多样,既可以是正式的成文法律,非正式的社会规范、惯例,也可以是其他程序化的为人们提供快捷认知、沟通和判断的规程。在商品主导逻辑和新古典经济学强调有限资源配置的视角下,制度扮演的角色非常简单,即保护认知资源,使之得到最优利用,从而达到效用最大化的目的。然而,从服务主导逻辑的角度来看,制度的功能远大于此,它是协调价值共创活动的关键。

服务主导逻辑关注价值的共同创造、价值的决定、资源整合以及服务交换，因此强调生态系统中的合作和协调，以及不同行为者之间冲突的解决。在资源整合和服务交换活动日益复杂化、联系越来越紧密的今天，制度通过提供一种共享的行为规范，来促进生态系统中的合作和协调活动。这些生态系统围绕共同的目标构建，相互嵌套，相互重叠。某些生态系统的发展会产生市场，服务主导逻辑将其称为制度化的解决方案。该市场往往由不同的子系统构成，包括次级市场。它们以一种前所未有的方式，由大多数行为者组合起来，构成整个经济。更为普遍的情况是，我们所处的社会正是不同服务生态系统的集合。简言之，制度是人类设计出的一种结构属性，我们往往将其视为社会环境。制度中可累积的资源不断地被组合或重新组合，因此制度是我们理解价值共创过程的基础。得益于共享制度所带来的网络效应和收益递增，行为者们能够在有限的时间和认知条件下，完成服务交换和价值共创。事实上，行为者共享的制度越多，所带来的潜在协调收益就越多。在价值共创和服务交换的过程中，制度发挥着核心作用。

服务主导逻辑的提出有着坚实的经济学基础，而营销学的发展、营销实践的创新、网络概念的提出，以及蕴含在社会学、组织管理、经济学、政治学和营销学中的制度思想也为其提供了肥沃的土壤。服务主导逻辑对服务、价值和资源等进行了更准确的界定，更清晰地观察市场交换过程，将制度在价值共创活动中的作用凸显出来，为理解经济和市场交换提供了新的视角和思维模式。

思考与练习题

1. 服务主导逻辑与商品主导逻辑最本质的区别是什么？
2. 请解释服务主导逻辑的 11 个基本前提间的逻辑关系。
3. 你认为企业界能从服务主导逻辑中受到什么启发？
4. 有人说，服务主导逻辑和商品主导逻辑在本质上都是从供应商的角度出发，企业需要采用顾客主导逻辑。对于这种观点，你怎么看？

即 测 即 练

自学自测　　扫描此码

第三章 制造业服务化

学习目标

本章介绍制造与服务的融合,包括服务化的相关概念、服务化的动因、服务化给企业带来的挑战以及如何整合制造与服务。

- 理解制造与服务融合的重要性。
- 了解服务如何增强商品的价值。
- 掌握有效整合制造与服务的途径。
- 理解如何应对服务化给制造企业带来的挑战。

第一节 服务化的相关概念

技术的快速变化,产品生命周期的缩短以及市场需求的多样化对制造企业维持其竞争优势提出了更大的挑战,仅仅依靠产品创新本身已经不足以确保企业获得成功。国内外一些制造企业,如华为、三一重工、惠普、西门子等,或是通过提供服务来增加其核心产品的价值,或是将销售产品本身转变为出售其功能或服务。企业的产出由实物产品为主向服务转变,企业将自己定位为整体解决方案的服务提供商。制造业服务化是市场一个重要的趋势。

一、服务化的含义

服务化的英文表述主要有 servitization of business、servicizing 和 tertiarization 等。这些单词都描述了在生产型企业中服务比重不断提高的情况,都具有服务化的含义。不同学者侧重点不同,对服务化的解释也有着不同的观点。

(一)业务服务化(servitization of business)

范德默尔(S. Vandermerwe)和拉达(J. Rada)早在 1988 年就注意到世界上越来越多的制造企业不再仅仅提供实物产品,而是通过提供服务来增加其核心产品的价值。因此最先提出了业务服务化,并从产出的角度将其定义为制造企业由仅仅提供产品,经过产品与附加服务的结合,向产品—服务包的转变。完整的"包"(market packages or bundles)以客户为中心,包括产品、服务、支持、自我服务和知识等。这一观点逐步被大部分后续研究者和使用者所接受,目前提到"生产型企业服务化"也大都采用该观点。

(二)服务化(servicizing)

基于制造商角色变换的角度,服务化也被定义为制造商的角色由产品提供者向服务提供者转变的动态变化发展过程，企业和产品都可能处于服务化过程之中。企业从以生产产品为中心向以提供服务为中心的业务转变过程；以及制造企业的主要业务由卖实物产品本身转变为卖产品的功能或服务，或由卖产品转变为卖服务的过程。服务化还是一种与传统销售模式相对应的业务模式。在这种模式下，制造企业不再是以销售产品本身为目的，转而以销售产品的功能为目的，并且产品的所有权始终为制造企业所有，顾客仅拥有产品的使用权并按产品的使用情况向制造企业支付费用，产品的后续维修、护理及回收处理由制造企业负责，并且制造企业维修产品但不向顾客收取费用。

（三）服务化（tertiarization）

绍洛韦茨（A.Szalavetz）（2003）认为制造业服务化具有两层含义。一是内部服务的效率对制造企业竞争力来说日益重要，已超过了传统的决定因素，如企业技术质量、人力资源质量、运作效率、资产数量等。这些内部服务不仅包括产品和过程开发、设计、后勤、扩展训练、岗前培训以及价值链管理，还包括组织开发和协调、人力资源管理、会计、法律及金融服务。简单地说，竞争力不仅来源于传统制造活动的效率，也来源于内部服务的有效组织和提供，并且其重要性和复杂性逐渐提高。二是与产品相关的外部服务对顾客来说复杂性和重要性日益提高。产品—服务包不仅包括维护和修理，还包括购买融资、运输、安装、系统集成和技术支持等。由此可见，该观点既强调内部服务效率的提升，又关注外部服务的重要性。

综上所述，可以根据主体的不同将服务化分为三种类型，即投入服务化、产出服务化和企业服务化。投入服务化，指服务要素在制造业全部投入中所占比重不断增加、作用日益重要的情况。产出服务化，也称为业务服务化，指服务产品在制造业的全部产出中比重不断增加、地位日益突出的情况。企业服务化，则是制造企业向服务企业转变的情况，即企业自身的服务化。

二、服务化的演进

根据服务化的含义，不同学者在其演进阶段上也有着不同的理解。比较有代表性的是三阶段演变观点、四阶段演变观点以及产品—服务连续区演变观点。

（一）三阶段演变观点

范德默尔和拉达认为业务服务化可能经历了三个重叠的演变阶段，图 3-1 说明了这一观点。

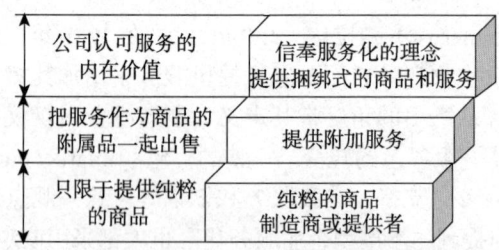

图 3-1　服务化的三个演变阶段

资料来源：Van Looy B, Gemmel P, & Van Dierdonck R. Services Management：An Integrated Approach[M]. Harlow：Pearson Education Limited, 2003：42.

1. 产品或服务

该阶段的制造企业把注意力集中于生产高质量的产品上，而服务企业也仅仅关注服务。它们通过提供单纯的产品或者服务获取利润。

2. 产品与服务

在这一阶段，制造商发现产品和服务的不可分离性，因此在提供产品的同时增加相应的服务，如安装、维修和培训等。与此同时，典型的服务企业如银行，也开始使用更多的产品来促进或传递其服务，并在产品的设计过程中拥有更多的控制权。

3. 产品—服务包

产品—服务包由实物产品、服务、支持、知识和自我服务等组成。在本质上产品属于硬件，可以由其他制造企业提供。服务是围绕产品提供或产品传递的内容。产品—服务包不仅包括产品、维护和修理，还包括购买融资、运输、安装、系统集成和技术支持等。企业越来越多地鼓励顾客进行自我服务，并提供培训、远程维护系统等支持，确保客户企业高效率地运作。知识则是指与产品和服务相关的专业知识，不仅包括知道"是什么"，还包括"为什么"和"怎么样"，是产品—服务包中智力密集和更具有创造力的方面。

（二）四阶段演变观点

根据三阶段演变观点，服务化演进的最后阶段为产品—服务包。但是怀特（A. L. White）等学者（1999）提出的"基于产品的服务"（product-based services），指产品功能作为服务提供的工具或者平台，如网络集成服务围绕着计算机硬件和软件系统进行，在一定程度上延伸了服务化的演变历程。据此，服务化的演进拓展为四个阶段，即产品、产品和附加服务、产品—服务包、基于产品的服务。由此可见，该观点与三阶段的不同仅在于第四个阶段。怀特等人认为，制造企业向顾客提供完全的服务契约是服务化演进的最终阶段，如图3-2所示。

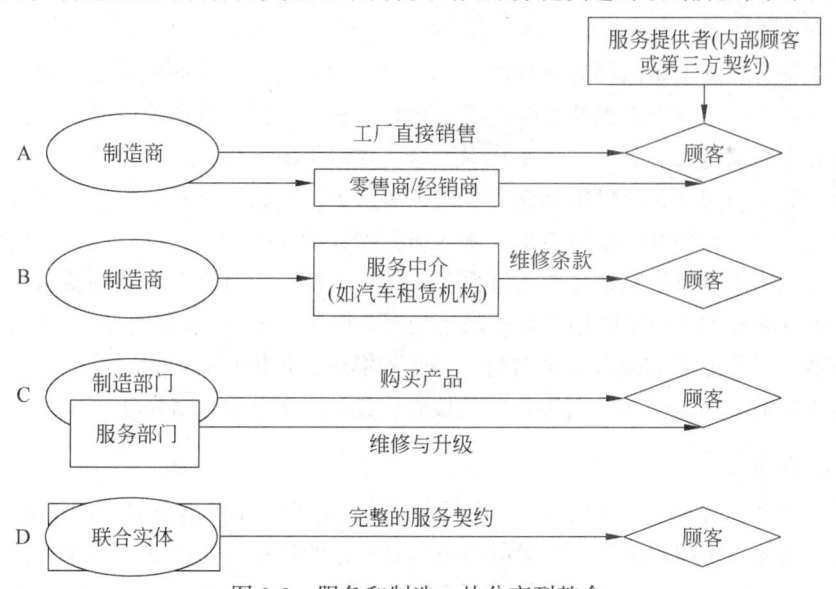

图 3-2　服务和制造：从分离到整合

资料来源：White A L, Stoughton M, Feng L. Servicizing：The quiet transition to extended product responsibility[R]. Submitted to：U.S. Environmental Protection Agency Office of Solid Waste. Boston：Tellus Institute. 1999：31.

（三）产品—服务连续区演变观点

菲什拜因（B. Fishbein）等（2000）提出的产品—服务连续区的概念，也在一定程度上揭示了制造企业服务化的演变过程。制造企业除了可以直接向顾客提供实物产品以满足顾客的需求外，也可以向顾客提供服务，此外还存在一些中间状态。具体而言，产品—服务连续区中的交易模式包括销售产品、销售产品及附加服务、资本性租赁（承租人待租赁期满时可以获得设备的所有权）、维护性租赁（出租人在设备的整个出租期间始终拥有设备的所有权）、租赁及附加服务（出租人负责租赁期间设备的维修）、销售功能（买方需要向卖方支付设备的使用、维修及培训费用）以及销售服务（买方仅需要向卖方支付服务费用），如图 3-3 所示。这些销售模式揭示了制造企业由只提供实物产品向提供因实物产品所带来的功能或服务转变过程中所经历的各个阶段，即制造企业服务化的演变历程。

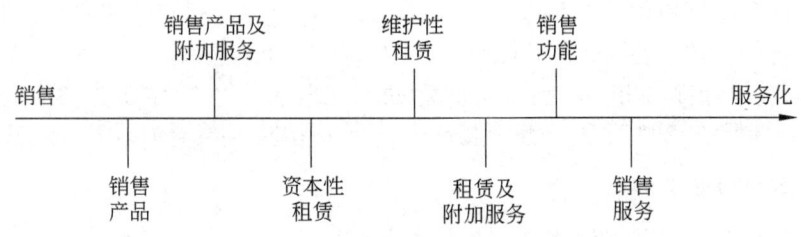

图 3-3　产品—服务连续区中的交易活动

资料来源：Fishbein B, McGarry L S & Dillon P S. Leasing：A step toward producer responsibility[M]. New York：Inform, Duke University, Nicholas School of the Environment, Tufts University, The Gordon Institute, 2000, 17.

三、服务化的特征

（一）顾客导向

服务化很大程度上是由顾客驱动的。一方面，顾客要求供应商提供更多的、定制化的服务；另一方面，得益于信息技术的发展，顾客拥有更好的讨价还价基础，在决策过程中拥有的权力也越来越大，更善于接受技术。这就决定了服务化必须以顾客为导向。服务化并不局限于简单地为顾客提供维修保养、培训等服务，它将产品价值形成中的服务活动延伸到产品之外，结合顾客的独特需求，深入研究顾客的业务领域，提供独特的整体解决方案，为顾客利用产品解决问题提供咨询服务、技术支持，进行企业价值创新服务。此外，服务化还包括满足顾客由于使用产品而派生的服务需求。如汽车行业的 4S 店是汽车厂家为了满足顾客在服务方面的需求而推出的一种业务模式，是集整车销售、零配件销售、售后服务和信息反馈服务为一体的销售店，其核心就是"汽车终身服务解决方案"。

（二）动态化

服务化不是一种稳定不变的状态，而是表现为制造企业不断调整自身的位置，沿着"产品—服务连续体"不断向服务占主导的商业模式转化的过程。如图 3-4 所示，产品—服务连续体的一端强调有形产品的重要性，服务仅作为产品的附加物；另一端则强调服务的重要性，服务作为价值创造过程的主要部分，而有形产品仅作为服务的附加物。处于这一连续体中的制造企业，需要在服务的不同水平上寻求独特的机会，确定自己的位置。在这一过程中，企业需要回答以下问题，即"在变革线上，组织应该占据什么位置？""变革应该如何进行（循序渐进式的还是跳跃式的）？""变革所带来的最具挑战性的方面是什么？"

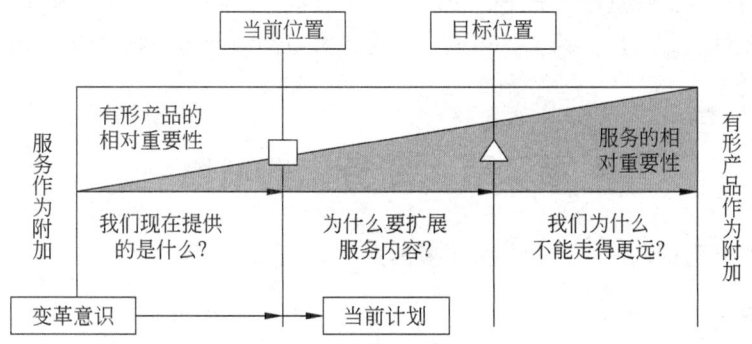

图 3-4　产品—服务连续体

资料来源：Oliva R and Kallenberg R. Managing the transition from products to services[J]. International Journal of Service Industry Management, 2003, 14 (2)：162.

（三）供应商与买方激励相容

在传统的供需关系中，供应商的收入取决于销售数量，销售量越大收入就越高。因此为了扩大销售量，供应商通常会采取价格折扣、重新设计包装等方式鼓励买方增加购买量，即使这些方式在本质上有损于买方的最佳利益并对环境产生不良影响。而买方的目标则是以最少的投入获得最大的产出。因此传统的激励模式下，供应商和买方的目标相互冲突，如图 3-5 所示。相反，在服务化关系下，供应商根据所提供的服务获取报酬，并从买方流

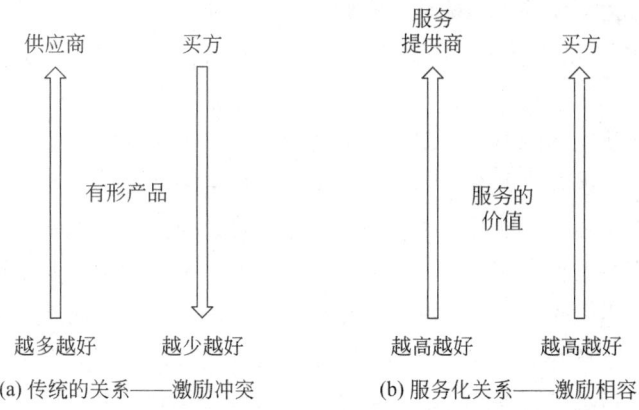

图 3-5　激励在传统销售模式与服务化模式中的比较

资料来源：White A L, Stoughton M, Feng L. Servicizing：The quiet transition to extended product responsibility. Submitted to：U.S. Environmental Protection Agency Office of Solid Waste. Boston：Tellus Institute. 1999：22.

程的效率提升中获得利润分享,即供应商和买方的激励是协调一致的。供应商和买方有共同的愿景,通过资源效率的最大化来达到互惠互利。具体来看,供应商的盈利能力与销售数量相脱离,甚至销售量的减少反而会增加盈利能力。与此同时,买方因为低成本和高效率而获得收益。因此在这种模式下,供应商和买方成为一种联盟关系,在这种关系中开发各自的核心竞争力。与传统的关系相比,这种关系更加强调两者紧密的协作以及更大程度上的相互信任。

第二节　服务化的动因

制造业服务化的动因可以归结为环境因素、组织因素和顾客因素。

一、环境因素

(一)环境管制

制造企业采取以服务取代产品的服务化战略,在一定程度上受环保法律的推动。例如,在与健康、安全密切相关的化学品行业,大多数国家都有相应的法律规范,从而推动了化学品管理服务(chemical management services,CMS)的诞生。政府鼓励耐用物品和设备的生产与使用应减少能源、原材料的耗费和废弃物的排放,降低实物产品生命周期各个阶段对环境的不利影响,制定有关环境保护的法律规范。这些法律法规是制造企业服务化的重要驱动因素,推动制造企业开展循环再利用活动、实施产出服务化战略。

(二)行业竞争

身处竞争市场中,供应商若仅仅以提供有形产品的方式为顾客提供核心解决方案,将很快发现本来就已经很大的价格竞争压力会进一步增大。当顾客无法感受到来自供应商对自身增值过程提供除产品以外的其他支持时,特别在市场中有大量的竞争产品可供选择时,他们就会将价格视为主要的购买标准。在此经济环境中,企业利润率显著降低。我国家电制造业长达20年的价格战就充分说明了商品容易同质化,服务才具有差异化,才能创造企业蓝海。

除了来自市场价格的压力外,制造企业还面临第三方的威胁。如图3-6所示,在传统的"供应商—顾客—顾客的顾客"销售模式下,供应商只要提供比竞争对手更有效的解决方案,就能成功地与顾客建立起关系。但是当今顾客的偏好处于不断变化中,从认为技术规格是成功解决方案的根本变为关注产品使用体验和服务过程,如使用给定技术解决方案和其他支持(如技术服务、维修、维护、培训、呼叫中心或通过网站发布建议等)后生产过程或管理过程的效率和效果如何,顾客甚至会寻找能帮助他们管理生产线或者整个工厂的支持。那些能够帮助顾客顺利完成商业过程的服务公司和咨询公司在顾客业务领域逐渐获得了战略上的优势地位,传统市场供应链增加了第三方。在这种情况下,拥有顾客资源的可能已经不再是供应商,而是服务公司或咨询公司,供应商沦为第三方的"承包商"的风险概率大大增加了。

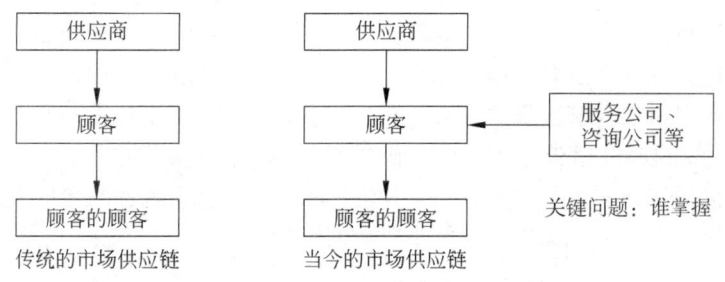

图 3-6　谁掌握着顾客资源：第三方威胁

资料来源：克里斯廷·格罗鲁斯. 服务管理与营销：服务利润逻辑的管理（第 4 版）[M].
韦福祥，姚亚男，等，译. 北京：电子工业出版社，2019：300.

（三）价值链重心发生了转移

企业的价值创造是通过一系列活动构成的，这些活动可分为基本活动和辅助活动两类。基本活动包括内部后勤、生产作业、外部后勤、市场和销售、服务等。辅助活动包括采购、技术开发、人力资源管理和企业基础设施等。这些互不相同但又相互关联的生产经营活动构成了一个创造价值的动态过程，即价值链。随着工业技术的发展，生产型企业的生产技术越来越成熟，其在生产活动中获得的利润会随着生产商之间的竞争变得越来越少。为了获得成长所需的必要利润，企业不得不在价值链的其他环节想办法。服务增加产品的价值，生产型企业越来越认识到这一点，且服务环节获得的价值比重越来越大。也就是说，生产型企业的价值链重心已经发生了转移，这个因素迫使企业从生产型向服务化转型。

二、组织因素

（一）高层管理者对服务的态度

高层管理者在塑造组织价值和确定组织取向上扮演着十分重要的角色。这意味着，除非组织从高层管理者那里获得重视服务的明确信号，否则企业不可能实施服务化战略。陕鼓集团、IBM 等的成功转型正是得益于其高层管理者认识到快速发展的技术重新定义了企业服务的市场，并将服务提供而非产品提供作为企业发展的重心，明确服务导向是公司在所在领域生存的关键因素之一，实施了服务化的发展战略。

（二）高层管理者对风险的态度

当制造企业开始实施服务化战略为顾客服务时，意味着需要向顾客提供新的价值。制造企业进入新的竞争领域——服务领域，新的服务产品、新的竞争环境使制造企业承担可能失败的风险。如果高层管理者愿意承担风险，能够坦然接受偶尔的失败，那么下属就会积极地开发新的服务以适应顾客需求的变化。相反，如果高层管理者厌恶风险，无法忍受失败，下属就不会对顾客需求的变化做出积极的反应，就无法满足顾客对服务的需求，更不可能实现顾客导向的服务战略。

（三）战略发展的需要

在激烈的市场竞争环境中，有形产品的质量与性能特点被认为是满足市场需求的基本要素，高质量的产品特性成为影响顾客购买决策的最低标准。随着新产品的不断推出使产品的生命周期缩短，许多产品进入成熟期或"大路货商品阶段"（commodity stage）的时间比以前缩短。这意味着企业要在产品技术上进行创新需要投入更多的研发费用。服务可以和有形产品绑定以增加其核心价值，从而在市场上和其他产品形成差别性竞争，即用服务来区别有形产品。这种战略被称为"非技术性差别战略"。企业往往将服务作为整体产品不可分割的一部分提供给顾客，消费者服务和生产服务成为提升商品价值的方式。出于战略发展的需要，制造业服务化成为企业竞争路径的选择之一。

三、顾客因素

（一）顾客对服务的需求

随着市场产品的丰富化和竞争的加剧，顾客有了更多的选择，他们要求供应商提供更多的服务。例如，顾客想了解如何随时随地获得所需要的产品和服务，如何充分利用所购买的产品的潜能，在产品使用过程中出错的时候如何处理等。顾客变得越来越挑剔，他们希望更快速、更便捷地获得所需要的产品和服务。供应商发现越来越难以取悦顾客。随着顾客拥有信息的增加，他们对定制化的需求也越来越高。技术的发展使为顾客提供特殊产品、传递定制化产品的服务在市场上变得越来越司空见惯。顾客对服务的需求推动企业服务化战略的实施。

（二）顾客的权利

随着信息技术的发展，顾客获得的信息比以往任何时候都要丰富，由于不同公司提供什么，以什么价格以及为谁提供产品的对比信息更容易获得，顾客在交易过程中具有更高的影响力与更好的讨价还价基础。他们知道自己的选择范围并且更加积极地参与其中，在决策过程中也拥有更多的权利。在某些行业，顾客开始利用其知识，在规范供应商市场方面发挥着主导作用。

（三）顾客对技术的态度

顾客比以往更加善于接受技术，增加了供应商提供服务的可能性。如中联重科的大数据平台，能对销售出去的每一台设备的位置信息、运行情况、施工的工况数据、设备故障信息等进行实时跟踪。客户使用购买设备时配套的服务产品，在供应商的平台上进行运营，不仅可以了解工作质量，还可对设备进行调度和管理，大大提升了效率。类似的现象还包括随着数字网络、声音、数据、影像和摄影传输的整合，顾客可以实时了解产品的使用和服务的相关信息等。

第三节　服务化的途径和挑战

尽管制造企业采取服务化战略可能带来更多的收益，但是除少数企业外，大多数制造企业的服务化转变相当缓慢和谨慎，因为企业实施服务化战略会遇到一些挑战和障碍。

一、制造企业向服务企业转型

与制造业相比，采用服务业务途径至少需要组织业务逻辑上发生三个基本转变，即从服务的角度重新定义企业的使命和战略，将产品重新定位为过程，以及顾客关系中关键要素的服务化。

（一）从服务的角度重新定义企业的使命和战略

制造企业必须将生产部分整合到其他商业或产业服务部分中，整合到对顾客生命周期一个完全连续的对顾客支持的过程中。企业的经营使命不再是向顾客提供他们需要的优质或者高技术的资源，如有形产品，而是向顾客价值生成过程提供最完美的服务。成为服务企业，意味着不再凭借产品技术特性向顾客提供有形产品等单一资源，而是向顾客提供价值生成过程的支持。这种支持由技术解决方案、产品、配送、顾客培训、票据处理、服务修复和顾客抱怨及问题处理、咨询、维修维护服务、服务开发、研发、安装设施的更新换代等持续不断的流程构成。这个流程以价值增值方式来支持顾客商业过程的持续发展。

（二）将产品重新定义为过程

传统制造企业的产品就是有形产品，但在向服务业务转变的过程中，有形产品从制造商的生产过程输出变成顾客过程的输入要素之一，变成顾客价值生成过程需要的、作为支持顾客价值过程的持续性资源之一。这种资源流或活动发生在连续不断的过程中，因此服务业务的产品也是一个过程，取代了传统产品的位置。

（三）顾客关系中关键要素的服务化

在顾客价值增值的过程中，所有的资源都转化成能够满足顾客需要的真正服务，或者被服务化。服务化就是把所有要素，无论其种类和性质，转变成为顾客关系、顾客价值增值过程的输入量。在这一过程中，企业需要分析所有的企业与顾客的接触，以及这些接触中所有的资源与活动，并分析以上内容对顾客过程产生的影响。如果这种效果是中立的甚至是负面的，就需要评估该活动对顾客的价值创造产生怎样关键性的影响。最后，将这些中立或者负面作用的资源和活动，转化为价值支持型服务。从原则上说，任何要素都可以被服务化，但是在某种特定的情况下究竟什么应该被服务化，则取决于顾客眼中的关键因素、现有的竞争环境以及长期的成本—收益分析。

采用服务逻辑进行经营的制造企业业务发展可以遵循 CSS 模型的三阶段方法。其中 CSS 分别代表概念化（conceptualizing）、系统化（systematizing）和服务化（servicizing），具体定义如表 3-1 所示。

表 3-1　CSS 模型

概念	定义
概念化	确定公司应该为顾客做什么，以及如何去做。具体而言，指的是公司决定应该为顾客提供哪些支持，在顾客的商业购买过程中如何为顾客创造价值，如何处理与顾客的接触和与各种顾客过程的互动，支持顾客的日常活动和过程所带来的结果，以及这种结果将如何影响顾客的商业购买过程
系统化	为了实施概念化以后的产品，也为了建立规范的实施方式，公司必须对需要使用哪些资源做出决策，并以理性的方式使用各种资源。系统化的目标在于确保不使用各种不必要的、成本高昂的资源，确保组织不以非组织化、非协调的方式使用资源和组织服务过程，节约成本是考虑问题的出发点
服务化	确保规划出的产品（包括各种资源、过程和互动）以支持价值创造的形式发挥作用，真正做到为顾客服务

资料来源：克里斯廷·格罗鲁斯. 服务管理与营销：服务利润逻辑的管理. 韦福祥，姚亚男，等，译. 北京：电子工业出版社，2019：311-312.

二、整合制造与服务的途径

制造与服务的整合有多种途径。表 3-2 展示了制造企业服务化的五种途径,分别是整合导向、产品导向、服务导向、使用导向,以及结果导向的产品服务系统(product-service system,PSS)。该分类主要依据产品—服务系统的不同形式进行,体现了制造与服务整合的不同程度。

表 3-2 制造企业服务化的 5 种途径

整合导向的产品服务系统	通过纵向整合和增加服务,向下游移动。有形产品的所有权仍然转移给顾客,但是制造企业通过拓展到零售和配送、金融服务、咨询服务、动产与不动产服务以及运输和货运服务等进行纵向整合。 整合导向的产品服务系统:产品+服务
产品导向的产品服务系统	有形产品的所有权仍然转移给顾客,但是所提供的附加服务直接与产品相关,如设计与开发服务、安装与实施服务、维护与支持服务、咨询服务、外包和营运服务以及采购服务等。 产品导向的产品服务系统:产品+服务(构成完整的产品)
服务导向的产品服务系统	有形产品的所有权仍然转移给顾客,但是附加的增值服务作为所提供内容的主要部分,如健康使用监测系统和智能车辆健康管理。与"产品+服务"截然不同,服务导向的产品服务系统将服务整合到产品本身当中
使用导向的产品服务系统	聚焦于服务,通过产品传递服务。有形产品的所有权由服务提供者保留。通过改良的配送和支付系统,如共享、分摊和租赁等,服务提供者向顾客销售产品的功能
结果导向的产品服务系统	用服务代替产品,消除对产品的需求,或者以个人身份拥有产品。典型的例子是语音信息服务,服务本身取代了个人拥有电话留言机的需求

资料来源:Neely A D. Exploring the financial consequences of the servitization of manufacturing[J]. Operations Management Research, 2009, 1(2):108.

三、服务化转型面临的主要挑战

服务化战略的成功实施会给企业和环境带来诸多利益,但是也必然会对企业现有结构、流程和文化等方面提出新的挑战,如表 3-3 所示。

表 3-3 解释服务化的悖论:服务化转型面临的挑战

转变思维模式	营销观念:交易营销→关系营销 销售观念:销售产品→销售服务契约和能力 顾客观念:想要拥有产品→乐于拥有服务
时间范畴	管理和支持多年的合作伙伴关系 管理和控制长期风险 了解长期合作伙伴关系所带来的成本和盈利能力
商业模式和顾客产品	理解顾客(而非生产者和供应商)定义的价值 开发设计和传递服务(而非产品)的能力 建立一种服务文化 将以上内容全部整合到服务型组织中

资料来源:Neely A D. Exploring the financial consequences of the servitization of manufacturing[J]. Operations Management Research, 2009, 1(2):114.

(一)转变思维模式的挑战

思维模式的转变包括营销观念的转变,从交易型营销转变为关系型营销;销售观念的转变,从销售产品转变为销售服务契约和能力;顾客观念的转变,从想要拥有产品转变为对服务感到满意。对于市场营销人员来讲,制造业服务化意味着他们不再单纯地销售产品,而是订立长期契约,因此供应商和顾客之间关系的本质和长度发生了变化。制造业服务化也改变了他们所销售产品的本质。转变思维模式的挑战还来自于顾客,顾客的需求重点要从拥有产品所有权向拥有产品使用权转换。或者说,顾客必须意识到获得有形产品的所有权并非总是必不可少的,为获得产品使用权的服务过程和服务体验而付出是值得的。引导顾客需求观念的改变也是企业成功实现制造业服务化面临的挑战。

(二)时间范畴的挑战

时间范畴的挑战意味着企业从短期导向转为长期导向所面临的挑战,包括管理和支持多年的合作伙伴关系、管理和控制长期风险,以及了解长期合作伙伴关系所带来的成本和盈利能力。对于复杂的工程服务,如航空业生产能力的承包以及建筑业建筑物的寿命管理,企业常常会达成长年的合作伙伴关系。管理和控制合作伙伴关系中存在的长期风险对企业是个挑战。市场上存在企业无法控制的外部因素,理解这些因素可能会随时间的变化而变化,以及如何降低这些因素导致的相关风险就显得非常重要。

(三)商业模式和顾客产品的挑战

服务化还面临包括理解顾客(而非生产者和供应商)定义的价值,开发设计和传递服务(而非产品)的能力,建立一种服务文化,以及将以上内容全部整合到服务型组织中的挑战。制造企业需要了解顾客从服务中获得什么价值,而不是从生产者的角度来定义价值。从运营的视角来看,制造企业往往缺乏服务设计的知识,特别是那些涉及复杂工程服务的设计和传递的知识,对服务设计和传递所需要的组织能力的理解也存在一些不足。随着服务化战略的转移,如何在一个传统的制造企业内部建立起服务文化也将面临挑战。

总之,制造企业服务化的转型需要上述不同层面因素的共同作用才能顺利完成。

思考与练习题

1. 如何理解制造业服务化的含义?
2. 结合一家具体制造企业案例分析其服务化的演变。
3. 制造业服务化的驱动因素有哪些?服务化可能面临哪些挑战?
4. 为什么说制造企业服务化是一种差异化战略?

即 测 即 练

第四章 服务战略

本章阐述服务战略的本质,描述如何使用 SWOT 和五力模型进行服务战略分析,阐述服务三大通用战略和四种聚焦战略,介绍服务企业竞争力发展的四个不同阶段。

- 理解服务战略的基本要素。
- 使用 SWOT 和五力模型进行战略分析。
- 运用三种服务竞争战略对企业进行分析。
- 掌握四种聚焦战略的适用条件。
- 了解服务企业竞争力发展的阶段。

第一节 服务战略的本质

战略管理是决定组织长期绩效的一系列管理决策和活动,是将组织主要目标、政策和活动整合在一起的具有整体性和长远性的规划。明确的战略有助于组织按照其相对能力和劣势、环境变化和竞争对手随时间变化的活动,有效地配置组织资源,并努力使组织资源的利用效率达到最优。服务战略是服务企业带有全局性或决定全局的谋划,体现企业愿景与使命,确定企业的目标与任务。

一、战略涉及的基本问题

企业要维持可持续发展,基业长青,需要对四个基本问题进行决策:企业的目标、企业的环境、企业的资源和资源分配模式以及企业的价值观。为了达到有效性,一个平衡的战略需要以一种一致的方式着眼于这些要素,如图 4-1 所示。

1. 目标:我们想要做什么

企业想做什么和成为什么的决策是企业战略的重要组成部分。这意味着管理层必须为企业定义一个理想的未来。这种理想的未来通常以企业的目标、使命和愿景来概括。如腾讯的使命愿景为"用户为本,科技向善"。美团的愿景为:"通过人工智能的改进,能够每天服务 10 亿人次,普惠每个人,真的帮助大家吃得更好,生活更好。"

2. 环境:我们应该做什么

战略不仅仅是管理者的一系列简单的愿望,一个企业应该考虑它所要做的是否符合市场需要。战略也意味着对企业环境的分析,企业需要在既定的环境下定义应该追求什么。在环境分析中,波特的五力模型是非常实用的方法(详见第二节内容),包括消费者的需求

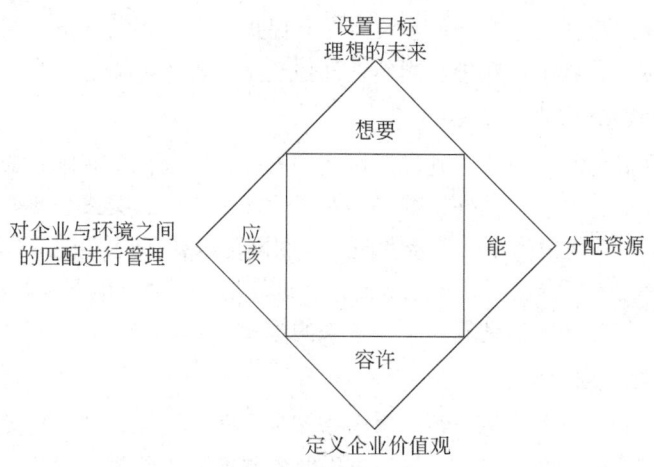

图 4-1　战略制定的区域

资料来源：Heene A. The nature of strategic planning [J]. Long Range Planning, 1997, 30 (6)：934；巴特·范·路易，保罗·格默尔，洛兰德·范·迪耶多克. 服务管理[M]. 吴雅辉，王婧，李国建，译. 北京：中国市场出版社，2006：448.

和偏好、现有竞争者、可能的替代品、与供应商议价中所处的地位以及法律规章制度等因素。环境分析使企业与其环境结合起来，通过使企业适应所在环境或者通过"改变"环境的过程使环境的需求更好地符合企业的目标和能力。

3. 资源和资源分配模式：我们能做什么

企业必须考虑在给定资源的情况下能做什么。一个企业是否能够成功地从事其定义的业务和目标，依赖于资源和对资源的调配利用。除了设备、厂房等传统的有形资源，还有两类资源日益重要：无形的资源（如知识、智能、态度、声望、形象和品牌等）和厂商可寻资源。后一种资源是指在法律上不归企业所有，但在产品设计、开发、服务传递或者在营销和销售过程中被企业所使用的资源。在现代企业网络运作中，厂商可寻资源的概念越来越重要。战略制定不能局限于单一企业，而需要着眼于整个网络。

4. 企业价值观：我们被容许做什么

定义企业战略需要从深层次考虑企业的价值观，包括企业的经营原则和商业道德规范。例如，阿里巴巴提出"客户第一，员工第二，股东第三；因为信任，所以简单；唯一不变的是变化；今天最好的表现是明天最低的要求；此时此刻，非我莫属；认真生活，快乐工作"等有特色的价值观。字节跳动提出"追求极致、务实敢为、开放谦逊、坦诚清晰、始终创业"的价值追求。拼多多提出"本分，即坚守自己的本职，始终专注于为消费者创造价值"的价值观。企业不应该把价值观看成是停留在口头上的、表面的口号，而应该将价值观体现在日常的经营管理中。

二、服务竞争的环境特征

1. 整体进入壁垒相对较低

其主要表现为政策壁垒低（金融、航空运输这些政策严格规制的行业除外）、资金和技术壁垒低，有效保护难度大。服务创新没有专利保护。在许多情况下，服务业不是资本密集型的，创新很容易被竞争者模仿。当然，其他类型的进入障碍还是存在的。

2. 难以达到规模经济

许多服务提供商为某一特定的地理区域提供服务，市场范围有限，通过共享采购和广告难以形成规模经济。但也有例外，特许经营企业通过联合购买或分摊广告支出可以实现一定的规模经济。在其他情形中，消费者使用互联网可以替代现场购买（如在天猫、当当、京东、苏宁易购等网上平台进行订购，从而代替逛商场、书店、电子产品店和超市），这从某种程度上克服了服务难以达到规模经济带来的难题。

3. 不稳定的销售波动

服务需求每小时、每天、每个月、每个季度都在随机变化，规律性差。服务无法在需求低谷期储存以供需求高峰期使用，导致难以匹配服务供求关系。尽管如此，管理者可以根据历史情况进行销售预测，如旅游酒店业的提前预订系统、服务的预售等，都有助于解决销售的波动。

4. 小企业与购买者或供应商做交易时在规模上没有优势

许多小型服务企业在与有实力的购买者或供应商讨价还价时处于劣势。当然也有特例，如快餐连锁集团购买牛肉、连锁酒店购买床垫、旅行社购买飞机票等在规模上则具有优势。

5. 存在替代风险

产品创新可能成为服务的替代，因此服务企业不仅应该关注其他的服务竞争者，而且应该预计到那些有可能使企业经营的服务过时的潜在的产品创新。例如，洗衣机替代洗衣服务，血压仪替代测量血压服务，妊娠试纸替代医院检查等。不同服务行业之间也存在替代，如铁路和公路运输服务存在替代作用，出租汽车服务与网约车平台的跨界竞争等。潜在的服务创新也可能替代现有服务，如移动电话对固定电话的替代。

6. 顾客忠诚

企业凭借个性化的服务建立起忠诚的顾客群，从而为其他新的服务企业设置了进入障碍。如为大学提供教学设施设备的厂商通过为学校提供量身定制的整体解决方案，为学校实现智能教学提供了很好的全过程服务，对于其他服务供应商进入该校设置了一定的进入障碍。

7. 退出障碍

少数服务企业可能在低盈利甚至不盈利的情况下继续经营。例如，一家私有企业以家庭成员就业而不是利润最大化为目的。私营古董店的经营者出于个人的业余爱好而工作，其工作上的满足感可以弥补较低的经济回报。以利润为导向的竞争者会发现很难将这些私人企业逐出市场。

第二节　服务战略管理

一、战略服务愿景

战略服务愿景（strategic service vision）的概念由 Heskett 等学者提出，如图 4-2 所示，

其要素从左到右包括服务传递系统、运营战略、服务概念以及目标市场细分。当处于全球化背景下,服务企业在国际经营中还将面临新的问题,比如跨文化障碍、不同的劳动力市场标准、东道国政策等。该框架还需要将国际因素纳入到战略服务愿景中,如表4-1所示。

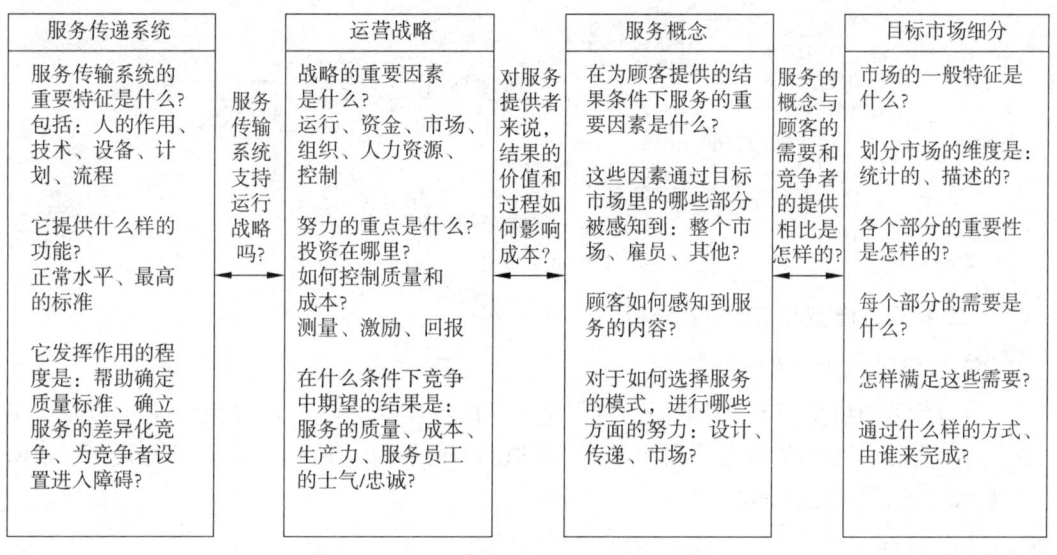

图4-2 战略服务愿景的要素

资料来源:Heskett J L, Sasser W E, and Schlesinger L A. The service profit chain[M]. New York: The Free Press, 1997: 9.

表4-1 战略服务愿景的国际因素

服务传递系统	运营战略	服务概念	目标市场细分
可提供的技术 基础设施 劳动力市场的规则 可利用的空间 与供应商的互动 顾客受教育程度	适合的管理者行为(员工参与、独裁) 劳动力市场标准 政府规则 工会 东道国政策 语言(官方、非官方)	顾客期望的是什么(感知价值、服务宗旨) 服务接触(语言、自助服务能否接受) 使用的范式 文化转移	细分市场是什么(国内、多国、旅行者) 重要的文化差异(语言、生活方式、可支配收入) 统计的劳动力状况(技能、年龄结构、态度、工作原则)

资料来源:桑杰夫·波多洛伊,詹姆斯·A.菲茨西蒙斯,莫娜·J.菲茨西蒙斯.服务管理:运作、战略与信息技术[M].张金成,范秀成,杨坤,译.北京:机械工业出版社,2020:273.

二、战略管理过程

战略管理过程一般包括以下步骤,确定组织当前的使命、目标和战略,进行外部分析、内部分析,构建战略、实施战略和评估结果,如图4-3所示。

(一)确定组织当前的使命、目标和战略

每一个组织都需要使命,使命是对组织目的的陈述,使命回答了组织存在的理由是什

么这个问题。定义组织的使命会迫使管理者仔细地决定企业商品和服务的范围，为组织目标的设立提供思路。目标是计划的基础，企业目标是制定绩效目标的依据。同样，识别组织当前的战略也很重要，因为可能需要根据市场对其进行调整。

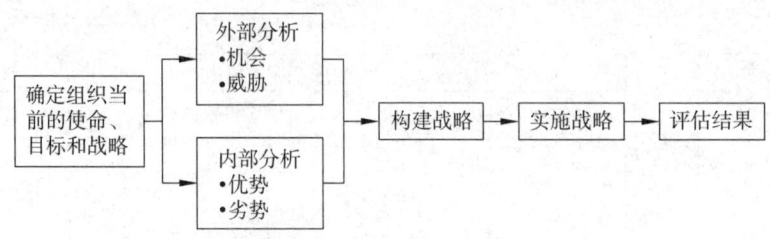

图 4-3　战略管理过程

（二）五力模型和 SWOT 分析

1. 波特的五力模型

波特的五力模型用于分析产业（如航空业、旅行社业、酒店业）的竞争强度以及市场吸引力。"五力"影响着企业吸引顾客以及获取利润的能力。图 4-4 展示了五力模型以及模型每一部分需要考虑的问题。

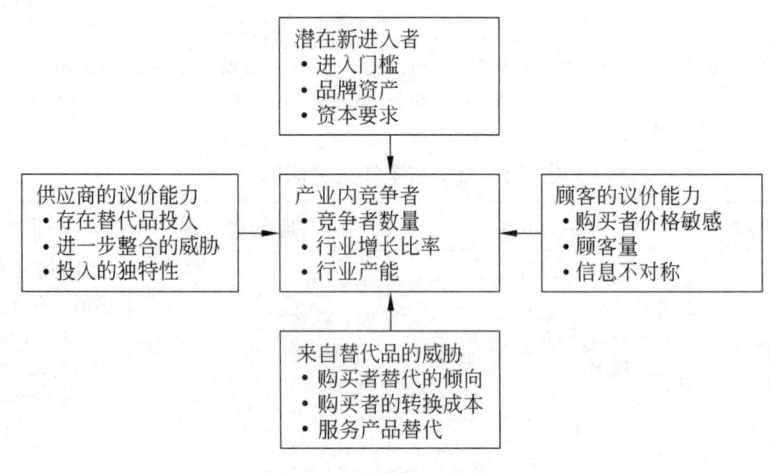

图 4-4　波特的五力模型

2. SWOT 分析

SWOT 分析明确了组织的内部优势和劣势，以及外部环境中的机会和威胁。这一分析的目标是揭示竞争优势，分析前景，防患于未然。SWOT 分析从描绘一个目标开始，最终要得出一个汇总的结论，包括：需要维持、巩固的优势，需要改变的劣势，需要抓住的机会，需要防御的威胁。SWOT 分析是主观的，两个分析者往往会得出截然不同的结论，因此需要强调合作的重要性。表 4-2 展示了一些在进行 SWOT 分析时需要回答的代表性问题。

表 4-2　SWOT 分析

优势	劣势
企业的优势是什么 怎样才能比别人做得更好 所拥有的独特资源是什么 在所在市场，人们认为企业的优势是什么	能改进什么 应该避免什么 哪些因素导致销售损失 在所在市场，人们会把什么视为劣势
机会	威胁
竞争对手的薄弱点 当前的市场趋势 技术是否提供了新的服务选择 企业可以填补市场中的位置吗	面临哪些挑战 竞争对手正在做什么 技术变化是否威胁企业的地位 是否存在现金流问题

资料来源：桑杰夫·波多洛伊，詹姆斯·A. 菲茨西蒙斯，莫娜·J. 菲茨西蒙斯. 服务管理：运作、战略与信息技术[M]. 张金成，范秀成，杨坤，译. 北京：机械工业出版社，2020：33.

（三）构建战略

当管理者制定决策时，他们必须考虑外部环境和所能使用的资源、能力的现实情况，设计出能够帮助组织达到目标的战略。战略主要有三种类型：公司层战略、业务层战略和职能层战略。公司层战略是企业总体的、最高层次的战略，包括增长战略、稳定战略和更新战略三种类型。业务层战略注重组织应该怎样在每项业务上展开竞争，也叫竞争战略。职能层战略是组织不同的职能部门用来支持其业务或竞争战略的战略，如营销战略、人力资源战略、财务战略、研发战略等。

（四）实施战略

战略制定出来以后，必须得到实施。不管战略制定得多么有效，如果不能成功实施就等于纸上谈兵。一个新的战略要取得成功，通常要求企业雇佣具有不同技能的员工，将现有的一些员工转到新的岗位，或者裁减一些抵制新战略实施的老员工。因为越来越多的组织运用团队形式，所以构造和管理有效的团队也是战略实施的重要组成部分。高层管理者的领导能力也是成功战略的组成部分，因此如何激发中层和基层管理者执行组织战略，就成为战略实施的重要一环。

（五）评估结果

战略管理过程的最后一个步骤是评估结果，即对战略的有效性（财务绩效和非财务绩效是否实现预期目标）进行评估，决定需要做出哪些必要的调整，从而帮助组织达到目标。

第三节　服务竞争战略

一、三种竞争战略

与制造业相比，服务业所处的竞争环境具有其独特的特征。然而服务业基本的战略管理步骤、三种竞争战略与制造业在本质上并无大的差别。通用的竞争战略包括总成本领先、差别化和集中战略。

（一）总成本领先战略

总成本领先战略是服务企业可以选择的重要竞争战略。当服务品质和服务功能相同并且企业具备较强的资金实力时，可以采用该战略。总成本领先战略要求企业具有有效规模的设备，严格的成本和费用控制，不断创新的技术。低成本可以抵御竞争，因为效率低的竞争者将首先在竞争的压力下受挫。实施低成本战略通常要求：在先进的设备上投入大量资金，采用具有攻击性的价格，在经营初期为抢占市场份额承担损失。服务企业可以通过多种方式实现成本领先。

1. 寻求低成本顾客

如果服务某些顾客比服务其他顾客花费要少，那么他们就可以成为服务企业的目标顾客。例如，如家酒店寻找到倾向于支付低价格的顾客并使之成为会员，保持低成本顾客的忠诚度。另一个例子是低成本零售商，目标是那些愿意批量购买、追求实惠和不需要额外服务的人。例如中国很多城镇卫生所注重降低医疗成本，以此吸引周边农村和城郊的顾客群体。

2. 顾客服务的标准化

服务企业可以通过使用新技术将定制化服务转变为常规的标准化服务，以达到降低成本的目的。例如，公交系统（地铁、轻轨、公共汽车）使用标准的时间表和线路向乘客提供标准服务，因此成为吸引大众的低成本服务。

3. 减少服务传递中人的因素

虽然减少服务传递中人的因素有潜在的风险，可能影响顾客的服务体验，但使用得当也可以被顾客接受。例如，使用自动柜员机带来的便利性使得顾客放弃与出纳员的交互行为，并最终降低银行的交易成本。加油站的自动刷卡机降低了加油站的运营成本。

4. 降低网络费用

需要通过网络将服务提供者与顾客连接起来的服务往往需要企业高额的成本投入。一个最明显的例子是电力公司，它需要在输电线路上投入巨额的固定成本。另一个例子是快递公司，在全国各城市设立网点需进行巨大的投入。通过创新性举措，服务企业可以有效降低网络费用，实现成本领先。如快递网络有两种典型结构，点对点的快递网络（全连通网络）和轴辐式快递网络（枢纽辐射式快递网络）。前者是指任意两个城市之间，开行直达运送车辆的快递网络。后者是指运送线路的安排以某几个城市为枢纽，枢纽城市之间开行直达运送车辆，相近的城市通过枢纽进行中转衔接的快递网络。轴辐式快递网络可以发挥中心节点的处理功能，实现最大程度的运量合并，产生网络规模经济效应。

5. 非现场服务作业

许多服务，如理发和客运，只有顾客在现场时才能提供服务。对于那些不一定非要顾客在场的服务，服务交易和服务作业可以部分分离。如洗衣店在很多分散的地点设置收取站，然后将衣服集中到某个洗衣厂。由于可以享有规模经济和低成本的设施场地，同时避免顾客直接参与服务过程，在现场之外开展服务可以有效地降低成本。简言之，如果将服务交易与服务作业分离，服务企业的运作就与工厂类似，可以形成大规模生产以降低成本。

（二）差别化战略

差别化战略的实质是创造一种能被感知的独特服务。实现差别化有许多方式，包括品牌形象（如华为的太阳花、麦当劳的金拱门）、技术（如国航先进的机型、天降美食的机器人厨师）、特性（如网络银行带来的便利性）、顾客服务（如招商银行的顾客关怀）、经销商网络（如海尔遍布全国的庞大经销与售后服务网络）以及其他方式。差别化战略并没有忽视成本，但其最主要的目的是培养顾客忠诚。

1. 使无形服务有形化

从本质上讲，服务通常是无形的，顾客购买后没有留下能够产生记忆的实体。服务企业可以通过多种方式使无形服务有形化，由此形成服务差异化，在顾客心目中树立企业形象。为了使顾客能够回忆起曾经在酒店的住宿，许多酒店提供印有酒店名字的精美盥洗用具、印制精美的纪念品等。旅游景点制作精美的门票和纪念品加强顾客对景点和景观的记忆。大学用徽章和文化衫保持人们的记忆。保险公司将企业标志印制在各种设备和宣传材料上。

2. 将标准产品定制化

提供定制化的关注可以使企业以很少的花费赢得顾客的欢心。能记住客人名字的酒店经营者可以给顾客留下很好的印象并带来回头客。美发沙龙增加了许多个性化的特征（如个人造型、软饮吧、休闲环境、背景音乐），以此与理发店相区别。网上衬衫店先让顾客自己设计衬衫样式，之后再加工生产，这一做法获得了大批追求个性的青年的认可。

3. 降低感知风险

服务的无形性增加了顾客的购买风险。由于对服务缺乏了解和信任，顾客会寻找那些愿意向其提供相关信息和担保的服务企业，这给企业实施差异化战略提供了可能。比如汽车修理服务，顾客会寻求那些愿意花时间解释汽车故障原因、说明具体维修方案、公开汽车维修过程、提供维修零部件信息的4S汽车修理店，同时可以接受较高的服务价格。线上购物7天无理由免费退换货、服务质量保证金等都是降低感知风险的有效尝试。

4. 重视员工培训与激励

企业投资于全体人员的发展和培训所带来的服务质量的提高是竞争对手难以模仿的竞争优势。处于行业领导地位的企业，其高质量的培训项目在同行中常常享有盛名。有些公司建立学院式的培训中心，如马蜂窝大学为旅游行业从业者提供在线学习课程。此外，服务企业还可以通过设立合理的薪酬制度、晋升制度和奖励制度来赢得员工满意，满意员工所带来的竞争优势是其对手很难复制和模仿的。

5. 控制质量

在劳动力密集型行业，多场所经营企业（如特许经营的连锁火锅店、洗衣店）要做到质量稳定确非易事。企业采取了一系列的措施来解决这个问题，包括人员培训、明确的程序、技术、限制服务范围、直接指导、同事间的约束等，如为了保证质量的稳定性，FOODOM

天降美食王国机器人餐厅"雇用"了炒菜机器人、煲仔饭机器人、粉面机器人等20余种机器人,以保障菜品品质稳定。

(三)集中战略

集中战略,也叫聚焦战略,其基本思想是企业通过深入了解顾客的具体需求来更好地为某个特定细分市场服务。细分市场可以是一个特定的购买群体(如军官、教师、某行业企业客户)、服务(如青年旅馆和廉价旅游者,月子中心和产妇,顺丰速运公司和要求包裹隔夜送到的人们)或地理区域(如地区性航空公司、当地零售商)。例如,余额宝关注的就是账户里只有少量闲置零散现金、喜欢方便快捷、足不出户就可以实现理财的年轻人这类"平民"顾客,填补了行业空白。实施集中战略的前提是,与那些目标市场广泛的其他公司相比,企业可以更有效地服务于范围狭窄的目标市场。结果是,企业通过更好地满足顾客需求或降低成本,在狭小的目标市场内实现了差别化或低成本。因此,集中战略是总成本领先战略和差别化战略在细分市场中的应用。

二、四种聚焦战略

由于顾客在需求、购买行为以及消费模式方面存在很大差异,且顾客的数量很多很分散,因此企业想要吸引市场中所有的潜在购买者通常是不现实的。企业需要将精力集中于它能提供最佳服务的那些顾客,而非整个市场。聚焦指为一个特定的细分市场提供相对较窄的产品组合。企业聚焦战略可以从市场聚焦和服务聚焦两个维度来描述。市场聚焦指的是企业所服务的市场的多寡。服务聚焦指的是企业提供多少种服务。这两个维度确定了四种基本聚焦战略,如图4-5所示。

	服务产品的宽度	
	宽	窄
服务市场的数量 少	市场聚焦战略	完全聚焦战略(服务与市场同时聚焦)
服务市场的数量 多	非聚焦战略(向所有人提供统一的服务)	服务聚焦战略

图4-5 服务的四种基本聚焦战略

资料来源:Johnston R. Achieving focus in service organizations[J]. Service Industries Journal, 1996, 16(1): 15.

(一)完全聚焦战略

一个完全聚焦型企业只为一个狭窄的特定的细分市场提供有限范围内的服务(也许只有一种核心产品)。例如,私人飞机包机服务聚焦于高净值人士和企业,某医院只针对身体健康但患有疝气病的患者(主要是40~60岁的男性)提供简单的疝气治疗手术,某餐馆仅仅为所在社区的长者提供用餐服务。在清晰明确的市场中培养专业技术能使企业免受潜在竞争者的威胁,还能让企业收取高额的价格。采用完全聚焦战略意味着风险与机会并存。只聚焦某类市场可能导致市场规模太小,销售额过低而无法保证企业财务收入,企业的抗风险能力比较弱,可能被替代品或技术取代。如果一个特定的细分市场有特殊的需求,并且要求设计特别的服务环境、服务过程和与一线服务人员的互动，就应该采用完全聚焦战略。

（二）市场聚焦战略

采用市场聚焦战略的企业专注于为一个窄小的细分市场提供广泛的服务。这种战略很吸引人，它提供了向一个购买者销售多种服务的潜能。但是采用这种战略前，管理者需要确定企业是否具备运营能力能够提供各种不同的服务。当顾客重视一站式购物的便利性，企业有能力提供比竞争者更优质的多层次服务，出售多层次服务具有明显的协同效应时（企业能够降低价格或者提供更好的服务），采用市场聚焦战略更合适。如旅行社往往需要为旅游者提供食住行游购娱等一系列服务。大学为学生提供图书借阅、数据库资源查询下载、餐饮、住宿、专业教学、体育娱乐等综合服务。

（三）服务聚焦战略

服务聚焦型企业面向一个较广阔的市场提供种类很少的服务。如瑞幸咖啡、顺丰速运、大家乐快餐店等，企业为广泛的顾客提供标准化服务产品。随着新的细分市场的增加，企业需要掌握为这些细分市场提供服务的知识和技能。即采用此战略往往需要企业付出更多的销售努力和更多的营销沟通投入。如果企业有能力和资源提供杰出或者划算的特定服务，最适合采用服务聚焦战略。企业可以进一步运用其优势拓展海外市场，与此同时进行更多的顾客细分。

（四）非聚焦战略

服务供应商采用非聚焦战略试图为广阔的市场提供大范围的服务，他们希望用丰富多样的服务吸引所有类型的顾客。通常情况下，公共服务和政府机构服务公众，他们不得不这样做，但总体而言这种做法并不明智。例如，一些百货商店采用非聚焦战略，试图通过全面覆盖市场的策略为顾客提供多样化的商品和服务，但可能面临更为集中化的竞争者竞争（如高档百货商店和专卖店），非聚焦战略也可能给企业带来风险。

三、服务企业竞争力的四个阶段

表 4-3 描述了服务企业竞争力的四个阶段。在每一个阶段，将企业的管理实践和态度在关键业务方面进行了对比。当然，服务企业的发展并不一定要从第一阶段开始，但在其生命周期中，追求更高阶段的发展目标，避免回到初级发展阶段是管理者应该关心的。

表 4-3 服务企业竞争力的四个阶段

关键业务	初级服务	熟练工	取得了显著竞争优势	世界级服务传递
声望	顾客光顾服务企业的原因不是绩效	顾客既不寻求企业也不回避企业	顾客基于企业能够满足其期望的声誉而寻求企业的服务	企业的名字是服务卓越的同义词。它的服务不仅满足顾客需要，同时使他们高兴，因此把顾客的期望标准扩大到竞争对手不能实现的水平

续表

关键业务	初级服务	熟练工	取得了显著竞争优势	世界级服务传递
运营	运营充其量只不过是反应性的	运营的作用平庸,无独创性	通过人员管理和高强度的以顾客为中心的支持系统,运营得以连续优化和加强	运营具有快速学习和创新的机能,它控制着服务传递过程的每一个步骤并且提供优于竞争者的能力
服务质量	由成本决定,高度的不确定性	在一两个关键方面满足顾客的某些期望	在多个方面超出顾客期望	提升顾客期望并寻求挑战,持续改进
后台支持部门	会计部门	有助于服务,并在整个服务中扮演着重要角色,得到关注,但仍为独立的部分	得到与前台部门同等的重视,发挥一体性作用	主动活跃,拓展自己的能力并制造机会
顾客	未指定的,以最低成本满足	依据基本需求,进行市场细分	对不同需要的个体加以综合	顾客成为可激励、有创意、充满机会的资源
新技术的引进	在生存压力下不得不为之时	为节省成本不得不做调整时	为加强服务承诺时	先发优势的来源,创造能力去做竞争对手做不到的事
员工	负面约束	有效的资源,守纪律,按程序行事	允许从不同的流程中进行甄选	富有创新性,能创造流程
一线管理	控制员工	控制流程	倾听顾客意见,指导和协助员工	高层管理者新想法的来源,指导员工职业发展

资料来源:桑杰夫·波多洛伊,詹姆斯·A. 菲茨西蒙斯,莫娜·J. 菲茨西蒙斯. 服务管理:运作、战略与信息技术(原书第9版)[M]. 张金成,范秀成,杨坤,译. 北京:机械工业出版社,2020:48-49.

1. 初级服务阶段

一些服务企业,尤其是垄断企业,可以归入这一类别。它们把运营看作不得已而为之的事情,且以最低的成本运营。因为消费者通常没有选择的余地,所以企业几乎没有寻求质量改进的动力。除非关系到生存问题,它们一般不会在新技术上进行投资。此类企业本质上缺乏竞争,在面临竞争之前一直停留在这一阶段。在员工管理方面,这类企业更多采用官僚组织结构,对员工的工作进行监控式的管理。

2. 熟练工阶段

第二阶段服务企业的员工都经过了训练以适应规范化工序,企业对员工的服务过程进行控制。处在第二阶段的服务企业面临市场的竞争,因此可能会被迫重新评估其服务传递系统。运营管理者必须采用行业惯例,与新的竞争者相抗衡,以避免市场份额的减少。例如,如果所有成功的航空公司都使用同样的飞机,那么一个刚进入市场的新生航空公司也会倾向于使用相同的飞机,采用行业中已经得到顾客认可的相似的服务流程,遵守行业的惯例。这些企业可能并未认识到运营对企业竞争力的潜在贡献价值。

3. 取得了显著竞争优势阶段

处于第三阶段的服务企业拥有能把握为顾客创造价值的因素的高层管理者,他们理解运营经理在服务传递中必须发挥的作用,积极推动运营创新,引进新技术改善服务传递系统，倡导全面服务质量管理，建立服务保障。在服务一线员工的管理上，这类企业推行授权，指导和帮助员工更好地满足顾客的需求，超越顾客的期望。这些企业中的员工通常都经过交叉培训，企业鼓励员工发挥主动性，为实现既定运营目标而努力。企业从竞争中脱颖而出，取得了显著的竞争力。

4. 世界级服务传递阶段

处在世界级服务传递的企业在市场中的声誉是其他竞争者难以企及的。这类企业的管理具有前瞻性，善于识别新的商业机会。它们在市场中引领顾客的期望，通过听取顾客意见提高服务绩效标准。许多世界级服务企业所定义的质量标准被其他企业广泛采用。处于此阶段的企业具有快速学习和快速创新的能力，寻求挑战，追求卓越。新技术不再单纯意味着降低成本，而是企业一种难以复制的竞争优势。企业鼓励员工的积极主动性，激励员工贡献服务才智，为顾客提供个性化的特色服务。高层管理者注重指导员工的职业发展。

思考与练习题

1. 试阐述服务战略的内涵，比较服务企业战略与制造企业战略的差异。
2. 结合战略服务愿景框架分析某一服务企业的战略，并对其战略进行评价。
3. 描述四种基本聚焦战略并举例说明。
4. 服务企业竞争力发展包括哪几个不同阶段？每一个阶段的发展有何特征？

即 测 即 练

自学自测　扫描此码

第二篇 构建服务体系

第五章 服务设计与服务开发

本章介绍服务概念、服务设计思路和多层级服务设计步骤,阐述新服务开发的类型以及新服务开发的流程。

- 理解服务概念的内涵及其重要性。
- 掌握服务设计的方法和常用工具。
- 了解新服务开发的类型。
- 掌握新服务开发的流程。
- 了解多层级服务设计框架。

第一节 服务设计概述

服务设计指的是服务设计者通过了解顾客和他们所处的环境,理解服务提供商和社会实际需求,进而把这种理解转化为对服务交互系统的改进和提升的过程。服务设计依赖于设计者敏锐的观察力,对不同领域的元素和工具进行组合以达到不同的目标,如顾客满意度或欣赏程度、设计者的满意度或成就感、问题的解决方案、经济和环境的可持续发展和达到实用美观等,是涉及跨领域多功能的过程。

一、服务概念

服务概念一词在服务设计和新服务开发中的使用频率很高,在服务设计与新服务开发中扮演着很重要的角色。服务概念定义了服务设计的内容和方式,在顾客需求和组织的战略目标之间起着调和作用。

(一)服务概念的定义

服务概念是体现在一项服务中的企业想要传递给顾客的价值主张,它定义了一项服务能带给顾客的价值。无论是通过外界的口碑宣传、广告宣传,还是通过自身的体验,顾客都会形成一种对服务概念的认知。

埃德瓦德森(B. Edvardsson)和奥尔森(J. Olsson)(1996)指出,服务概念是服务的原型,是对服务应该"做什么"和"怎么做"的一个详细描述。其中,"做什么"代表满足顾客的需求和期望需要做的事情,而"怎么做"代表怎么使这些事情得以实现。这一观点将服务概念定义为对顾客需求的详细描述、顾客如何得到满足以及企业应该为顾客做什么来实现顾客的需求,强调了服务概念的建立在服务设计和服务开发中的重要地位。

克拉克（G. Clark）等学者（2000）从四个方面定义服务概念：①服务运营：服务传递的方式；②服务体验：顾客对服务的直接体验；③服务结果：顾客从服务中得到的利益和结果；④服务价值：顾客对服务内在价值与服务成本之间的衡量。

（二）服务概念与决策

在设计一项新的服务或重新设计一项已有服务时，设计者必须考虑服务的每一个环节和组成部分并做出决策，大到确定服务设施安放的位置，小到确定餐巾纸的颜色。就算是一项非常简单的服务，从服务概念的确立到服务传递给消费者的整个设计过程，都要经历许多大大小小的决策。在很多情况下，做决策的过程是持续的，因为企业会不断地加大对实体设施的投入和培训他们的员工，同时也会对前台的接待流程和后台的支撑系统进行完善。

这一系列的决策是在企业的不同层级部门中诞生的，从战略层面到操作层面再到服务接触层面。对服务企业而言，最大的挑战就是要保证各个层级中制定的决策是贯穿始终的，都是要为目标顾客传递正确的服务。在这个过程中，服务概念正是各层级服务设计决策的关键驱动因素，影响着服务传递系统和服务接触的设计。

（三）服务概念与服务设计

服务企业只有整合所有在资产、流程、人员和材料方面的投入才能传送服务。就像生产一件商品需要成千上万个零件一样，一项服务也包含成千上万的成分。但与商品不同的是，服务成分往往不是有形的实体，而是流程、人员技术和材料的正确组合，这一组合形成了服务设计。

服务概念是服务设计、新服务开发和服务创新过程的核心阶段，尤其是服务设计的中心组成部分，涉及对目标市场顾客需求的理解和对企业战略和竞争目的的调整。洛夫洛克等学者（1999）用"是什么"和"怎么办"来定义和区分服务营销概念（service marketing concept）和服务运营概念（service operations concept）。"是什么"，阐明顾客的需求和服务要为顾客传递的利益；"怎么办"，阐明传递服务的过程。

在实际操作中，往往需要将一项任务解构为"是什么"和"怎么办"，或者解构为每一个组成部分，以便于设计者确定一项服务概念中的不同元素，通过将这些元素与顾客需求相对比，可以更好地设计和传递这些元素。然而，这些零碎的元素容易掩盖服务本身的复杂性以及服务作为一种体验在顾客心中的完整性。例如，在"迪士尼魔法王国的一天"更可能被服务设计者定义为一趟魔幻体验而不是单纯的一个主题公园里的几项机动游戏和饮料汉堡。换言之，服务概念不仅定义了服务设计"是什么"和"怎么办"，还必须保证两者的整合，如图5-1所示。

服务概念就像是存在于服务设计者、服务人员和顾客脑海中的一个记忆画面，只有把以上这些利益相关者的认知校准到同一水平，在服务设计开始阶段就把设计目标设定为满足目标顾客的需求，才能创造出一个企业、服务人员和顾客都认可和理解的服务概念，缩小顾客期望和服务传递之间的差距。对服务企业而言，如果不能把握好一项服务的性质和概念，将很难开发设计出一项成功的服务。

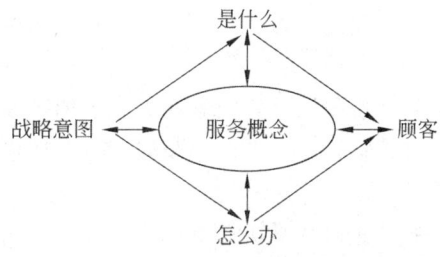

图 5-1　服务概念的基本结构

资料来源：Goldstein S M., Johnston R, Duffy J, Rao J. The service concept：the missing link in service design research[J]. Journal of Operations Management. 2002, 20：124.

二、服务设计过程

人们很多时候会认为伟大的想法都是从一些聪明过人的头脑中突然蹦出来的，但实际上很多例子告诉我们，一些创新并不是一个突如其来的突破性进展或是某些天才的灵光一现，而是经过一个长期的以人为本的创造性探寻过程和对设计模型的不断反复测试与调整过程而实现的。所有的设计过程都必然经历三个阶段（见图 5-2），而且这三个阶段组成一

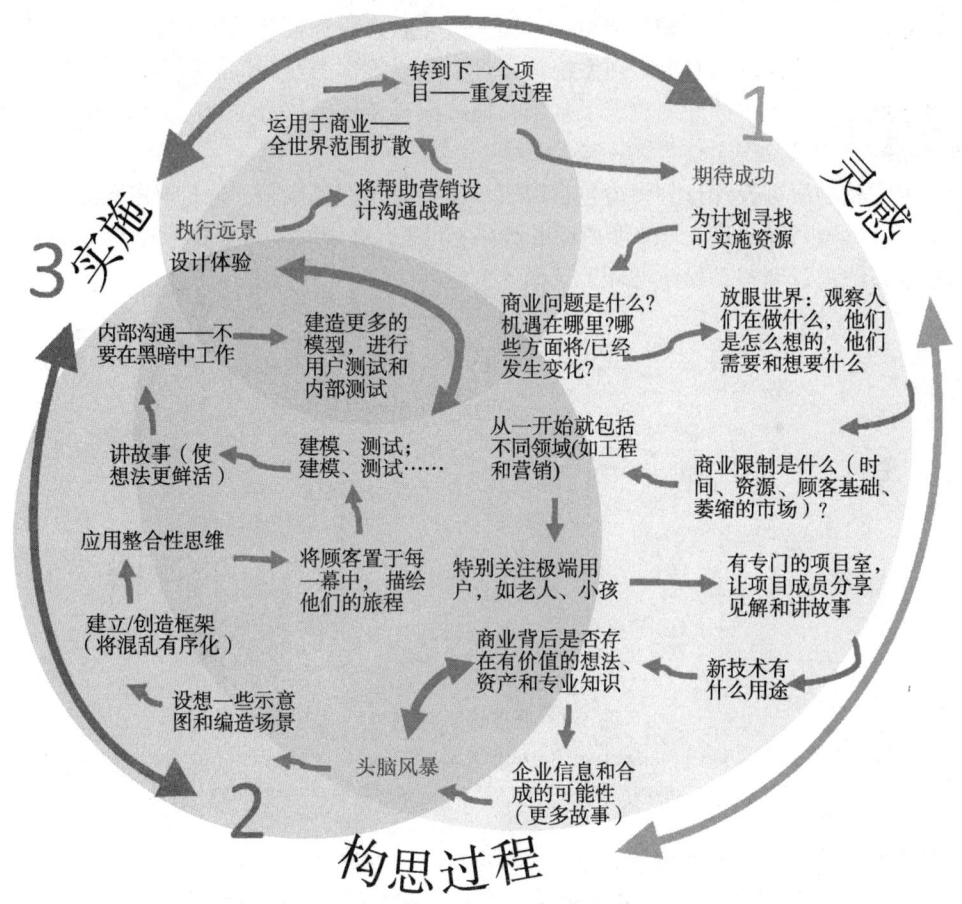

图 5-2　设计过程的三个阶段

资料来源：Brown T. Design Thinking[J]. Harvard Business Review, 2008(6)：88.

个循环反复的周期。第一阶段，灵感阶段，由环境中存在的问题或机遇激发寻求问题答案的动力和灵感。第二阶段，构思阶段，这一阶段是产生想法、发展想法和测试想法以找寻解决方案的阶段。第三阶段，实现阶段，是将解决方案推向市场的实现路径。整个设计过程会在这三个阶段中反复循环，特别是在前两个阶段，因为构思和想法会不止一次被重新定义，同时出现一些新的设计方向。

服务设计是一个环环相扣的过程，从灵感的萌生、方案的构思到产品的诞生，缺一不可。一个成熟的服务产品所包括的各个细节都要围绕消费者的需求，进行反复的推敲和斟酌。只有这样，最终定型的服务产品才能获得消费者的青睐，同时实现公司的战略目标。服务设计的目的是为了创造有用的、可用的、令人满意的、高效的和有效的服务；是一种以人为本的方法，将顾客的体验和服务接触的质量视为成功的关键价值；是一种整体分析的方法，综合考虑在企业的战略、系统、流程和顾客接触点等各层级上的设计决策；是一个系统和迭代的过程，将关于用户导向、团队的各学科融合整合在一个学习的循环周期内。

三、服务设计计划

企业通过"服务设计计划"将组织层面的战略融入服务设计过程，把从目标市场获取到的顾客需求信息体现在服务传递系统的设计上，以确保企业提供的服务能满足顾客的需求。服务概念为服务设计计划奠定了基础，通过服务传递系统将企业的整体战略很好地与服务产品的设计以及传递整合在一起。

一个完整的服务设计计划模型包含以下步骤：基于服务概念，通过服务传递系统的设计使实际传递给顾客的服务与企业的服务战略相匹配，利用绩效测量指标对系统进行评估，进一步对系统进行调整，如此循环（见图5-3）。

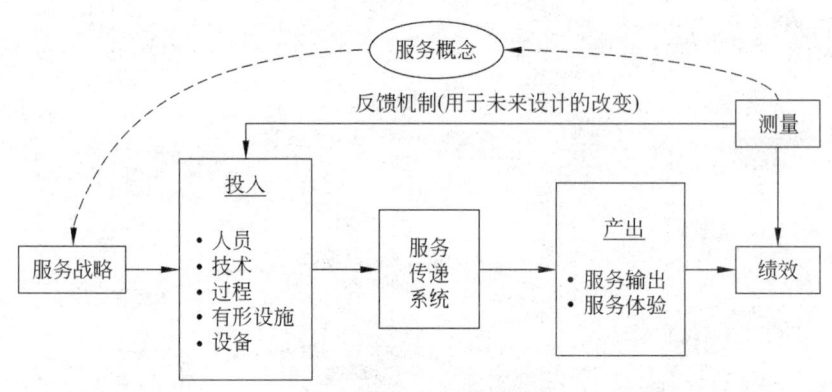

图5-3　服务设计计划模型

资料来源：Goldstein S M., Johnston R, Duffy J, Rao J. The service concept: the missing link in service design research? [J]. Journal of Operations Management, 2002(20): 126.

服务传递系统包括人员角色、技术、有形设备、设施和创造服务传递的流程。巴兰坦（D. Ballantyne）等学者（1995）把服务传递系统归纳为四个层面的设计内容：①实体场景，包括服务场景的布局和设计；②流程设计，常常使用流程图，也称服务蓝图（Service blueprint)、服务地图等工具加以辅助；③工作设计，采用传统的社会分析技巧，关注以动机为导向的结果，基于这些结果分析和修正服务系统的设计；④人员，包括员工的招聘、培训、沟通和保障等。

萨瑟（W. E. Sasser）等学者（1978）认为，服务传递系统的设计还可以基于服务标准化的程度、每个时间段交易量、利润控制轨迹、操作人员类型、客户合同类型、质量控制、设备定位、管理和运作人员的动机特征等。管理人员应根据市场的需求和竞争对手的情况，将企业的服务战略与管理人员期望达到的服务水平相结合，指导服务传递系统的设计。

在服务传递系统的设计过程中，还需要使用绩效测量指标对服务传递系统进行评价。绩效测量包括财务绩效（收益、成本、利润、投资回报率）、运营绩效（每日交易量、每笔交易平均用时）、市场营销绩效（顾客满意度）等各项指标。服务概念和与之相关的在顾客和服务传递方面的目标有助于确定用什么绩效指标来测量某一项特定的服务。特别是当员工奖励与绩效测量相挂钩时，绩效测量指标的选择会影响服务传递系统中员工的工作行为。只要管理得当，对服务设计的评估有助于每个职能部门完成部门的绩效目标。在实际中，企业通常会使用财务指标如成本、利润、收益和投资回报率来追踪每个职能部门的绩效。

由于服务行业内缺乏对服务系统设计的标准绩效测量指标，因此服务企业的绩效测量较为复杂，拥有类似产品和相似顾客群体的公司在设计和管理服务传递系统时也非常不一样。企业会根据不同的顾客细分群体来运作各自的服务传递系统，使得很难用同样的绩效标准来评价这些企业。为服务传递系统设计的财务绩效测量会对资源（技术和人员）、流程和传递给顾客的服务造成直接的影响。

第二节 服务设计思路

一、服务作为产品

产品是企业向市场提供的，引起注意、获取、使用或消费，以满足欲望或需要的任何东西。产品不仅包括汽车、电脑等有形产品，还包括服务、事件、人员、地点、组织、观念或者上述内容的组合。

服务经理很难识别他们的产品，因为服务不像实体产品那样可以按其属性，如大小、组成部分和材料等进行清晰确切的描述。构思一项服务，方法之一就是区分服务产品中的有形要素和无形要素，尽可能清晰地列出所能提供的所有服务项目或是该服务可能带来的全部结果，还需要列出与顾客联系的各个方面及联系点，进而进行逆向思维，考虑服务企业必须提供的服务过程。通过这种方法审视所提供的服务，可以得到服务分子模型、服务之花和服务包等。

（一）服务分子模型

对于大多数企业来说，不管在国家统计中被归入制造业还是服务业，都需要为市场中的顾客提供一揽子的服务，包括传递核心产品（广义的产品包括了有形的商品和无形的服务）和一系列与核心产品相关的活动。肖斯塔克（G. L. Shostack）（1977）建立了分子模型（如图5-4），来帮助理解和管理她称为"市场整体"的概念。该模型同时适用于商品和服务的分析。模型的中心是核心利益,表明顾客的基本需求,中心满足顾客基本需求并与其他一系列的服务特征相关联。如同化学分子一样,在这个模型中,某一个元素的变化可能会从整体上改变主体的性质。分子模型外围所包含的是一系列代表价格、分销、市场定位(沟通信息)的圆环。该模型还对服务传递中涉及的有形和无形要素作了区分。

分子模型强调在一项具体的服务产品中,需要确定服务传递中所涉及的有形与无形的要素,有助于制定产品政策和沟通方案。例如,对于一家航空公司而言,无形要素包括运输服务本身、服务的频率,以及飞行前、飞行中及飞行后的各种服务。用于服务的飞机和飞机上提供给旅客的食物与饮料都是有形的要素。服务中无形要素的比重越高,就越需要服务提供商提供有关服务特色和质量的有形的线索以便识别,让顾客了解服务的特征和质量。

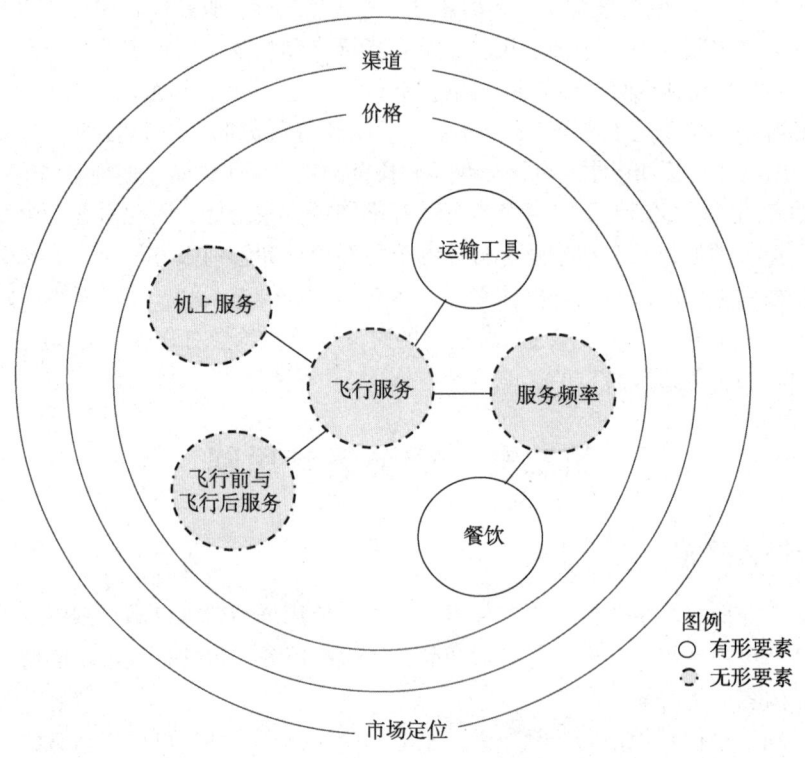

图 5-4 航空公司的乘客服务分子模型

资料来源:Shostack G L. Breaking free from product marketing[J]. Journal of Marketing, 1977, 41(2):76.

(二)服务之花

法国学者艾格里尔(P. Eiglier)和兰吉尔德(E. Langeard)(1977)提出了一个核心和外围服务模型(core and peripheral),即核心服务被一个包含着某种产品所特有的一系列外围服务圈所包围。他们的方法和肖斯塔克一样,都强调了各组成部分的独立性。但核心和外围服务模型区别了两种不同类型的要素:享受核心服务所必须具备的外围服务要素和用来加强核心服务吸引力的服务要素,要求设计服务产品需进一步明确回答两个问题:①是否需要附加服务来推动核心服务的使用,或者仅仅是增加服务额外的吸引力?②是适当对每一项服务单独收费,还是在一个价格标签下把所有服务要素都包括进来?

洛夫洛克(1984)在艾格里尔(P. Eiglier)和兰吉尔德(E. Langeard)的核心和外围服务模型的基础上提出了服务之花模型(the flower of service)。他使用"附加"(supplmentary)而不是"外围"(peripheral)的提法,凸显服务设计中通过扩大核心服务增加附加服务以提升竞争优势的理念。对于任何一种形式的企业,都可以提出一系列产品延伸的可能性,据此扩展附加服务,并把它们进行归类。核心产品的传递通常都伴随着其他一系列与服务相关联的活动,洛夫洛克将其统称为附加服务。市场上,企业可能有许多不同形式的附加服务,但是所有这些附加服务几乎都可以被归入以下八个类别:信息服务、订单处理、保管服务、账单服务、咨询服务、接待服务、额外服务和支付服务。

如图 5-5 所示,如果将花蕊看作核心服务,其他的服务看作附加服务,这八类附加服务表现为围绕花蕊的八片花瓣,洛夫洛克称之为"服务之花"。这些花瓣(附加服务类型)以"信息服务"为起点,按照顺时针的方向以顾客通常会接触的次序进行排列(顺序也可能发生变化,例如在服务传递前先付款),接着还有咨询服务、订单服务、接待服务、保管服务、额外服务、账单服务和付款服务。在一个设计良好、管理出色的服务产品中,花瓣和花蕊都非常新鲜,形状和构造也很好,互相辉映。而一个设计不良或运行不善的服务就好比是一朵没有花瓣或花瓣凋零、褪色的花朵,即使核心服务很完美,这朵花给人的整体印象也是没有吸引力的。

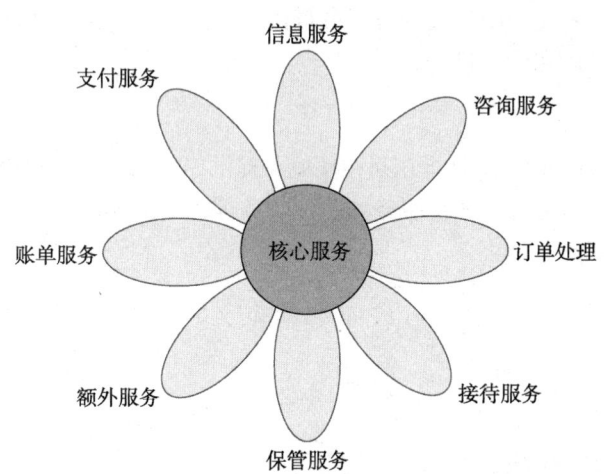

图 5-5 服务之花:附加服务环绕核心服务

资料来源:约亨·沃茨,克里斯托弗·洛夫洛克. 服务营销(第 8 版)[M]. 韦福祥,等,译. 北京:中国人民大学出版社,2018:92.

环绕核心服务的附加服务包括两大类,一类是支持性附加服务,主要作用是促进和方便核心服务的使用;另一类是增强性附加服务,主要作用是增加核心服务价值。如表 5-1 所示,支持性附加服务有信息服务、订单处理、账单服务和支付服务。增强性附加服务有咨询服务、接待服务、保管服务和额外服务。并不是每个核心服务产品都被这八种附加服务环绕。换句话说,在设计一个具体的服务产品时,不一定需要面面俱到将服务之花的八

第五章 服务设计与服务开发

种附加服务都考虑进去，附加服务也不是提供得越多越好。

表 5-1 服务之花附加服务分类

支持性附加服务	增强性附加服务
◆ 信息服务	◆ 咨询服务
◆ 订单处理	◆ 接待服务
◆ 账单服务	◆ 保管服务
◆ 支付服务	◆ 额外服务

随着行业的成熟与竞争的加剧，企业追求竞争优势通常会强调附加要素的服务表现。服务之花由核心服务以及一系列的附加服务构成，管理者需要明确企业提供给市场的核心服务是什么，需要哪些能拓展核心服务的效用、为顾客体验带来更多价值的附加服务，区分附加服务的不同角色和不同作用。管理者需要根据服务产品的本质和企业的定位策略决定哪些附加服务是必须提供的，哪些附加服务的提供有利于增强核心服务的价值或为核心服务的传递提供便利，设计出符合企业定位和市场需求的服务之花。一般来说，高接触型服务比低接触型服务需要更多的附加服务，附加服务为顾客带来额外价值，提升顾客对服务质量感知。如果企业采用差异化的竞争战略，与总成本领先竞争战略相比，更可能为顾客提供更多的附加服务，要求所有的服务要素都有更好的服务表现。随着信息技术的广泛应用，服务之花的八个花瓣中的大部分服务可以通过网络来传递，如信息、咨询、订单、账单与支付服务都可以在线上进行。

（三）服务包

服务包（service package）是指在某种环境下提供的一系列产品和服务的组合，包括支持性设施、辅助物品、信息、显性服务和隐性服务等，如图 5-6 所示。

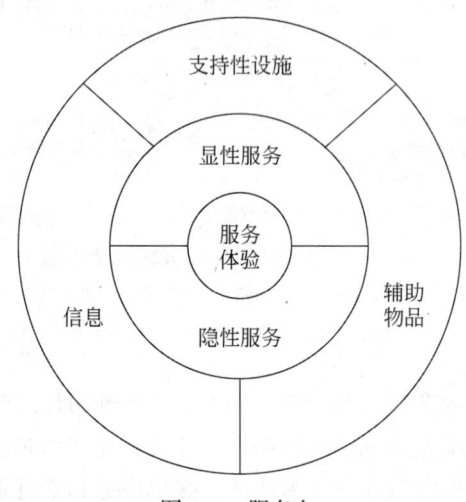

图 5-6 服务包

资料来源：桑杰夫·波多洛伊，詹姆斯·A. 菲茨西蒙斯，莫娜·J. 菲茨西蒙斯. 服务管理：运作、战略与信息技术[M]. 张金成，范秀成，杨坤，译. 2020：16.

支持性设施是在提供服务前必须到位的物质资源，一般指服务发生的场所、设备、耐耗物品等，如高尔夫球场地、滑雪场的缆车、医院、飞机和酒店等。支持性设施在建立之前就有明确的目的，即为特定服务提供支持，一旦设立其结构便不容易改动。

辅助物品指顾客在服务过程中购买或消费的物品以及顾客自备的物品。辅助物品是完成服务过程需要依托的一些载体，有些是易耗物品，在服务过程中被消耗掉，如高尔夫球、滑雪板、自备食物、备用的汽车零件、医疗用品及酒店提供的餐饮等。

信息指顾客或者服务供应商提供的信息，包括公开的服务运营数据。服务信息往往是满足顾客定制化服务要求、为顾客提供优质服务必不可少的因素，如内容清晰的患者病历记录、飞机上可选座位的信息、顾客提前预订的优惠政策等。

显性服务是指那些通过感官很容易就能察觉到可以获得什么利益的服务。显性服务往往是构成服务的基本要素或者服务的本质特性，是顾客消费的最主要目的，也是影响顾客满意度最直接的因素。例如，医疗服务使患者的病痛消除或缓解，舞台上的表演带给观众愉悦感，经过修理后的汽车可以平稳行驶等。

隐性服务则是指顾客能模糊感到服务带来的精神上的收获，或服务的非本质特性。例如服务环境的舒适性，服务过程中个人隐私的保护与安全感，结账的清晰性和准确性，对服务失误和顾客抱怨处理的及时性和有效性，以及员工对顾客的移情性等。与显性服务相比，隐性服务是服务中的"软件"，但其对提高顾客忠诚度、避免顾客流失等无疑具有十分重要的意义。

顾客对整体服务的体验和评价由两个因素决定，其一是服务包是否包括了他们期望的所有要素，其二是每个要素是否满足他们的期望，且其标准和质量等级的情况如何。以经济型酒店为例，支持性设施是一幢混凝土大楼，有简单的家具；辅助物品减少到最低限度，仅有洗漱用品；显性服务为干净房间里的一张舒适的床；隐性服务可能是有一位态度良好的前台服务员。偏离这个服务包，如增加酒店的服务员将会破坏经济型酒店的概念。

二、服务作为过程

过程性是服务最重要的特征。服务是由一系列活动构成，对这一过程的设计可以通过服务蓝图的方式直观地表现出来。服务蓝图是详细描绘服务系统和流程的示意图，能够客观地描述服务流程中关键服务环节或步骤的特点并使之形象化，使服务组织中的服务人员、顾客和管理者都知道正在做的服务是什么，以及各自在服务实施过程中所扮演的角色。

（一）服务蓝图的构成

服务蓝图（service blueprint）主要由顾客行为、前台服务人员行为、后台服务人员行为和内部支持活动四部分构成，如图5-7所示。三条分界线将这四个部分的行为分割开来。①互动分界线，显示顾客与企业之间的互动，穿过这条分界线的垂直线表示顾客与企业之间发生直接接触。②视野分界线（即可视线），将顾客可以看到的服务活动与他们无法看到的服务活动分隔开来。③内部互动分界线，将服务人员的服务活动和后台支持服务的辅助性活动分隔开来，穿过这条分界线的垂直线表示发生内部服务接触。

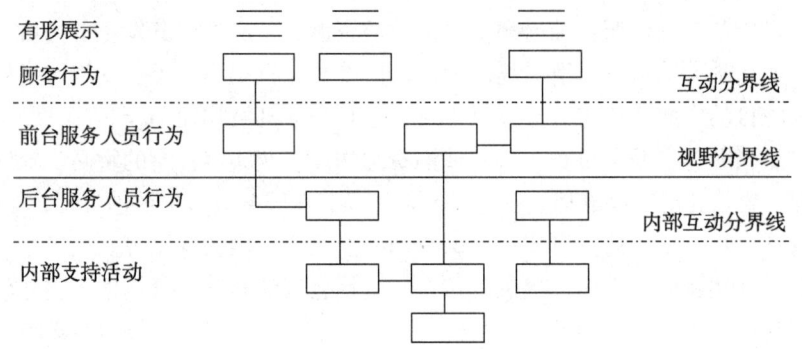

图 5-7 服务蓝图的构成

资料来源：Biege S, Lay G and Buschak D. Mapping service processes in manufacturing companies：industrial service blueprinting [J]. International Journal of Operations & Production Management, 2012, 32(8)：943.

如图 5-7 所示，服务蓝图的最上方是服务的有形展示，指顾客行为所处的服务场景或有形环境，以及利于服务传递的有形实体。顾客行为包括顾客在购买、消费和评价服务过程中的步骤、选择、行动和互动。与顾客行为相关联的是服务人员的行为。其中，前台服务人员行为是直接向顾客提供服务，并能被顾客看见的员工行为；后台服务人员行为是发生在服务体系的后台，顾客看不见的员工行为。企业的后台服务人员主要是为前台员工提供技术、知识等保障性的服务，必要时也可为顾客提供直接服务。服务蓝图中的内部支持活动涵盖了所有支持和保障服务体系正常运行的辅助工作，主要是为前后台服务人员提供支持和协助。

（二）服务蓝图的基本步骤

企业可以利用服务蓝图对整个服务过程进行概念性的描述，也可以详细描述每个子过程。总的来说，服务蓝图的建立包括以下几个基本步骤。

①识别需要建立服务蓝图的服务过程。服务蓝图可以覆盖整个服务接触过程，也可以专门针对某项服务。在绘制服务蓝图之前，首先要明确目的和对象。

②识别顾客（细分顾客）对服务的经历。不同细分市场中的顾客，其对服务的需要和期望不同。如果企业的服务过程因细分市场而异，针对某一细分市场来制定服务蓝图可能会更有意义。当然，如果只是概念性的描述，也可以用一张服务蓝图来展示各个细分市场的服务过程。

③从顾客的角度来描绘服务过程。首先要明确顾客是谁，明确顾客体验服务的过程，然后用图表列出顾客购买、消费和评价服务的过程中所采取或经历的选择或行动。

④描绘前台与后台服务人员的行为。这一步关键在于辨别前台服务和后台服务。对现有服务的描绘，可以向一线服务人员询问哪些行为是顾客可以看到的，而哪些行为是顾客看不到的。

⑤将顾客行为与服务人员的行为、内部支持活动连接起来。了解内部工作流程即可获得相关信息。

⑥在每个顾客行为步骤上加上有形展示，即顾客在整个服务体验过程所看到的或所接触到的服务的有形证据。

以下以高速公路服务为例，说明服务蓝图的绘制步骤。如图 5-8 所示，在使用付费高

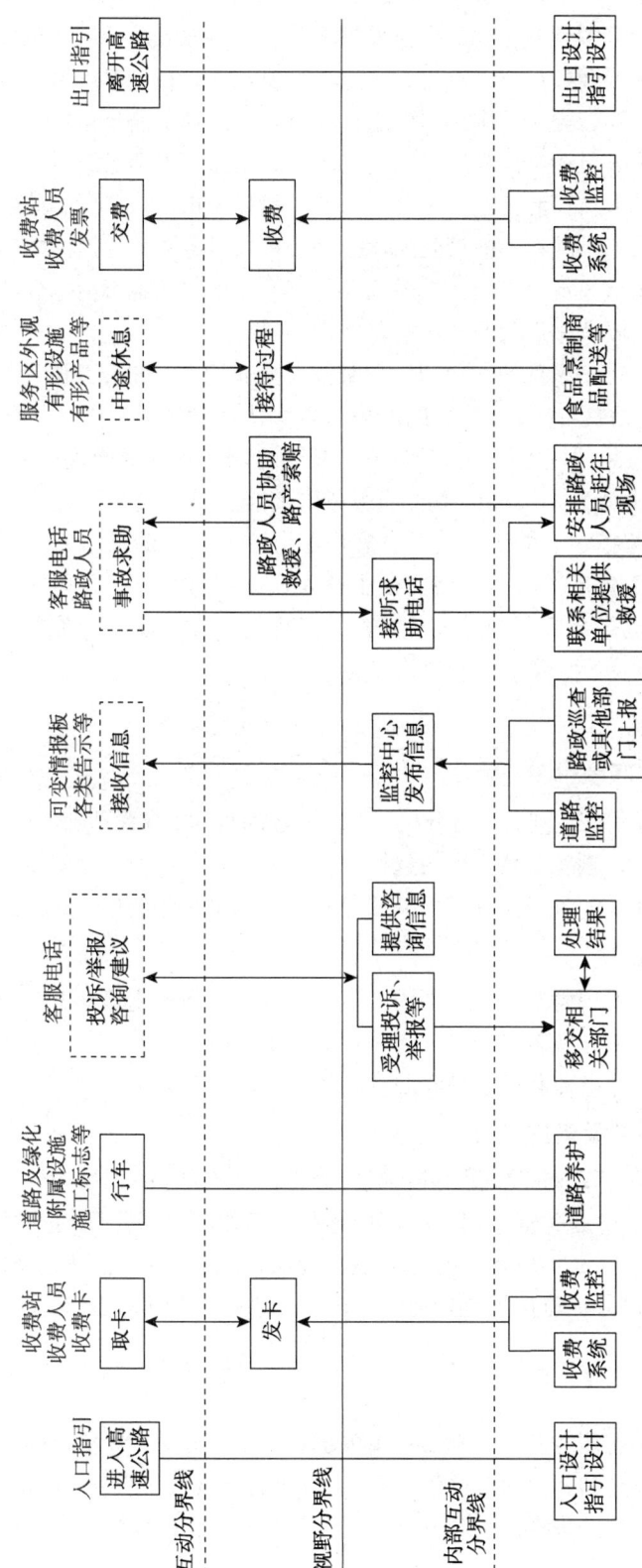

图 5-8 高速公路服务蓝图

第五章 服务设计与服务开发

速公路过程中，司乘人员会接触到高速公路企业提供的收费、事故处理、交通疏导、信息发布、投诉处理以及服务区等服务环节。首先，司乘人员要进入入口，取得通行卡之后才能在某段高速公路上行驶。在行驶过程中，司乘人员可能会向高速公路公司咨询、投诉或举报；如果出现事故，司乘人员还会向高速公路公司求助；中途可能会在服务区停留。最后，在行程结束之前，司乘人员得向高速公路公司交费，然后经由出口离开。此外，从进入高速公路入口开始，司乘人员就在不断接收高速公路公司通过各种渠道提供的静态和动态信息。在整个过程中，司乘人员会看到或接触到各种有形要素，如各类标志标牌、可变情报板、紧急电话、隧道、收费站以及服务区的服务设施等。

与上述顾客行为对应的是一系列的前台和后台服务人员的行为，如人工收费服务情景下工作人员发卡，收费员收费，路政人员协助处理事故、协助救援或提供其他帮助，服务区工作人员提供餐饮、商品销售等服务，公路客户服务中心工作人员受理投诉、举报、建议以及咨询等服务。其中，发卡员、收费员、服务区前台服务人员的行为是司乘人员可见的，而道路安全信息监控中心的工作人员、客户服务中心人员的工作大多发生在幕后。整个服务的传递过程不仅需要高速公路前台服务人员（即与司乘人员进行面对面接触的工作人员）的努力，也需要后台服务人员及辅助流程的支撑，如收费系统、道路监控系统等。

（三）服务蓝图的用途

1. 了解顾客如何看待服务过程

在观察服务蓝图时，可以从左到右进行分析，跟踪顾客的行为。在此基础上可以考虑，顾客是怎样开始服务传递的，顾客有什么样的选择，顾客参与服务过程的程度如何，顾客心目中的服务有形展示是什么？上述问题是否与服务组织的战略和定位相一致？

2. 了解服务员工的角色

在使用服务蓝图时，可对视野分界线上下的内容进行分析。服务流程是否合理？服务流程的效率和效果怎样？谁在与顾客打交道，何时进行服务接触，接触频率如何？对上述问题的分析和思考，有助于服务流程的改进和服务人员角色的合理定位。

3. 了解服务过程中服务要素的整合

在使用服务蓝图时，还可以对服务蓝图进行纵向分析，会产生下列问题。员工要完成什么任务？哪些员工在服务中起关键作用？内部服务与外部服务效果之间的关联如何？支持客户互动的关键环节是什么？后台如何有效地支持前台服务？什么是相关的支持行为？整个流程从一位员工到另一位员工是如何发生的？回答上述问题有助于服务要素的合理整合。

4. 对服务进行再设计

借助服务蓝图，可以了解服务流程内部的逻辑关系及其改进方法，并从顾客的角度来判断什么变化会影响服务人员和其他内部过程，也可以分析有形展示与服务目标是否一致，还可以发现或解决服务过程中的失误点和瓶颈点。因此，服务流程的设计、优化与再造都可以通过服务蓝图直观地表现出来。

三、服务作为系统

服务的生产与消费同时发生,服务系统是一个开放性的系统。在这一系统中,企业要聚焦和平衡顾客接触界面和技术元素的关系,同时对不同的流程和不同部门的资源进行有效的整合,使顾客能沉浸在服务的传递过程中,并获得很好的体验。

服务生产系统(servuction system)是兰吉尔德等学者(1981)提出的新词汇(servuction是 service 与 production 的结合),用来描绘服务组织如何影响顾客对服务的感受。该系统包括顾客可见的部分(物理环境、接待人员或服务提供者、其他顾客),以及顾客不可见的部分(组织与系统)。

①物理环境包括诸如房间温度、背景音乐和气味等环境条件,帮助完成任务的支持性设施和设备,如家具、机器等。所有服务企业都需要认识到管理物理环境的重要性,因为其在服务包装、服务传递过程的便利性、顾客和员工的社交互动,以及与竞争对手的差异化方面发挥重要作用。

②接待人员或服务提供者是为提供服务而与顾客发生直接交互的员工。他们有的只是与顾客进行简单的互动,如接待室人员、餐厅的老板;有的提供核心的服务,如饭店的服务员、心理咨询师、学校教师等。除特殊情况外(如自助服务),接待人员或服务提供者会对顾客体验产生直接的影响。

③其他顾客的存在将增强或削弱顾客的服务体验。例如餐厅中抽烟的顾客,飞机上哭闹的孩子,迟到的乘客导致航班无法准点起飞,电影院里一个高个子观众正好坐在一位观众前面挡住其视线等。这些都是其他顾客的存在削弱了服务体验。当然,助人为乐的顾客,主动维持服务秩序的顾客也可以给顾客带来好的体验。

④服务组织与系统指在顾客视线之外的为服务生产做出贡献的要素,反映了技术,规则、规范和组织所依据的程序。这些要素是维持一个系统顺利运转的技术核心。尽管这些要素对顾客而言是不可见的,但对顾客体验有深远的影响。以预订酒店住房为例,房间预订处理系统、员工的培训和能力开发、酒店供暖制冷系统的维护保养等顾客不可接触到的系统,直接影响酒店能否保证为顾客提供良好的服务质量和服务体验。

学者洛夫洛克(1996)进一步对服务生产模型进行了完善。他认为任何一项服务业务都可以被看作是包含服务运营(service operation)活动的一个系统。在这个系统中首先对输入的数据进行处理,以形成服务产品的各个要素,然后进行服务传递(service delivery),即对服务要素进行最后的"总装",并将产品传递给顾客。这个系统的某些部分顾客是可以看得到的,或者是显而易见的,其他部分有时候被隐藏在所谓的技术核心内部,顾客甚至不知道它们的存在。从企业管理的角度,区分了前台(front stage)和后台(back stage),划分了服务运营系统(service operation system)和服务传递系统(service delivery system)。

①服务运营系统是服务组织的重要内容。企业在这里处理各种服务生产的投入,创造各种服务产品要素。该部分一般在企业的后台运作,对顾客而言是不可见的。如同在剧院里,观众不可见的元素是"后台"或"后勤",而观众可见的舞台是"前台"。顾客一般对后台发生的事情不感兴趣,但后台的运作会影响到前台的服务。

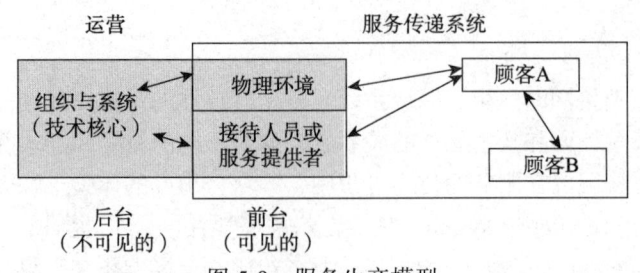

图 5-9　服务生产模型

资料来源：Lovelock C H. Wirtz J. Services marketing：people, technology, strategy (seventh edition)[M]. Prentice Hall, 2011：48.

②服务传递系统指服务产品最后的"组装"并传递给顾客的过程。该系统包括服务运营系统中的顾客可见的部分，物理环境、服务员工、其他顾客都是顾客可见的前台。如果用"剧场"来类比的话，服务系统可见的前台部分就是一个现场剧院，服务组织在舞台上为顾客提供服务。在整个服务运营中，顾客可见部分的比例会因顾客与组织的接触程度不同而不同。高接触服务过程服务生产系统中存在大量的顾客可见要素，较多的顾客互动需要管理，服务组织对服务设施的设计和管理重点会关注前台。而低接触服务过程大量的活动在后台运营，较少的顾客互动，服务组织对服务设施的设计和管理关注点在后台。

第三节　新服务开发

新服务开发（new service development，NSD）指开发新的一项服务产品的整个流程。从创意收集、服务概念的提出到最后实施的各个阶段，新服务开发涵括了服务战略、服务文化和服务策略的部署和执行全过程。

一、新服务的类型

就创新的程度而言，学术界将新服务的类型分成两大类。①根本性创新：是指那些以前的顾客无法获得的新服务，或对已经存在的服务开发新的传递系统（如"嘀嘀打车"出租车呼叫服务）。②渐进性创新：是指对已经存在的服务进行改进（如在快餐店增加儿童游乐设施）。每个类别又可以分别细分为三种类型，如表 5-2 所示。

表 5-2　新服务的类型

新服务类型	描述	实例
根本性创新		
重大变革	指为尚未定义的市场提供新的服务。这类创新通常在信息、计算机和互联网的基础上产生	O2O：通过结合线下商务与互联网来让互联网成为线下交易的前台
创新业务	为现有市场的同类需求提供的新服务	互联网医疗提供的在线问诊服务，神州租车服务与传统的出租车和客车服务形成竞争
为现有市场提供的新服务	对组织现有的顾客提供组织原来不提供的服务（也许这些服务已经由其他组织提供）	方所书店开办读者沙龙和作家见面会，航空公司提供空中传真和电话服务

续表

新服务类型	描述	实例
渐进性创新		
服务延伸	现有服务项目的增加	餐厅增加新的菜谱，大学开设新的课程或学位
服务改善	对目前正在提供的服务进行改进	银行和医院把传统排队方式改为虚拟排队方式，海底捞为等待的客人提供桌游、美甲服务等
风格变化	最普通的新服务形式，是对顾客感知、情感和态度的可视化的适度变化。只改变服务的表现形式	饭堂重新设计装修，公交车身颜色的改变

二、新服务开发的方法

新服务开发的方法有很多，以下介绍目标导向和方法导向的开发。

（一）以目标为导向的新服务开发方法

有学者把新服务开发的活动内容分成设计、分析、开发和发布阶段。在设计和分析阶段，公司需要准备一个包含正式描述服务概念、概括新服务的特殊属性、开发该项服务的基本原理、传递该项服务内部可用资源，以及完成该项服务开发之后给企业内部所带来的变化的初步设计方案。基于设计和分析阶段的内容，在服务开发阶段，公司应该对开发流程、传递系统中所需的人员和设备、需要从现存的服务能力得到帮助或借鉴的方面有更详尽的定义。经过开发阶段之后，服务产品就可以发布了。服务产品一经发布就意味着服务开发流程的终止，服务产品发布后获得的评论将有助于公司后期对产品进行改善。

上述的新服务开发流程通常被描绘成一个反复的循环过程，顾客参与、跨部门开发团队、支持工具、技术和知识都被认为是新服务开发流程的重要投入。这个模型呈现出很强的目标导向的构想。公司谨慎定义好服务概念，然后遵循这些阶段把提供服务必需具备的要素组合在一起。这种以公司的服务概念出发，一步一步遵照新服务开发的结构性流程进行开发的方法，是以目标为导向的新服务开发方法。这种方法在为市场提供根本性创新的服务中得到应用。

（二）以方法为导向的新服务开发方法

在实际操作中，很少有服务提供者会依据事先定义好的步骤和战略计划来进行新服务的开发。很多新服务都是在没有完全准备好的阶段就发布入市，以抓住市场中新的机会，再不断地通过非正式的方法来改进和扩充现有的服务，在市场中不断地调试和更新。这种方法与集中测试使服务产品改良成功后才推入市场的做法不同。以方法为导向的新服务开发方法指的就是这种不从服务概念出发，依赖可用的方法从现有的服务中获取创意，不遵循结构化的流程对服务产品进行改进，在日常的实践中不断对发布的服务产品进行调整的方法。企业采用这种方法为市场提供渐进性创新的服务。

三、新服务开发的流程

新服务开发流程与新产品开发流程类似，但鉴于服务本身的特征，新服务的开发步骤需要有独特与复杂的调整。在很多服务行业（如通信业、运输业、公用事业和金融业），政府部门管理与控制的作用对新服务的开发性质与速度会产生重大的影响。新服务开发流程一般有四个步骤，分别是开发、分析、设计和全面实施。这四个步骤又可划分为前期计划阶段和完成阶段，其中开发和分析属于前期计划阶段，设计和全面实施属于完成阶段。如图 5-10 所示，新服务开发不是单纯的线性过程，而是不断循环的过程。很多公司发现要加速新服务开发过程，一些步骤可以同时进行，甚至在某些时候，有的步骤可以越过。新服务开发的灵活性就在于可以越过某一步骤或几个步骤同时进行。对于快速发展的技术产业来说，新服务开发的速度很快。这种灵活、高速的开发流程极为重要。例如计算机技术公司可以在开发阶段了解顾客的想法与需求，在推出最终服务的最后一刻进行修改完善。公司往往在进行当前步骤的同时，下一个步骤已经被列入计划之内。

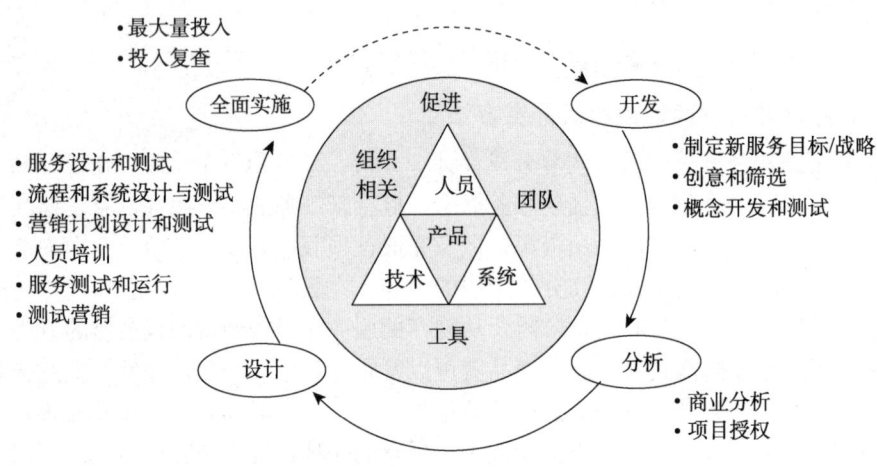

图 5-10 新服务开发流程周期

资料来源：S.P. Johnson, L.J. Menor, A.V. Roth, and R.B. Chase, A Critical Evaluation of the New Service Development Process. in J.A. Fitzsimmons and M.J. Fitzsimmons (eds.), New Service Development, Sage Publications, Thousand Oaks, Calif., 2000：18.

新服务开发流程以新的服务产品为核心，涉及人员、系统和技术三个要素的统筹组织。人员由企业员工和顾客构成。企业员工必须经过招聘、培训、授权以传递服务产品的优势。由于顾客参与服务过程，新服务的推广涉及顾客消费行为的改变，因此需要通过激励以促进顾客表现出企业期望的角色和行为。在整个新服务开发流程中，需要跨专业背景的合作团队、相关的开发工具（如服务系统架构、服务系统导航、服务体验蓝图等），以及与组织相关的战略、文化、策略、资源等的协同，通过有效整合企业的内部和外部资源来保证开发流程的顺利开展。

第四节 多层级服务设计

一、多层级服务设计框架

多层级服务设计（multilevel service design，MSD）是一种跨越学科界限、跨越公司边界的新方法，可以帮助公司设计更复杂的服务系统。服务系统的快速变革给服务设计带来了很多新的挑战，服务系统变得越来越复杂。原来单一的服务系统配置了人员、技术和其他资源就可以独立为市场中的顾客提供服务。但现在市场中单一的服务系统往往需要和另外的服务系统一起，形成庞大的服务系统网络，为顾客提供无缝的服务体验。例如，顾客购买信用或保险产品，可以通过组合来自不同公司的服务产品来共同创造价值。这一系列的服务供应组合可以看成是服务系统中的一个子系统。在公司层面，公司的服务系统包括了多个服务界面，如实体商店、电话或者网站，每一个具体的服务供应都通过公司的服务系统得到了应用。在每一个服务接触中，顾客与一个具体的服务界面进行交互，这个界面就是一个服务子系统。该系统整合了服务过程的实体环境、人员和流程。设计这样复杂的服务系统需要一个整体的系统思考方法，聚焦在系统的组成部分和关系网络的设计上，使最终传递给消费者的服务价值大于所有服务供应的简单相加。这样的多交互界面服务（multi-interface service）随着技术的进步而出现，是一种服务创新。设计这样的创新服务系统包括设计服务供应品的组合、服务交互界面的组合、有形展示、服务流程、人员角色分工和技术方案等。

多层级服务设计不能直接设计顾客的体验，但是可以围绕顾客的体验来设计服务系统。设计过程从观察和调查分析现状开始，紧接着通过建模在问题和解决方案之间搭建桥梁，帮助系统化梳理和理解现有问题并寻找新的潜在的解决方案，最后通过反复的迭代过程使原型中理想化的解决方案得以实现，最终完成模型。多层级服务设计遵循这个思路对顾客的体验进行研究，创建一组相互关联的模型，连接对顾客体验的理解和服务提供的设计。如图 5-11 所示，多层级服务设计综合了新服务开发、交互设计和服务设计中的概念和理论，在三个不同层级上整合服务产品的开发设计。

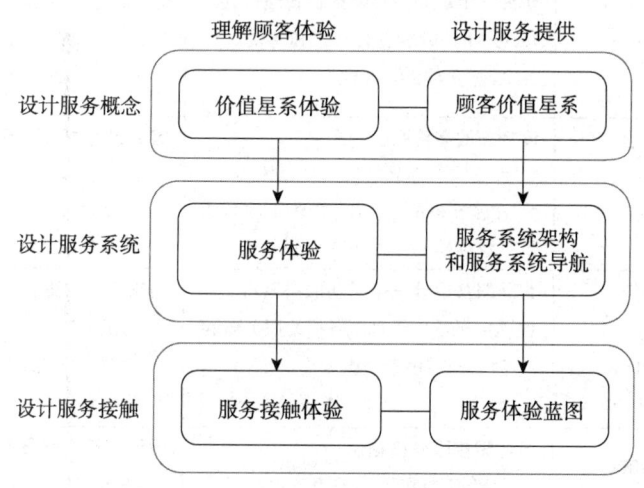

图 5-11　多层级服务设计的通用模型

资料来源：Patrício L., Fisk R P., e Cunha J F., and Constantine L. Multilevel Service Design：From Customer Value Constellation to Service Experience Blueprinting[J]. Journal of Service Research. 2011, 14(2)：183.

①设计服务概念。定义对顾客的价值，为顾客的价值星系体验提供相应的服务产品。
②设计服务系统。编排服务系统的不同组件以支持特定的客户活动，包括设计服务系

统架构和服务系统导航，明确带给顾客的服务体验；

③设计服务接触。借助服务体验蓝图，详细描述每个接触点，确保跨越不同服务接触的无缝对接的顾客体验。

二、多层级服务设计步骤

多层级服务设计过程包含四个步骤，具体是研究顾客体验、设计服务概念、设计服务系统、设计服务接触。表 5-3 列举了应用于零售店和银行的两个例子的多层级服务设计步骤。图 5-12 以银行贷款服务为例具体描述了多层级服务设计过程中每个步骤操作的关键点。

（一）第一步：研究顾客体验

第一步以深入研究不同层面的顾客体验开始，多层级服务设计使用定性研究的方法对顾客在不同层面的体验进行全面细致的理解。这一阶段运用的数据收集技术包括观察法、深入访谈法、焦点小组访谈法、可用性测试法等。定性研究描绘出与不同层面上的顾客体验相关的全面的顾客活动、服务活动和服务任务，同时也对顾客所期望的体验有更好的理解。定性研究可以辅以定量研究一起评估服务的一些特殊属性，在给定的层面上更广泛地评估顾客的体验。对顾客体验的理解为设计不同层面的服务提供基础。

表 5-3　多层级服务设计的步骤

多层级服务设计步骤	应用于零售商店的例子	应用于银行的例子
第一步：研究三个层面的顾客体验 1. 定性研究 2. 定量研究	研究三个层面的食物杂货管理体验 1. 对 31 位顾客进行观察和访谈 2. 调查了 505 位顾客	研究三个层面的买车体验 1. 对 26 位银行的顾客进行观察和访谈 2. 调查了 420 位银行的顾客
第二步：设计服务概念 1. 理解价值星系体验 2. 通过顾客价值星系来设计服务概念	设计新的零售服务概念 1. 描绘购买商品的价值星系体验 2. 在顾客价值星系中，为购买商品的过程设计新的零售店管理服务概念	定义银行贷款服务的概念 1. 描绘购买一套房的价值星系体验 2. 在顾客价值星系中，为购买一套房 3. 的过程设计银行贷款服务的概念
第三步：设计服务系统 1. 理解服务体验 2. 设计服务系统架构（SSA） 3. 设计服务系统导航（SSA）	为新服务设计一个零售服务系统 1. 为新的零售管理服务描绘服务体验 2. 为新的零售管理服务设计 SSA 3. 为新的零售管理服务设计 SSN	为银行贷款重新设计银行服务系统 1. 为银行贷款服务描绘服务体验 2. 为银行贷款服务设计 SSA 3. 为银行贷款服务设计 SSN
第四步：设计服务接触 1. 理解服务接触体验 2. 通过服务体验蓝图来设计服务接触	设计零售服务接触 1. 描绘新的零售管理服务中每一个服务接触的体验 2. 通过服务体验蓝图来设计零售管理服务接触	设计银行贷款服务接触 1. 描绘银行贷款服务中每一个服务接触的体验 2. 通过服务体验蓝图来设计银行贷款服务接触

资料来源：Patrício L., Fisk R P., e Cunha J F., and Constantine L. Multilevel Service Design: From Customer Value Constellation to Service Experience Blueprinting[J]. Journal of Service Research, 2011, 14(2): 185.

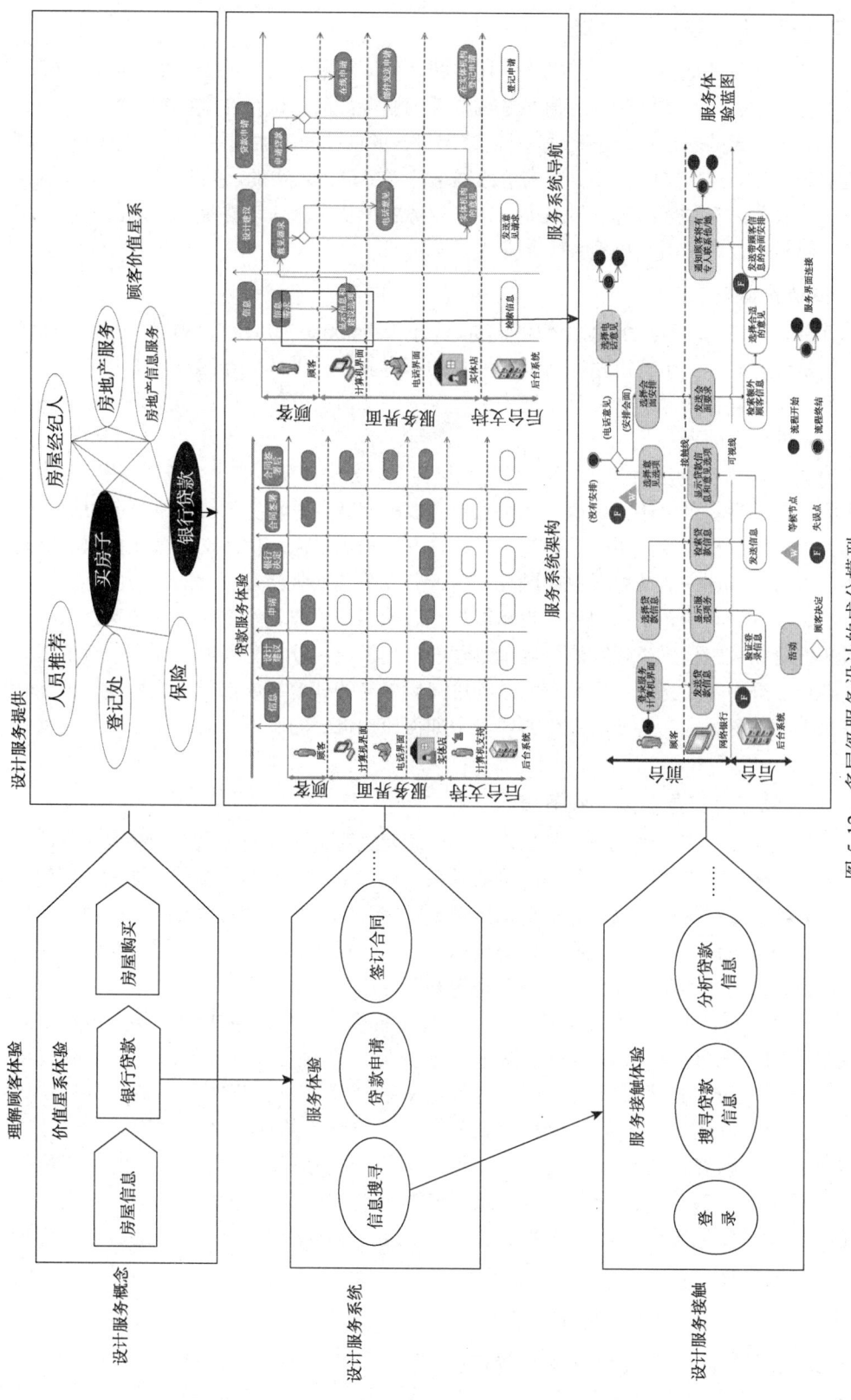

图 5-12 多层级服务设计的成分模型

资料来源:Patricio L., Fisk R P., e Cunha J F., and Constantine L. Multilevel Service Design: From Customer Value Constellation to Service Experience Blueprinting. Journal of Service Research. 2011, 14(2): 184.

(二) 第二步：设计服务概念

多层级服务设计把服务概念定义为公司在顾客价值星系（customer value constellation，CVC）中的定位，包括增强公司价值主张的一系列服务产品，以及在服务网络中公司与其他组织之间建立起的联系和合作关系。所以多层级服务设计的关注点在于公司的价值主张，但价值主张是在公司所在的一个更广的价值网络环境中进行定义的。如图 5-12 所示，购房服务与银行服务同在顾客的价值星系中。银行服务的价值主张应该在更为广阔的价值网络中定义，而不仅仅是局限在单独一个企业中。

1. 理解价值星系体验

设计服务概念从理解价值星系体验（value constellation experience，VCE）开始。价值星系体验是顾客在与一个特定顾客活动所涉及的所有服务提供商交互的过程中共同创造出来的。第一步对顾客的深入研究可以把一个特定的顾客活动分解形成价值星系体验，并辨别出最重要的体验因素。

以图 5-12 中顾客购房为例，顾客价值星系体验可以分解体现在多个服务活动中：①网上搜寻房源，这一活动可以通过房地产经纪人去完成；②获得一笔贷款，这笔贷款可能是来自银行也可能是来自贷款公司；③购买房屋，这一过程可以通过房产交易公司的服务来进行；④装修房子，这一活动可以通过顾客、房产开发公司或装修公司共同完成。

多层级服务设计跨越公司边界的视角对于理解顾客体验非常重要。对一个银行来说，它必须知道贷款体验仅仅是顾客购买房子过程的一个组成部分。想要增强顾客的价值星系体验，必须了解顾客在完成一项活动的过程中需要参与的其他组成部分，这样的视角能帮助服务提供商理解顾客在所处的更广的环境中如何使用他们的服务，为服务创新提供新的思路。

2. 通过顾客价值星系设计服务概念

顾客价值星系代表一组服务产品和产品间的相互关系，顾客通过这些产品和关系能在一个特定的顾客活动中共同创造他们的价值星系体验。基于对顾客价值星系体验的理解和对其进行分解，多层级服务设计方法识别出带给顾客价值星系体验的服务产品并对它们进行分析，进一步设计服务概念。服务概念可以指导其他层面的服务设计。服务概念定义了公司的定位，而公司的定位需要得到服务系统和每个服务接触的支撑。

图 5-12 中银行的抵押贷款、房地产经纪人和装修服务都是组成购房这一活动中顾客价值星系的一部分。顾客价值星系这一概念表明，价值是由超越公司边界范围的组织网络共创而来的。公司可以通过对顾客价值星系的理解，拓宽边界范围以外的设计空间，让公司可以更好地分析其现有的服务产品，探寻新的替代品来重新定位服务概念，增大公司在顾客价值星系体验中的贡献。例如，搜寻房源是购买房屋的价值星系体验中很重要的一部分，银行可以与信息服务提供商如租房购房平台合作，开发一项新的在线房地产信息服务，在帮助购房者寻找到房屋的同时，为购房者提供与银行抵押贷款相关的信息。

(三) 第三步：设计服务系统

第三步根据公司在顾客价值星系中的定位，设计服务系统来增强顾客的服务体验。多层级服务设计方法认为服务系统是人员、技术和其他资源的配置组合。例如，为了支撑银行最初定义的贷款服务概念，银行需要为顾客期望获得的贷款服务体验设计服务系统，同时确定一系列服务界面以保证贷款流程、技术支撑流程的顺利施行。多层级服务设计方法采取服务系统架构（service system architecture，SSA）和服务系统导航（service system navigation，SSN）两个模型来设计系统层面的流程。服务系统架构定义了服务系统的结构，为服务体验中不同任务的多界面服务产品和支撑系统提供了一个综合的视角，而服务系统导航为服务系统设计提供了一种动态的视角。

1. 理解服务体验

服务体验（service experience）是顾客在完成一项特定的服务活动过程中与公司服务系统的所有交互过程中共同创造的，包括顾客与公司所有不同服务界面的所有服务接触。以图5-12银行贷款服务为例，在多层级服务设计方法中，对顾客的深入研究把贷款体验过程中顾客为了得到或使用贷款，因此和贷款公司产生的所有必要的服务接触关键时刻（moment of truth）都分解出来，如在网上查询信息、到门店咨询、与银行客户经理电话沟通、在银行App上提交贷款申请等。理解服务体验对设计服务系统非常重要，因为服务体验可以显示出不同的服务接触如何组建不同的顾客轨迹，展现顾客在接受服务的过程中使用的途径和服务界面，揭示提升或抑制顾客所期望的服务体验的重要因素。服务体验分析可以揭示顾客在多界面服务体验中的缺失之处，发现公司服务系统中一些可以改进的机会。

2. 设计服务系统架构

基于对服务体验的理解，公司设计出服务系统。服务系统架构（service system architecture，SSA）设计过程包括三个要素：①对每项服务任务来说，服务系统应该提供一系列界面的组合，确保顾客可以从中选择他们更喜欢的服务界面；②服务系统应该能使顾客在不同服务活动的不同服务界面流畅地完成任务；③与其在每个服务界面提供重复的服务产品，服务系统更应该通过不同服务界面的有效资源配置决定来提高顾客的服务体验。

如图5-12所示，服务系统架构的第一行表示服务活动（如抵押贷款）及其分解出的服务任务（如信息、设计建议、申请、银行决定、合同签署以及合同签署后等）。服务系统架构左边的第一栏将服务体验中的参与者分成三个组别：顾客，前台服务界面，后台支撑人员和IT系统。基于这些分析，服务系统架构模型的主体部分给出了一组可相互替代的服务界面和支撑每个任务的后台流程。根据期望达到的服务体验和银行的决策，信息搜集类的任务可以通过所有界面去执行，咨询类的任务却只能在实体门店或通过电话来进行。公司采用服务系统架构的整合视角可以识别出现有服务系统的漏洞，探索出新的解决方案。

3. 设计服务系统导航

根据服务系统架构建立的模型，服务系统导航描绘顾客为获得服务体验而经历不同服务接触时可选择的路径。如图5-12所示，每一个跨越不同服务接触的路径代表一种可能的顾客轨迹。服务系统导航的视角能更好地识别和设计服务界面间的链接途径，以便顾客可以很顺畅地从一个服务界面到另外一个服务界面。顾客通常喜欢在网上搜索有关抵押贷款的信息，但在他们做出决定之前需要进行人工咨询。为了提升顾客的服务体验，银行可以改变服务系统架构（如在网站服务中增加人工语音咨询功能）和/或改变服务系统导航（如设计界面链接，引导顾客在需要的时候可以快速地从网站服务转到电话或实体门店进行咨询）。

（四）第四步：设计服务接触

通过为顾客提供一组界面组合和可替代的完成服务活动轨迹，服务系统架构和服务系统导航可以调节服务的交互和共创属性，为服务系统提供架构和导航，并进一步指导每一个具体服务接触的设计。服务接触被定义为顾客和公司之间在多个服务界面的交互瞬间，如在网站或实体店的交互过程。服务接触在服务设计领域也称接触点。在这个层面，服务设计者需要定义顾客与公司的交互环境、交互流程，以及交互过程中每个参与者的角色。

1. 理解服务接触体验

服务接触体验（service encounter experience，SEE）是顾客与服务传递企业在交互过程中共同创造而来的。这个交互过程是在一个特定服务任务的服务界面中产生的，如在网站上获取抵押贷款的信息。这一个具体的服务界面是交互设计聚焦的层面。在多层级服务设计方法中，服务提供商应对顾客进行深入研究，描绘出顾客在每个服务接触中用于共创体验的流程，并识别出重要的服务因素。例如，银行深入研究抵押贷款信息的网站服务接触，了解顾客是如何登录系统、查询、选择和分析抵押贷款信息的。同时，了解期望的服务接触体验中包含的因素也非常重要，如服务界面的易用性和可用性。

2. 通过服务体验蓝图设计服务接触

多层级服务设计方法使用服务体验蓝图（service experience blueprint，SEB）来设计每一个具体的服务接触。如图 5-12 所示，基于对服务接触体验的详细了解，服务体验蓝图描绘出参与服务接触的所有不同参与者，包括前台和后台。服务体验蓝图展示了互动分界线、可视线、失误节点、等待节点和服务界面的链接等。服务界面的链接展示出为加强服务体验，顾客需要从一个服务接触转换到另一个服务接触的节点。同样的，服务体验蓝图可用于描述现有的服务接触，也可用于发现能加强服务接触体验的其他设计方案。例如，当顾客在网站上搜集抵押贷款信息时，网站会为顾客提供清晰的选择，可供顾客跳转到另一个服务界面获取咨询服务。服务体验蓝图提供了一个不偏离多服务界面视角而又聚焦在每个具体服务接触设计上的深入视角。

多层级服务设计提供了一个从服务概念层面，到多交互界面的服务系统层面，再到每一个服务接触层面的整体视角。该设计方法为不同层级提供了看待服务产品的不同视角，这些视角可以被设计团队中的不同成员或不同决策者所采用。例如，软件工程师对详细的服务体验蓝图模型感兴趣并想将此理念用于设计公司的信息系统，而商务经理可能对可以帮助他做出结构性决策的服务系统架构和服务系统导航更感兴趣。通过这一系列的模型，团队成员可以专注于他们各自的设计层级，同时了解他们的决策可能对其他设计层级造成的影响。

多层级服务设计方法为不同层级的服务设计提供了一个系统的设计思路和灵活的设计方法，体现了顾客体验的共创本质。借鉴不同领域的概念和技术方法，多层级服务设计扩充了概念性的服务框架，并使这些设计出来的服务能在统一的服务系统设计方法中真正得以实行。这种方法可以有效地应用在不同的服务创新环境中,为新服务开发打开了新的思路。

思考与练习题

1. 以身边的服务为例,分析这项服务的服务包包含哪些要素。你有何评价?
2. 绘制某项具体服务的服务蓝图,并说明影响顾客满意度的关键接触点有哪些。
3. 列举你在日常生活中所接触到的一些新服务,并说明它们分别是什么类型的新服务。一项新服务的开发的具体流程包括哪些步骤?
4. 尝试用多层级服务设计的方法对一项具体的服务设计进行分析并提出优化建议。

即 测 即 练

自学自测　　扫描此码

第六章 服务场景与设施

学习目标

本章介绍服务场景的分析框架和管理要素,以及服务设施的选址与布局。
- 了解企业有形展示的定义和服务场景类型。
- 理解服务场景对行为影响的理论框架。
- 掌握营造良好服务环境的方法。
- 理解服务设施选址考虑的因素、设施选址和布局的方法。

第一节 服务场景模型

美国学者泽丝曼尔和比特纳将有形展示定义为进行服务传递、公司与顾客进行交互所处的环境,以及有利于服务执行或者传播交流的任何有形实体。这里包括了服务实际发生时所处的服务场景以及服务场景之外的有形物品(如服务企业的牌号、广告、价格等)。它是消费者消费经历的一部分,也是最容易、最直接被消费者感知的部分。服务场景是服务有形展示的一部分,是服务执行、传递、消费所处的现场实际有形环境。服务场景的设计可以影响消费者的选择、期望、满意度及其他行为。本节解释服务场景的类型以及服务场景如何影响顾客和员工及他们之间的交互行为。

一、服务场景的类型

表 6-1 是服务组织的一个分类框架,该框架用两个维度,即服务设施的使用者和服务场景的复杂程度对服务组织进行划分,考虑了影响服务场景管理的一些关键性因素。

根据服务组织在服务场景中影响的对象,即哪些人员实际进入服务场景并因而潜在地接受服务设施设计的影响,是顾客、员工或者是这两个群体兼而有之,按照服务设施使用者这个维度,可以将服务组织划分为三种类型。

(1)自助式服务场景

该服务场景下,顾客能够自己完成大部分活动,如自助银行 ATM 取款、自助加油站、自助照相亭等。这类环境的使用者是顾客,场景设计应增强对顾客的吸引力,提升顾客的满意度。

(2)远程服务场景

该服务情景下顾客很少或根本没有卷入服务场景中,例如通信服务、呼叫中心、平台信息服务、网络直播销售服务等。设施的设计应方便员工工作,促进员工努力,起到激励员工、提高生产率,提升员工满意度的作用。

（3）介于上述两种极端的服务情形下的场景是人际关系式服务场景

顾客和员工都需要置身于服务场景中，例如酒店、餐厅、医院、航空公司、银行等。在这些例子中，服务场景的设计必须能够同时吸引、满足、便于顾客和员工二者的活动和沟通，有利于建立宾客关系。

表 6-1 基于服务场景复杂程度和设施使用者划分服务组织的类型

服务设施的使用者	服务场景的复杂性	
	复杂的	精简的
自助式服务 （只针对顾客）	高尔夫球场 冲浪现场	ATM 大型购物中心的信息咨询处 邮局 互联网服务 快递
人际关系式服务 （针对顾客和员工）	酒店 餐厅 保健所 医院 银行 航空公司 学校	干洗店 卖热狗的摊档 美发厅
远程服务 （只针对员工）	电话公司 保险公司 公用事业 众多的专业服务	电话邮寄预订服务 基于自动语音的信息服务

资料来源：Bitner M J. Servicescapes：the impact of physical surroundings on customers and employees[J]. The Journal of Marketing. 1992, 56(April)：59.

对于以上三类服务组织，根据服务项目的不同，服务场景的设计有复杂和精简之分。有的服务场景非常简单，涉及的因素、空间和设施都有限，如干洗店、ATM 等；有的服务环境则很复杂，包含很多因素和很多形式，如医院、机场等。在复杂的环境中，理论上通过认真的服务场景管理可以达到所有的营销目标和组织目标。例如，培训中心的教室设计可以既让学生感觉舒适、满意，又能保证培训讲师的工作效率。

二、服务场景模型

服务场景模型是理论界和业界运用最广泛的理解服务组织中环境—用户关系的框架工具图。该模型由学者比特纳（M.J. Bitner）在 1992 年首次提出，对于我们理解服务场景的多重作用以及各要素之间的相互关系非常有用，从而有利于企业决策和服务设计。如图 6-1 所示，服务场景模型的框架构建遵循"刺激—有机体—反应"（stimulus-oganism-response，S-O-R）理论。框架中的多维度的环境要素是刺激，顾客和员工是对刺激做出反应的有机体，该环境下产生的行为是反应。根据"刺激—有机体—反应"理论，服务场景的要素会影响到顾客和员工，他们对服务场景的内在反应将决定其行为方式。服务场景模型作为理解服务组织中环境—用户关系框架图,包括了环境维度、整体环境、调节因素、内在反应和行为五个基本要素,各个要素之间相互作用、相互影响。企业在设计服务场景中需要整体考虑这些要素之间的相互关系。

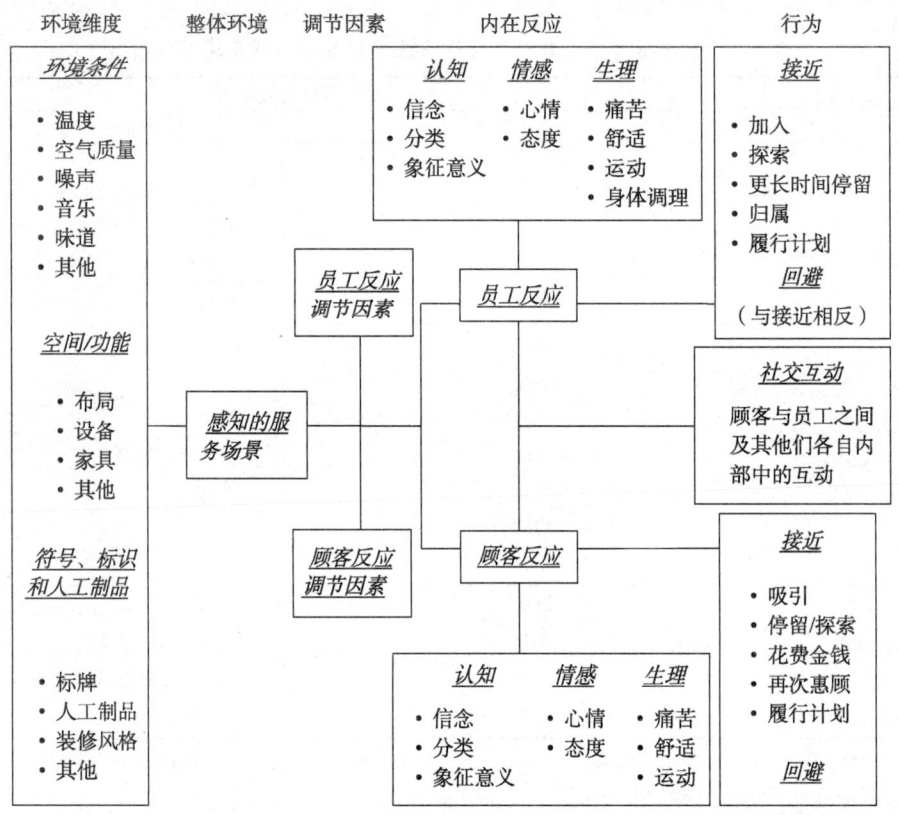

图 6-1　服务场景模型:一个理解服务组织中环境—用户关系的框架图

资料来源:Bitner M J. Servicescapes:the impact of physical surroundings on customers and employees[J]. The Journal of Marketing, 1992, 56(April):60.

(一)环境维度

服务场景模型将设计和开发服务场景时通常需要考虑的一系列刺激物作为分析的起点。这些刺激物可以刺激人们的五大感官,影响人们的情绪、感觉甚至是态度和行为。这一系列刺激物包括以下几个因素。

1. 环境条件

环境条件反映了服务背景的独特氛围,如灯光、空气质量、噪声、音乐、气温、湿度、气味等要素。环境条件常被消费者列入最低期望之内,并被其默认为构成服务内涵的必要因素。其存在不会使顾客感到特殊的兴奋与惊喜,但若缺少则会挫伤顾客对服务的兴趣和消费的信心。也就是说,良好的环境条件并不能促使消费者购买,然而较差的环境条件却会使消费者望而却步。例如,有些消费者不愿到过分吵闹的餐馆就餐,空气流通不畅、有异味的超市也会让购物者产生逃离的想法。

良好的环境条件必须以舒适为标准，但"舒适"的含义很抽象，不同的人对舒适有不同的感受。因而，服务组织想要达到"舒适"就必须深入了解目标顾客的心理、需求与偏好，据此设计出符合目标市场需要的最佳环境条件。对环境条件各个要素的巧妙搭配可以引起期望得到的顾客行为反应。例如研究表明，在需要等待的服务中，使用音乐可以使顾客感觉等待时间过得很快，提高顾客满意度。与播放快速的音乐相比，在缓慢音乐的环境中，顾客购买饮料支出的费用明显上升。与快速音乐环境相比，顾客在缓慢音乐的环境中会停留更长时间。与此相同，顾客在缓慢音乐中步伐也会慢一点，这增加了他们冲动购物的概率。

照明、色彩、音响等背景环境因素在服务企业中应用较广。一般来说，如果企业想要营造高雅、舒适的气氛，延长顾客的逗留时间，就应该采取柔和的照明、淡雅的色调和轻柔的音乐。相反地，若想加快顾客的流动，企业可以通过设置明亮的光线、鲜艳的色彩和快节奏的音乐来达到。服务企业可结合自身的特点与具体需要，控制与管理这些背景环境因素。

气味也是背景环境的重要组成要素。良好的气味有助于促销，尤其是餐厅促销。顾客对气味的记忆要比视觉和听觉记忆更加深刻。食品或花果的诱人香味，可以刺激消费者的食欲，激起其购买热情。因此，现在有些餐厅采取开放式厨房，进行现场烹饪，利用菜肴的香味来吸引顾客。但这些餐厅也存在着隐忧，如果控制不当，让不良气味进入餐厅，就会破坏顾客的就餐环境。

2. 空间规划和功能

空间规划和功能包括设施布局、设备和家具陈设等要素。空间规划包括了场地设计，摆设品的大小和形状，柜台、机器设备的摆放位置和摆放方法等空间的利用。功能是指家具、设施设备在服务交易中表现的能力。空间规划和功能为服务的提供和消费创造了视觉上和使用功能上的服务场景，决定了各种设备设施对顾客的服务能力以及对服务的用户友好程度，不仅影响服务的效率，还影响顾客的体验。例如，许多餐厅设置有四人台桌和两人台桌，并且大部分台桌是可移动的座位。这一设计满足了单位、家庭等不同顾客人数就餐的需求。因此，这类设计因素必须考虑美观性、舒适性、实用性和便利性。

3. 符号、标志和人工制品

符号、标志和人工制品包括指引服务的标志牌、个性化人工物品、装修风格等因素。在服务环境中，上述因素作为显性或隐性的传递服务的信号，可以凸显服务企业的形象、引导顾客、传递服务信息，从而使顾客确定自己身处何处、找到方向（比如找到柜台或出口）等。特别是新顾客或者不常光临的顾客会从环境中获取指导他们完成整个服务流程的信息。

企业通过符号、标志等设计对顾客的仪表、言行进行适当的引导与管理。为避免由服务员工或他人当面提示给顾客带来的尴尬，有些企业选择通过有形展示的暗示和引导来实现对顾客的管理。例如在吸烟区设置烟灰缸，在电梯口等顾客聚集停留的地方设置垃圾箱，在草坪周围设置护栏和竖起"请勿践踏"宣传牌等。

其他因素，如服务场景内一切参与影响服务过程的人，包括服务人员与顾客。服务场景中，顾客与服务人员的人数、外表和行为都会影响消费者的购买决策和对服务质量的评价。服务人员是服务的提供者，也是企业形象的代表。在面对面服务中，顾客可通过服务人员的仪容仪表、言行举止，直接判断其服务技能和服务诚意，推断服务企业的服务质量。顾客也是一种重要的有形因素。由于服务生产与消费的同时性，顾客要进行消费，就必须置身于服务环境中，与服务人员及其他顾客一起共同参与服务的过程。对于某个顾客来说，其他顾客可看作服务环境的一部分，他们的仪容仪表、举止言行都会影响这位顾客感觉中的服务环境与消费经历，进而影响他对企业形象定位及服务质量的看法。因而，企业应对顾客的仪表、言行进行适当的引导与管理。

（二）感知服务场景

感知服务场景是场景中个人对服务组织环境因素组合体形成的心理认知。服务场景模型的整体环境与服务员工和顾客在实体环境维度的基础上形成的对服务场景的感知有关。整体环境是一个认知的概念，是一种主观的评价，在模型中环境维度共同构成了感知服务场景。

服务企业应根据自身的定位和战略对感知服务场景进行战略性管理。例如，关注价格的经济型顾客会受到干净、简约、现代化设计风格的吸引，而关注个性化服务的顾客则要求舒适度和豪华度以及人性化的关怀，对整体服务氛围的要求更加注重档次与质量水平。因此，企业在开发服务场景时应当考虑其目标市场的需求。

（三）内在反应调节因素

服务场景模型的内在反应调节因素调节了感知的服务场景对顾客与员工对服务环境的反应的影响。例如，如果一位顾客希望和知心朋友一起度过一个美好宁静的夜晚，那么较为安宁的、便于交谈的餐厅环境更能激发顾客愉悦的情感，这与顾客的消费动机有关。员工对公司服务环境的反应也受到员工个人情绪状态的影响，心情愉快的员工对服务环境的吵闹声可能不会太在意，但心情不好的员工可能对于周边的氛围很敏感。来自员工或者顾客的个人因素对于身处服务场景中的个体对服务场景的整体感知及其由于整体感知而产生的反应起到调节的作用，这些个人因素可能会加剧或者减弱个体对感知服务场景所产生的反应。

（四）服务场景引起的内在反应

员工与顾客会对服务环境在认知、情感和生理上产生很多反应，如图 6-1 所示，这些反应将影响他们在环境中的行为。

1. 认知反应

认知反应是个人的思考过程，包括信念、分类和象征意义。在信念的形成过程中，服务场景可以看作是企业与员工、顾客之间的非语言交流，通过所谓的"客观语言"传递信息。顾客感知到的服务场景能影响顾客对企业、员工和产品的信任。有研究表明，律师事务所的办公设施和装潢以及律师所戴的配饰等，可以影响顾客对该律师是否为成功人士、其收费价格是否昂贵以及他是否可信的印象。分类是第二种认知反应类型。对服务场景的整体理解可以帮助顾客或员工在头脑中将该企业进行归类。消费者调查显示，餐饮业中的"快餐"模式和"豪华"模式在消费者的头脑中都有一些相对应的环境要素。服务场景的某些有形环境要素也会给顾客带来一种象征意义。例如，对于企业使用的明星代言人的海报，员工和顾客会将明星的年龄、性格、社会地位和外在形象与公司的产品形象联系起来。这些海报就会对员工和顾客产生某种象征性意义，如热情、优雅、成功人士或其他意义，这种象征意义往往视个人的理解而定。

2. 情感反应

感知到的服务场景除了影响人们的认知以外，还能够引起人们的情感反应，如心情和态度，进而影响人们相应的接近或逃避的行为。置身于某个地方可能使我们感到高兴、愉悦和放松，而置身于另一处却可能使我们感到难过。情感反应通常不涉及思考，它们可能是完全无法解释或者突然发生的。例如，咖啡厅里的轻音乐能够让人们感到放松和放慢节奏，而服装店的快节奏音乐能够激发一种激动的情感，提高人们冲动购买的概率。

3. 生理反应

与认知和情感反应相反，人的生理反应通常表现为身体的愉悦或不舒适。典型的生理反应包括痛苦和舒适。噪声较大的环境可能导致员工和顾客感到不舒适，进而导致员工服务质量下降，顾客离开这个服务场所。非禁烟区可能导致一些顾客呼吸困难，进而感到难受。舒适的空间布局、较好的空气质量之类的有形环境要素都直接关系到员工和顾客的满意度，以及双方的交往质量。

（五）服务场景中的行为

1. 个人行为

环境心理学家认为，个人对环境做出的反应体现在两个很普遍但又截然不同的行为方式上：接近或者回避。对顾客而言，接近行为包括了服务消费过程的正面行为，如停留的意愿、花费更多的金钱、再次惠顾的意愿、实施消费计划等。与靠近行为相反的便是回避行为，糟糕的环境会引发人们不良的认知、情感、生理反应，从而促使人们产生远离环境的意愿。对员工而言，良好的服务环境能激发员工诸如加入环境、探索环境、对企业产生归属感并愿意留在企业等接近行为。

2. 社会互动

服务场景除了影响员工和顾客的个人行为，还影响顾客与员工之间交往的质量，以及顾客与顾客之间、员工与员工之间的交往和互动。在关系型的服务场景中，企业应创造适于交流的环境因素，如座位安排、设施大小、空间布局的灵活性等，最大限度地为顾客和员工创造社交的可能性，以确保良好的互动质量。在低接触的、追求服务效率的服务流程中，服务场景的设计可能会考虑如何通过环境各个维度各个要素的科学设计来减少顾客和员工的互动。

三、在线服务场景

在线服务场景（E-servicescape）是在线服务传递中，顾客从购前到购后全部选购过程中体验的在线环境因素。网络购物迅速发展为企业主要的零售方式之一。消费者在在线购物过程中无法接触到实际产品、无法进行面对面的互动，只能通过电子界面来搜寻产品或体验服务，因此在线购物的服务场景就成为影响顾客行为意向的决定性因素之一。与实体环境类似，在线服务场景也应当让消费者享受购物的愉悦，创造美好的体验。

哈里斯（L. C. Harris）和戈德曼（M. Goode）（2010）将比特纳（M.J. Bitner）的服务场景概念引入网络环境，提出在线服务场景中环境要素的三个维度：审美诉求、功能和布局、财务安全，如图 6-2 所示。这些环境要素影响消费者对网站的信任感，以及消费者的购买意向。

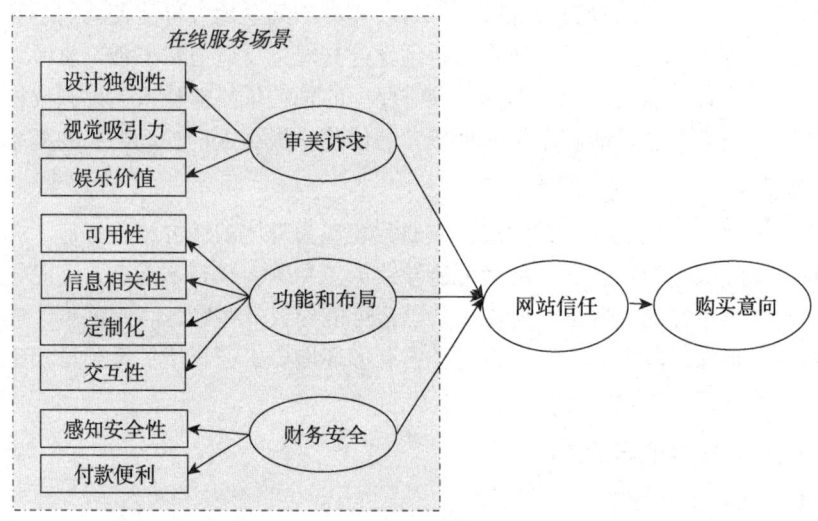

图 6-2　在线服务场景与顾客消费行为关系

资料来源：Harris L C and Goode M. Online servicescapes, trust, and purchase intentions[J]. Journal of Services Marketing, 2010, 24(3)：232.

（一）审美诉求

审美诉求指的是在线环境条件，以及消费者认为该服务具有吸引力的程度。在线服务场景中设置丰富的视觉元素（图片、文字、颜色、背景等）和音频等，有助于提升消费者的社会临场感，对顾客情绪和认知带来积极的影响。在线购物体验和信任的发展与在线服务环境的审美吸引力密切相关。设计者需要从三个方面思考如何提高消费者的审美体验。

1. 视觉吸引力

例如是否有播放在线音频视频，在线图像的性质、大小、总体呈现形式和数量，是否有使用不同的颜色来规定不同的功能，网站的背景是否合适，网站的排版是否一致，展示产品的方式和消费者的互动评价是否具有很强的吸引力等。

2. 设计独创性

设计是新颖的、原创的还是保守的？设计是否具有现代性和创新性？服务场景的美学吸引力和设计要素是在线服务的重要组成部分。

3. 娱乐价值

即消费者对在线购物的娱乐程度的评价。在线消费者是否认为在这个网站上购物是一种享受？消费者浏览网站购买产品的过程是否愉悦？

（二）功能和布局

功能和布局是指促进消费者完成购物任务的空间布置、组织、结构和适用性，对应网络商店中的搜索、链接、导航、产品信息、互动性等网络环境因素。在线审美诉求侧重于在线环境条件和消费者认为服务有吸引力的程度。在线布局指的是网站各要素的安排、组织、结构、适应性。在线功能性是指网站各要素在多大程度上促进了服务目标的实现。在线服务场景的布局和功能性的提升具体包括以下几个方面。

1. 可用性

可用性是消费者评价的核心，包括方便实用的导航，相关页面以及不同部分之间进行切换、操作的便捷性，可以通过搜索工具帮助顾客使用关键字找到想要的商品等。

2. 信息相关性

例如，每一页是否都清楚地指出人们可以期望找到什么或做什么，所有相关的信息都很容易获得；是否用不同的颜色来标识不同的功能，让顾客可以轻松地访问有关产品的技术细节。

3. 定制/个性化

即根据顾客的需求和喜好（包括颜色、布局、字体等）来定制整个网站。在整个交流过程中，顾客可能不需要使用真实姓名，只要提供他需要的购买建议，商家就会为顾客定制他想要的网站内容。大数据技术使得企业便于使用用户画像实施定制方案，如在选购时根据用户之前的搜索习惯在网络商店首页展示与其消费习惯相关的图片。但是，定制化方案尽管可以提高内容的针对性，实现精准营销，但需要在充分的目标市场调研和大数据技术的基础上谨慎地使用。不正确的个性化设置可能存在潜在风险，导致潜在顾客流失并产生负面评价。

4. 交互性

例如，消费者可以使用不同的方式来查看商品，还可以通过工具比较不同产品的参数和价格。在线环境中，消费者因个人需求会和客服人员进行及时沟通。如果在线客服能够及时回复消费者的疑问，则会提升顾客对整个网站的场景印象，对顾客的情绪有正向影响。在线客服、网络购物助手等"服务人员"通过网络媒介使得顾客产生高度的社会临场感。此外在大多数服务场景中，"其他顾客"都会存在。线下时他们可能是在服务现场顾客的朋友或购物伙伴、一般的熟人或者是完全陌生的人，在一定的购物环境当中显然会对顾客的消费决策产生一定的影响。而线上的"其他顾客"通常是虚拟社交网络关系下产生的，如社交平台中的网友、购买平台内的买家评论、拥有相同网络属性的社区互动等，这些都会对顾客的认知和评价产生影响。

（三）财务安全

财务安全指消费者对在线购物支付的易用性和安全性的感知程度。支付方便包括付款程序是否高效，支付工具是否易于使用，支付货款是否需要输入很多详细信息等。企业要考虑，消费者是否担心个人数据泄露，消费者对这个网站的安全系统是否放心，消费者是否认为这个网站有安全意识，相信这个网站的系统非常严密，等等。上述因素与消费者感知的安全性有关。

第二节 服务设施的选址和布局

由于服务产品生产与消费的同时性，很多时候消费者需要亲自到服务场所接受服务，因此对服务企业而言，设施的选址、布局和规划是企业经营决策的重要内容。良好的服务设施选址和设计可以吸引顾客并影响其对服务体验的感知，对企业的服务运作效率和经营利润有重要的影响。

一、服务设施的选址

有"美国现代酒店之父"之称的斯塔特勒（E. M. Statler）成功的经验之一就是强调酒店位置。对任何酒店来说，取得成功的三个最重要的因素是"地点、地点，还是地点"。寻找适宜的地点来建造酒店是他一生的信条，也充分显示出地理位置的选择对服务型企业经营管理的重要性。

服务型企业位置的选择包括宏观位置选址和微观位置选择。宏观位置选址是区位选择，所涉及的是大的地理位置上的选择，大到国家，小到一个城市、一个区县的选择。微观位置选择即地点选择，所考虑的是企业在某一特定的场所建立服务网点的问题。二者都将影响企业长期的经营成本和收益，是战略性的选择决策。

（一）服务设施选址的影响因素

服务设施的选址是一项复杂的系统工程，所需考虑的因素很多。地点的选择不仅要看当时的情况，还要看未来的发展。为了准确分析备选地址的优劣势，管理者需要考虑定量（例如人口规模、购买力水平、运营成本等）与定性（例如经营环境、政策因素、配套设施等）两方面的因素。这些因素由于评估的服务设施种类不同，因此在类型和重要程度上存在很大差异。以下是服务企业选址中重点考虑的因素。

1. 与消费者的接触程度

与消费者的接触程度是指接受服务的消费者是否出现在服务系统中及在系统中停留时间占服务时间的比例。服务生产与消费的同时性特征使得服务设施选址首先考虑的是靠近消费者。这对高接触式服务组织尤为重要。对消费者而言，距离远近和交通便利性是两个影响潜在消费需求的要素。例如，超市首选人口居住稠密区或公司集中的地区，因为这类地段目标消费者密度大。大型综合商场大多靠近商业街、娱乐场所、观光景点等人群聚集的场所。这类场所的另一个优势在于交通的便利性，无论从功能性还是可到达性来看都是能够吸引大量人群在此停留。又比如连锁餐饮品牌的选址除了考虑所在城市的人口数量、人口密度、教育程度、社会经济状况等目标消费者的基本指标，也应特别关注所在商区的周边环境，仔细衡量与消费者的接触程度。例如，某连锁快餐店选址时主要遵循以下几点：①对选中的开店地进行为期3～6个月的考察期，只有通过考察标准的才会落实决策；②选择有发展前景的商圈和新辟地学校、住宅区等进行布点；③选择知名的大商场布点，开设"店中店"，利用优势互补，互相吸引客源；④选择交通便利、位置醒目的地点，方便消费者在第一时间找到店铺。

2. 区域内消费者的购买力水平

一个区域内的消费者购买力水平是影响服务业、服务设施选址的重要因素。一般而言，一个区域内的消费者收入水平高、人口密度大、消费欲望强烈，则这个区域内的购买力就强，相应的对服务消费的需求就大，服务企业在这样的地区选址会有更多的商业机会。

3. 运营成本

选址不同，服务企业未来的运营成本也不同。选址是否接近于市场与原材料供应地，是否便于交通运输，都直接关系着企业能否通过集中进货、集中供货、统一运送等措施优化运输路线，降低采购成本和运输成本。这对于诸如超市、商场等零售服务企业尤为重要。这些企业的选址要注重是否便于合理组织商品运送，应尽可能靠近运输线。这样既能节约成本，又能及时组织货物的采购与供应，确保经营活动的正常进行。对于低接触型服务组织，对交通便利和减少运营成本的要求比接近消费者市场等其他因素要重要得多。

4. 与竞争者位置的关系

竞争者的位置是服务企业选址决策的重要参数。所谓成行成市，许多服务型企业的选址都需要靠近其竞争者的位置，如服装城、装饰材料城、酒吧街、饮食文化街、特色商业街等。酒店的选址扎堆于交通枢纽、会议中心或旅游胜地，银行也会入驻大型住宅区、商业中心等。这种同行业竞争者聚集经营的模式，既可以对消费者形成较大的吸引力，提高区域竞争力，又能够方便消费者在购买过程中的比较选择，提高消费者在作决策和接触服务企业过程中的便利感。对于经营者而言，一方面可以密切关注竞争者的商业行为，另一方面也可以共享当地有利资源，如行业所需的一般性原材料能够形成集中供货或吸引运输公司，从而降低运营成本。

5. 配套支持系统

完善的配套支持系统也是服务企业选址不可忽略的因素。例如，游乐场所在选址时，特别在意交通的方便性、供电系统的保证性。金融服务企业选址时，特别关注电子通信系统的发达程度。快递、网购等服务企业选址时，主要考虑交通运输网络的完善性。

6. 劳动力资源

服务企业大多是人员密集型企业，因此劳动力资源的可获得性和成本成为选址的重要条件。许多企业在选址时，特别看重当地是否有充足的劳动力资源、是否有企业想得到的管理层的人选。

7. 其他因素

其他因素如政治和政策因素、社会环境因素等也是选址需要考虑的因素。政治因素包括政治局面是否稳定、法制是否健全等。政局稳定是经济发展的前提，而健全的法制建设是企业有效运营的保障。在一个动荡不安的国家投资，需要冒极大的风险。若某个国家或区域法律变更无常，则企业资本权益得不到保障，也不宜投资。除此之外，政策因素也是服务企业在全球范围投资和选址时需要考虑的。社会环境因素包括居民的生活习惯、文化教育水平、宗教信仰和生活水平等，也是企业根据自身的性质和特点需要考虑的一些因素。例如，如果企业提供的产品和服务与当地宗教信仰相矛盾，则会遭到当地人的抵触甚至干涉与破坏，招聘本地员工也会有困难，支持服务所需要的原料供应来源和服务的市场推广都会有问题。

（二）评估备选地址的方法

评估与比较备选地址既可以采用定量方法，也可以采用定性方法。这些方法中常用的是因素评级系统、回归分析法、重心法等。服务企业在管理过程中通常可以组合运用这些方法，以便从不同角度来评估选址。

1. 因素评级系统

因素评级系统（factor-rating system）也称综合评估法，既可以用于宏观的区位选择，也可以用于微观的地点选择，特别适用于与顾客直接接触的服务设施的选址，如银行、餐馆、零售商店等。这类设施选址的目标在于通过有吸引力的地址来招徕顾客。

因素评级系统既可以用于评估定性因素，也可用于评估定量因素。这种评估方法广受欢迎的一个原因是它运用起来非常简便，只需以下六步。

①确定选址中需要考虑的具体标准或因素。
②赋予每个因素相应权重，以表明各因素的相对重要性。
③对每个因素选择一个常用的评级尺度（比如从 1~100）。
④对每个备选地址，按各因素逐一评分。
⑤将每个因素的权重与其得分相乘。
⑥求出加权合计值，选出得分最高的地址。

我们以某购物中心选址为例，说明因素评级系统的使用方法。假设该购物中心已经选择出两个备选地址，管理层决定采用表 6-2 所列的一些标准，将每一标准按照其相对重要程度赋予权重。对两个备选地址的所有因素进行评分，然后将评分加权合计，结果如下。

表 6-2 某购物中心选址方案得分情况

评分标准		权重	评分		得分	
编号	因素		地点 A	地点 B	地点 A	地点 B
1	交通条件	0.18	90	95	16.2	17.1
2	人口规模	0.1	97	92	9.7	9.2
3	购买力水平	0.09	90	88	8.1	7.92
4	地理位置	0.13	83	90	10.79	11.7
5	商业条件	0.11	85	88	9.35	9.68
6	购买行为	0.07	88	85	6.16	5.95
7	配套设施	0.07	90	98	6.3	6.86
8	停车场条件	0.04	95	96	3.8	3.84
9	地区成长性	0.08	98	95	7.84	7.6
10	运营成本	0.1	90	90	9	9
11	政策法规	0.03	95	95	2.85	2.85
综合评价值		—	—	—	90.09	91.7

上述例子中的权重之和为 1，反映出各标准在选址中的相对重要性。运用这种评估方法，地点 A 和地点 B 的差别并不大，可以选择总分相对更高一些的地点 B。因素评级系统的优点是透明度高、易于理解、易于使用，缺点是因素权重值的确定是主观的。

2. 回归分析法

与因素评级系统类似，回归分析法（regression analysis）也需要考虑影响选址的诸多因素。例如某银行的选址模型中，影响选址的因素是人口年龄、家庭年收入、交通便利性、街道环境等。其中，人口年龄又分成了三个年龄段，家庭年收入同样也被分为三个层次，因为不同年龄段、不同收入阶层对银行运营的影响程度是不一样的。

回归分析法通过历史数据建立回归方程式，对于每个因素权重的确定，考虑的是每一因素与客观结果的实际关系，而不像因素评级系统那样由管理者或专家的主观意志决定。在因素评级系统中，综合评估值是加权平均得分，是对一个地址给予一个整体的分数值，没有任何其他的内在含义。而在回归分析法中，影响因素是自变量，目标值是因变量值，是有实质含义的。在选址决策中常用利润作为因变量。

3. 重心法

重心法（center of gravity method）是一种定量技术，可用以确定准备或交付有形商品到其他服务设施的连锁店配送中心的最佳地址，也可用以确定超市、百货店、传统零售店、批发商等的选址。对这类服务而言，选址的目的就是达到运营与配送的联合成本最小化。重心法的基本原理就是在满足配送成本最小的条件下，在平面坐标系上确定服务设施的地理位置，即求出服务设施的坐标。

以配送中心的选址为例。由于运输成本与配送中心到连锁店之间的距离和运输量有关，故距离和运量都是影响选址的因素。为了使运输成本最小，理想配送中心的位置应该使配送中心到各连锁店之间距离与运量乘积的代数和为最小。即配送中心的位置是在综合考虑距离与运量两个因素基础上确定的，而不仅仅是在几何距离最短基础上确定的。配送中心的坐标可以用下式确定：

$$X_0 = \frac{\sum_{i=1}^{n} w_i x_i}{\sum_{i=1}^{n} w_i} \qquad (6\text{-}1)$$

$$Y_0 = \frac{\sum_{i=1}^{n} w_i y_i}{\sum_{i=1}^{n} w_i} \qquad (6\text{-}2)$$

式中：

X_0、Y_0 分别是配送中心的 x 轴坐标和 y 轴坐标；

x_i、y_i 分别是连锁店的 x 轴坐标和 y 轴坐标；

w_i 是连锁店 i 一定时期内所需商品的运输量；

n 表示连锁店的数量。

重心法确定配送中心的基本步骤如下:

①在标有各个连锁店位置的地图上画出一个平面直角坐标系,坐标原点的确定具有一定的随意性。

②在坐标系上标定出各个连锁店的坐标。

③确定配送中心到各个连锁店的运输量。

④应用公式(6-1)和公式(6-2)计算出配送中心的 x 轴坐标和 y 轴坐标。

⑤对所求出的坐标进行修正,即可得到配送中心的地址。

值得注意的是,运用重心法确定的配送中心地址是一个使配送成本最小化的理论上的最优值,但由于诸多原因,其选址结果往往并不可行。例如,选出的位置可能位于居民区,却没有高速公路入口,或已经被其他公司所占据。因此,企业在实际工作中还需结合具体情况对选址方案进行必要的修正。

一个更实用的选址方法是,可以首先采用因素评级系统等方法在既能满足公司要求又具有可行性的理想区域中确定若干位置,然后通过重心法中所用的相同标准评估每个位置,即使总配送成本最小化。这种方法是对有限几个位置进行评估,从而确定出最佳位置。

二、服务设施的布局

除了选择合适的地址外,服务过程中顾客参与的特征要求服务设施的布局要考虑与顾客相关的因素,因此设施的布局要满足从经营效率最大化、销售额最大化到为顾客提供舒适的环境等各种目标。然而,这些目标经常相互矛盾。管理层的任务是权衡员工与顾客行走时间最小化和收益最大化等方面的得失,设计的方案还需要与公司的整体战略以及管理层所希望交付的服务体验相吻合,合理规划布局。服务设施常用的布局方法可分为产品式布局和程序式布局两种类型。

1. 产品式布局

产品式布局也称直线式布局,是指按照服务提供的先后步骤安排设备。一个典型的例子是自助餐厅,所有食品按一定次序排放,顾客按一定路线依次取菜。这一布局方法适合标准化服务,要求各组成部分之间的平衡。服务被分解为一系列相对独立的步骤或操作,这些步骤或操作是顾客所必须经历的。安排这样的服务需要在服务提供者之间分配任务,以使生成的工作步骤需要近似相等的时间。这样为每个顾客花费时间最多的工作成为瓶颈,限制了服务线的接待能力。

如果出现了瓶颈,即服务线失去了平衡,可通过下面的方法进行调整:为这项工作增加服务人员以减少作业时间,或者重组任务以形成新的作业分配平衡服务线。一条良好、平衡的服务线应该使所有工作的持续时间接近相等,以避免在工作转移过程中出现不必要的空闲或等待。

2. 程序式布局

程序式布局(process layout)也称为车间式布局,是指将设施或程序中功能类似或联系密切的部分集中在同一区域。这样,执行相似任务或承担相同责任的员工相距较近,顾客在各部分之间的移动距离最短,可以减少员工或顾客的行走距离,节省时间。

这一布局方法的优点是设施使用的灵活性和员工工作安排的灵活性。大多数服务企业采用的都是这种方法。例如，医院的支持服务设施布局，放射检查、验血和取药分别位于医院的特定区域。餐厅的厨房也是按程序式布局规划的，分设点心间、粗加工区域、切配与炉灶烹调区、备餐区及洗涤区等。又如律师事务所、旅行社营业厅等服务面对需求各异的顾客，按照程序式布局方法可以针对特定顾客的需求提供个性化服务。服务企业则可以根据各类服务需求量的大小灵活安排员工的工作任务。

此外，在规划设计服务设施时，还要考虑服务场景中的有形要素（例如环境条件，空间规划和功能，符号、标志和人工制品等）对员工和顾客行为的影响。管理层还应考虑到高接触式服务和低接触式服务设施在规划布局方面的差异。

思考与练习题

1. 讨论自助式服务、人际关系式服务和远程服务与设施设计的相关性。
2. 就服务场景模型中的各要素展开讨论，举例说明有形环境如何影响员工和顾客行为，服务企业如何设计服务场景以提高顾客体验。
3. 对于四季酒店、丽思卡尔顿等高端的、提供全面服务的连锁酒店，确定其选址时应该考虑哪些因素？
4. 参观两个不同类型的服务企业，思考它们的布局有何相似之处，有何区别。

即 测 即 练

自学自测　　　　扫描此码

第七章 服务员工管理

本章主要介绍服务传递过程中员工的重要作用,一线员工跨边界角色的管理挑战,以及促进员工提供优质服务的管理对策。

- 理解服务员工对创造顾客满意和企业价值的关键作用。
- 理解员工角色压力的影响因素。
- 掌握促进跨边界员工提供优质服务的管理对策。
- 理解服务型企业授权的重要性。

第一节 服务三元接触与服务利润链

服务企业的基本特征是服务提供者与顾客发生接触,每一个服务接触点都可能是一个影响顾客感知的重要时刻。在与人员高接触的服务系统中,在顾客眼里,一线员工代表整个企业或组织,是品牌的代表,是营销该企业或公司形象的人。员工在为顾客创造满意和提供优质服务方面发挥着重要作用,是影响企业获利能力的关键因素之一。

一、服务接触三元模型

服务的独有特征之一是顾客参与服务的生产过程。在企业提供服务的情景中,每一个关键时刻都涉及顾客与服务提供者之间的互动,双方在服务过程中扮演不同的角色。图 7-1 描述了服务接触中的三元组合,反映了三个要素中的两两关系,并提出了可能的冲突来源。

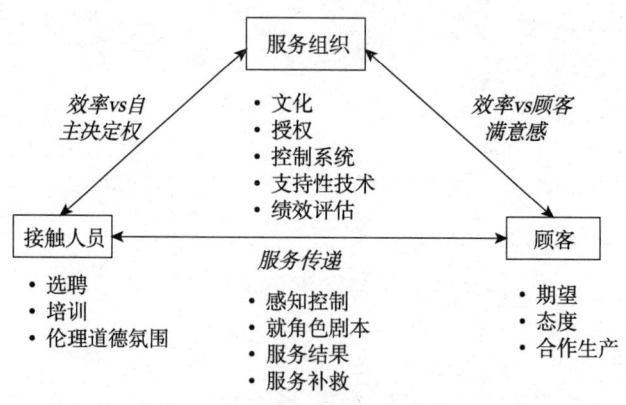

图 7-1 服务接触的三元组合

资料来源:桑杰夫·波多洛伊,詹姆斯·A. 菲茨西蒙斯,莫娜·J. 菲茨西蒙斯. 服务管理:运作、战略与信息技术[M]. 张金成,范秀成,杨坤,译. 北京:机械工业出版社,2020:94.

一个以营利为目标的服务组织，管理人员为了维护边际利润和保持竞争力，会尽可能地提高服务传递的效率。为了控制服务传递的过程，管理人员常常会利用规定或程序来限制直接接触顾客的员工在服务顾客时的自主权和判断力。但是，企业一成不变的规定和程序限制了员工为顾客提供有适应性的服务。由于员工缺乏自主决定权，对顾客的服务往往缺乏针对性，从而导致顾客的不满。在服务传递的过程中，员工和顾客都希望对互动过程有控制感。员工希望通过控制顾客的行为使自己的工作易于管理，更加轻松自如，而顾客希望控制服务接触的进程来获得更多的利益。

理想的状态是，服务接触中的三个要素协同合作，服务组织、接触员工和顾客的关系能够协调平衡，从而创造出更大的利益。然而，真实的情况往往是企业很难做到三者利益共创、共享、共存，常常是三要素中其中一个要素为了自身的利益而希望控制整个服务接触进程，矛盾可能没有得到解决。令人满意和有效的服务接触应该保证三方控制需要的平衡。当接触顾客的员工受到合适的培训，同时在服务传递的过程中顾客的期望以及角色得到有效沟通，组织为了保持经济有效性而对效率的需求也可以得到满足时，三元组合中的各个要素才能实现各自利益的最大化。

二、服务营销三角形

服务营销的参与者与营销过程中的承诺构成"服务营销三角形"的战略框架。该框架强调内部营销、外部营销与互动营销均为服务企业营销战略的重要组成部分。服务营销三角形形象地说明了员工对于企业承诺的正确理解并成功地传递给顾客，建立顾客关系这一能力的重要作用。如图 7-2 所示，三角形的三个顶点分别代表服务过程中的重要参与者：企业、员工和顾客。与产品营销不同的是，服务营销的重点不在于产品。服务生产系统具有开放性，企业的员工和服务设施只有同顾客进行实时互动才能发挥功效。三角形三边分别代表外部营销、内部营销与互动营销。对于服务型企业而言，三项营销活动同等重要，均是建立与维持顾客关系的基本活动。

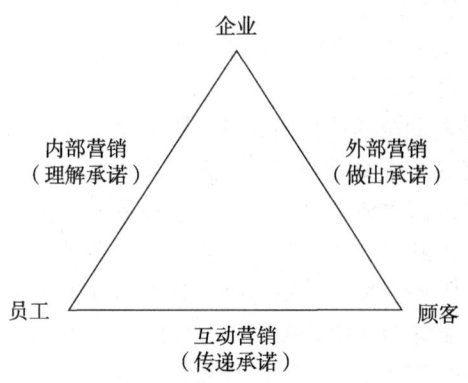

图 7-2 服务营销三角形

资料来源：瓦拉瑞尔 A. 泽丝曼尔，玛丽·乔·比特纳，德韦恩·D. 格兰姆勒. 服务营销张金成，白长虹，等译. [M]. 北京：机械工业出版社，2014：199.

(一)外部营销——做出承诺、建立关系

外部营销是指服务型企业依据顾客的需求等向顾客做出承诺的活动。传统的 4Ps 营销组合策略在此过程中适用,服务营销组合在 4Ps 营销组合策略的基础上增加了人(people)、有形展示(physical evidence)以及服务过程(process)三个要素,构成了 7Ps。三个要素在与顾客进行沟通、建立顾客期望并向其传递承诺等方面发挥重要的作用。服务型企业需通过外部营销做出满足顾客需求且现实的承诺,从而在顾客心目中树立良好的形象。

(二)内部营销——理解承诺、支持关系

内部营销是指服务型企业需保障员工具有履行承诺的能力,并按照做出的承诺向顾客提供产品或服务的活动,如培训、沟通等。内部营销是保证员工理解承诺的前提,企业向员工营销自身的理念与文化,加强内部激励,调动员工工作积极性,使员工能更好地为顾客提供满足其期望的服务。因而,内部营销的关键在于如何更好地培养企业员工能力与态度,更好地维持企业、员工与顾客之间的关系。

(三)互动营销——传递承诺、维持关系

互动营销是企业同顾客的相互作用,以及产品或服务被生产与消费的同时员工必须遵守承诺的活动。互动营销强调员工与顾客之间的良性互动,员工依靠企业的产品与设施等有形展示,借助企业相关技术、企业形象等资源为顾客提供优良服务。只有员工与顾客进行良性互动,传递企业承诺,企业与顾客的关系才能长期稳固地保持下去。

服务营销三角形的三条边所代表的三项营销活动对服务型企业而言都至关重要,缺一不可。为了提供更高品质的服务,建立与维持长期忠诚顾客的关系,服务型企业通过外部营销所做的承诺应该与员工在互动营销中所传递的服务一致,企业内部对员工的培训与沟通应该与顾客对服务提供者的期望一致。

三、服务利润链

服务利润链(service profit chain)1994 年由詹姆斯·赫斯克特(J. L. Heskett)等五位哈佛商学院教授提出,这项历经二十多年、追踪考察了上千家服务企业的研究,试图从理论上揭示服务企业的利润是由什么决定的。理解服务利润链理论的逻辑内涵,对于服务型企业增强盈利能力至关重要。

如图 7-3 所示,服务利润链的逻辑内涵是:服务型企业的利润受顾客忠诚度的影响,顾客忠诚度的大小受顾客满意度的影响,顾客满意度的大小受企业提供的外部服务价值的影响。顾客所感知的服务价值主要是由员工生产率和员工忠诚度决定的。员工生产率受到员工忠诚度的影响,员工忠诚度受其满意度影响。员工满意度取决于服务型企业内部是否为员工提供了较好的内部服务质量。要使得服务利润链运作起来,关键在于如何提升服务型企业的内部服务质量。服务型企业若想提升外部服务价值,必须从员工层面入手,构建员工能力循环,培养一支高素质服务团队,为顾客提供更好的服务。

服务利润链可以看作员工、顾客与企业之间的价值循环系统。员工给顾客创造更多的服务效用,提升服务过程质量,尽可能地减少顾客获得服务的成本,以使得顾客价值最大化。顾客获得更大的价值,其满意度上升,进而提升顾客忠诚度。顾客忠诚度的提升,一

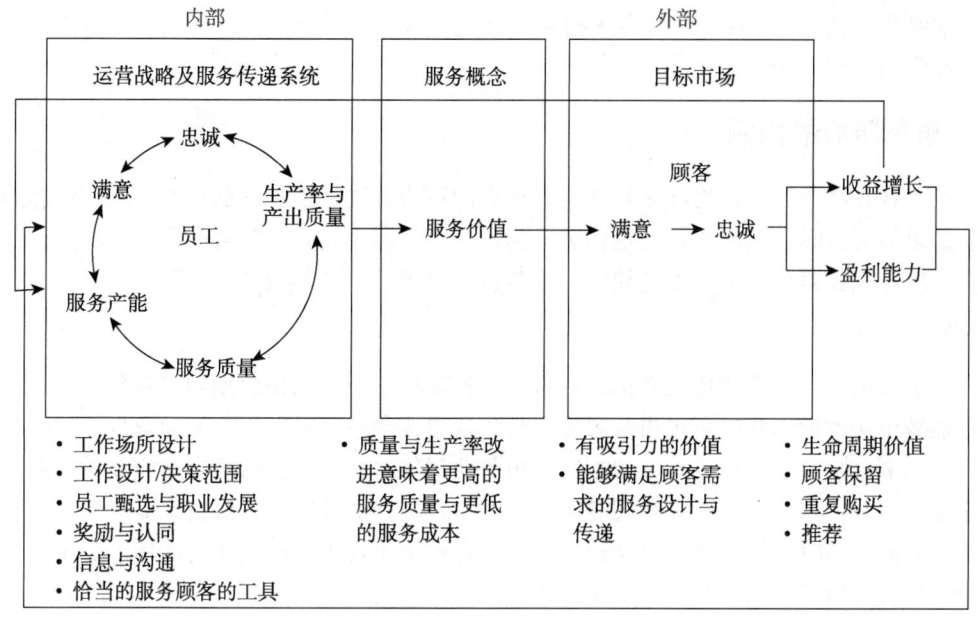

图 7-3 服务利润链模型

资料来源：Heskett J L, Jones T O, Loveman G W, Sasser Jr. W E and Schlesinger L A. Putting the service-profit chain to work[J]. Harvard Business Review, 1994, March-April: 166.

方面可以增强企业的盈利能力，拉动收入的增长；另一方面可降低获取顾客的成本，从而使企业价值最大化。企业价值得以提升，进而对员工工作环境质量进行改善，增强员工提供服务的能力并增加其收入。员工感到满意，忠诚度提高，服务生产率也相继提高。企业、员工和顾客三者之间重复以上价值交换过程，使各自都获得其所需要的价值，形成一个良性循环。

服务利润链成功运作的关键在于企业能否真正了解企业、员工和顾客三者之间的内在价值需求与价值组合，并构建一个可以顺利进行价值交换和利益分配的模式。成功运作的关键取决于企业能满足员工的需求，为员工传递其所期望的价值；员工能满足顾客的需求，为顾客传递其所期望的价值；顾客能满足企业的需求，为企业传递其所期望的价值，从而形成一个价值交换循环。其内在原理是，在整个经济和社会的大环境下，企业内部形成由领导与管理、文化与价值、使命与愿景组成的战略体系，通过运用员工关系管理、顾客关系管理、信息与技术、控制与激励等战术，创造更大的价值，平衡三方的利益，使其所获利益最大化，进而形成一个内在的良性循环。

第二节　服务员工角色管理

由于一线员工在组织的边界上工作，所以他们被称为边界跨越者。边界跨越者是外部顾客和环境与组织内部运营之间的一条纽带，他们在理解、过滤和解读往来于组织及其外部顾客间的信息和资源的过程中担任关键角色。除了脑力和劳动技能之外，跨边界的岗位还要求非同寻常的情感付出。由于经常要处理人与人之间以及组织与组织之间的冲突，因此要求跨边界员工在实际工作中能够处理质量与生产力的平衡关系。所以,边界跨越者的岗位通常面临较大的角色压力。

一、角色压力的内涵

在工作环境中,员工扮演某种角色,他们的行为方式必须符合职业的要求和顾客的期望。如果员工实际扮演的角色与他们感知的角色期望存在差异,就会产生角色压力。角色压力一般体现在角色冲突、角色模糊、角色负担过重、角色不当四个方面。

(一)角色冲突

角色冲突指角色期望传送者向角色扮演者提出相互矛盾的角色期望。在角色理论中,角色期望传送者指那些向角色扮演者提出角色期望或角色要求的人,例如角色扮演者的上下级、同事、顾客等。角色冲突的本质是角色期望传送者对角色扮演者有相互矛盾的要求或期望。因此,角色扮演者很难同时满足所有角色伙伴的期望。一线员工面对的是顾客,并且经常需要同时与许多顾客打交道,他们常常被置于带来冲突和压力的境地。压力一般来源于个人与角色冲突、组织与顾客冲突和顾客间冲突。

1. 个人与角色冲突

个人与角色之间的冲突指个体所扮演的角色对个体的要求与个体的价值观念、需要、愿望之间的冲突。在某些情况下,一线员工被要求做的事情可能与其个性、生活取向或价值观之间存在冲突,导致员工感受到工作角色要求与自我形象或自我尊重之间存在冲突。例如,有时候服务人员被要求隐藏他们的真实情感,而必须向顾客展现笑容满面。如果一线员工并不认同他/她正在扮演的角色,这种表面的表演就会导致角色压力。

2. 组织与顾客冲突

一线员工往往面临来自组织和顾客相互冲突的指令,一个是由顾客发出的希望以某种特殊方式来实施一项服务;另外一个则是来自组织的,希望以另一种不同的方式来实施这项服务。例如顾客要求员工细致周到的服务,企业要求员工讲究效率,提升服务速度。组织需求与顾客需求之间的冲突是一线员工面临的冲突的最普遍来源。当顾客要求的服务违反了组织的规定时,这类冲突就会出现。

3. 顾客间冲突

在很多服务场景中,顾客间冲突经常出现。不同的顾客可能有不同的需要,顾客对于他们自身、服务人员和其他顾客有不同的要求,他们对一线员工的角色和行为要求拥有完全不同的剧本。例如,顾客会叫服务员去要求另外一位顾客不要在餐厅大声讲话。餐厅中的一位顾客提出要求并迅速得到了服务,这可能会导致其他餐桌的顾客抱怨服务的不公平。当顾客之间发生冲突时,通常要求一线员工来解决。顾客间的冲突和对抗增加了一线服务人员的压力。

(二)角色模糊

角色模糊指组织成员对自己的角色行为没有足够的或明确的信息。员工感知的角色模糊包括工作任务模糊与角色行为的作用模糊。工作任务模糊指员工缺乏信息,不明确工作职务的具体要求、目标，以及组织允许自己使用的工作方法。角色行为的作用模糊指员工不明确自己的角色行为对自己、角色期望传送者、组织的影响。角色模糊产生沮丧感和紧张感，还会降低员工提高工作绩效、获取奖励的能力，进而降低员工的工作满意程度。

（三）角色过载

角色过载指角色扮演者的个人资源与他们可在工作场所使用的资源无法满足工作职务要求，角色扮演者不能有效地完成他们预期的工作任务。角色扮演者需同时满足不同角色期望传送者的要求，或需同时扮演几种不同的角色，就会觉得角色负担过重。员工角色负担过重有两种表现形式：①员工的工作量太大，员工无法在规定的时间里完成所有的工作任务；②员工缺乏必要的能力，无法做好自己的工作。

（四）角色不当

角色不当指管理人员要求服务人员扮演某角色，而服务人员却没有能力扮演好这种角色，或服务人员因某些性格特点不适宜扮演这种角色。

二、角色压力的影响因素

员工的工作特点、组织特点和个人因素都会影响员工感知的角色压力。

（一）工作特点

企业管理工作者普遍认同工作自主权、工作绩效反馈、工作任务完整性等工作职务特点在降低员工角色压力中发挥的作用。此外，多样化、挑战性、充实丰富的工作任务都有可能降低员工的角色压力，提高员工的工作绩效。

工作自主权指员工可自主决定自己应如何工作，控制自己的行为，选择自己的工作方法，决定自己的工作进度和努力程度。与缺乏工作自主权的员工相比较，工作自主权较大的员工可更好地应付模糊的角色环境，降低他们感知的角色模糊程度。

工作绩效反馈有助于员工理解自己的角色。员工从他人（主管和同事）或工作中获得的工作绩效反馈，会降低员工感知的角色模糊程度。员工可从他人那里获得反馈，了解他人对自己应如何完成工作任务的建议与他人对自己是否实现工作目标的评价。员工还可从工作中获得反馈，判断自己是否正确地完成了工作任务。

工作任务完整性指员工通过自己的努力，完成整项工作任务，取得明显的工作成果。工作任务完整性与员工感知的角色模糊存在显著的负相关关系。员工可完成整项工作任务，表明员工知道自己应如何满足企业对自己工作任务的要求，清楚自己与其他人的相互依赖关系，从而削弱员工的角色模糊感。

（二）组织特点

1. 管理人员的领导行为

管理人员作为企业的代表，负责指导和评估员工的工作，他们的领导行为对员工会产生极大的影响。管理人员的领导行为包括：体贴的行为和创建员工的心理结构的行为。管理人员体贴员工的行为与员工感知的角色冲突和角色模糊之间存在显著的负相关关系。管理人员体贴员工，可从以下两个方面降低员工感知的角色模糊程度。①管理人员为员工提供的情感性支持有助员工应对他们工作中客观存在的角色模糊问题，进而降低他们感知的角色模糊程度。②管理人员体贴员工，不仅可为员工提供良好的工作环境，而且有助于员工明确自己的角色。体贴员工的管理人员会感谢、奖励员工为企业作出的贡献，可使员工明确企业对他们角色行为的期望。管理人员创建员工的心理结构，为员工提供详细的信息，可使他们了解企业的期望，降低员工感知的角色冲突和角色模糊程度。

2. 流水作业线管理措施

流水作业线管理措施与员工的角色模糊存在负相关关系。企业使用规章制度和工作程序规范员工的行为，有助于明确企业对员工的角色期望，降低员工感知的角色模糊程度。但是，企业采用流水作业线管理措施，往往会增大企业一线服务人员感知的角色冲突。这是因为，企业的规章制度、工作程序和管理措施往往与顾客的需要相矛盾。服务人员按照企业的规定为顾客服务，就可能会引起顾客的不满。服务人员按照顾客的要求灵活地提供服务，就可能会违反企业的规定。

3. 员工参与管理决策

员工参与管理可满足员工自主决定和控制自己行为的需要，还可以满足完成整项工作任务而取得工作成果的需要，以及满足与他人交往的需要。员工参与管理决策可影响角色期望传送者对员工的角色期望，降低员工的角色冲突程度；能够获得与角色期望相关的信息，降低员工的角色模糊程度。参与管理增强员工与其他人的沟通，有助员工获得与他们的工作绩效相关的信息，了解企业如何根据员工的工作绩效确定员工的报酬，可降低员工感知的角色冲突和角色模糊程度。

4. 企业的授权措施

要充分满足顾客的需要，服务人员必须在现场做出各种决策。被企业授权的员工对自己的工作更加满意，会更热情地为顾客服务，能够更迅速地做好服务工作，提高顾客的满意程度。企业提高员工对管理决策的影响力，扩大员工参与管理决策的范围，增大员工的自主决策权，可提高员工的工作满意程度，降低员工的角色压力。一般而言，授权措施会降低员工感知的角色冲突和角色模糊程度。但也有学者的研究表明，授权措施会提高员工感知的角色冲突和角色模糊程度。

（三）个人因素

虽然组织环境和工作特征是影响员工感知角色压力的主要因素，但是在相同的工作环境中，不同的员工感知的角色压力可能不同。员工的"控制点"、自尊心、年龄、性别、工作年限、工作经验、受教育程度等个人因素对员工感知的角色压力也会产生影响。

1. 控制点

人对自己的事情具有一定的控制力，叫个人控制。一个关键的概念是控制点，分为内部控制点和外部控制点。强调外部控制点的人，试图改变外部世界，以期使外部世界适应自己的需要和愿望。强调内部控制点人，更倾向于通过修身养性，改进自身的素质，以期适应外部世界。与强调外部控制点的员工相比较，强调内部控制点的员工比较理解自己的角色和工作环境，他们感知的角色模糊程度较低。而强调外部控制点的员工更可能经历角色模糊。内部控制点的员工更相信自己对角色的理解。如果员工不清楚角色期望传送者的要求，或角色期望传送者对其有相互矛盾的要求，强调内部控制点的员工就可能会根据他们对角色的期望扮演工作角色，以便消除工作环境中的角色冲突和角色模糊问题。

2. 自尊心

自尊心是员工对自己的能力和个人价值的总体评价，是一种不易变化的稳定个性。在模糊程度较高的工作环境中，自尊心较低的员工觉得自己应对工作环境中的模糊问题承担责任。这类员工认为工作环境是有秩序的，自己不能准确地评估和理解角色期望传送者的要求，才会感到角色模糊。因此，他们更可能产生无能感。

3. 员工的人口统计特征

员工的年龄与感知的角色冲突和角色模糊存在微弱的负相关关系。可能的原因跟员工的工作经验和工作年限相关。与年轻的员工相比较，年纪较大的员工的工作经验更加丰富，工作时间也更长，员工逐渐积累工作经验后，就更能从自己的工作环境中获取大量相关信息，理解角色期望传送者对自己的要求，理解自己应如何完成各项工作任务，也就会逐渐降低自己感知的角色模糊程度。

三、角色压力对员工的影响

员工的角色压力会极大地影响他们的工作态度、工作行为和工作绩效。许多学者的实证研究结果表明，员工的角色压力会削弱员工的工作满意感和员工对企业的归属感，降低员工工作绩效，引起员工的离职意向。

1. 员工的情感疲惫

情感疲惫包括情感耗竭、情感淡漠和个人成就感低下三个既相互关联又各自独立的组成成分。情感耗竭指员工在服务过程中，因情感严重透支而出现的情感疲惫状态。情感淡漠指员工以冷淡的态度对待顾客。个人成就感低下指员工不能正确地评价自己和自己的工作的意义，对自己的工作成就感到不满。服务型企业员工因为要与管理人员和顾客频繁接触，往往容易出现情感疲惫。

2. 员工的工作满意感

员工的工作满意感指员工觉得自己的工作可实现或有助于实现自己的工作价值观而产生的愉快情感，主要包括员工对工作本身（工作性质、自主权、职责等）的满意感，自己得到的回报（薪酬、晋升机会、施展才能的机会）的满意感，他人（同事、管理人员）的满意感和企业环境（企业的规章制度、决策程序）的满意感。工作满意感是员工对工作环境的一种情感反应，受员工的个性特点、管理者行为、工作性质、角色压力等因素的影响。

3. 员工对企业的归属感

员工对企业的归属感指员工对企业的认同与投入程度，是员工对企业的一种心理依恋感，表明员工希望与企业保持长期的关系。如果员工需满足角色期望传送者相互矛盾的期望，但不清楚企业对自己的工作任务与工作绩效的要求，就不会尽力为企业努力工作。研究发现，角色冲突、角色模糊对员工对企业的归属感有中等程度的负面影响，角色负担过重对员工对企业的归属感有微弱的负面影响。

4. 员工的工作绩效

根据角色理论，角色压力会损害员工的身心健康，降低员工的工作绩效。如果角色期望传送者向员工提出相互矛盾的要求，就会降低员工的工作效率。如果员工不清楚自己应如何分配工作时间和工作资源，就很难扮演好自己的角色。如果员工没有足够的资源，就无法同时满足所有角色期望传送者的期望，提高自己的工作绩效。通常情况下，角色冲突、角色模糊对员工的工作绩效有直接的负面影响。

5. 员工的离职意向

员工的离职是一个过程。角色压力会损害员工的心理健康，降低员工的工作绩效，进而削弱员工的工作满意感和员工对企业的归属感，引起员工的离职意向。但是，角色压力的各个组成成分对员工的离职意向有不同的影响。有学者的研究发现，角色模糊对销售人员的离职意向有显著的正向影响，角色冲突与销售人员的离职意向不存在显著的相关关系。如果销售人员不知道如何应对工作中客观存在的角色模糊问题，就容易产生离职意向。

四、减少一线员工角色压力

鉴于跨边界一线员工在工作中可能面临来自内外角色的冲突和压力，企业设计和开发相应的策略来化解这种冲突和压力就显得尤为重要。

（一）选择正确的员工

许多服务企业认为他们拥有有效的服务流程来选拔服务人才，但结果往往不尽如人意。招聘跨边界服务人员，服务企业要考虑的除技术培训、资格证书和专业知识外，还应包括他们的服务价值导向。一线服务工作需要员工的情感付出，对顾客友好、礼貌、体贴以及随机应变都要求一线员工付出大量的情感劳动，这加重了员工工作过程中的困难和压力。因此，服务企业在挑选员工时应尽量选择那些能够很好处理情感压力的应聘者，对他们进行必要的技能培训。

（二）员工培训设计

在开展实际工作前，企业应对一线员工进行技能培训，使其了解自身的工作内容、性质、企业和顾客双方期待的角色行为。通过培训，一线员工可以了解管理人员的要求、顾客的期望和服务操作规程，从而减少角色模糊问题。加强培训还可以增加一线员工的服务意识和顾客导向行为，帮助员工掌握沟通技能、营销技能和服务技能。一线员工服务知识的增长和服务能力的提高有助于减少其角色压力，帮助他们在遇到角色冲突时做出合情合理合规的反应。

（三）员工授权

要充分满足顾客的需求，一线员工在工作现场必须做出各种决策。企业的授权能够给一线服务员工确实带来诸多好处，包括减少工作压力、提高工作满意度、更强的适应性，以及为顾客创造更好的服务。授权措施可以减少员工角色模糊的问题，还有助于员工更精明地做好服务工作，提高生产效率。当然，授权仅在特定的环境下使用才会发挥作用。

（四）提供组织支持

要实现服务员工的高效率工作还必须建立内部支持系统，以顾客为中心、员工需求为目标。如果没有以顾客为中心的内部支持和顾客导向系统，企业几乎不可能传递优质服务。来自主管、团队同伴、其他部门的内部支持及对工作中所使用技术的评价都与员工满意度及其服务顾客的能力高度相关。服务是顾客和员工彼此相互作用的过程，一线员工经常面对无法预料的情况。当一线员工需要处理出乎预料的情况时，及时获得其他同事的支持经常是一种优势。

（五）塑造良好的服务文化

组织中员工的行为要受到塑造个人和群体行为的组织文化，或深入人心的标准以及价值观的重要影响。文化是组织成员共同遵循的信仰或共同的理想，是约束组织中个体或群体的行为准则。服务企业的领导层要创造良好的文化和氛围，如正直、乐观、尊重，并将这些价值灌输到企业的制度和行为之中，减少员工的工作冲突，为员工提供支持。企业员工在积极的服务文化氛围中工作满意感更高，更乐于主动地、自发地为顾客提供优质的服务。

第三节　授　权　管　理

要充分满足顾客的需求，一线员工在工作现场必须做出各种决策。因此许多管理学家认为管理人员应采取授权措施，这有助于员工一次性做好服务工作，对顾客需求做出灵活反应并在出现差错时及时补救。

一、授权的作用

1. 对顾客的需求做出直接的回应

授权可以有效地提高一线员工的工作灵活性，员工可以根据服务的需要调整自己的行为，在每一个服务的关键时刻更好地满足顾客提出的要求。受权员工拥有必要的资源为顾客提供他们所要求的服务。

2. 对不满的顾客及时补救

如果服务实施不当，员工在第一时间纠正可以使不满的顾客变得满意，甚至成为企业的忠诚顾客。一线员工在服务差错出现以后没有作出适当的反应可能是由于许多因素造成的，其中之一就是缺乏授权。如果企业授予员工工作中一定的支配权力，允许员工按自己认为最好的方式行使权力，当服务出现差错时，员工不需要去找远离服务第一线的管理者，就可以主动、灵活地为顾客做好补救性服务。

3. 改变员工对工作的认识

授权可以增强员工的工作控制感，使员工了解工作与企业经营业绩的关系，增强员工的责任感。授权强调对服务人员的尊重，把服务人员从细枝末节和严格的规章制度中解放出来，让他们自己寻找解决问题的方法，并对自己的决定和行为负责。适当的授权可以使员工感到自己是工作的"主人"，唤起他们对工作的投入感、责任感。

4. 改进员工对客态度

顾客对服务质量的满意程度受服务人员的态度影响。顾客希望服务人员对他们的需求表示关心。授权常常被看作是释放员工潜能并激发其敬业精神的方式。企业采取授权措施，可使员工觉得自己更能为顾客提供优质服务。受权员工会更加热情地为顾客提供服务。

5. 激励员工为服务出谋献策

授权意味着放开对基层员工的控制，鼓励员工发挥主动性和想象力，也意味着可以更公平地根据个人与集体的工作业绩分配奖励。受权员工愿意提出自己的观点，为服务质量的改善提出建设性的意见。企业让基层员工对服务该怎样做拥有发言权可以极大地提高服务的质量。

6. 获得顾客更好的口碑宣传

授权管理措施使一线服务员工更主动地满足顾客的期望，采取必要的措施，纠正服务差错。满意的顾客会积极地为企业的服务进行有利的口头宣传，并成为企业的回头客。

二、授权的方式

授权意味着把为顾客服务的意愿、技能、工具和权力交给一线员工，员工觉得自己能控制服务工作，有权决定服务方法，及时采取措施纠正服务差错等。一线员工需要掌握相应的知识和工具才能做出正确的决定，而且应该有相应的激励措施以鼓励员工做出正确决定。授权仅在特定的环境下使用才会发挥其作用。授权型企业应该是具备灵活、决策迅速以及将决策权合理地授予一线员工等特征的企业。在实施授权管理措施过程中，管理者必须对授权的范围和授权的程度等做出相应的决定，确定受权者有权做什么、应承担哪些相应的责任。

管理人员应根据企业的需要，按照表 7-1 所示的五个维度选择授权方式。①工作任务，指企业应授予员工多大斟酌处理权。②工作任务分配，指企业应授予员工多大工作决策权。③权力，指企业应授予员工多大个人权力。④归属感，指企业的授权方式增强员工的持续性归属感还是增强员工的道义性归属感。⑤企业文化，指企业文化对员工的受权感有多大影响。

表 7-1 五个维度授权方式分析

维度	流水作业线管理措施 低成本、高效率、标准化服务，短暂交易关系，简单、常规的服务技术，X 理论管理人员	授权措施 个性化服务，长期合作关系，复杂的服务技术，多变的经营战略，Y 理论的管理人员
工作任务	员工斟处权小	员工斟处权大
工作任务分配	员工参与程度低	员工参与程度高
权力	服务工作决策权	管理政策影响权
员工归属感	物质奖励	员工参与管理决策
企业文化	强调控制	强调信任

资料来源：Lashley C, McGoldrick J. The limits of empowerment: a critical assessment of human resources strategy for hospitality operations. Empowerment in Organizations, 1994, 2(3): 31.

就服务管理而言，授权在很多方面都与生产线管理方式相对立。随着知识、信息、权力和报酬自上而下落实到基层员工，授权程度逐渐提高。从参与出谋划策到完全的自主管理团队，再到参与企业收益分享，授权的具体方式或授权的水平可以有很大的不同，如图7-4所示。

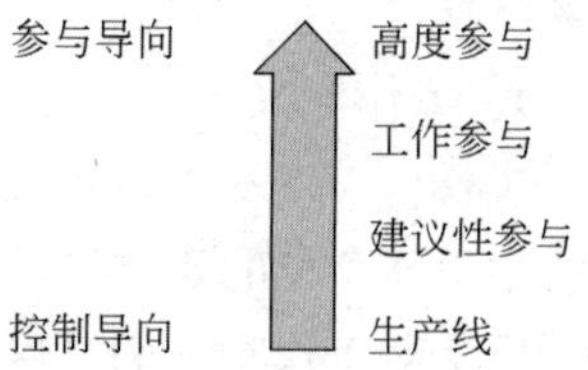

图7-4 服务型企业的授权方式

1. 建议性参与

企业鼓励员工通过正式建议为企业运作出主意。员工只有建议的权力，而实施的决策权一般由管理层掌握。建议性参与可以造成一定程度的授权而不改变基础的生产线管理模式。比如，麦当劳积极听取一线员工的意见，为了避免手指印留在小圆面包上而使用纸包装汉堡包就是员工提出的建议。麦当劳高度标准化、统一化的流水作业线管理方法并没有因此改变。

2. 工作参与

工作参与与控制模式有较大的区别，它极大地扩展了员工工作的范畴。工作被重新设计以便于员工发挥多样化的技能。员工相信自己的任务很重要，在决定怎样开展工作方面他们享有高度的自由，并能得到管理层大量的反馈。工作参与广泛采用团队形式来实现。授权的企业通过鼓励员工参与决策使权力分散化。例如，允许员工建立自我管理团队，允许员工制定工作绩效标准、选择他们工作所需的设备、参与招聘决策、解决同事存在的问题，允许员工参与建立规章制度等。虽然工作参与的授权程度较高，但它没有涉及改变组织结构、权力和报酬等战略性决策，企业战略性的决策仍然由高级管理层负责。

3. 高度参与

企业实施高度参与授权措施，员工不仅对怎样做好自己的工作、对如何提高集体的工作效率有发言权，而且可以影响企业整体业务流程。员工参与部门的管理决策，管理人员向员工公布业务情况。员工参与企业激励方案的开发，参与企业利润分享，拥有企业股权。

三、员工心理授权

授权指管理人员与服务第一线员工分享信息、知识、报酬和权力。要采取授权措施，管理人员必须抛弃传统的监控式管理模式，改变组织结构、管理方针和管理方法，发动员工参与管理，发挥员工的创造力，增强员工的工作责任感，鼓励员工做好各项工作，使员工形成受权意识。根据社会认知理论，人们会主动认识环境，而不是被动地适应客观环境。人们对环境的认识会影响他们的心态和行为。员工的受权心态应包括对工作意义、能力（或自我效能感）、工作影响力和选择权四个方面的评估。斯普雷策（G. M. Spreitzer）（1995）认为，员工的心理受权是一个由员工感知的工作意义、工作能力、自主决策权、影响力组成的员工内在工作动力概念。员工心理授权的四个组成成分反映了员工对自己工作角色的积极态度，表明员工希望并认为他们能够塑造自己的工作角色，影响自己的工作环境。这四个组成成分共同组成员工心理受权总概念，缺少任何一个组成成分，都会降低员工的心理受权程度。

1. 工作意义

工作意义指员工根据自己的理想和价值观念，评估工作目标或工作目的的价值。员工会根据工作角色的要求与自己的信念、价值观念和行为准则是否一致，评估自己的工作意义。员工对工作意义的高度评价将会引起个人对组织的承诺，参与并集中精力完成任务。员工对所从事工作意义的看法影响其满意感和授权感。员工认为的有意义的工作是可以自由进入的，允许员工自主和独立，让员工能够发展其个人能力，为员工提供足够的报酬和实实在在的福利，管理者在精神上支持员工，而不是用家长式统治方法去干预员工的思想，干预员工怎样获得幸福。工作意义与工作满意感联系在一起。在服务型企业中，员工的工作满意感与授权之间有正相关的关系。工作的意义影响个人对给定任务投入的精力。

2. 工作能力

工作能力（或自我效能感）指员工对自己是否具有熟练完成工作任务能力的信心。自我效能的信念是人类动机、情感和行动的关键因素。培养和强化员工自我效能感的主要途径有四种，即成功的经验、榜样、社交说服、心理状态。不管采用哪一种途径，最大限度地提高员工的自我效能感都非常重要，因为自我效能感决定了员工的动机，它直接影响员工愿意付出努力的程度和努力持续的时间。员工个人对能力的信心与工作绩效、目标承诺、实际竞争技能有关。能力是授权中最有力的控制手段，因为只有员工希望表现能力，授权才能起作用。

3. 自主决策

自主决策权指员工对自己是否有权决定工作行为和工作程序的看法。员工的自主决策权表现为员工可自主决定自己如何开展工作，控制自己的工作行为，选择自己的工作方法，决定自己的工作进度和努力程度。自主决策是个人感觉到在开始活动或调整活动过程中可以有选择。自主决策的员工觉得自己是主动的而不是被动的，是目的明确地去行动而不是在应付。员工感到自己是行动的主人，因为他们是发自内心地去工作而不是受控于外部资源而工作。感觉自己有选择权的个人将更有灵活性、有创造力、有弹性，自我调节能力强。员工对控制的感觉或选择可以产生更高水平的工作满意感、承诺感、参与感、绩效和激励，减少精神不安、紧张、缺勤和员工流失。相反地，如果员工感觉到受外部因素的控制，将会出现压力，导致不良的情绪，降低自尊。

4. 影响力

影响力指员工对企业战略、行政管理或经营管理结果的影响程度。影响力反映了个人对自己影响他人工作决策、工作结果的信心。参与企业战略、行政或企业生产程序决策的员工会体验到影响的感觉。个人缺少影响力会引起习得性无助（learned helplessness）。习得性无助感指员工在以往的经历中逐渐形成的无法影响工作环境的心态。习得性无助是指即使组织经过变革允许更大的独立性，但员工仍持依赖性态度的情形。习得性无助与绩效下降、情绪低落、感情退缩、精神错乱、激励减少等联系在一起。

员工的心理授权并不是员工持久的个性特点，而是员工在自己的工作环境中形成的心态。因此，员工的心理授权反映员工对自己与工作环境之间关系的一种不断变化的看法。因此，企业管理人员应关注员工的心理授权程度，而不应仅仅关注员工是否授权。

四、实施授权

在实践中，授权的具体形式是多种多样的，企业管理者为了适应不同的企业环境，实现不同的管理目标，将采用不同的授权方式。影响授权的因素是多方面的，综合考虑影响授权的各种因素，有助于服务型企业管理人员进一步理解授权可能产生的结果，有针对性地采取授权的方法。授权与特定的工作环境有关，服务型企业在不同的场合、不同的时间对不同的角色，采用的授权方式是不同的。

1. 对不同的人采用不同的授权形式

授权理论假设，不同的人应有不同的授权形式。在特定的环境下，虽然所有成员都为达到群体共同的目标而工作，但每个成员有自己独特的经历，扮演不同的角色，代表不同的阶层。不同的经历、不同的社会背景形成个人对授权的不同期望。因此，不同的种族、性别、民族、阶层、社会背景的人对授权的形式有不同的期望，他们的期望同样受个人以往授权经历的影响。在特定的环境下，没有任何授权经历的个人与已有过授权经历的人对授权有不同的理解。例如，新来的员工与老员工对于领导让他参与决策过程，被授权的感觉不同。参与决策过程对新来的员工来说已经感觉到自己被授权，而对老员工来说，要影响决策的结果才能感觉到被授权。

2. 不同的情景应采用不同的授权方法

不同的情景、不同场所采用的授权方法不同，授权应考虑不同情景的独特性。服务型企业所提供服务的性质、服务的复杂性、服务的标准化和定制化程度、劳动密集程度将影响服务型企业管理人员采取的授权形式。提供标准化服务的企业与提供定制化服务的企业对员工的技能、知识、行为的要求不同，在培养员工的控制能力、影响能力等方面所采取的方法也不同。在"服务工厂"式的服务型企业中，采用流水作业线管理模式，对服务人员授权的程度比较低。而提供专业化服务的企业，提倡培养员工个人解决问题的能力，提高员工决策技术，鼓励个人领导才能的发挥，对员工授权程度也比较高。

3. 授权随时间而变化

任何理论的发展都受特定时空背景的限制。授权是一个动态过程而不是一种静态的目标。企业面临的环境在不断发生变化，企业的管理目标也在变化，团队成员的构成也会发生变化，管理人员如何授权也应随之变化。授权的情景发生变化，授权的结果也会发生变化，衡量授权结果的指标也应发生变化，服务型企业管理人员应用动态的眼光来考虑授权管理措施的运用。

思考与练习题

1. 为什么服务员工对任何服务组织来说都是成功的关键因素？

2. 尝试用服务利润链理论分析一个具体的服务组织,找出其成功或者不足之处。

3. 回想你现在或者曾经从事的专职或兼职工作中扮演的一线服务提供者角色,你是否经历过角色压力问题?你是怎样克服压力问题的?请对角色模糊、角色冲突等压力分别进行讨论。

4. 有人认为企业给员工授权就像一把双刃剑,你是否认同?为什么?

即 测 即 练

自学自测　扫描此码

第八章 服务中的顾客

本章主要介绍服务传递过程中顾客的角色,以及服务中的顾客行为的管理和顾客授权。
- 理解在成功的服务传递中顾客的重要性和顾客的角色。
- 理解服务中顾客参与行为。
- 掌握实施有效顾客参与的策略。
- 了解顾客不良行为的管理方法。
- 理解顾客授权的管理措施。

第一节 服务传递中的顾客角色

由于服务生产与消费的同时性,顾客以各种形式参与到服务过程中,扮演着越来越重要的角色。对企业而言,理解顾客在服务中的角色,对于有效管理服务中的顾客行为格外重要。

一、顾客是生产资源

服务是个开放系统,顾客参与服务的生产。服务中的顾客被看作组织的"兼职员工",是增加组织生产能力的人力资源。从这个角度分析,顾客在服务传递中的作用主要体现在以下几个方面。

(一)顾客是合作生产者

顾客是服务型企业的合作生产者。顾客配合企业完成服务全过程、礼貌友善地对待服务人员等行为,有助于提高企业的服务质量以及顾客自己和其他顾客的满意感。从顾客参与服务生产的角度来说,与员工在服务过程中应该明确自己"做什么"和"怎么做"相对应,顾客也清楚地知道自己在服务过程中应该"做什么"和"怎么做"。顾客在接受服务过程中主动了解和自觉遵守服务型企业的规章制度和服务章程,提供各种信息,协助服务人员完成服务工作,能提高服务结果的质量。顾客在接受服务的过程中友善地对待服务人员、尊重服务人员的劳动,主动配合、尊重和赞赏为他们提供服务的服务人员,从某种程度上可能会降低服务人员的工作压力感,服务人员会更主动积极地为顾客提供优质服务。

顾客合作的行为不仅有利于他们和服务人员之间的相互交往,还会对其他顾客产生重要的影响。由于顾客都在同一个服务环境下接受服务,因此顾客的行为和态度会对其他顾客产生影响。其他顾客,特别是新顾客,他们对服务过程并不十分了解,因此他们可能会去观察和模仿其他老顾客的消费行为。如果老顾客在消费过程中能够礼貌地对待服务人员,配合服务人员完成服务工作，就能对新顾客起到示范作用。新顾客会认为自己在消费过程中也应该尊重和配合服务人员。这样，服务人员就能够在更轻松愉悦的气氛中为顾客提供服务，提高服务质量和顾客的消费价值。

（二）顾客是企业的营销人员

顾客推荐是指顾客自愿地为企业做有利的口头宣传及关注企业利益的行为，包括顾客向他人介绍企业、向他人称赞和推荐企业。服务的无形性和不可预知性会增加顾客购买服务的风险。顾客会想方设法从不同途径了解服务的信息，以便降低自己的购买风险。但顾客往往不太相信企业的广告宣传，他们更愿意听取亲朋好友的意见。如果某些顾客能自发地为企业做有利的口头宣传，企业就能吸引更多的新顾客。顾客推荐不仅对新顾客的购买决策产生重要的影响，还能帮助企业在社会公众中树立一种正面的形象，提高企业的市场声誉。顾客作为企业的"兼职营销人员"，还能减少企业的人力成本和营销费用。企业可以利用节省的资金，采取必要的措施改进服务管理工作、提高服务质量和奖励优秀的顾客，提高顾客满意感和增加顾客消费价值。

（三）顾客帮助他人

顾客帮助他人是指顾客自愿地帮助其他顾客预防和解决在消费过程中遇到的问题。顾客帮助他人的行为表现在以下几个方面。

①拥有丰富消费经验的顾客帮助其他顾客顺利地获得所需要的产品和服务。老顾客通常会比新顾客积累更多的服务知识和经验，比新顾客更了解企业的服务程序和规章制度。如果那些老顾客能够指导新顾客正确完成整个消费过程，或向新顾客解释相关的程序，新顾客就能很快地掌握相关的知识和技能，并顺利的获得产品和服务。

②顾客通过言语和行动来鼓励其他顾客实现自己的目标。比如，到减肥中心减肥的顾客往往一开始都会对自己能否成功减肥抱有疑虑，特别是当他们发现最初一段时间的努力并没有达到预期的效果时，他们就可能会产生放弃的念头，不再听从减肥专家的意见。在关键时刻，如果有减肥成功的顾客与大家分享自己的经历，可以帮助部分人消除的疑虑，恢复信心并最终战胜困难达到预期的减肥目标。

③顾客充当"和事佬"，帮助解决其他顾客之间的纠纷和矛盾。许多顾客在同一个服务环境下消费，顾客与顾客之间可能会因为某事而发生摩擦。例如当两位顾客为小事在餐厅争吵时，不仅会影响到餐厅的其他客人，还可能会扰乱服务人员的正常服务工作。如果这时有顾客挺身而出充当"和事佬"（调解人），也许能够缓和争吵双方的矛盾，使餐厅的正常服务工作得以继续。

二、顾客是良好服务体验的贡献者

（一）顾客参与能提高其感知价值和满意度

①顾客参与促进了企业和员工对顾客的认识。投入企业生产或服务传递中的顾客会与企业和员工共享信息。顾客所提供的信息包括其个人需求和市场的最新资讯，这些信息有助于企业和员工把握顾客的想法和偏好，从而提供更符合其需要的产品或服务。

②顾客参与可获得更好的个性化的服务。顾客在服务传递中的投入能够有效地减少其在财务和服务上所感知的风险，从而获得更好的服务体验。这些能带来顾客较高水平的满意感，其满意感会进一步转化为对企业的忠诚。

③顾客参与还有助于顾客获得沉浸体验。顾客不仅关心服务结果的质量，还关心服务过程的质量。优秀的服务型企业都会授予顾客必要的权力，鼓励顾客参与服务过程和完成部分服务工作。

④顾客的参与能够有效地实施服务补救。当遭遇服务失败，顾客的参与能够帮助企业更好地了解顾客的想法和问题，从而共同找出解决的方案。而顾客通过参与服务补救的过程，能够对自身在价值共创中的角色更明确，并更愿意与企业合作实现双方的利益。

（二）顾客是企业的咨询专家

顾客是服务型企业的资源供应者和咨询专家。顾客能发挥自己的聪明才智，主动参与到企业的管理过程中，为服务型企业改进管理工作和提高服务质量提供可行的意见和建议。顾客自发地为服务工作出谋献策，能提高企业的服务质量和生产效率。企业往往可以从顾客的建议和反馈中了解顾客未满足的需求和愿望，得到改进和创新服务的灵感。好的顾客建议是企业的重要信息资源。许多服务型企业印制了顾客意见调查表或顾客意见卡，鼓励顾客为企业提供意见和建议，把顾客的投诉和建议看成是企业宝贵的资源。

三、顾客是企业潜在的竞争者

顾客扮演的最后一个角色是企业潜在的竞争者。在许多服务的情景中，顾客能够选择是部分还是完全自己生产服务。无论是自己为自己提供服务，如照顾孩子、维修计算机、清洁房屋，还是让其他人为自己提供这些服务，对顾客来说都是一个涉及专长能力、资源能力、时间能力、经济成本等多方面因素权衡的结果。企业除了认识到顾客可以是生产资源与质量和价值的创造者以外，也需要认识到顾客可能是潜在竞争者的角色。

第二节 顾客行为管理

一、顾客参与行为管理

顾客参与主要有两种角色，一种是信息的提供者，另一种是共同发展者。前者强调的是顾客在信息方面的投入，而后者更多的是顾客与企业合作完成产品或服务开发的任务。顾客不仅通过购买行为为企业带来利润，还会参与到企业产品或服务的传递当中，与企业共同创造价值。

（一）顾客参与行为的分类

对顾客的参与行为可以从不同维度进行分类。常见的分类方法是从顾客在智力上、体力上及情绪上的投入来衡量顾客的参与行为。智力上的投入包括顾客在信息和心智方面做出的努力，体力上的投入包括顾客有形的和无形的体能劳动，情绪上的投入包括顾客在态度上的付出。在许多服务场景中，为达到最佳的服务绩效，顾客在这三方面做出的努力与投入都是必需的。根据服务提交的过程，顾客参与行为又可以分为事前准备、建立关系、交换信息和干涉员工的服务补救四个维度。基于这四种行为，企业可以构建一条顾客服务评价链（如图8-1所示）。如果服务失败，为寻求顾客满意，顾客要么选择在服务补救阶段进行干涉（如提供反馈信息），要么回到交换信息与建立关系的阶段，重新向服务人员清楚地说明自己的需求。这种划分方法在跨文化背景下也是适用的。有些学者认为，服务提供者和顾客都会参与到服务过程中，信息共享、责任行为和人际互动这三个维度可以用来描述服务提供者和顾客双方的行为。表8-1总结了各种视角下顾客参与行为的维度。

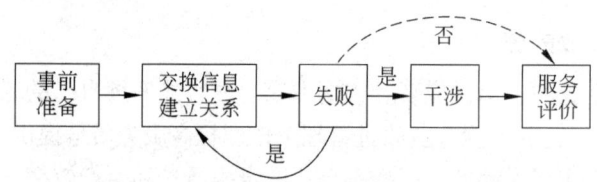

图 8-1　基于顾客参与行为的顾客服务评价链

资料来源：Kellogg D L, Youngdahl W E, Bowen D E. On the relationship between customer participation and satisfaction: two frameworks [J]. International Journal of Service Industry Management, 1997, 8 (3): 213.

表 8-1　顾客参与行为的维度

划分依据	维度
根据顾客投入的表现划分	智力上的投入：在信息和心智上的努力 体力上的投入：有形的和无形的体能劳力 情绪上的投入：顾客在态度上的付出
根据顾客在服务过程中的作用划分	忠诚：购买服务后的一种行为意向 合作行为：承担合作生产者的角色 信息分享：主动且有责任性的参与和投入
根据服务提交过程划分	事前准备：在服务发生前的信息收集和研究 建立关系：与服务提供者建立良好关系 交换信息：提供信息，明确需求与期望 干涉：服务失败后的补救行为，如反馈负面信息
根据服务提供商和顾客的参与行为划分	信息共享：顾客向员工提供需求的信息 责任行为：双方都承担责任，顾客同时是服务生产者 人际互动：人际交往中的信任、支持、依赖、合作、灵活、承诺等要素
根据顾客参与程度分为低、中、高三种程度	出席：消费次数与频率 提供信息：向服务人员提供信息与创新的建议，给其他顾客提供信息的程度 共同制造：合作努力的程度

（二）顾客参与的程度

从服务环境角度看，顾客参与的程度会随着服务环境的变化而不同，如表8-2所示。

表 8-2　不同服务中的顾客参与程度

	低程度的顾客参与	中等程度的顾客参与	高程度的顾客参与
定义	服务传递时顾客才需要出现	完成服务需要顾客的投入	顾客共同生产服务产品
标准化程度	产品是标准化的	顾客投入使标准产品定制化	积极的顾客参与，指导定制化服务
服务的产生	无论有无顾客购买，都可以产生服务	当顾客购买时，才能产生服务	服务的创造与顾客购买、主动参与无法分离
顾客投入	付款可能是唯一要求的顾客投入	要得到满意的结果，顾客投入是必需的，但没有顾客投入服务公司仍可提供服务	顾客投入是必需的，并由顾客和服务提供者共同创造服务
举例	消费者：快餐业、航空交通、汽车旅馆 企业顾客：清洗服务、害虫控制、维修保养	消费者：理发、年度体检、高级餐厅 企业顾客：货物运输、代理广告	消费者：个人培训、减肥计划、婚姻咨询 企业顾客：管理咨询

资料来源：改编自 Bitner M J, Faranda W T, Hubbert A R, and Zeithaml V A. Customer contributions and roles in service delivery [J]. International Journal of Service Industry management, 1997, 8(3)：194.

在不同的服务环境中，顾客扮演的角色和作用不同。在有较多针对人们身体（如减肥计划）和思想（如教育、咨询）的服务过程中，顾客参与程度相对较高。在同一种服务中，顾客选择的服务传递类型也会影响到顾客参与程度（如 ATM 自助服务与柜台服务）。从顾客个人角度看，顾客实际的参与程度是由顾客的角色设定、顾客参与的能力和顾客参与的意愿决定的。与顾客的角色设定相比较，顾客参与的能力和意愿对顾客参与程度的影响更大。顾客的能力指顾客有效扮演理想的角色所需的资源，如知识、技能、经历、金钱、时间、精力等。顾客的角色认知可以通过顾客的经历或相似的服务经历获得，企业也可以通过一定的管理措施（如对外宣传）来增强顾客对自己角色的认知。

影响顾客参与意愿的因素有服务的效率、服务的效果（如减少风险）和心理利益（如增加享乐体验或增强感知的控制感）三个方面。许多学者强调，增强控制感以减少风险是顾客参与服务生产过程可获得的最主要的心理利益。该观点与社会心理学上认为人具有控制欲望的观点一致。另外，文化差异也会造成顾客参与意愿与参与行为的不同。

（三）顾客参与行为的正负两方面的作用

1. 顾客参与行为的积极作用

对于企业和顾客，顾客参与行为都有积极作用。顾客参与可以节约企业人力成本，提高服务效率和效果。参与服务的顾客可以定制自己喜爱的产品与服务属性，提高沉浸体验。而且，顾客参与服务的程度越高，就越不可能对他们的消费经历产生不满情绪，因为他们知道自己也要对服务差错承担部分责任。

对于企业而言，顾客参与行为对服务的创新也起着关键的作用。无论是顾客作出信息的投入还是参与共同生产，都对企业新产品的开发具有重要的影响。顾客信息能够帮助开发部门了解市场的趋势和机会，从而明确恰当的服务产品特征。作为共同生产者，顾客可以与企业和员工共同解决问题。顾客能够帮助企业获得更多的资源和支持，从而增强企业的创新能力。

顾客的参与还会影响员工的工作表现及对工作的承诺。顾客参与服务中的信息分享，使员工与顾客双方都能够更了解对方的想法。顾客的合作生产行为在一定程度上减轻了员工的工作负担，让员工的工作更加有效。顾客因参与服务过程而产生的满意感也会强化员工在工作中的愉悦感，激励员工在工作中付出更多的努力。

顾客参与也有利于顾客与企业之间关系的建立。顾客的参与让顾客和企业之间产生更多的信息交流和合作，双方会建立更深的信任以及更紧密的联系。顾客在与员工交往中的智力、体力和精力投入，会使顾客对服务的结果有更好的感知，并对服务表现有积极的评价，从而增强顾客和员工之间的合作关系。

2. 顾客参与行为的消极作用

（1）顾客参与导致不确定性加强，增加服务过程的管理难度

顾客参与是降低服务风险的有效方式，很多顾客是为了降低服务质量的不确定性而参与其中的。但事实上服务生产与制造业生产过程不同，顾客参与其中往往加剧了服务的不确定性，会给企业和服务过程带来不稳定因素。

（2）顾客参与增加员工的工作量感知

顾客参与程度越高，员工可能感知的工作量越大。员工感知的工作量包括身体和心理两部分，而心理感知更为重要。例如，由于顾客参与增加了服务的变化和不确定因素，使得员工无法按照既有的工作程序完成服务，从而使员工感知的工作量增加。由于顾客参与可能降低了员工的工作量，为了保持员工价值，企业可能会采取削减劳动力等措施，因此实际上并没有降低员工的工作负担。此外，顾客参与服务过程时的感知会受到各种情境因素的影响，变化的情景和环境也会给顾客带来不稳定的服务体验。这种不确定性可能会增加员工角色压力从而增加他们对工作量的感知。

（3）顾客情绪体验受员工情绪感染

顾客对服务质量进行评价时，会将员工的友好、热情和专注作为重要线索。顾客参与服务的过程不仅是认知过程，也是一种情感参与的过程。在这一过程中，顾客的情绪会受到员工情绪的感染。顾客的情感因素，如气愤、失望、内疚、快乐和高兴等，可以作为一种过滤器，影响顾客的服务体验或对服务质量的感知。

（4）顾客参与不一定带来服务价值提升

服务交往中顾客和员工双方感受到服务价值（包括经济价值和关系价值）可能随着顾客参与关系建立而得到提升，但也可能会因为顾客与员工之间的不匹配而遭到破坏。顾客参与同顾客满意之间的关系可能受到诸如顾客的特征、文化因素、服务类型等影响，因此也不一定顾客参与程度越高满意度就越高。

（四）提高顾客参与策略

为实现有效的顾客参与，企业可以在以下三个方面做出努力，如图8-2所示。

1. 定义顾客的工作

企业首先要决定需要哪种类型的顾客参与，从而定义顾客的工作，明确顾客的参与水平和具体角色。顾客的角色可能是由服务的特征决定的。有些服务仅仅要求顾客在场

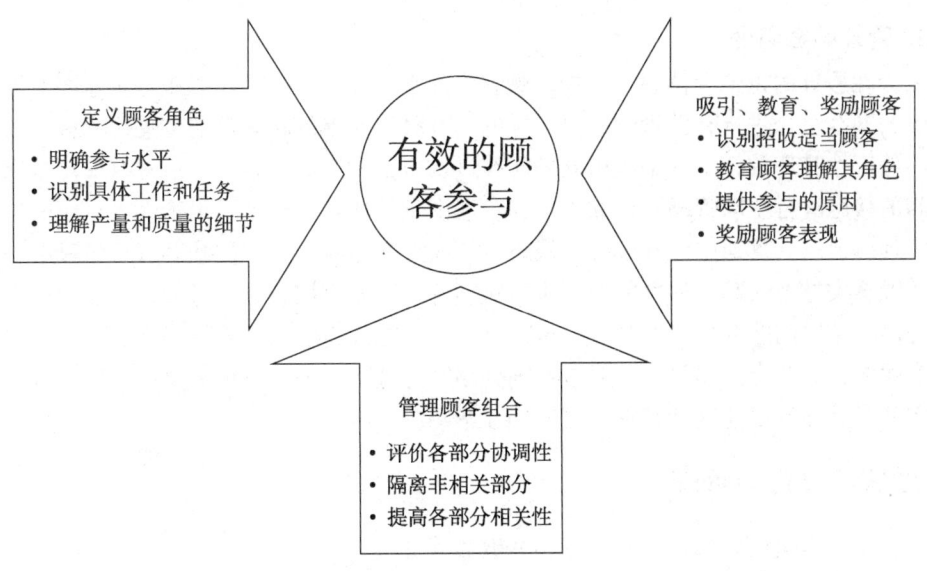

图 8-2 提高顾客参与的战略

资料来源：瓦拉瑞尔.A.泽丝曼尔，玛丽·乔·比特纳，德韦恩·D.格兰姆勒.服务营销[M].张金成，白长虹，等，译.北京：机械工业出版社，2014：226.

（如音乐会），另一些服务可能要求顾客付出精力或提供信息实现中等水平的参与（如出国留学手续），还有一些服务则要求顾客实际生产服务产品（如自助服务）等。由于顾客的个体差异的原因，不是每个人都愿意参与服务。一些顾客喜欢自助服务，而另一些顾客愿意让别人为他们提供服务。研究表明，对人际交互需求高的顾客很少尝试通过互联网和自动电话系统提供的自助服务。因此，企业应当仔细分析组织目标市场的特征，提供多种选择的机会，提高顾客的满意感。

2. 吸引、教育和奖励顾客

不是所有顾客都愿意并且有能力为自己服务，企业必须吸引合适的顾客完成服务流程任务，努力吸引那些和角色要求相适合的顾客。服务企业应在其宣传资料中，清楚地描述所期望的角色和相应的责任。顾客通过预知他们的角色和在服务过程中对他们的要求，可以选择是否进入（或退出）这种需要合作的关系。自我选择的结果可以提高顾客对服务质量的感知，为企业降低不确定性。

为使顾客能有效地完成他们的角色，企业还需要教育顾客。正如顾客购买产品商家需要提供产品使用说明书一样，企业为了使顾客更好地参与到服务工作中并扮演好自己的角色，就需要教会顾客一些基本的服务知识和技能，培养顾客的自我服务意识和参与意识。通过顾客教育促使顾客理解服务企业的价值观，培养其在特定情形下完成角色所必需的能力，理解企业对他们的期望和要求。顾客教育计划可以采取各种形式，如上门推广活动、提供印刷品、服务环境中的直接提示或标识、建立网络互动平台激励顾客向员工或其他顾客学习。如果企业奖励完成部分服务工作的顾客，如会员积分、抽奖活动等，那么顾客参与服务过程的热情就会提高。顾客也会自觉纠正自己在服务中的不正当消费行为和态度，减少服务差错的发生次数。

3. 管理顾客组合

因为在服务的供给和消费过程中，顾客之间常常互相影响，所以服务企业要对同时接受服务的顾客组合进行有效管理。对多样的、有时是冲突的顾客群的管理过程称为兼容性管理。兼容性管理首先是一个吸引同类顾客进入服务环境的过程，然后对有形环境以及顾客之间的接触进行主动管理，以此来增加令人满意的接触。企业可以依靠各种策略进行兼容性管理。通过认真地定位和细分化战略，最大限度地吸引相似的顾客群，将具有一致性特征的顾客安排在一起，尽可能减少不同顾客群之间的直接影响。例如，一家餐厅在晚餐时间为两类不同的顾客提供服务——举行生日宴会的大学生和需要安静交谈的商务客人，这两类顾客很难兼容。如果餐厅对这些细分顾客群进行管理，让他们分区就座，或者提供私密空间，就能尽可能避免其彼此间的相互影响。

二、顾客不良行为管理

在现实的消费情景中，普遍存在顾客破坏消费秩序的不良行为，如插队、喧哗、随处弃物、顺手牵羊、破坏物品、对服务员工或其他顾客实施身体或口头侵犯，等等。然而，受"顾客是上帝"的营销观念的影响，许多企业认为"顾客总是对的"，常常纵容顾客的不良行为，导致顾客的不良行为不断传播和蔓延，影响企业的绩效和顾客的体验。因此，企业需要采取措施对顾客的不良行为进行有效管理。

（一）顾客不良行为的分类

顾客不良行为，也称为"顾客异常行为""顾客不端行为"，是指顾客不遵守消费情境中大部分消费者可接受的行为规范，破坏正常的消费秩序，且会直接影响企业员工的工作状态以及现场其他顾客的情感反应和消费体验的行为。这些行为主要包括不愿支付费用、破坏服务设施、对工作人员的口头侮辱或暴力行为、偷窃、欺诈、同其他顾客吵闹等给服务接触造成混乱的公开或非公开的行为。

洛夫洛克将有意或无意地给服务企业或其他顾客带来不良影响，造成服务提供系统混乱的顾客归为"不良顾客"。按照其不良行为的性质将其分为以下六种类型：故意毁损组织财产的"破坏者"，不打算为服务付费的"盗贼"，议论服务人员或以侵犯性的方式行事的"好战者"，与其他顾客或家庭成员吵架的"家庭争斗者"，拖欠服务费的"游手好闲者"，不遵守规则和服务接触规范的"规则破坏者"。按照洛夫洛克的定义，根据顾客不良行为所影响对象的不同，可将不良行为归纳为针对服务组织的不良行为和针对其他顾客的不良行为两种。

（二）顾客不良行为的影响因素

顾客的不良行为主要是由两类因素引起的，一类是顾客自身因素，另外一类是服务组织和消费场景因素。从顾客自身因素看，顾客的情感反应、心理承诺等心理因素以及性格特征等个人特质因素是引发顾客不良行为的直接原因。在服务接触中，当顾客感受到不公正待遇、感觉自我身份受到威胁时，他们往往经历不愉快的情感反应。当顾客处于诸如愤怒等消极的负面情绪状态时，作为摆脱这种消极情绪的一种手段而采取报复行为的可能性较大。虽然情感反应不能直接导致特定行为的发生，但却可以大大增加特定行为发生的可能性。从这一角度看,顾客不良行为并不一定是完全无理的。

从服务组织和消费场景角度,服务接触理论、情境理论等可以解释顾客不良行为的成因。服务场所的喧闹程度、等待接受服务的时间,甚至室内的温度和播放的音乐等企业能够控制的因素都会影响诸如破坏服务设施等顾客攻击性行为发生的频率和程度。当顾客意识到其消费目标无法通过正当途径实现时,或因缺乏公德心而没能意识到不良行为的后果时,以及服务企业庞大的规模和权力拉大了顾客同企业间的心理距离时、受到周边喧闹的噪声等环境因素刺激时,其不良行为发生的频率会更高。

(三)管理顾客不良行为

对于顾客不良行为的管理问题,从短期来说,管理人员要加强一线员工的培训,从长期看,要加强顾客教育,并优化服务流程的设计。教育和威慑是企业管理顾客不良行为的两个常用方法。教育方法指利用宣传来强调顾客行为规范,说服顾客遵守社会规范,强化抑制不良行为的道德约束。例如,把顾客不良行为描述成被排斥的、令人反感的,是会造成伤害的错误行为。可以通过服务场所标语等措施来教育顾客,使顾客明确自己的责任,学会正确的参与和互动。威慑是被广泛使用的控制策略,强调利用正式和非正式制裁来控制人的不良行为。威慑理论认为系统的、一贯的威慑政策可以增加感知风险,从而有效地阻止人的不良行为。典型的措施如商店里安排人力监视和安装监控器等电子安全设施。这些措施增加了顾客不良行为被发现和惩罚的感知可能性。然而,威慑措施也有反作用,如果普通顾客感觉到敌意,会适得其反,强大的威慑可能会疏远诚实的顾客。

此外,可以通过增强顾客公平感知(例如排队等候中,不要为插队的顾客优先服务)和针对不同顾客实施不同待遇等措施来管理顾客不良行为。面对顾客不良行为,营销管理者应制定制度和程序加以管理并重新审视市场细分与定位。服务管理者应通过服务场景设计和布局来减少顾客不良行为的发生。

第三节 顾 客 授 权

随着服务参与意识的提高,越来越多的消费者不仅关注服务消费的结果,而且期望对消费过程有更大的控制权,能够影响最终的消费结果。为了满足顾客的这类需求,服务企业必须授予顾客一定的权力。格赫曼(D. P. Guilherme)等学者(2006)认为,顾客授权是指企业通过增加顾客可选择的服务项目、提高顾客的消费能力,赋予顾客足够的权力进行消费决策。企业管理人员对顾客授权,不仅体现了企业对顾客的尊重和信赖,提高了双方的关系资产,而且还极大地提高了顾客对服务过程和服务结果的满意程度。

一、企业对顾客授权的方式

1. 授予顾客建议权

企业对顾客授权的最常见方式便是授予顾客建议权并酌情采纳。这意味着要为顾客表达意见和看法提供方便的渠道,鼓励顾客提意见,把顾客的建议和投诉看成是企业宝贵的资源。企业管理人员不仅要通过顾客座谈会、鼓励服务人员与顾客的沟通等方式吸纳顾客的建议，还应该鼓励顾客投诉，方便顾客投诉，抛弃那种认为顾客投诉是件麻烦事或是顾客有意刁难他们的想法。有些企业设有顾客投诉服务部或免费投诉电话，但投诉电话经常无人接听；顾客意见收集箱也没有人定期整理信件，顾客发邮件到顾客服务部，提出的问题或要求得不到回复等。顾客连最基本的抒发意见的渠道都没有打通，这些企业就很难改进服务质量和提高顾客消费价值。

2. 让顾客参与服务过程

顾客不仅关心服务结果的质量，还关心服务过程的质量。优秀的企业会授予顾客必要的权力，鼓励顾客参与服务过程和完成部分服务工作。例如，某中餐厅提供机会让外国顾客参与到菜肴的出品和服务中。这几位德国顾客点了一只烤鸭，并试着给烤鸭片皮。虽然他们的刀法并不好，片出来的肉片又厚又大，口感不如服务人员片的，但是他们却觉得很高兴并对餐厅的菜肴和服务质量感到很满意。试想，如果餐厅经理以会给服务工作造成诸多不便或使菜肴的质量变差为由而拒绝顾客的要求，顾客的满意感就会降低。

3. 让顾客参与管理

企业授予顾客参与日常管理工作的权力，会增强顾客对企业的归属感和忠诚感。让顾客参与管理的途径有很多种，包括让顾客参与企业新员工的选聘工作、企业质量管理工作、营销策划工作、市场调研工作、新服务设计和推广工作等。不少企业邀请顾客作为兼职的质量监控人员，定期召集那些顾客到企业反映有关服务质量和顾客满意的信息。例如，航空公司邀请经常乘坐本公司飞机的旅客协助面试新的乘务员，一方面可以表示公司对顾客的信任和尊重；另一方面向顾客表明公司把他们当成是公司集体中的一员，顾客有权选聘公司的乘务员。

4. 让顾客参与企业服务设计

企业可以授权顾客参与新服务的开发。例如，企业让顾客参与服务有形环境的设计方案评选，甚至参与服务场景的内部装饰。这样既可以发挥顾客的聪明才智，也可以以顾客设计的装饰品作为联系企业和顾客的桥梁，增进双方的情感交流。例如酒店、餐厅等可依据酒店和餐厅的风格，有选择的允许顾客将自己制作的绘画、插花、陶艺品、木雕等在店内展出。顾客看到自己花心血制作的装饰品在服务场所得到认可，对企业的满意感会增加。酒店在重新装修过程中，可以邀请顾客对客房装修风格进行评选，选择得票最高的设计方案。日本有一家茶店，允许顾客把自己的摄影作品作为装饰品悬挂在店内，其结果是吸引了更多的顾客光顾茶店，因为那些把摄影作品悬挂在店内的顾客，会经常带朋友来店里喝茶，以炫耀其作品。

5. 授予顾客一定的决策权

企业授予顾客一定的决策权，顾客感觉中的控制感会增强，消费体验更好。例如某餐厅授予顾客自主决定菜肴价格的权力，按照顾客愿意支付的价格来给菜肴定价，虽然有少量顾客趁机钻空子，但大多数顾客都制定了他们认为合理的价格。顾客对这种大胆的经营方式很欢迎，餐厅因此而取得了比固定价格更好的经济效益。

6. 让顾客做出选择

自助餐厅让顾客根据自己的饮食偏好选择食物；旅行社创办"旅游超市"，让顾客自由选择最富个性化的旅游路线；航空公司让顾客自由选择乘坐商务舱还是经济舱；银行提供自助柜员机或人工服务两种不同的服务方式供顾客选择，等等。企业让顾客自由选择服务内容和服务项目，体现了选择的公平。同时，从归因的角度来看，由于顾客自己选择服务内容和项目，即使顾客对最终的消费经历不满意，他们对企业的不满情绪也会较少，因为他们觉得自己也应该为不满意的结果承担部分责任。

7. 与顾客分享知识

服务企业在授予顾客建议权的同时，应该主动地与顾客分享企业的信息。一方面，企业可以定期召开顾客座谈会，听取顾客对服务工作和质量管理工作的意见，主动向顾客介绍企业新出台的服务措施和管理措施，加深顾客对企业的认识。另一方面，企业应该鼓励服务一线人员多与顾客交流和沟通，使服务一线人员成为企业与顾客之间沟通的桥梁，增强顾客对企业的信任感和忠诚感。

8. 奖励顾客

企业应根据顾客完成服务工作和管理工作的质量、顾客参与和投入程度、顾客对企业的了解程度、顾客与企业之间的关系质量、顾客与企业间的信息和知识的分享等，给予顾客相应的报酬和奖励，提高顾客的满意感和忠诚感。企业奖励顾客的措施有多种，包括：企业从顾客意见收集箱、顾客来信、顾客投诉等渠道中收集顾客的意见和建议，每月定期奖励给企业发展、创新或改进提出好建议的顾客；奖励主动、积极地完成部分服务工作的顾客；奖励对服务质量监控有功的顾客等。企业通过各种物质的或非物质的奖励措施，引导顾客行使企业授予的权力并更主动、积极地与企业分享信息和知识。

二、企业对顾客授权应考虑的问题

1. 选择顾客

顾客与员工在授权管理中的区别主要体现在权力系统上。由于员工从属于企业，员工的离职成本比顾客的转换商家的成本要高得多，员工与企业的关系是不对等的，员工处于被动地位，因此授权通常只能是单方面的，即员工只能被动接受企业的授权。但顾客与组织在权力系统上是较为对等的，授权是双向的。企业授权给顾客，顾客可以通过转换商家拒绝企业的授权，也可以将一些权力转移给企业，因此，服务型企业应该精心挑选授权的顾客。不是所有的顾客都希望企业对其授权，有些顾客并不想参与服务过程和企业的管理工作，不愿意对企业经营管理和质量管理工作发表意见，对与企业分享信息、知识和奖励不感兴趣。企业一方面要鼓励顾客授权，另一方面也应根据顾客的受权意愿，来决定是否给顾客授权。

2. 顾客受权意识的培养

莱恩（T. W. Len）等学者（2006）在对顾客消费心理分析的基础上，指出顾客授权是顾客在市场交易过程中所固有的心理特征，是顾客对权力的一种体验和享受，并不涉及权力的实际转移。与员工类似，直接影响顾客消费态度和行为的是顾客对企业授权措施的心理感知，是顾客授权心态，而不是企业的授权措施。有些顾客的授权意识比较薄弱，他们并不信任企业，害怕向企业提意见会破坏双方的关系或惹来不必要的麻烦。还有一些顾客害怕承担责任，认为企业授权增加了他们的压力感。企业必须努力为顾客提供优质的服务，赢得顾客的信任和良好的市场声誉，依托顾客的信任感和市场声誉向顾客传递正确的授权信息，向顾客表明授权对于双方来说都是有好处的。

思考与练习题

1. 以你的亲身经历为例，讨论成功的服务创造和服务体验中顾客的重要性。
2. 考虑你所经历过的低、中、高三类顾客参与程度的具体例子，具体说明每个服务的例子里顾客有哪些参与服务的行为，你为什么参与（或不参与）。
3. 服务传递中的顾客参与是一把双刃剑吗？你如何看待这个问题？
4. 你遇到过顾客的不良行为吗？企业是如何解决的？

即 测 即 练

自学自测　扫描此码

第三篇 服务运营管理

第九章 服务质量

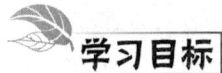

本章介绍服务质量的内涵、特点和测量,服务质量差距的形成原因和消除差距的措施,服务质量控制和持续改进的工具。

- 理解服务质量的内涵和特点。
- 掌握服务质量的测评方法。
- 掌握分析服务质量差距的理论模型。
- 掌握持续控制和改进服务质量的工具和方法。

第一节 服务质量的内涵和测量

服务质量的提高是企业进行市场竞争的根本出发点,也是企业主要战略目标实现的基础。对服务质量管理理论与方法的探讨一直是服务管理研究的主要内容,是服务型企业管理实践最为关注的内容之一。

一、服务质量的定义

18 世纪末 19 世纪初,为了适应大规模生产的需要,工业企业开始使用"符合规格"的质量定义。这时许多质量管理专家都认为质量指产品是否符合规格,他们都强调产品设计人员应根据顾客的需要,确定产品的规格。但是,管理人员往往很难确定某些服务属性的量化标准,也就无法根据规格衡量服务质量。有形产品可采用量化标准,无形服务却很难精确地测量。因此,"符合规格"是一种狭义的定义,无法反映质量这个概念的丰富含义。对大多数服务型企业来说,"符合规格"的质量定义并不适用。服务型企业盲目照搬工业企业生产管理原则,是一种"营销近视症"。

由于服务型企业无法采用工业企业传统的质量管理措施,许多企业管理学家对服务质量的定义进行了新的探索,提出了"符合期望"的质量定义,认为质量是产品和服务得以满足一定需求的全部特征和性质。对服务企业而言,质量在服务传递过程中形成,通过顾客的主观感受表现出来。顾客的主观感受是服务质量的唯一表现形式,因此顾客是服务质量的唯一评委,只有顾客感知的服务质量才是重要的。服务质量指服务实绩是否满足顾客的期望。

二、服务质量的内涵

(一)感知的服务质量与期望的服务质量

感知的服务质量是顾客对服务期望与感知服务绩效之间差异的比较。期望的服务是顾客希望获得的并且认为应该得到的满足个人需求的服务。它的形成强烈地受到顾客以往类似的服务经历、同一行业其他竞争对手的服务水平,以及其他行业相关的服务水平的影响。如果顾客以前没有相关的经历,就会根据口碑、新闻报道或公司的宣传形成购买前的期望。并且,顾客的期望会随着时间而变化,它既受到由企业控制的要素(如广告、定价、服务创新等)的影响,也会受到社会潮流等非企业控制的因素的影响。顾客期望的服务可以进一步划分为渴望的服务、可接受的服务、预期的服务等不同层次,如图9-1所示。

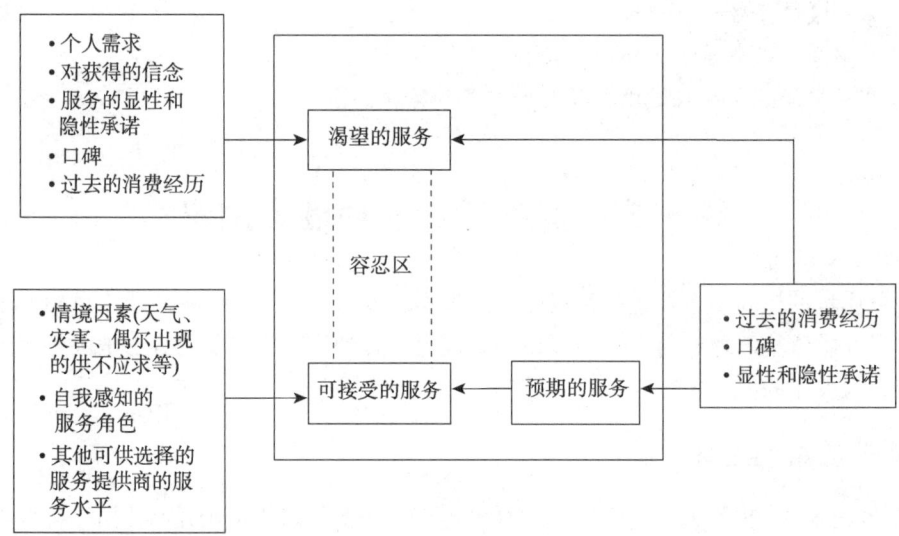

图9-1 顾客期望的构成及影响因素

资料来源:Zeithaml V A, Berry L L, Parasuraman A. The nature and determinants of customer expectations of service[J]. Journal of the Academy of Marketing Science, 1993, 21(1):5.

①渴望的服务指顾客最希望得到的服务水平,反映了较高水平的期望。它的形成受到顾客的个人需求、对获得的信念、服务的显性和隐性承诺、口碑、顾客过去的消费经历5个因素的影响。

②可接受的服务指顾客能够接受而且不会造成不满的最低服务水平。它随着顾客的消费经历或标准而变化,并受到影响服务表现的情境因素(天气、灾害、偶尔出现的供不应求等)、自我感知的服务角色和其他可供选择的服务提供商的服务水平的影响。比如,在上下班高峰期,乘客觉得排队等下一趟地铁是可以接受的。

③预期的服务是顾客实际期望得到的服务水平。它受到顾客过去的消费经历、口碑、企业的显性或隐性承诺等影响,并直接影响可接受服务的定义。当顾客预期的是良好的服务,可接受的服务水平会比较高,当顾客预期是一个较差的服务,可接受的服务水平就会比较低。

④容忍区位于渴望的服务与可接受的服务之间,指顾客愿意承受的服务水平的变动范围。当实际服务水平低于可接受的服务水平,会造成顾客抱怨和不满。当实际服务水平高于渴望的服务水平,会产生顾客满意,甚至给顾客带来惊喜。换句话而言,服务在容忍区这个范围之内变动不会引起顾客的注意,超出这个范围会引起顾客的不满或更加满意。另外,容忍区可能会因顾客的不同而变化,同时还受到其他一些因素的影响,如竞争、价格以及某种特定的服务属性的重要性等。这些因素通过影响可接受的服务水平影响容忍区的大小。例如,如果一位乘客在飞机起飞前仓促到达机场,很关心自己能不能赶上航班,他对机场服务安全检查服务的容忍区范围将变窄,一分钟都好像很长,对机场安全检查时间可以容忍的最低服务时间要求提高了。相反,当一位乘客到达机场较早,时间比较充裕,其容忍区范围就扩大了,对排队等候的时间不会很在意。管理人员不仅要了解容忍区范围的大小和界限,而且要知道对于一位既定的顾客的容忍区何时会发生怎样的变化。

(二)服务质量与顾客满意

顾客对服务质量的评价过程实际上就是将其在接受服务过程中的实际感觉与他接受服务之前的心理预期进行比较的结果。当实际感知的服务超越预期的服务,顾客感到非常满意;当实际感知的服务等于预期的服务,顾客会感到满意;当实际感知的服务低于预期的服务,顾客就会感到不满(见图9-2)。

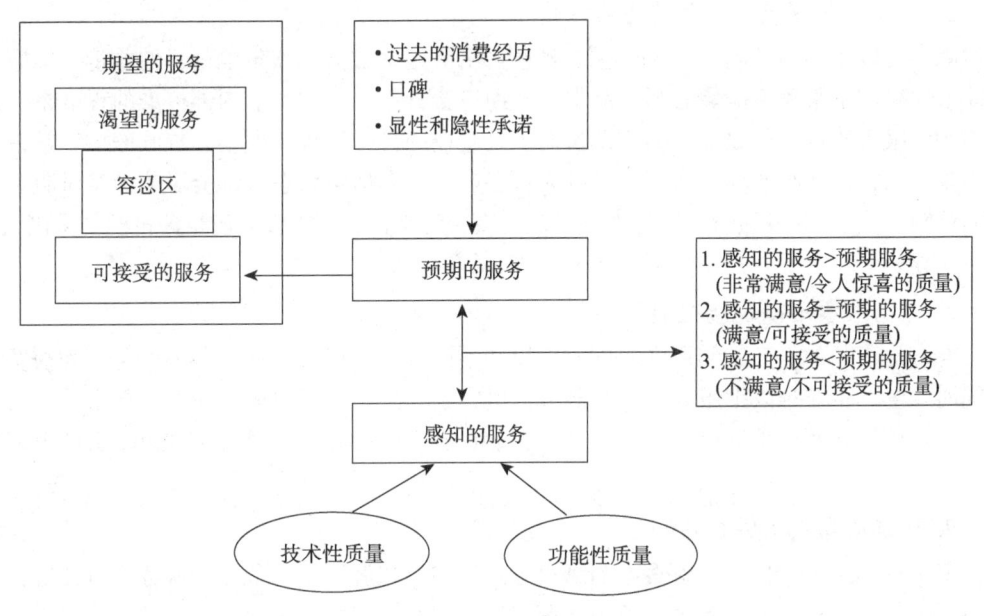

图 9-2　服务质量评价与顾客满意

资料来源:(1) Grönroos C. A service quality model and its marketing implications[J]. European Journal of Marketing, 1993, 18(4):40; (2) Zeithaml V A, Berry L L, Parasuraman A. The nature and determinants of customer expectations of service. Journal of the Academy of Marketing Science, 1993, 21(1):5.

(三)技术性质量与功能性质量

由于参与到服务生产及传递过程,顾客对服务质量的评价不仅要看服务结果如何,还要看服务过程的好坏。故顾客对服务质量的认知包括两个基本方面：技术性质量和功能性质量。

1. 技术性质量

技术性质量指服务生产过程的结果，也称为结果质量，即企业提供的设施设备、服务项目、服务时间、环境气氛等满足顾客需求的程度。顾客对技术性质量的评价是相对容易和相对客观的。

2. 功能性质量

功能性质量指顾客接受服务的方式及其在服务生产和消费过程中的体验，也称为过程质量。功能性服务质量与服务人员的仪表仪容、礼貌礼节、服务态度、服务程序、服务效率、服务技能技巧等有关，还与顾客的心理特征、知识水平、个人偏好等因素有关。因此，顾客难以客观地评价功能性质量，它更多地取决于顾客的主观感受。

三、服务质量的特性

产品的质量通常可以从性能、使用寿命、安全性、可靠性和经济性5个方面来衡量和规范。但由于服务本身的特性，我们无法制定明确的服务质量标准，也不可能事先控制服务生产的过程对服务质量进行全面检测。服务本身的特性决定了服务质量具有独有的特性。

1. 服务质量取决于顾客的主观评价

顾客可以用画面清晰度、耗电量、噪声水平等精确数值来衡量电视机的质量，但服务的无形性决定了服务不能像有形产品那样，用符合行业标准和企业内部标准的程度来评定其质量。服务质量往往取决于顾客评价而不是企业的自我评价。顾客评价服务质量常常基于主观感受，诸如服务环境氛围、服务人员态度、顾客情绪状态等都会影响顾客对服务质量的认知。因此，服务质量是顾客对服务的主观范畴上的认知，服务质量评价的结果因人、因时而异。

2. 服务质量难以现场控制

与有形产品的生产和使用在不同时间段和不同地点进行不一样，服务的生产和消费几乎同时发生。企业难以把服务生产和服务消费完全隔离，难以对服务质量进行事前把关控制，发现质量问题也难以返修。这就要求企业在服务生产和传递过程中"第一次就把事情做好"。

3. 服务质量具有综合性特征

服务的不可分割性需要顾客参与到服务过程中，顾客不仅对最终的服务进行评价，还要对服务的生产过程进行评价，甚至在等候过程中对观察到的企业对其他顾客的服务进行评价。因此，服务评价既包括对服务结果的评价，也包括对服务过程中的与服务人员和其他顾客的互动结果的评价，是一种综合性评价。

四、服务质量的测量

基于顾客评价的角度，服务质量五因素模型（service quality，SERVQUAL）和服务质量表现模型（service performance，SERVPERF）是比较常见的服务质量测量模型。

（一）服务质量五因素模型

潘拉索拉曼、泽丝曼尔和贝里开发了一套用来诊断服务质量的工具——服务质量五因素模型。服务质量五因素模型包含可靠性、响应性、保证性、移情性和有形性五个维度，共计44项测量条款（其中，22项测量感知的服务，22项测量期望的服务）。该测量量表是目前学术界引用最多的服务质量测量指标。

1. 可靠性

可靠性（reliability）是指企业准确无误地完成所承诺的服务的能力，要求企业避免在服务过程中的失误。服务的可靠性是顾客评价服务质量的最重要指标，它与核心服务密切相关。以航空运输服务为例，客户需要的核心服务是安全准确地送到目的地，如果飞行过程中发生了事故，导致航班严重延误或涉及人身安全，那么其他的服务都将毫无意义。

2. 响应性

响应性（responsiveness）是指企业可以随时准备为顾客提供快捷、有效的服务。对于顾客的需求，企业是否快速及时满足，是否对顾客的反映采取负责而又恰当的措施，是衡量服务质量的一个重要标准。特别是对于那些要求快速反应服务的行业，如医疗服务、客货运输、快餐服务等，服务传递的效率更加重要，往往成为顾客判断服务质量的首要标准。

3. 保证性

保证性（assurance）指顾客感知的服务人员的工作能力、友好态度和安全性。工作能力指服务人员提供服务所具备的专业知识和技能。友好态度指服务人员与顾客及其同伴互动接触过程中的服务态度。安全性反映顾客对服务过程中包含的危险、风险、不确定性的感知。服务人员较高的操作技能和良好的服务态度以及服务过程中感知的安全性能增强顾客对企业服务质量的信心和安全感。而服务人员态度生硬恶劣会让顾客不快，他们对专业知识一无所知也将令顾客大为失望。尤其是在服务产品推陈出新、产品之间差异越来越小的今天，服务人员的友好态度、热情服务以及对产品的详细了解就更加重要了。

4. 移情性

移情性（empathy）是指服务人员不仅要态度友好，而且还要真诚地关心顾客，了解他们的实际需要并予以满足，使整个服务过程富有人情味。服务的移情性要求服务人员设身处地地为顾客着想和对顾客给予特别的关注，包括与服务人员沟通的可接近性和便捷性，还包括服务人员了解顾客和顾客需求所做出的努力。

5. 有形性

有形性（tangibles），也称为可感知性，是指服务产品的"有形展示"部分，如各种服务设施设备、服务场景、服务人员的仪容仪表等。由于服务产品的本质是一种行为过程而不是某种实物，具有不可感知的特性，所以顾客只能通过这些有形的、可视的部分来把握服务的质量。服务的有形性从两个方面影响顾客对服务质量的认识：一方面，它们提供了有关服务质量本身的线索，可以使顾客了解无形的服务产品；另一方面，它们又直接影响到顾客对服务质量的感知。例如，旅馆里干净温馨的房间、美味可口的饭菜等有形产品将大大提高顾客对服务产品质量的感知。

根据上述五个测量指标，企业可以通过服务质量模型来测量服务质量。具体的做法是：先设计顾客调查问卷，这种问卷包括两个相互对应的部分，一部分用来测量顾客对企业服务的期望，另一部分测量顾客对服务质量的感受，每一部分都包括上述五个测量指标。然后，请顾客回答这些问卷。最后计算问卷中顾客实际感受的服务得分与期望的服务得分之间的差异。这样就可以得到企业服务质量的得分，即

$$服务质量得分 = 实际感受分数 - 期望分数$$

如果服务质量得分为正值，表示顾客对服务质量的感知超过了他的预期，顾客会非常满意。如果服务质量得分为零，表示顾客对服务质量的感知正好与其预期相吻合，顾客会基本满意。如果服务质量得分为负，表示顾客对服务质量的感知低于他的期望，这时顾客就会不满、抱怨甚至背离企业。因此，企业提高服务质量有两条途径：一是提高顾客对服务质量的感知，我们将在后面详细介绍管理服务质量的具体方法。二是降低顾客对服务的期望值，也就是在广告宣传中要实事求是，留有余地，不能向顾客提供虚假、夸大甚至是欺骗性的信息。

（二）服务质量表现模型

服务质量五因素模型测量尺度简洁，易于使用，但也存在概念上和方法上的问题。感知被定义为顾客对企业服务实绩的判断。当问及被试者对一个企业的绩效打分时，可能已经导致他在心理上比较他的期望和他的感知了。换句话，对感知的估计已经包含"感知—期望"这一心理过程。因此，学者克罗宁（J. J. Cronin）和泰勒（S. A. Taylor）提出，用且只用顾客实际感知的服务的22个问项来测量服务质量的五个维度，而不考虑期望服务水平。他们认为，SERVQUAL模型包含44个问题，问卷太长，且期望的服务问项与实际感受的服务问项高度重复，用实际的服务表现就可以测量服务质量，期望的服务没有太大的价值。他们的实证研究和历史文献都支持了改进的服务表现模型比服务质量五因素模型更加有效。

潘拉索拉曼（A. Parasuraman）等人也承认，直接度量顾客服务感知法在预测企业服务质量变动趋势方面占有相对优势。因此他们提出，如果只想对服务质量的变动趋势进行预测，那么直接度量的方法是最优的；如果企业想进行服务质量方面差距的寻找和诊断，则利用差异比较分析法是最好的。差异比较分析法还可以用于"顾客需求重要性—企业服务绩效"矩阵的分析（详见第三节），帮助企业识别质量改进的资源投入方向，实现企业资源的优化配置。

（三）电子服务质量测量

网络企业的顾客主要通过人机界面与企业交往，顾客很少与服务人员直接接触。与传统企业的顾客相比较，网络企业的顾客更需参与服务工作，控制服务过程。电子服务质量可以定义为在虚拟市场上，顾客对网络企业所传递的电子商务服务质量的整体评价和判断。电子商务服务和传统服务有一些相似点，如无形性、异质性、生产和消费的同步性、易逝性。传统服务质量的研究成果对电子商务服务质量有一定的借鉴意义。但由于顾客和服务型企业之间的接触方式从顾客与员工接触转变为顾客与网站之间的接触，因此传

统线下环境对服务质量的研究应用到线上环境时需要进行检验，并根据电子服务情景做出调整。

潘拉索拉曼等人设计了一个22个计量项目组成的电子服务质量量表（E-S-QUAL），从效率、践约、有效和隐私四个方面计量顾客感知的电子服务质量。尤布基（B. Yoo）和邓舒（N. Donthu）编制了一个9个计量项目组成的网站服务质量量表，根据便于使用、艺术设计、处理速度、安全性四个维度计量网站的服务质量。罗依艾可诺（E. T. Loiacono）等学者则认为，网站服务质量属性包括适用的信息、交互式通信、可信、响应时间、设计、直觉性、视觉感染力、创造性、情感感染力、整体沟通、商务程序、替代性交易方式12个维度。他们设计了一个36个计量项目组成的网站服务质量量表。而瑟梅恩（J. Semeijn）等学者则认为，电子服务质量体现在可信、导航、在线场景、精确、响应、定制化6个方面。可见，对于电子服务质量的测量，目前尚没有一个权威的测量方法，这也许与信息技术快速发展、电子服务的范围和功能在不断迭代相关。

（四）混合服务质量测量

1. 混合服务的界定

混合服务被定义为同时使用虚拟渠道（技术渠道）和实体渠道（人工渠道）传递给消费者的服务。实体渠道由顾客使用实体设施沟通的方式组成，其服务生产和传递通过顾客与服务人员面对面的接触和互动完成。虚拟渠道由使用先进电信、信息和多媒体技术的沟通方式组成，如互联网、服务机器人、互动电视以及电话，服务提供商和顾客在远程互动或在没有服务人员的干预下互动。

信息技术的进步促进了线上线下渠道的融合发展，传统服务业正在积极利用线上线下渠道改变服务的生产、传递和消费方式，包括银行、保险、通信、零售商店等行业。在混合服务背景下，顾客体验是通过线上线下所有的接触时刻形成的，线上线下服务分销渠道被顾客以互补的方式使用和体验，并且线上线下渠道都以自己的方式促进顾客对混合服务质量的感知和评价。线上线下融合的混合服务质量管理变得日益重要。

尽管线上线下混合服务情境类似多渠道服务情境，它们都是由多种渠道提供的服务形成的，但两者最明显的区别是混合形式下两种渠道都包含在服务交互过程中而渠道间不可替代。混合服务在传统和技术支持环境中影响改变着服务传递，每个环境都是互补的、不可互换的。在混合服务中，一系列服务元素可能会在不同阶段以虚拟或现实的方式传递给顾客以完成服务交易。这种传递过程不仅涉及一连串在不同时间点传递的多个服务事件，它们之间也是互相不可替代的。混合服务环境中"人—人"互动和"人—技术"互动共存，以完成整个服务传递。

2. 基于线上线下融合的混合服务质量测量

线上线下融合的混合服务质量被界定为顾客通过与混合服务企业的线上线下服务传递渠道的全面和深入接触，对混合服务企业线下服务属性、线上服务属性以及线上线下整合属性的感知和评价。图9-3提供了一个测量线上线下融合的混合服务质量的例子，可以从传统服务质量、电子服务质量和整合服务质量三个方面进行衡量和管理。

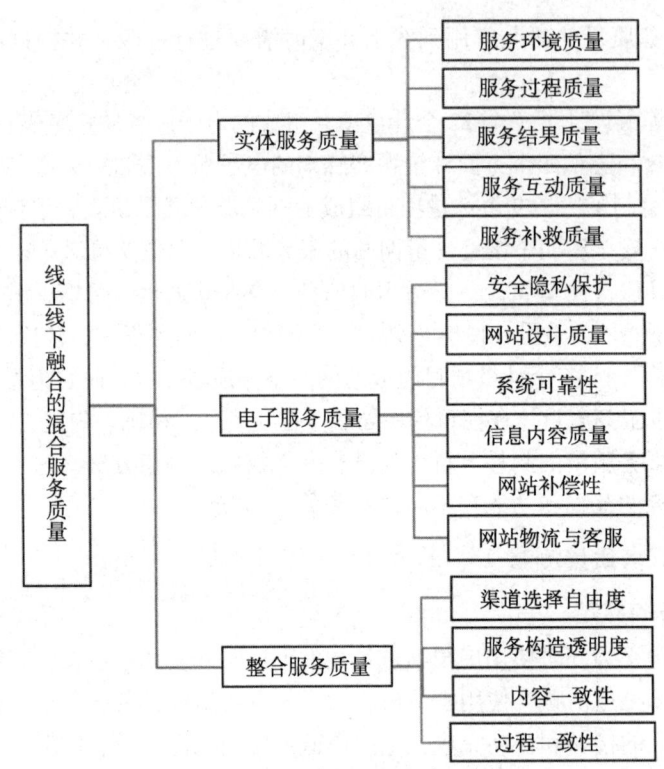

图 9-3　线上线下融合的混合服务质量因子结构

资料来源：沈鹏熠，占小军，范秀成. 基于线上线下融合的混合服务质量——内涵，维度及其测量[J]. 商业经济与管理，2020(4)：13.

如图 9-3 所示，实体服务质量包括服务环境质量、服务过程质量、服务结果质量、服务互动质量、服务补救质量五个次级维度。电子服务质量包括安全隐私保护、网站设计质量、系统可靠性、信息内容质量、网站服务补救、网站物流和客服六个次级维度。整合服务质量包括四个次级维度：渠道选择自由度、渠道构造透明度（例如顾客能意识到不同渠道的特征及其服务属性的差异，知道如何利用实体店和网店的不同属性满足自己的消费需求）、内容一致性（线上线下渠道是否提供一致的商品营销信息）、过程一致性（线上线下渠道的服务形象、及时性等服务过程属性是否一致）。混合服务企业在保持和追求线下服务质量竞争优势时，应大力提升电子服务质量和整合服务质量，促进线上线下融合。

第二节　服务质量差距分析

一、服务质量差距模型

潘拉索拉曼、泽丝曼尔和贝里提出服务质量差距模型（如图 9-4 所示），用来分析服务质量问题的根源。顾客服务差距（差距 5）即顾客期望与顾客感知的服务之间的差距是差距模型的核心。要弥合这一差距，就要对以下四个差距进行弥合。

差距1：不了解顾客的期望；
差距2：未选择正确的服务设计和标准；
差距3：未按标准提供服务；
差距4：服务传递与对外承诺不相匹配。

该模型可以作为服务组织改进服务质量和营销的基本框架，有助于分析服务质量问题产生的原因并帮助管理者了解应当如何改进服务质量。

如图9-4所示，该模型的下半部分与企业管理者和服务人员有关，上半部分与顾客有关。这五种差距共同指出了服务质量存在的主要问题是如何产生的。其中，顾客服务期望是顾客过去的服务经历、个人需求和口碑宣传的函数，还受到服务企业营销宣传的影响。顾客感知到的服务是一系列内部决策和活动的结果。

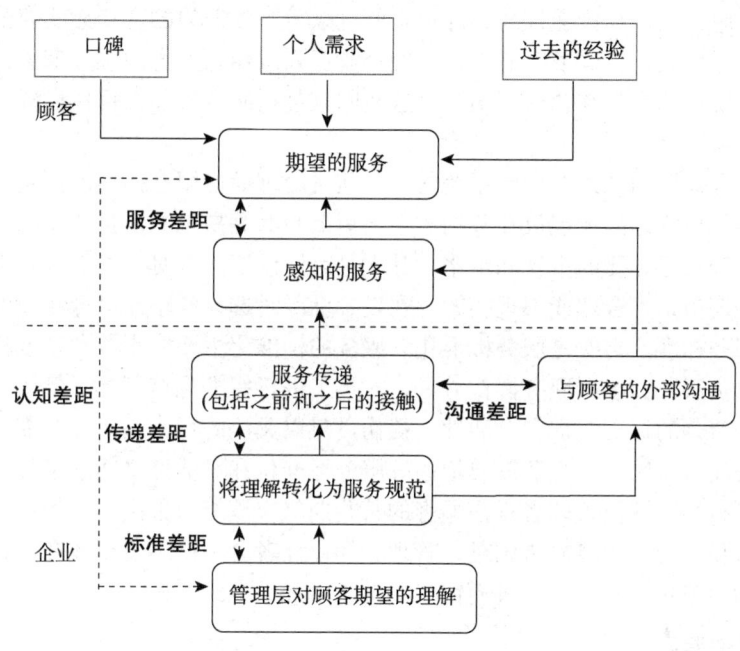

图9-4 服务质量五差距模型

资料来源：Parasuraman A , Zeithaml V A , Berry L L. A conceptual model of service quality and its implication for future research[J]. Journal of Marketing, 1985, 49(4)：44.

（一）认知差距

认知差距（knowledge gap）存在于企业感知的顾客期望与顾客实际的期望之间，是企业未能正确认识到顾客的需求或不了解顾客如何评价服务而存在的差距。这种差距主要是由三个原因导致的。首先是市场调研。服务型企业可能没有对市场需求进行调研分析，或者对市场调研和需求分析的信息不准确，或者对顾客期望的解析信息不准确，使得企业不能够真正理解顾客的期望和需求，这可能与服务企业对市场调研及其他一些不能带来直接利润效果的营销工作不够重视有关。其次是信息的内部纵向沟通，即从一线服务人员一直到企业最高管理者之间的沟通。当与顾客接触的一线服务人员把掌握的顾客信息逐层向上级传递至企业最高管理者过程中可能存在传递信息的失真或丧失，或者一线服务人员没有把掌握到的顾客信息向上传递，都会使得负责决策的管理人员无法及时、准确地掌握完备的信息，对顾客的期望做出正确的判断。最后是企业的管理层次。臃肿的组织层次会阻碍或改变在顾客联系中所产生的信息。管理层次越多，沟通越困难，沟通效率越低，其间的信息丧失率和误传率越高。因此，企业仅从市场研究中获得的信息和从顾客层面传来的内部信息来了解顾客的服务期望会不够准确、也不全面，必须采取必要的行动疏通各种信息渠道。

（二）标准差距

标准差距（standard gap）是企业把所理解到的顾客期望转化为服务设计/传递标准过程中产生的差距。当服务提供者未能按照企业所认知到的顾客期望来制定服务标准时，就无法选择正确的服务设计和传递标准，导致企业对顾客服务期望的认知无法充分体现在所制定的服务质量标准上。在服务企业中，即使企业正确认知到顾客的服务期望，但将顾客期望转变为服务质量标准常常会遇到困难，这些困难包括质量管理、目标设置、服务标准化和标准实施的可行性。

首先，企业会因为缺乏全面、系统的服务质量管理而使服务标准的制定受到干扰。许多服务企业容易把管理的重点放在节约成本、短期利润等易于测量且效益明显的目标上，对服务质量管理缺乏必要的重视和承诺。其次是目标设置。有时负责设置标准的人员会认为顾客的某些期望是不合理或不现实的，在设置标准时选择忽略或降低相应的标准，服务目标达不到服务标准。再次是服务标准化。服务的标准化主要依靠各种技术实现，如用机器设备取代人员服务、改进服务操作方法、对员工进行标准化培训等。但服务的标准化是有限的，过于苛刻的标准会损害灵活性，挫伤员工以灵活的行为满足顾客需求的积极性，最终损害服务质量。因此，企业需要把握好服务标准化和灵活性之间的平衡。最后是经济和技术上的可行性。即使管理者觉得顾客的某些期望应该努力去满足，但由于把这些期望转化为具体的员工行为规范非常困难，管理者和设计者会觉得不值得或在技术上无法把这些期望转化为服务规范和标准，进而使得标准差距加大。

（三）传递差距

传递差距（delivery gap）是服务生产与传递过程未能按照企业所设定的标准进行而产生的差距。即使企业制定了很好的对待顾客的服务规范和服务指南，如果在服务提供的过程中执行不力，也不一定能产生良好的服务绩效。服务标准的执行还需要有企业的其他资源（如人员、系统和技术）的支持，企业要不断在这些标准的基础上评估和奖赏员工以使之更有效。但在实际生活中，目标和标准的设定往往只得到计划者和管理者的同意，没有得到服务生产者的理解和支持。而顾客服务目标和标准的实现需要提供服务的部门或个人的合作，当服务提供者不能够或不愿意严格按照服务质量的标准规范提供服务时，服务传递的差距就产生了。影响服务传递差距的主要因素包括团队意识、团队协作、员工胜任程度、技术支持、现场控制等。

（四）沟通差距

沟通差距（communication gap）是指市场宣传中所做出的承诺与企业实际提供的服务

不一致而产生的差距。市场沟通差距产生的主要原因包括：服务承诺管理不当，顾客期望管理不当，顾客教育不当，内部营销沟通不当。企业通过广告、人员以及其他的方式做出承诺，顾客就会以此作为评价服务质量的标准。因此实际提供给顾客的服务与企业承诺要给予的服务之间存在差距，就会从负面影响顾客差距。夸大的广告宣传、人员销售中的夸大其辞以及有形设施所提供的夸大信息等都会不切实际地提高顾客的期望，企业内部部门与部门之间不充分的沟通、对顾客期望的低效管理等也会导致企业无法履行承诺。企业要缩小市场沟通差距就必须精心整合组织企业内外部的沟通渠道。

（五）服务差距

服务差距是服务质量差距模型的核心，也是最终的差距，它指顾客所感知到的或者实际体验的服务质量与其所预期的不一致而产生的差距。导致顾客感知服务质量差距的原因在于前面提到的四个差距。当顾客感受到的服务低于所期望的服务水平，其结果往往导致顾客不满而可能会进行不良口碑宣传、投向其他组织等。当顾客所感受到的服务接近于或适当地高于他们所期望的服务时，将会产生与上述不良效果正好相反的积极效果。但是，当顾客感受到的服务过多地超过他们的期望质量时，则往往是生产者付出了不必要的高成本，这时成本—利益指数将会很低，甚至可能是负的。

二、消除服务质量差距的方法

服务设计和传递过程中的任何差距都会破坏企业与顾客之间的关系。服务差距（差距5）是服务质量差距中最重要的，因此提高服务质量的最终目标是尽可能消除或缩小这一差距。为了达到这个目标，服务组织通常需要努力缩小图9-4所示其他四个差距。表9-1总结了弥合五个质量差距的一系列方法。

表9-1 弥合服务质量差距的方法

差距	建议	策略举例
1. 认知差距	教育管理者了解什么是顾客所期望的	■ 加强市场调研的科学性。 ■ 执行有效的顾客反馈系统。 ■ 增加顾客与管理者之间的互动。 ■ 改善上行沟通，促进和鼓励一线员工与管理者之间的沟通
2. 标准差距	基于顾客需求和期望建立合适的服务产品、流程和标准	■ 正确设计服务流程 　• 采用严谨的、系统的、以顾客为中心的服务流程设计或再设计。 　• 使重复的工作任务标准化以确保一致性与可靠性。 ■ 重视服务质量并对服务质量做出充分的承诺 　• 建立、传播并强化可衡量的、以顾客为导向的服务标准。 　• 为服务传递的每个步骤建立一套明确的服务质量目标，该目标应具有挑战性、可实现性，以及明确地针对满足顾客期望而设计。 　• 确保员工正确理解服务设计与质量目标。 　• 管理人员转变思想态度，避免轻率的感知不可行。 ■ 开发一系列能够满足顾客期望的服务产品 　• 基于优质、标准和经济水平的产品差异，允许顾客依据自己的需求进行自我细分

续表

差距	建议	策略举例
3. 传递差距	确保服务表现符合标准	■ 确保服务团队士气高昂，能够达到服务标准 • 选拔正确的员工，兼顾员工能力与意愿，提高员工人岗匹配度。 • 培训员工有效执行所分配任务所需的技术与软性技能，包括人际沟通技能、压力情境下的顾客服务技能等。 • 明确员工角色，并确保员工理解他们的工作如何对提升顾客满意度发挥作用。培训他们关于顾客期望、感知与问题的知识。 • 建立能够以顾客为中心提供服务和解决问题的跨职能服务团队。 • 通过下放组织的决策权，给一线管理者和员工授权。 • 测量绩效，提供定期反馈，奖励那些质量达标的顾客服务团队、员工及管理者。 ■ 配备合适的技术、设备与支持流程 • 挑选最合适的技术和设备以提高绩效。 • 确保内部支持岗位上的员工提供高质量的内部支持服务。 ■ 与服务传递涉及的中介和第三方有效结盟 • 与中介结盟的目标、绩效、成本和奖励策略。 • 监管和激励中介与第三方的服务质量。 ■ 为服务质量进行顾客管理 • 教育顾客，使顾客在有效传递服务的过程中扮演好自己的角色。 • 管理顾客组合。 ■ 平衡服务需求与供给水平 • 建立预订系统。 • 使用营销沟通调节需求。 • 使用价格策略调节需求。 • 通过人力资源策略调节供给能力。 • 建立公平的排队机制，管理顾客感知等待时间。
4. 沟通差距	保证沟通承诺是现实的，并且顾客理解准确	■ 建立整合营销沟通 • 确保各个顾客接触点的信息一致性。 • 确保沟通内容体现顾客期望。 ■ 加强内部营销 • 通过内部培训在不同服务网点进行标准化的服务传递。 • 通过内部沟通和培训使员工理解企业对外做出的服务承诺以及自己的责任。 ■ 避免过度承诺，保证沟通内容能够使顾客设定现实的期望 • 对外沟通信息发布前，通过预先测试以确定目标受众的理解符合公司的设想。 • 确保广告内容正确反映那些对顾客最为重要的特征。让顾客知道什么是不可能的，并告知原因。 • 确认并及时解释服务表现中的不足，指明那些企业不能控制的因素
5. 服务差距	服务质量传递有形化和可沟通，做好服务补救	■ 使服务质量有形化，开发与所提供的服务水平相一致的有形线索。 ■ 做好服务补救，提高补救性服务在结果、程序和互动方面的感知合理性

资料来源：① 约亨·沃茨，克里斯托弗·洛夫洛克. 服务营销[M]. 韦福祥，等，译. 北京：中国人民大学出版社，2018，4：403-404.

② 瓦拉瑞尔·A. 泽丝曼尔，玛丽·乔·比特纳，德韦恩·D. 格兰姆勒. 服务营销[M]. 张金成，白长虹，等，译. 北京：机械工业出版社，2014，11：22-31.

三、电子商务服务质量差距模型

类似于线下环境中的服务质量差距模型，泽丝曼尔等服务营销学者提出了一个电子商务服务质量理解和改进模型,如图 9-5 所示。该模型从企业角度,提出了电子服务质量可能产生三类差距:沟通差距、设计差距和信息差距。沟通差距反映了营销人员对网站的特点、能力和局限性缺乏一个正确的了解。信息差距指管理层对顾客需要的理解与顾客对网站的需要的不一致。设计差距指的是网站的设计和运营部门的设计和管理层对顾客需要的理解的不一致。从顾客角度看,实现的差距指顾客的需要和顾客的体验的不一致。它包含两层意思,一方面可能是营销承诺没能反映网站的设计运营实际情况,另一方面,顾客体验的挫折感可能不是由外部承诺引起的,而是由设计运营方面引起的。在线企业可以从这几方面入手,提高电子商务服务质量。

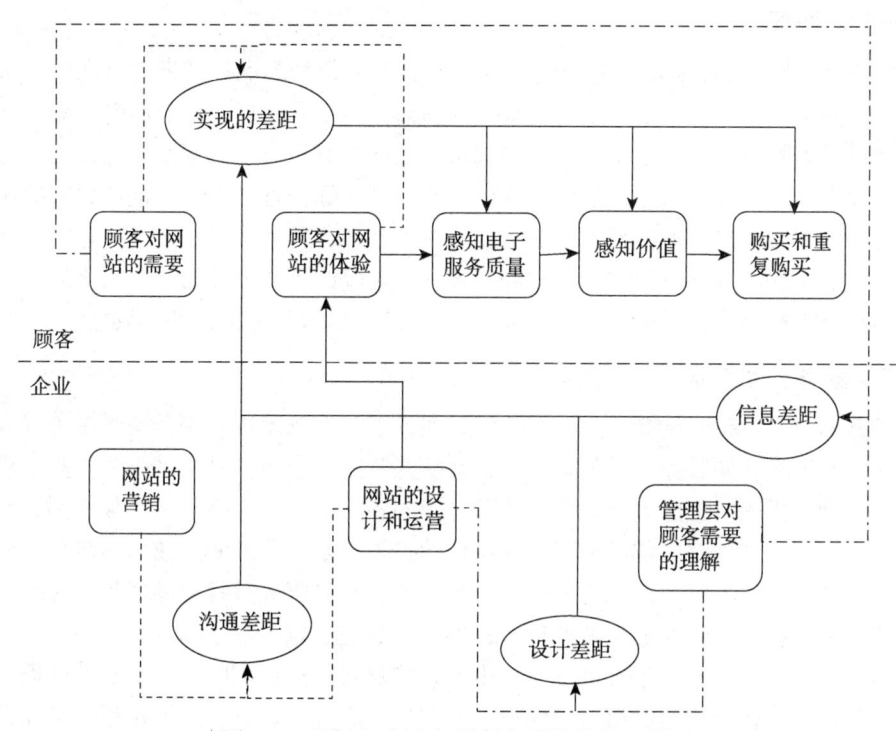

图 9-5　理解和改进电子商务质量的概念模型

资料来源:Zeithaml V A, Parasuraman A, Malhotra A. Service quality delivery through web sites:A critical review of extant knowledge[J]. Journal of the Academy of Marketing Science, 2002, 30(4):369.

线下服务情境下,顾客评价服务质量的模式是通过顾客对服务的期望和所感知的服务之差来比较的。图 9-5 模型中使用的是顾客需要(customer requirement)而不是顾客期望(expected service)。学者们对这一问题的解释是:电子商务环境下,在购买和拥有技术产品时,个体顾客的标准经常不存在,或较弱,或随生活环境而变化。

在电子商务服务环境下,顾客感知的整体电子服务质量和顾客满意感有很强的相关性。其中网站信息与顾客需求的相关性、信息的精确性、全面性,网站的易于使用、布局、进入网站后的引导、网站架构、超链接内容、网站下载速度、语言定制化等服务属性都对顾客在线服务满意感有影响。对于一些在线购物网站,信息服务质量可以看作电子服务质量的核心组成成分。顾客感知的有用性、易用性、可获得性和网站态度对顾客使用信息的意图有显著的影响,使用信息的意图对信息的使用有显著影响,两者都对"向他人推荐"有重要影响。

第三节　服务质量持续改进

一、服务质量控制与改进

企业想要提高服务质量，首先在战略上要为创造优质的服务质量提供支持性的氛围，同时也需要一套合适的工具和方法，对服务质量进行持续的监督和改进。

（一）标杆管理

标杆管理（benchmarking）是通过明确标杆标准，并且瞄准标准来对组织的质量进行改进的有效方法。企业通常把竞争对手或行业领袖作为学习标杆，将自己的产品、服务和市场营销过程等同市场上的竞争对手，尤其是与最好的竞争对手的标准相比较，在比较和检验的过程中寻找自身的差距，从而提高自身的水平。标杆管理不仅是统计数字的比较，还包括访问领先企业，把握他们杰出业绩的第一手资料，并从战略、经营和业务管理方面学习。标准的树立不应该仅仅局限于自身行业——它应该是全球性的、多元化的。标杆瞄准的目的是判断在一个特定的领域中"谁做得最好"，然后学习他们的可取之处。

（二）服务蓝图技术

服务蓝图技术（service blueprint technique）是通过客观地描述服务流程中关键服务环节或步骤，鉴别顾客同服务人员的接触点，并从这些接触点出发来改进企业服务质量的一种战略。借助流程图的方法来分析服务传递过程的各个方面，包括从前台服务到后台服务的全过程，帮助企业理解影响顾客对服务认识的各种因素。服务蓝图技术的步骤主要有：①将服务所包含的各项内容以流程图的方式画出来，使得服务过程能够清楚、客观地展现出来；②将那些容易导致服务失败的环节找出来；③确定执行标准和规范，并使这些标准和规范体现出企业的服务质量标准；④找出顾客能够看得见的判断服务水平的证据，将每一个证据都视为企业与顾客的服务接触点，甄别这些服务接触点包含的过程质量和结果质量并寻找可能的改进措施。应用服务蓝图工具分析主要的工序、各工序间的顺序，以及每一个环节顾客或物品位置移动的距离、处理顾客或物品需要的时间或顾客需要等待的时间，这些信息能够帮助管理者分析每一个服务流程和具体操作环节的有效性。

（三）因果关系图

因果关系图（cause and effect chart）也称鱼骨图，是有效分析产生质量问题原因的工具，在制造业的质量管理中广泛使用，也被推广应用到服务业质量管理中。因果关系图的主干箭头指向要解决的质量问题，顺着主干箭头向后排列出引起质量问题的主要原因。服务质量管理中将引起质量问题的原因归纳为七大类，即设备（machine）、人员（manpower）、物资（materials）、流程（procedure）、顾客（customer）、信息（information）和其他（others）。运用因果关系图的步骤是从质量问题出发首先分析影响服务质量的大原因，进而由大原因寻找中原因和小原因，并最终查出和确定主要原因。图 9-6 以航班延误起飞为例，说明运用因果关系图进行因果分析的方法。

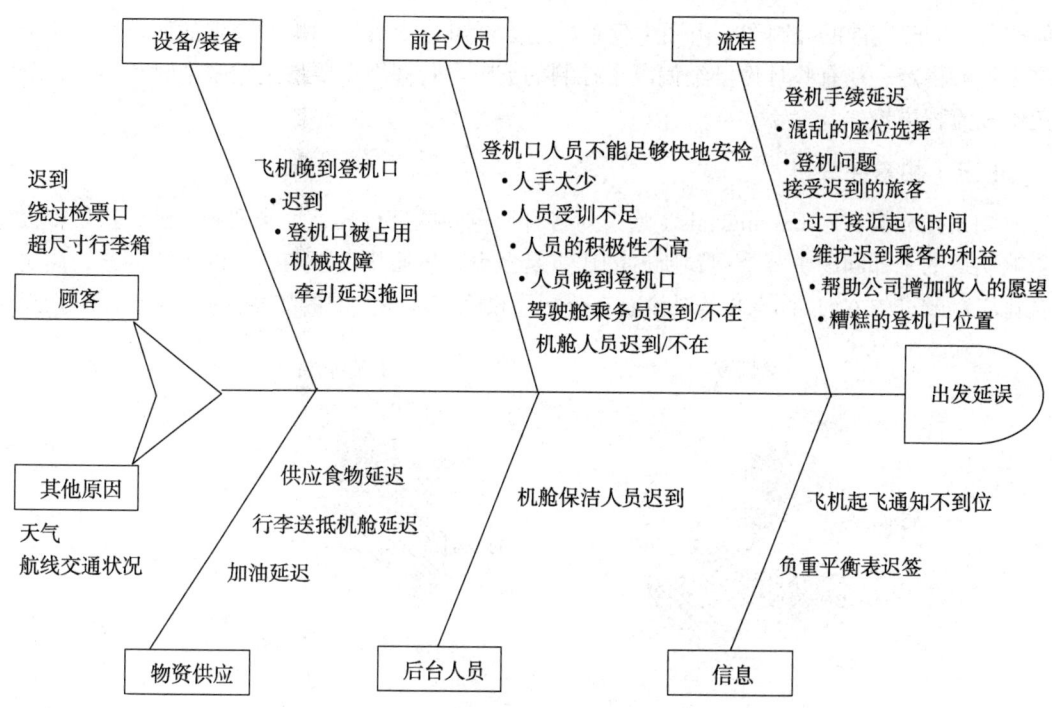

图 9-6 航班出发延误的因果关系图

资料来源：约亨·沃茨，克里斯托弗·洛夫洛克.服务营销[M]. 韦福祥，等，译. 北京：中国人民大学出版社，2018：415.

（四）控制图

控制图（control chart）是一种统计图，用来监控一段时间内的生产或服务绩效，主要关注工作的过程，故又称过程控制图。控制图中有中心线和上下限基准线：中心线代表长期的平均值，上下限基准线之间表示过程或操作在可控制范围。当样本数据超过上限或下限就有可能过程失控或操作不符合要求，需要对相应的服务过程进行调整。图 9-7 是一家

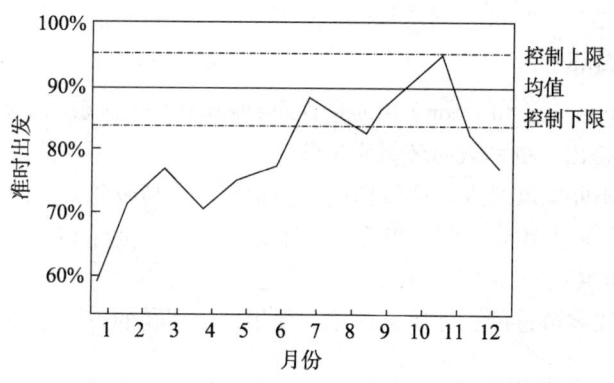

图 9-7 某航空公司 15 分钟内准时离港的航班比率

资料来源：约亨·沃茨，克里斯托弗·洛夫洛克，服务营销[M]. 韦福祥，等，译. 北京：中国人民大学出版社，2018：414.

航空公司准时离港的控制图。由图中反映的趋势可知，15分钟内准时离港的航班比率这个指标不够稳定，在有些月份已经偏离了控制的下限。管理层需要特别重视准时离港率，避免服务流程失控。

（五）帕累托分析

帕累托分析（Pareto analysis）通过对各种质量问题进行分类、排列和归纳，从中得出影响质量的全部问题中每个问题所占的比重是多少，进而找出影响质量的主要因素，确定企业质量改进的方向。图9-8是对该航空公司飞机晚点起飞原因的帕累托分析的假设例子。

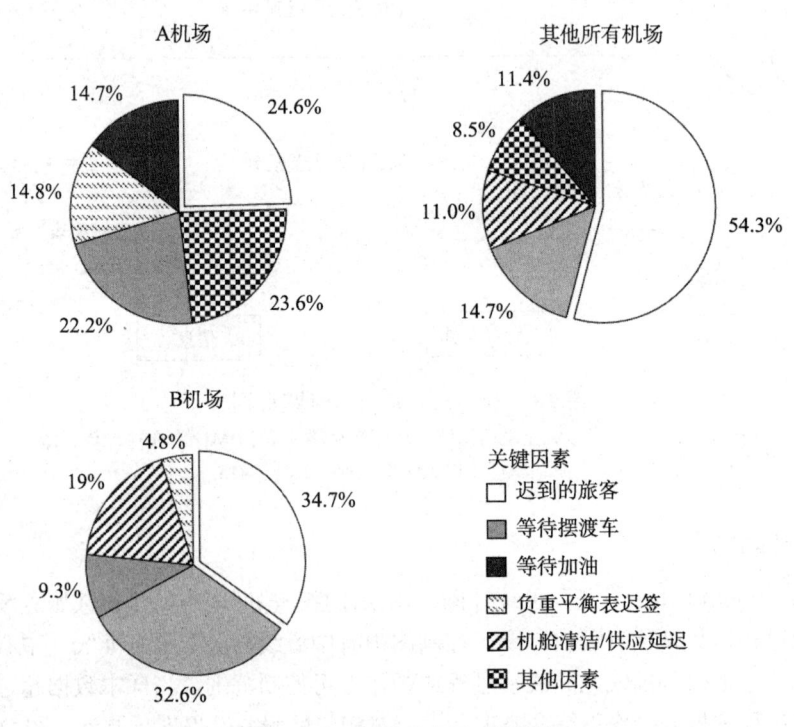

图9-8 飞机晚点起飞的原因

（六）服务质量环

服务质量环（service quality loop）由质量管理专家爱德华兹·戴明（W. Edwards Deming）于20世纪50年代提出，也称戴明环。质量管理是一个动态、循环的过程，需要在对现状进行监控的基础上不断加以改进，这就构成了质量环。提高服务质量的工作是一个持续改进的过程。服务质量环大致分为四个步骤，即计划（plan）、执行（do）、检查（check）、实施（act），故又称PDCA环（见图9-9）。

①计划：确定需要改进的服务质量问题，找出产生问题的主要原因，并设计解决问题的对策。

②执行：质量改进的实施过程，先进行小范围试验，随后大面积推广。

③检查：收集有关计划执行效果的数据，进行前后对比，找出存在的问题，对计划方案或实施行为加以修正。

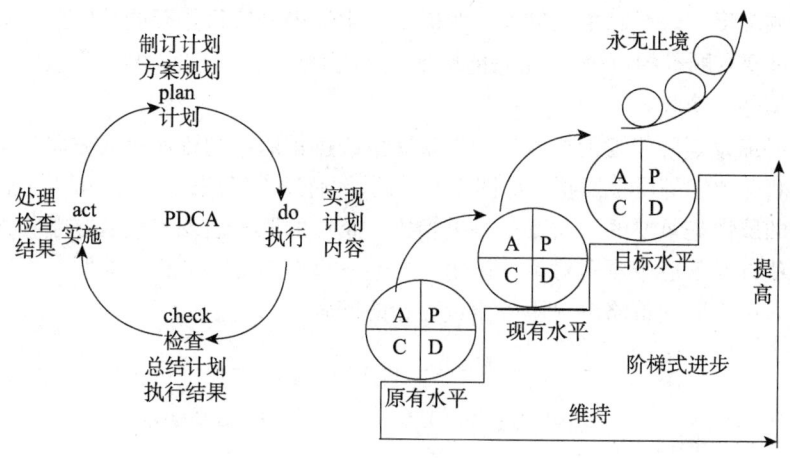

图 9-9 服务质量环

资料来源：郎志正. 服务工作全面质量管理[M]. 北京：中国标准出版社.1987：66；79.

④实施：对已得到处理的问题的服务流程、处理方法等进行标准化、制度化，对遗留问题进一步观察，评价改进后的整个流程和效果。

在使用服务质量环时需要注意，由于服务的无形性，企业不能像制造业那样在每道工序上采用相应的生产质量标准来对加工品的质量进行检测。因此，企业不能单纯地针对某一问题来寻求解决方法，而应该细致地了解各服务环节之间的相互关系和相互作用，同时将顾客对服务的评价一并考虑到服务环中。由于不同的质量改进工具具有不同的用途，可以在服务质量改进的不同阶段综合运用各种不同的工具来对服务质量进行管理。例如，可以利用帕累托图、服务蓝图（流程图）、控制图分析问题，用因果关系图找出根本原因，用服务蓝图提出解决方案与行动方案，用帕累托图、服务蓝图、控制图等对方案进行检查和评估。现实中，服务企业经常会同时采用多种质量改进工具来收集数据，找出问题的根源，加以改正。

二、服务质量回报

服务质量和顾客满意度是服务型企业维持市场竞争力，持续提高利润的前提。许多企业在提高服务质量上花费了不少精力，然而多数企业对结果仍感到失望，甚至那些因服务质量而得到认可的企业有时也会由于服务质量的努力而造成财务困难。因此，有必要对提升服务质量管理措施的成本和收益进行分析和管理。

质量回报（return on quality）是评估成本和收益的一种量化方法。它基于以下假设：①质量是一种投资；②提高质量的努力在财务上是可以计算的；③在质量上的花费可能会过多；④并非所有用于质量的开支都是有效的，因此用在提高质量上的支出必须与可预期的利润增长相联系。质量回报的一个重要含义是如果能够与提高生产率项目相协调，那么质量提高举措将更加有效。

如果历史数据充足，企业则可以检验过去的顾客体验并确定服务质量与收益之间是否存在关系。为了确定新的质量提高举措的可行性，企业必须提前进行仔细的成本预算，然后与预期的顾客反应联系起来。例如，明确服务质量提升项目是否能够使公司吸引更多的顾客（如通过现有顾客的口碑），是否能增加钱包份额以及（或者）减少失误？如果能，可以产生多少额外的净收入？

重要性—绩效矩阵能帮助企业识别未来质量改进策略中的资源投入方向，实现资源的优化配置以获得预期的质量回报，如图9-10所示。通过市场调研，企业可以了解对顾客来说哪些服务的属性是重要的，与竞争对手相比，企业的服务表现和绩效在哪些方面比对手做得好，哪些方面落后于竞争对手，运用重要性—绩效矩阵，分析企业服务质量投资的重点是什么，采用不同的策略解决服务质量存在的问题。

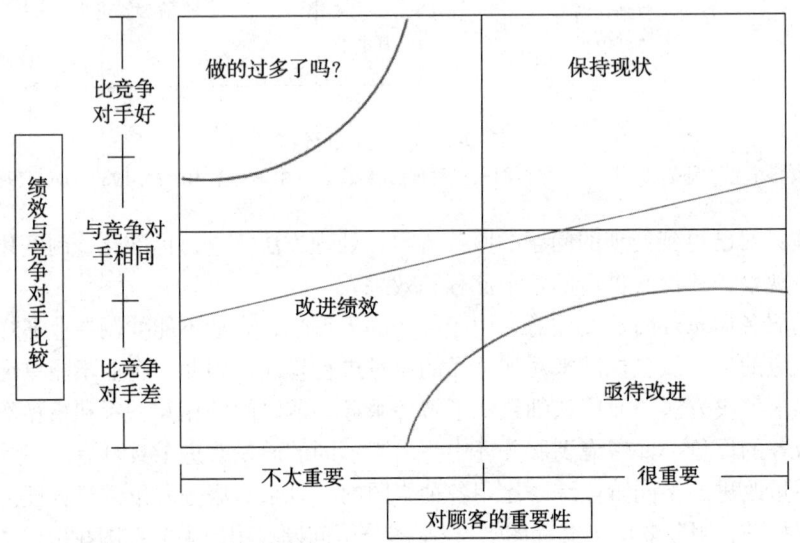

图9-10　基于竞争和顾客需求的企业服务重要性—绩效矩阵
资料来源：约亨·沃茨，克里斯托弗·洛夫洛克. 服务营销[M].
韦福祥，等，译. 北京：中国人民大学出版社，2018：418.

思考与练习题

1. 根据你最近一次在餐厅吃饭的经历，利用服务质量五因素模型评价这次就餐的服务质量水平。

2. 顾客评价传统线下服务质量、电子商务服务质量、线上线下融合的混合服务质量时分别考虑哪些因素？

3. 如果你是一家服务企业的经理，打算应用差距模型来改进服务质量，你会从哪个差距着手？为什么？你应当按照何种顺序来缩小差距？

4. 假设你是一家五星级酒店的总经理，请你制定一个酒店客人服务质量控制和改进方案，你会采用哪种方法或程序来改进质量？

5. 分析一个服务提供商的服务绩效，请使用重要性—绩效矩阵帮助这家企业识别未来的质量改进方向。

即 测 即 练

自学自测　扫描此码

第十章 服务流程

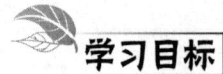

本章主要介绍服务流程的分类，服务流程的设计方法和绩效衡量，服务流程的优化。
- 熟悉服务流程的不同类别。
- 掌握服务流程设计的基本方法。
- 理解服务流程的绩效衡量方法。
- 了解服务流程的优化策略。

第一节 服务流程的类别

服务是一系列的活动过程。服务流程是否合理，一定程度上决定了服务质量的高低。服务流程设计是服务运营管理的基础。

一、服务流程的概念

流程是指系统将输入转化为输出的过程。这一过程涉及一系列的任务，由物流、人流、信息流有机地连接在一起。流程直接关系到一个系统的运作效率、成本和质量，对系统竞争力有重要影响。对于制造业企业，输出的主要是有形产品，输入的为原材料、设备、技术、熟练劳动力等资源，原材料加工、零件制作、产品组装等是任务，不同的任务之间需要通过库存、搬运等物流活动连接。对于服务业企业，输出的主要是服务，接待顾客、与顾客沟通、按照顾客的不同需求为顾客本身或顾客的物品提供服务等是任务。服务流程是对服务企业向顾客提供服务的整个过程（作业步骤和行为事件），以及完成该过程所需要素的组合方式、时间与产出的具体描述，如服务行为、工作方式、服务程序和路线、设施布局、材料配送等。

流程图是进行服务流程分析的基本工具，由不同符号组成。以机场的服务流程图为例，如图 10-1 所示，椭圆形表示开始点和结束点，长方形表示流程中的作业（事件、步骤），箭头（流向线）表示流程的方向，倒三角形表示缓冲区（库存点或处于等待状态），菱形表示决策点。

二、服务流程的分类

不同的服务企业，其服务流程是不同的。同一服务企业，不同服务活动的流程也会不同。按照特定的标准，如差异化概念、服务活动指向的客体、顾客参与的程度等，可以将企业的服务流程划分为不同的类型。如表 10-1 所示，首先按差异化程度将服务大致分为低

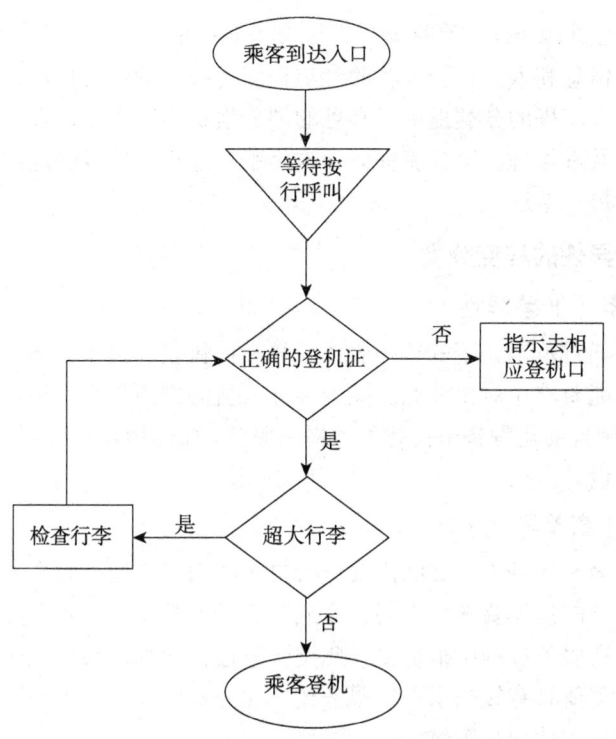

图 10-1 机场登机口流程

资料来源：桑杰夫·波多洛伊，詹姆斯·A.菲茨西蒙斯，莫娜·J.菲茨西蒙斯.服务管理：运作、战略与信息技术[M].张金成，范秀成，杨坤，译.北京：机械工业出版社，2020：182.

表 10-1 服务流程分类

顾客接触的程度		低差异性服务（标准服务）			高差异性服务（定制服务）		
		产品加工	信息或形象处理	人员处理	产品加工	信息或形象处理	人员处理
无顾客参与		干洗、自动贩卖机	检查流程、还信用卡	—	汽车维修、定制衣服	计算机程序设计，建筑设计	—
间接的顾客参与		—	用家庭计算机订货，电话账户余额确认	—	—	航空管理员监督飞机着陆，电视拍卖会上出价	—
直接的顾客参与	顾客与服务工人间无交互（自助）	操作自动贩卖机，组装预制家具	从自动柜员机中提取现金，在无人照相厅拍照	操作电梯，乘坐自动扶梯	便餐车提供正餐样品，把货物装包	在医疗中心处理病例，在图书馆搜集信息	驾驶一辆租用的汽车，使用健康俱乐部设备
	顾客与服务人员间有交互作用	餐馆用餐服务，汽车清洗	召开讲座，处理常规银行交易	提供公用交通，为群众种疫苗	家庭地毯清洗，景观美化服务	肖像绘画，提供顾问咨询	理发，做外科手术

资料来源：Wemmerlöv U. A taxonomy for service processes and its implications for system design[J]. International Journal of Service Industry Management, 1990, 1(3): 29.

度差异性服务（如标准服务）和高度差异性服务（如定制服务）。在这两类中，服务流程的客体可以是货物、信息和人。再按顾客的参与程度将顾客的参与程度分为无参与、间接参与和直接参与。服务流程的分类提供了常见的划分组织不同类型服务过程的方法，有助于我们理解服务设计及其管理。服务流程分类也为服务过程提供战略定位图，并能为服务系统的设计与再设计提供帮助。

（一）根据差异性的程度分类

1. 标准化服务（低差异性）

标准化服务是通过范围狭窄的集中服务获得高销售量。由于服务性质简单重复，标准化服务对员工的技能要求相对比较低。减少服务人员的判断是实现稳定的服务质量的一种方法，企业往往会用自动化设备来代替人力提供服务（如使用自动售货机、自动洗车设备），采用服务生产线的设计方法。

2. 定制服务（高差异性）

定制服务在顾客和服务人员之间需要进行更多的信息沟通。每个顾客的要求都不同，每一个具体服务任务的具体要求也不同，完成服务任务需要员工具备灵活性和适应性，员工的个人判断能力在服务过程中很重要。此类服务过程无固定模式可循，服务标准未被严格界定，因此员工需要具有较高水平的服务技巧和分析技能。为了使顾客满意，服务人员应该被授予一定的自主性和决策权。

（二）根据服务过程的客体进行分类

1. 服务顾客的物品

服务顾客的物品是作用于顾客有形资产的行为，这些服务要求顾客提供其物品，但不要求顾客一定在场，如包裹递送、服装洗涤、家电修理等。在很多情况下，顾客将其物品留给服务组织，或服务组织上门服务，顾客只需要给出足够的进行服务的信息和指示即可。汽车修理和草坪修剪是两个最典型的例子。在这两种情况下，服务接触的时间都很短，除非顾客选择在服务期间停留在那里。

2. 信息处理

信息处理是作用于顾客无形资产的行为，如处理顾客的钱财、文件、数据等。在顾客和服务组织接触并提出要求后，顾客没有必要在场或参与其中。随着信息技术的发展和应用，顾客几乎不需要与服务人员面对面接触就可以享受到企业为其提供信息处理服务。如许多银行服务可以通过电话、ATM、网络为顾客提供服务。当然，在某些服务环节，顾客需要到达服务现场，或者部分顾客宁愿通过面对面获得服务。

3. 人员处理

人员处理包括作用于人体的行为，服务的结果使人体（如身体状况、外形、所处的地理位置等）发生一定的改变。例如医疗手术、航空服务、美容美发、餐馆服务等。这些服务要求顾客在服务过程中必须在场，即身处服务设施内，顾客与服务组织及其员工和设施在一段较长的时间内有紧密接触。对人员的服务还包括作用于人的精神的行为，服务的结果主要对顾客的精神层面发生作用，使顾客感到愉悦、增加知识、得到信息、改变想法等。

这一类影响顾客精神层面服务有时并不要求顾客身处服务设施内，如电视或广播节目、移动通信等服务，信息是顾客与服务组织的唯一接触。但在另外一些情况下，如传统的教育机构、音乐厅和咨询机构提供的服务，顾客则必须在场。与顾客面对面的服务提供者的行为决定了顾客对所接收的服务的感受。此外，如果顾客身处服务组织的设施内，其物理环境、服务组织的政策以及其他顾客都有可能在顾客形成服务感受的过程中发挥重要作用。由于这类服务的高接触、高互动特征，服务人员不但要掌握服务技术的技巧，还要掌握人际沟通的技巧。服务设施设计和选址也应注意顾客要参与到服务系统中的特性所带来的影响。

（三）根据顾客参与的类型进行分类

顾客参与服务传递系统可以有三种基本的方式。①在服务创造过程中，顾客实际参与并与服务提供者直接互动。在这种情况下，顾客会对服务环境有彻底的了解。②顾客在家中或办公室通过电子媒介间接参与服务。③有的服务可以在完全没有客户参与的条件下完成。

银行是这三种方式都存在的例子。例如，顾客提出汽车贷款申请需要与银行服务人员直接会晤，贷款的支付可以通过电子转账完成，而贷款的财务记账则由银行后台人员完成。

直接顾客参与又可分为两类：与服务人员无互动（自助服务）和与服务人员有互动。当顾客愿意与服务人员直接互动时，员工人际关系技巧的培训、服务场所的定位，以及服务设施的布局和设计对于保证服务成功变得十分重要。顾客间接参与或没有参与的服务过程可能不会受到由于顾客出现在服务过程中而产生的问题的限制。由于顾客与服务传递系统隔离开来，服务企业可以采取类似于制造业的方法进行服务设计。关于场所选址、人员配置、工作安排、员工培训等的决策可以从效率的角度考虑。但自助服务能否顺利推广应用取决于顾客的使用愿意和使用能力。

第二节 服务流程设计

服务流程描述了整个服务系统的结构和功能，以及服务员工、顾客、服务企业各部门在服务系统中的地位和作用。科学合理的服务流程设计不仅有助于服务企业提高服务效率、提高顾客满意度，也有助于服务企业准确判断和识别服务过程中的失误点，及时发现服务行动链条上的薄弱环节，确定服务质量改进的目标。

一、服务流程设计的基本原则

合理的服务流程必须与顾客的需要相结合，与服务企业的经营理念和营销目标相一致。总的来说，服务流程的设计应该遵循下述原则。①服务内容和形式要与顾客的服务需求相吻合。②服务流程中各环节和系统的设计要具有相应的灵活性或机动性，从而增强服务流程的适应性。③企业在决定服务内容和方式时要注意创新，创造出不同于竞争对手的优势，而且不易于竞争对手模仿，具有持久性。④成本收益原则，服务的创新、服务业务流程的重新整合与再造，都要考虑投入产出的关系，要考虑现在的利润水平，也要重视服务的成本和收益。

二、服务流程设计的一般过程

服务流程设计是富有创造性的活动,设计过程是复杂的。一个好的服务流程,应该详细指明顾客何时何地会提出何种要求,何时将会离开,在服务过程中顾客与服务流程之间有什么样的接触,顾客是否有可能改变流程等。当系统开始运转后,在条件允许的情况下,服务企业要不断对服务流程进行修正,以提高流程运作的效率。服务流程设计的一般过程包括如下内容。

①确定提供服务产品的服务流程类型。
②根据服务流程类型选择服务流程设计的基本方法,以明确服务提供的基本方式和服务生产的特征。
③解决服务流程中的瓶颈问题。
④对服务提供(生产)系统进行总体描述和规划设计。
⑤选择基本的流程技术。

三、服务流程设计的基本方法

服务流程的设计是从服务提供系统的总体出发,确定服务提供的基本方式和生产特征,服务的关键在于设计服务系统本身。总体来说,流程设计可以有三种方法。第一种方法是在极端的情况下按照生产线的方式传递服务。此时,为保证稳定的质量和高效地运转,日常的例行服务工作在一种受控的环境中完成。第二种方法是鼓励顾客积极参与,允许顾客在服务过程中扮演积极的角色。这对公司和顾客都会有很多好处。第三种方法是折中的方法,将服务分为高顾客参与和低顾客参与。这几种方法也可以结合起来使用对服务流程进行设计。

(一)生产线方法

生产线方法,也被称为工业化方法,是指将制造企业的生产线流程和管理的方法应用于服务企业的服务流程设计与管理,主要目的是从系统化、标准化的观点出发,将小规模、个人化、无定性的服务系统改造为大规模、标准化、较为稳定的服务系统,以提高服务效率和服务质量。采用这种生产线方式的服务企业可以获得成本领先的竞争优势。

不少快餐连锁店将生产线方法应用到服务业。原料(如中餐调料)在其他地方经过测量和预包装处理,员工不必为原料的多少、质量和一致性而操心。此外,公司有专门的储存设施来处理半成品,在服务过程中不需要对饮料和食品提供额外的存放空间。服务系统设计的生产线方法将成功的制造业观念引用到服务业,这种方法成功的关键有以下几点。

1. 个人有限的自主权

汽车装配线上的工人任务明确并使用指定的工具来完成工作。员工拥有一定程度的自主权会生产出更具个性的汽车,但汽车总体的一致性会丧失。标准化和质量(被定义为规格上的一致性)是生产线的优势所在。对于标准化的常规服务,服务行为的一致性受到顾客关注。如干洗服务,广告中宣传在任何一个特许经营店都能获得一样的服务,因此顾客希望在任意场所获得的服务有着相同的质量,就像同一厂家生产的产品是无差异的一样。然而如果需要更多的个性化服务,对员工的授权就变得十分必要。

2. 劳动分工

生产线方法的基本思路是把工作划分为多项具体的任务,使每个人的工作变得简化,员工只需要具备相应的一类或几类技能。如在快餐连锁,并不是每一位员工都需要成为厨师。这样可以提高服务效率,减少服务差错,降低运营成本。另外,劳动分工的同时实行按劳取酬。

3. 用技术代替人力

设备取代人力的系统是制造业取得发展的源泉。这种方法也可应用于服务中,如用自动取款机替代银行服务人员,用服务机器人代替餐厅服务员送菜,用智能客户服务机器人代替人类客户服务人员。越来越多的流程设计将技术的作用嵌入了服务的流程中。

4. 标准化服务

标准化服务将服务作为一个由定义明确的常规任务和有序的顾客流组成的过程。有限的服务选择为公司创造了预测和提前准备的机会,由于过程比较易于控制,标准化也能够帮助提供一致的服务质量。例如,有限的菜单保证了中式快餐的快速供应。标准化服务设计使特许经营这种方式得到广泛推广,标准化、统一化、系统化的服务方式实现了规模经济的效应。

(二)顾客作为合作生产者的方法

把顾客作为合作生产者的服务流程设计是基于对顾客行为的以下理解。①对于大多数服务系统,当顾客出现时,服务才能开始。②顾客对服务运营流程具有一定的兴趣,不希望仅仅被动地接受服务。③顾客并不是一个被动的旁观者,当需要的时候,也可能成为积极的参与者(劳动力),这样就有可能通过将某些服务活动转移给顾客而提高生产率(将顾客变为合作生产者)。④顾客参与可以使服务更符合自己的偏好,提高服务定制的程度。因此进行服务系统设计时,服务企业要认真考虑顾客偏好,将其作为生产资源纳入到服务系统中去,在提高顾客满意度的同时加强服务系统的运营效率。以顾客劳动来替代个性化的服务劳动是减少经营成本的一个方法。例如航空公司提供网上值机服务,允许顾客自己选择偏好的座位和可能需要的个性化服务的同时,减少了机场的人工成本和场所运营成本。又如,沙拉吧台允许顾客根据个人爱好选择沙拉的数量和种类,在满足了顾客个人化需求的同时也节省了餐厅人力成本。互联网开启了顾客合作生产的新机遇,顾客生成的内容被其他人使用。例如小米论坛、马蜂窝旅行网、大众点评网上顾客发布的内容为新顾客使用服务提供了指导。顾客生成内容是顾客合作生产服务流程的另一个重要方法。

与生产线方法相比,顾客参与法能够更好地满足顾客的需求偏好,提供更加个性化的服务,但是服务的个性化也会影响服务系统的运行效率。服务企业必须合理设计顾客参与的环节和参与程度,实现满足顾客个性化需求和提高服务效率的双重目的。在应用顾客作为合作者的服务流程设计方法时,要注意以下几个方面。

(1)充分理解顾客的个性化需求与参与程度

企业根据所提供的服务类型,研究目标顾客的需求特点,分析其偏好,掌握顾客在服务传递过程中可能出现的行为,并对整个服务流程进行分析,确定哪些工作可由顾客承担,或者顾客可以拥有更大的控制权。

(2) 体现服务提供系统的灵活性

企业在重新设计和改进服务流程时,要为顾客的参与留下更大的空间。为了让顾客在服务过程中积极参与并发挥自主权和控制权,服务企业应该提供相应的支持系统,使顾客能够快速掌握各种所需的技能和知识,以避免因顾客参与而造成的运营效率降低。

(3) 给员工更大的自主权

在服务流程设计时,服务企业应为员工制定相应的服务措施和授权方式,使其在顾客个性化服务中发挥更加主动、积极的作用。

(4) 动态监控和评估服务绩效

由于顾客的个性化服务要求和参与程度不同,所以服务企业要随时关注服务过程和服务结果,及时进行调控和评价。只有这样,企业才能不断改进服务流程,不断提高服务水平。

(三) 顾客接触方法

顾客接触方法是指根据顾客接触程度的不同,把服务传递系统分为高顾客接触与低顾客接触的作业。低顾客接触作业或后台办公室如同工厂一样运行,所有的生产经营观念和自动化设施均可使用,实现服务的规范化、标准化,避免顾客参与造成的不确定性,提高服务效率。高顾客接触作业采用顾客作为合作生产者的设计思路,适应不同顾客的个性化需求和服务参与需要,灵活处理服务过程中可能出现的各种情况。将作业活动进行这样的分类既可以让顾客感受到个性化的服务,又可通过批量生产实现规模经济。这种方法的成功取决于服务生产过程中需要的顾客接触的程度,以及在低顾客接触作业中分离核心技术的能力。这种服务设计方法最适合于对顾客物品提供服务。顾客接触法是一种将生产线方法和顾客作为合作生产者有机结合的服务流程设计方法。具体做法包括以下几个步骤。

1. 合理划分服务提供系统中顾客的高接触部分与低接触部分

服务企业要对服务系统进行全面分析,合理划分顾客高接触部分和低接触部分。然后在高接触和低接触子系统内分别找出最关键的服务营销目标,界定子系统内各环节、各步骤的工作任务。在此基础上,建立前台和后台服务的有机衔接关系,保证二者能够协同有效地运转。对高接触和低接触部分的不同考虑如表 10-2 所示。

表 10-2 高接触与低接触部分主要的设计思想

设计思想	高接触部分	低接触部分
设施	接近顾客	接近供货点、运输点、港口
设施布局	考虑顾客的生理和心理需求及期望	提高生产能力
产品设计	环境和实体产品决定了服务的性质	顾客在服务环境之外
过程设计	生产环节对顾客有直接影响	顾客不参与大多数处理环节
进度表	顾客包括在生产进度表中,且必须满足其需要	顾客主要关心完成时间
生产计划	订单不能被搁置,否则会丧失许多生意	出现障碍或顺利生产都是可能的

续表

设计思想	高接触部分	低接触部分
员工技能	直接人工构成了服务产品的大部分,因此员工必须能够良好地与公众接触	员工只需要一种技能
质量控制	质量标准取决于评价者,是可变的	质量标准是可测量的,固定的
时间标准	由顾客需要决定,时间标准不严格	时间标准严格
工资支付	易变的产出要求按时计酬	固定的产出要求按件计酬
能力规划	为避免销售损失,生产能力以满足最大需求为准设计	储存一定的产品以使生产能力保持在平均需求水平之上
预测	短期的,时间导向的	长期的,产出导向的

2. 分别设计高接触和低接触部分的业务流程

对于前台高接触部分的服务流程设计,最关键的是判断服务企业与顾客接触的各个环节及其重要程度,分析顾客的真正需求。在后台低接触部分,服务企业可以遵循产品线的设计思路,采用新技术和自动化设备,制定时间、质量和费用标准,对资源要素、流程和产出进行精确的控制。

3. 把握高接触和低接触部分服务流程的特点和要求

在服务流程设计的过程中,服务企业必须对高接触和低接触部分服务流程的特点及其设计要求有明确的认识。

4. 流程整合和优化

用系统和集成的观点,对高接触和低接触部分的服务流程进行全面的考察和评价,发现遗漏、多余或衔接不上的环节,全面梳理和优化整个服务流程和服务系统。

第三节 服务流程评估与优化

一、服务流程的绩效衡量

对组织而言,绩效衡量主要分两大类:一是效率(efficiency)衡量,即资源的利用状况;二是效果(effectiveness)衡量,即流程目标实现情况。效率就是"正确地做事",而效果则强调"做正确的事情"。服务企业的管理者同样需要对服务流程的绩效进行衡量,实现服务效率和服务效果的均衡。

(一)效率衡量

服务流程的效率衡量有两种基本方法。一种是衡量流程中的效率,即某一资源使用时的可用时间量,如产能利用率;另一种是衡量结果中的效率,即单位资源所产出的工作量,如员工生产率。

1. 产能利用率

产能利用率(capacity utilization)衡量的是可用产能中被使用的数量,即完成服务活动所需产能与可用产能的比值。

产能利用率 = 所需产能/可用产能

例如,牙科诊所在 1 小时内接待了 3 位患者,诊所内每位员工在 1 小时内的产能利用率可以用图 10-2 来表示。接待员原本每小时可以接待 12 位患者,但现在 1 小时内只接待 3 位,那么他的实际工作时间只占了 1 小时的 25%,其余 75% 的时间闲置,产能利用率为 25%。按同样的方式计算,洗牙师的产能利用率为 75%,牙医为 50%,秘书为 15%。产能利用率可以反映服务企业的人力资源使用效率。

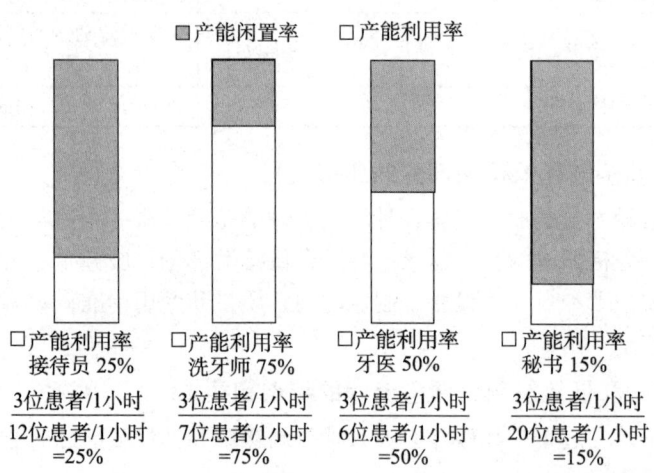

图 10-2　牙科诊所工作中心的产能利用率

产能利用率低意味着生产资源没有被充分利用,员工无事可干,设备处于闲置状态,企业经营成本高。服务企业可以通过降低产能或增加需求来提高产能利用率。当生产资源超出服务需求,或者经营成本太高难以实现盈利时,企业通常会裁员或"精简机构"。反过来,产能利用率过高意味着企业的人员、设备处于高负荷运转状态,顾客可能需要排队等候服务,这会影响服务响应速度和服务质量。服务企业要么降低产能利用率,要么增加产能,要么减少需求。对于服务企业来说,减少需求意味着收入降低、利润减少,所以服务流程效率的提高通常不会以减少需求为代价。相比之下,通过增加产能来保持服务产能与服务需求的匹配要更容易一些。增加产能的一种方法是增加生产资源,比如上述例子中牙医诊所多雇佣一个洗牙师。另一种方法是更加有效地利用现有生产资源。比如改善耗时最长的服务环节,以保证服务质量为前提,缩短它的服务时间。

2. 生产率

生产率是另一种效率衡量指标,即一位员工在单位时间内完成的工作量。例如,一个银行信贷员的生产率可能是用他每天处理的顾客贷款申请单的数量来衡量。企业可以通过流程改造和员工培训来提高生产率。如果银行对信贷员进行全面培训,使其掌握工作中所需的准确信息,那么他就可以快速回答顾客的问题,处理更多顾客的贷款申请。如果能对服务流程进行升级换代,那么信贷员或许可以每天处理 10 单贷款申请。当然,员工的生产率也受服务需求总量影响。如果银行每天的信贷需求量不到 10 单贷款申请,即使信贷员的专业能力再强,服务流程再优化,服务产出也无法突破服务需求。

3. 成本

对于任何业务而言，成本都是一种重要的效率衡量指标。成本主要包括原材料成本、劳动力成本和管理费用。其中，劳动力成本包括交付服务成本和监管成本，管理费用（或间接成本）包括组织整体运营成本，比如场地费用、设备运营费用、水电费、总部管理运营费用等（总部人员工资支出、应付账款与应收账款的财务费用、人力资源部门的费用等）。服务企业的劳动力成本与原材料成本，很大程度上取决于服务流程的设计是否合理。

（二）效果衡量

1. 顾客满意度

顾客满意度是最直观的服务效果指示器。顾客满意度可以直接通过访谈或问卷调查来衡量，也可以采用其他指标，如顾客保留与流失比率、新顾客的数量、销售额、市场份额、顾客投诉量等进行衡量。

2. 顾客维系率/流失率

对服务满意的顾客通常会成为回头客。对于服务企业而言，留住老顾客的成本要比吸引新顾客的成本低。回头客的存在意味着服务企业能够获得持续不断的收入。在追求高的顾客维系率的同时，了解顾客流失的原因，会为服务企业提供很多有价值的信息。

3. 销售额与市场份额

销售额无疑也是衡量效果的指标。不断增长的销售额意味着有越来越多的顾客正在购买服务，或者说，每位顾客的平均购买量越来越多。市场份额是指某一企业的特定服务销售额占同类服务全部销售额的比重。在一个稳定市场中，销售额的增长往往伴随着市场份额的增加。市场份额的增加说明与其他竞争对手相比，某一企业提供的服务更受顾客欢迎。

4. 顾客投诉量

顾客投诉次数从反面反映了顾客的满意度状况。不仅如此，顾客投诉还给服务企业提供了一个了解顾客需要的机会。但事实上，许多顾客在对服务不满时不会向企业投诉，而是直接选择另一家服务企业。因此，服务企业应该重视顾客投诉流程的设计，对顾客投诉信息进行集中分析，以寻求更好地为顾客服务的方式。

5. 顾客预订取消与缺席率

在一些服务企业中（如酒店、餐饮企业），顾客预订取消率或预订缺席率也是衡量服务效果的重要指标。顾客预定取消或缺席有很多种理由。如果预订取消率或预订缺席率非常高，服务企业的管理者就应该仔细调查原因，弄清楚是服务流程还是服务质量方面出现了问题，明确服务改进的方向。

6. 员工满意率

满意的员工带来满意的顾客。员工流动率（即一段时间内辞职员工所占比例）与员工缺席率（即请病假或者旷工的员工所占比例），是服务企业整体健康状况的晴雨表。员工满意度可以通过访谈、专题小组与调查等方式直接衡量。

7. 服务适应性/宽泛度

服务适应性或宽泛度是指服务企业或员工因顾客需求不同而变化服务内容的能力。有些类型的服务具有较强的适应性和更大的宽泛度。例如，银行柜台员工提供的服务组合比自动柜员机提供的服务具有更大的宽泛度。自动柜员机只能提供相对有限的服务种类（如存款、取款、支付和转账等），但是柜台员工除了上述服务项目外还可以提供开户、投资、理财、保险等服务。服务宽泛度关系到服务企业能否应付急剧增加的服务需求。

二、服务流程的重新设计

认真审视服务蓝图是发现问题并重新设计服务流程的重要一步。重新设计服务流程一般聚焦于以下四个关键目标。

①减少服务失误。
②减少顾客等待的时间。
③提高服务生产率。
④提高顾客满意度。

管理者可以通过以下思路对服务流程进行重建和重新安排。

1. 与利益相关者一起检查服务蓝图

通过对现有服务蓝图的仔细检查，管理者可以发现服务流程中存在的问题以及解决问题的方法。企业可以利用头脑风暴的方法，邀请服务流程中的每个利益相关者（包括顾客、一线员工、职能部门员工和信息技术小组）来检查服务蓝图，进而激发出改进服务流程的想法，包括服务流程中是否有遗漏的环节，有没有不必要的环节，以及如何改进。利益相关者有时会关注信息、设备和新的服务方法，这些都将有利于企业竞争优势的构建。

2. 消除服务流程中不创造价值的多余步骤

通常情况下，只有将前台和后台服务活动有机地整合到一起，才能真正实现服务接触环节的盈利能力与目标。服务流程重新设计的结果一般包括生产率和顾客满意度的同时提高。例如，航空公司的顾客可能不喜欢现场排队办理登机牌的流程和过长的等待时间。服务流程的重新设计就是要消除这些不能给顾客带来价值的步骤。航空公司允许顾客提前在网上办理登机牌和选座位，使用电子登机牌过安检，这就避免了不需要托运行李的顾客在机场现场的排队环节。

3. 妥善处理服务流程中的瓶颈问题

一个服务流程的有效能力取决于服务流程中的短板。理想中，有效的服务流程是所有的服务环节生产能力都一样，不会出现短板或者闲置。妥善处理这一问题的目标是使每个环节服务能力基本平衡，顾客能够在各个服务环节顺畅地接受服务，不必等待。企业通过绘制服务蓝图，可以确定服务流程每个环节所需要的时间和能力，并对每个环节的现实能力进行观察。一种最简单的发现瓶颈的方法是观察顾客在哪个服务环节必须等待。一旦发现了瓶颈，管理者可以向该环节配置更多或更好的服务资源，或者重新设计服务流程和员工任务来提升服务能力。

4. 利用自助服务替代人工服务

服务企业采用自助服务会大幅提升服务生产率，有时甚至会大幅提升服务质量。例如在超市收银区，顾客可以使用自助结账机进行交易。在政务服务大厅，顾客可以使用自助机办理身份证补办、境外签注等业务。这些自助服务提高了顾客感知的服务便利性和服务质量。为了获得最大收益，自助服务技术与企业的融合需要对企业员工与顾客进行大量培训与支持。如果企业不能给予员工和顾客正确的培训，会导致无效操作甚至操作失败。另外，当出现某些问题或设备不能正常运转的时候，员工与顾客必须得到必要的技术支持。如果没有培训和支持，自助技术的使用不仅不能提高生产率，反而会引发顾客的负面情绪，这样的服务流程优化得不偿失。

思考与练习题

1. 将你在网上购书的经历与在实体店购书的经历进行比较，这两种服务流程有什么异同？

2. 你打算开一个网上咖啡吧，提供非酒精饮料和甜点，订做三明治、袋装薯条和新鲜水果，绘制一个有代表性的顾客参与互动过程的服务蓝图。

3. 分析你在校园体验的一项具体的服务，对该服务流程进行评估，对流程的优化提出你的建议并说明理由。

即 测 即 练

自学自测　扫描此码

第十一章 服务需求与生产能力

学习目标

本章阐述服务需求与服务供给能力的平衡策略,服务企业收益管理的主要内容以及服务企业的排队管理策略。

- 了解服务供需管理的挑战。
- 理解影响企业服务供应和顾客服务需求的要素。
- 掌握企业平衡服务供给能力和服务需求的策略。
- 理解收益管理的内涵及其在服务业中的运用。
- 掌握排队管理的方法。

第一节 服务供需平衡管理

一、服务的供需关系

服务生产与消费的同时性和服务易逝性等特点决定了服务企业常常面临如何平衡顾客的需求和服务供给能力的问题。一般来讲,一个生产力固定的服务企业会面临如图11-1所示的四种情况。

①需求过剩。需求水平超过最大生产能力,导致部分顾客得不到服务,企业不得不放弃一部分业务。

②需求超过最优生产能力。企业能够接待所有的顾客,但会造成服务场所的拥挤以及服务质量的下降,降低顾客对服务的满意感。

③需求和供给在最优生产能力达到平衡。员工和企业配备的设施设备能够在运作的同时保持一种良好的状态,使顾客获得较好的服务水平。

④供给过剩。由于需求不足,部分员工和设备得不到使用,造成服务的浪费和生产效率的低下。另外,顾客可能会由此认为企业的服务存在问题,质疑企业的服务能力或对企业的受欢迎程度不足而感到失望。

最优生产能力水平表示资源的有效使用,但没有过度使用,顾客可能及时获得高质量服务。最大生产能力代表服务能力有效性的绝对限制。在某些情况下,企业的最大生产能力与其最优生产能力是相同的。例如演唱会或体育赛事现场,满场的喝彩能够鼓动表演嘉宾或运动员的表现,同时能够活跃气氛,调动现场观众的情绪。然而,就大多数的服务而言,当企业所提供的服务数量达到最大时,顾客会对服务现场的拥挤以及得不到周全及时

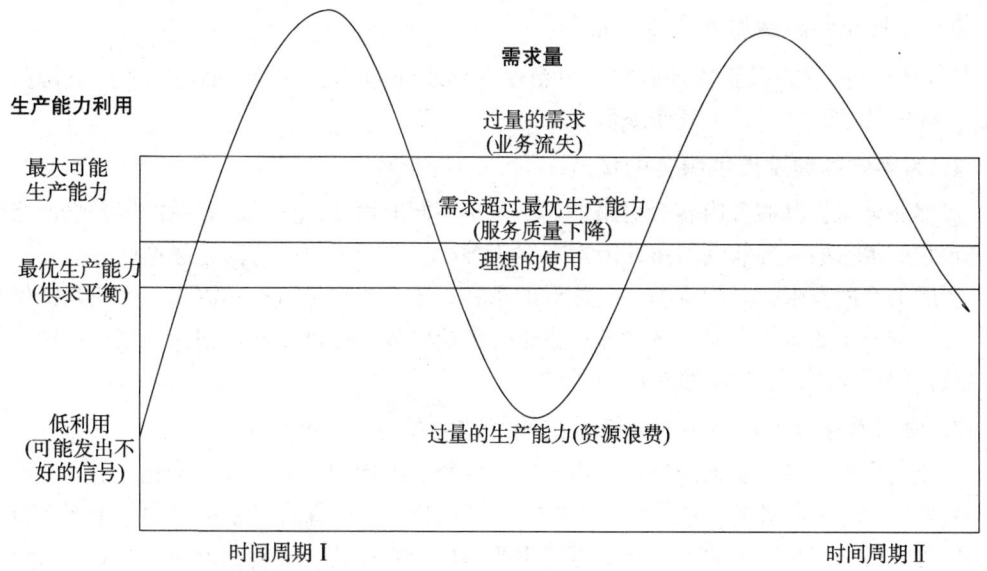

图 11-1 需求相对于生产能力的变化关系图
资料来源：约亨·沃茨，克里斯托弗·洛夫洛克.服务营销[M].
韦福祥，等，译.北京：中国人民大学出版社，2018：244.

的服务而感到不满，降低对服务体验的评价。如满座的西餐厅无法较好地满足每一位就餐者对于幽静环境的需求，从而降低顾客的满意感。

顾客对服务的需求并非恒定不变，会根据具体的情况而波动。但是，在正常情况下，企业提供服务的能力是相对固定的，且服务并不能像商品一样可以先储存起来再进行销售。因此，如何平衡服务的供应和需求是众多服务企业所面临的重要问题。面对需求波动的问题，服务企业一般有两种应对的方法。一种是通过调整服务提供的能力来平衡需求的变动。但是，这需要企业对自身的服务能力有较好的理解和认识，同时了解如何在某一时期有效地增加或减少服务的提供数量。另一种方法是通过管理需求的水平而达到服务供需的平衡。企业可以借助营销手段把顾客对某一服务的需求时间变得更为连续和合理，避免出现需求的高峰期和低谷期，从而更利于服务企业的经营。

二、服务供应管理策略

服务具有与一般商品不同的特性。在商场选购商品，由于商品数量较为充裕，顾客不会因为其他顾客对某一商品的购买而影响自己对该商品的购买。另外，商品具有一定的保质期，可以在仓库中储存，顾客可以在不同的时间购买到所需要的产品。然而，对于大多数服务来说，供应数量是有限的。例如，在美发店里，发型师的数量决定了该美发店所能服务的顾客数，也就是说，其他顾客对服务的需求会很大程度上影响了自己对服务的获得。此外，服务不能被保留，在某一时间内未被消费的服务将无法用于满足未来的需求。因此，服务的供应管理与产品的供应管理存在巨大的差异，企业在管理服务供应的时候的应该根据服务的特性进行合理的安排。

（一）服务供应数量的决定要素

企业所能供应的服务数量通常是由企业内部或外部各方面用于创造服务的资源决定的，具体的要素包括了以下几个方面。

1. 为容纳顾客及提供服务的场所

虽然企业根据其服务内容会对服务场所做出不同的设计，但是，企业的服务场所终究是决定它所提供的服务数量的重要因素。对于餐厅、酒店、银行等高接触型服务而言，其服务场所的空间有限，只能容纳一定数量的顾客，未必能满足所有的需求。即使是如保险公司等接触较少的服务企业，其服务场所也会影响服务的提供数量，如会议室的数量、提供给员工的座位等都会影响企业的服务供给。

2. 用于储存或创造服务时所需要的物品的场所

在企业向顾客提供服务的时候，需要有一些物品的辅助，能够有一个充足的存放或生产场所才能够保证服务的有效提供。有时，顾客的物品也会保存在企业当中，企业能否提供相应的场所以满足顾客的需求显得至关重要。如顾客在酒店或餐厅消费相关服务时可能需要停放汽车，车库的容量则会影响服务的提供数量。

3. 用于服务顾客或提供物品或信息服务所需要的设备

在服务过程中，企业的设备会在一定程度上制约企业所能服务的顾客数量。例如机场的安检设施，无法在短时间内检查所有的顾客，因此要进行分批的检查。银行的自助服务设备无法在一段时间内服务所有的客户。酒店的服务机器人无法为所有的住客同时提供送物服务。

4. 劳动力

服务人员是决定服务企业服务能力的另一关键因素。尤其对于高接触型服务企业，服务人员的数目和状态决定了企业能够向顾客提供的服务数量和质量。例如美容院的美容师、理发店的发型师、会计师事务所的审计师、医院的咨询师等，都在很大程度上限制了企业的服务供应能力。

5. 服务时间

不同类型的服务需要用不同的时间去完成。比如麦当劳等快餐店对每个顾客的服务时间可能只需3～5分钟，但法律或其他咨询机构则需要较长的时间向顾客提供服务。所以，一个企业的服务时间决定了其所能服务的顾客数量。为保证服务质量的稳定及客人的满意度水平，企业需要衡量自身的服务效率，以考虑所能应对的服务需求。

6. 基础设施

企业的服务供应能力不仅取决于企业内部的因素，有时候，外部因素也会对企业的服务能力产生影响。例如电力供应不足会影响演唱会的举办；公共交通工具的缺乏或高速公路的不完善会影响度假村接待的旅客数量等。一般而言，外部因素反映社会对服务企业所能提供的支持力量，若支持水平较高，则企业的服务供应能力得到保证。

对于每一类型的服务企业，都会有一些因素对其服务的供应能力起着关键影响，表11-1列举了几种不同类型的服务企业及其服务供应能力的限制因素。

表 11-1　能力的限制因素与服务类型

限制因素	服务类型	限制因素	服务类型
服务或仓储场所	餐厅 电影院 航空公司 酒店	劳动力	美容院 理发店 银行
服务设备	呼叫中心 健身房	服务时间	律师事务所 咨询公司 医院
基础设施	度假村		

有的服务企业主要受一种限制因素的影响，如飞机上的座位数决定了所能承载的旅客数目。但有些服务企业可能受多种限制因素的影响，如餐饮服务，既要考虑服务场所的大小，又要考虑服务人员的数量，还要考虑周围的停车场是否能够满足到店顾客的需要。

（二）服务供应的类型

服务供应类型主要分为固定的和可变的服务。固定的服务供应是指在短期内，企业的服务供应能力不会随着顾客需求的改变而改变。这种类型的服务供应主要受到企业服务场所的大小、企业所需的社会基础设施支持的影响。由于这些因素无法在短时间内做出改变，因而企业的服务供应也无法根据需求的变化做出调整。但从长期来看，企业若能更换其服务场所，或与政府、社会机构进行沟通以改善其所需的社会基础设施，仍能有效地调整其服务供应能力。可变的服务供应则较为灵活，企业的服务供应能力不会受到较大的束缚，或其限制条件能够在短时间内得到解决，如招聘临时员工或购买设备以满足顾客需求的增多。有些时候，企业的性质或其他条件决定了该企业的服务供应是固定的或是可变的，但一般情况下，企业所提供的服务中既包括供应能力固定的服务，也包括供应能力可变的服务。

（三）服务供应能力的管理

面对顾客需求的波动及企业服务能力的限制，服务企业必须在不同时期有效调整其供应能力，以达到最佳效益。

1. 短期策略

服务的需求会有所波动，当顾客需求与企业所能供应的服务数量无法达到平衡时，企业应该对其供应能力做出调整，具体策略包括以下几种。

（1）当服务需求大于供应

①增加服务设施。当原本的服务场所仍能容纳更多的顾客或提供更多的服务时，企业可以通过增加服务设施来扩大服务提供的能力。例如，健身房可以购进或租入部分健身器材，酒店多功能会议厅通过调整布局可以增加座位数等。当然，在空间一定的场所增加服务设施会使服务场所变得拥挤，影响顾客的消费体验。因此，企业应充分考虑如何在保证服务质量的同时提高自身的服务供应能力。

②聘请临时员工。在劳动力密集型的企业中，企业需要更多的服务员工，以应对由于

需求增长而带来的服务量的增加。如在中国进出口商品交易会举办期间，商务顾客人数大增，广州的酒店会预先聘请实习生或临时工，以缓解由于服务需求增多而导致的人手不足问题。

③延长服务时间。部分服务企业如餐厅、商场，可以通过延长营业时间，以满足在某一时间内增长的顾客需求。而一些专业性的服务机构，如会计师事务所、咨询公司，也可以要求员工延长每天的工作时间，以完成顾客交代的任务。当服务需求增加时，采用这一方法对供应能力进行调整，是较为灵活和容易实施的。但由于调整服务时间涉及员工的权益，企业应合理地对员工的付出做出补偿。

④提供外送服务。服务企业可以尝试提供上门服务，将服务场所进行转移。例如餐厅可以向顾客提供送餐服务，美容或美发服务机构可以为顾客提供上门服务等。可是，对于某些需要追求特定服务场景的体验的顾客而言，这一方式的调整未必合适。企业在考虑提高服务供应能力时，要综合考虑服务的性质和服务中吸引顾客的要素，以评估实行此方法的可行性。

（2）当服务供应大于需求

①出租闲置的设备或场所。当服务需求不足时，企业可以将部分服务设备或服务场所出租，以避免资源闲置的浪费。在某些餐饮食肆中，由于店面可容纳的顾客数目远大于服务需求，企业会选择把部分店面出租，充分利用资源的同时也获得合作经营的利益。

②组织员工培训。服务企业可以利用"淡季"为服务人员提供有针对性的培训课程，如服务技能、职业素养等方面的培训，以提高企业的整体服务水平。此情况在酒店中最为常见，淡季时员工会被安排参加专业培训机构组织的培训，或到其他地区和国家的酒店进行考察学习。

2．长期策略

企业在经营的过程中，会关注消费者对于其服务内容的需求变化，了解该服务的发展趋势，从而调整服务企业的供应能力，具体策略包括以下几种。

（1）调整服务场所

在了解本企业提供的服务的整体发展趋势后，企业可以根据顾客需求的增长或减少重新确定合适的服务场所以及与服务相关的场地。由于场所具有较高稳定性和不可变性，因此企业在做出选择时应全面考虑各方面的因素，慎重作出决策。

（2）合理招聘和安排员工

对于某一服务未来发展趋势的了解能够给予企业一些新的思路，尤其是在人力资源配置上。企业可以根据所预测到的消费者需求，编制相应的员工工作时间表，提前对员工的工作做出规划。同时，企业应通过跨部门培训，使员工掌握应对多种工作的能力，在面临服务需求高峰时能够迅速调配员工。

（3）重视基础设施配套

基础设施对一个服务企业的正常经营起着重要的作用，如高速公路的完善能够为度假村带来更多的顾客消费。所以，获得所需要的配套基础设施是部分服务企业在长期的发展规划中需要考虑的问题。如果某一企业比较依赖于社会基础设施的支持，则在选址上应该将设施配套作为关键的选址因素。当然，企业亦可根据其服务发展的潜力，向政府及社会机构展现优势，从而吸引其资金投入和政策支持。

（4）培养顾客自助服务意识

若顾客能够分担一部分服务工作，则企业能够有效提高服务效率。企业应该让顾客了解自助服务的优势，并将这一观念灌输给顾客。但要注意的是，顾客的参与有时候会影响服务企业的正常运作，因此企业要对顾客的自助服务行为加以管理。

三、服务需求管理策略

（一）明确需求变化模式

消费者的需求变动有时候是难以确定的。例如在下雨天，消费者会更倾向于选择室内活动，而非户外活动；汇率的变动，可能会增加游客在某一国家的旅游需求。但有些时候，消费者的需求呈现出周期性的变动。例如，节假日期间旅游景点的游客数量相比平常会有几倍的增长，周末到餐厅就餐的顾客数量会大大增加。因此，企业需要了解影响消费者需求的因素，才能更好地对顾客需求进行管理。

影响顾客需求的因素可以分为周期性和随机性两种类型。周期性的影响因素表现为顾客的需求因受到该因素的影响，会在某一时期内上升或下降，变化趋势有一定的规律性，如工资日、学校假期、公众假期、季节性的气候变化等。随机性的影响因素一般并没有规律可循，如天气的骤然变化、难以预测的健康卫生事件、意外事件（如火灾、盗窃等）、自然灾害（如地震、风暴、火山爆发等）等，服务企业难以对受此类因素影响的消费者需求做出预测。

（二）服务需求管理

1. 服务需求管理的一般行为

当消费者的服务需求与企业的服务供应能力不平衡时，企业一般会有五种应对行为：不采取措施、刺激顾客需求、减少顾客需求、通过预订系统储存需求、通过排队储存需求。详见表11-2。

表 11-2　服务需求管理的一般行为

服务需求管理行为	服务需求与企业服务供应能力情况	
	供不应求	供过于求
不采取措施	会引起顾客的不满，影响顾客的未来购买行为	企业的服务供应能力浪费，营销顾客的消费体验（如足球赛事、演唱会等）
减少顾客需求	提高服务价格；提前告知顾客的处于高峰期的时间，以鼓励顾客选择在其他时间进行消费	没有必要采取相应的措施
刺激顾客需求	没有必要采取相应的措施（除非为了增加某一消费群体的需求，以获取更多的收益）	降低服务价格（但需要保证收入能够维持企业的正常运作），采取一定的促销手段，改变产品和销售的渠道
通过预订系统储存需求	首先保证获利能力较强的顾客群体获得服务，将其他群体的顾客安排在其他时间消费	没有必要采取相应的措施
通过排队储存需求	给予较大价值的顾客一定的补偿，使顾客的等待较为舒适，为顾客准确预测等待的时间	没有必要采取相应的措施

2. 服务需求管理策略

服务企业要合理引导消费者的消费行为,需要更好地了解消费者的需求变动。企业可以建立客户管理信息系统,通过记录顾客在企业中的消费时间、类型、消费额等历史信息,获取顾客对某一服务的需求情况;通过分析不同时段的顾客需求,掌握顾客需求变动的原因及趋势,制定恰当的需求管理策略,以应对消费者的需求变动。

(1) 定价策略

定价策略是建立在收益管理的基础上的,其管理目标是在保证额外收益大于额外成本的条件下,企业采用灵活的定价策略实现服务能力和服务需求的平衡。

服务企业可以根据信息系统中的数据,对顾客进行划分,针对不同顾客的特征和购买行为给服务定价。定价策略主要有根据预订时间的不同而定价,根据服务时间的不同而定价,根据市场的不同而定价等。

(2) 促销手段策略

由于服务具有不可储存性,当消费者的需求小于企业的服务供应能力时,会造成企业资源的浪费。这时,企业可以通过一些促销方式刺激需求,如价格优惠、广告宣传、免费试用、附加服务、展览促销、会员活动等,以平缓需求在不同时期的波动,使企业的经营更加稳定。部分价格敏感的顾客也会选择服务价格较为优惠的时段进行消费,从而有效缓解需求高峰期时供不应求的问题。

(3) 顾客预订策略

企业可以通过预订系统,在一定时间内对顾客的需求进行"储存",将原本较为集中的顾客需求适当分散,从而有效避免因服务供应能力不足而带来的问题。例如餐饮企业可以通过顾客的预订,合理安排顾客的用餐时间,避免出现严重的需求高峰或需求低谷期。对于咨询、法律、医疗等专业服务机构更是可以利用预订系统,减少顾客的排队时间,让顾客预先对服务时间有所把握。

企业设立预订系统,能够为服务企业和消费者带来好处。对于服务供应方而言,提高了企业的服务计划性,有利于其合理地安排服务资源、提高服务资源的利用效率、扩大服务能力。若不采取预订管理,顾客消费的随机性和盲目性会造成高峰期顾客的流失及非高峰期服务能力的闲置,不能发挥企业的最佳服务水平。对于服务需求方而言,预订服务使顾客能够更好地安排自己的时间,便于做好服务消费的准备,并能够得到高质量的服务。现实中,某些企业为了防止顾客预订服务后无法到店消费,往往会接受一定数量的超过企业供应能力的预订。企业在对顾客预订进行管理时,要注意控制超额预订的数量,同时要有周全的对策应对超额预订所带来的问题。

(4) 应对顾客排队策略

当顾客需求大于企业的服务供应能力时,通常情况下,顾客需要经历一定时间的等候才能享受到企业所提供的服务。企业对排队的管理直接关系着顾客对企业服务的评价。海底捞餐厅在排队管理方面做得比较出色,它利用一些附加的服务(如免费零食、美甲、川剧表演等)减少顾客感知的等候时间,从而提高顾客的满意度。服务企业的排队管理将在本章第三节中作详细探讨。

（5）创造新的服务需求策略

在消费者对企业的服务需求不足时，为了更好地利用自身的服务供应能力，企业可以通过向消费者提供新的服务品种刺激其产生新的服务需求。如一些滑雪胜地会在夏季推出高山缆车游览或举办山地赛事，挖掘消费者新的兴趣点，吸引消费者在需求淡季中进行消费。

（6）预先告知策略

在服务需求旺季到来之前，企业预先与顾客进行沟通，是控制消费者需求最简单的方法。服务企业可以通过广告、服务人员的介绍、顾客的宣传等方式，向目标市场传递即将面临的服务需求增加的信息，以影响潜在消费者的消费时间和消费行为，从而有效缓解因需求过剩而带来的服务供应不足的问题。

第二节 收益管理

一、收益管理的适用条件

收益管理是对未来收入预期的管理，是一个基于历史数据对细分市场、产品结构、定价方式、顾客消费习惯、销售渠道、销售时机、销售风险等多层面进行统筹分析，做出科学有效建议的过程。收益管理作为一种把合适的商品或服务，在合适的时间，以合适的价格，通过合适的销售渠道，出售给合适的顾客，最终实现企业收益最大化的管理方法，已经被广泛应用于航空、酒店、运输、汽车租赁、影剧院、广播电视业和公用事业等行业。合适的商品或服务是指能满足不同细分市场顾客需求的商品和服务。合适的时间指的是把握商品和服务出售的最佳时机。合适的价值是指需要有满足市场需求的价格体系，而非单一价格。合适的渠道是指销售渠道的管理、优化与选择。合适的顾客是指不同细分市场的、能为企业创造价值的顾客。收益管理的目的是在有限的能力下产生最好的资金回报。具有下述特征的服务企业比较适合实施收益管理。

1. 相对固定的服务能力

固定能力或容量指服务系统一旦建成，在系统内较快改变能力或容量是极为困难或不可能的，只能通过系统外的资源弥补。在无法利用外部资源进行弥补的情况下，如何有效利用现有资源实现收入最大化是收益管理需要解决的问题。对于某些服务企业，企业的服务供应能力受到服务设施的限制。例如航空公司的飞机的座位数量是固定的，当一趟航班的所有座位都已售出，乘客只能选择下一趟航班以满足自身的需要。面对投资巨大而服务能力相对固定的航空业来说，企业需要运用收益管理产生最好的资金回报。

2. 市场可以细分

不同的顾客对于产品或服务的特性组成有着不同的敏感性和效用。对于顾客而言，服务或产品消费本身存在内容、价格、时间、地点、消费方式等特征，而不同的顾客对于这些消费特征的敏感程度（或偏好）是不同的。企业需要将不同特征的顾客分为不同的细分市场。如航空公司规定打折机票的航班时间，能够以此辨别出对出行时间敏感的商务旅客和对机票价格敏感的普通旅客。对于使用收益管理的企业来说，开发针对不同顾客的服务是一项主要的营销挑战。

3. 易逝的存货

易逝性是指作为固定能力的库存资源和存货的利用性难以转移，并且不能储存和更新。对于那些服务能力受到服务设施限制的企业（如酒店、航空公司）而言，其固定的服务设施可以看作是服务企业待售的存货。一旦库存没有在界定的时间内被销售和利用，由于其不可储存性，它的价值将永远失去并不可补偿。例如，对于航空公司来说，未售出的座位无法保留，意味着航空公司会损失该部分的收入。航空公司会通过一些折扣机票刺激客户乘坐飞机，尽量减少损失。

4. 产品可以提前预订

服务企业可以采用预订系统提前向消费者销售服务，并给予一定的打折优惠。然而，企业需要权衡：是接受提前打折预订，还是应该等待愿意以高价购买服务的客人。服务企业可以通过预测顾客的需求曲线，以确定每一时期应分配多少数量的服务给预订的顾客及临时的顾客。

5. 市场需求具有波动性

需求的波动性给销售的预测带来较大的难度，造成固定存货的销售风险。合理的保证存货的最优利用并且降低销售风险成为收益管理中的重要目标。通过需求预测，收益管理能够帮助服务企业在需求低谷期刺激顾客消费，提高服务设施的使用率，并在需求高峰期使企业的利润最大化。通过控制折扣价格，服务企业可以使有限的服务能力得到最大化的总收入。

6. 低边际销售成本和高固定边际能力改变成本

服务企业要运用收益管理，其销售的每一单位额外的服务成本必须较低。例如为一位飞机上的乘客提供一杯饮料的成本几乎可以忽略不计。相比之下，有些企业提高服务供应能力的成本较高，需要必要的服务设施投入。例如，航空公司增加飞机座位数，可能意味着要购进更大的机型，总体投资增加的费用较高。

图 11-2 解释了酒店服务业生产能力的分配问题。酒店有相对固定的服务接待能力。顾客行为模式不同，可以进一步市场细分，有一些顾客会提前预订。总体来说，受季节的影

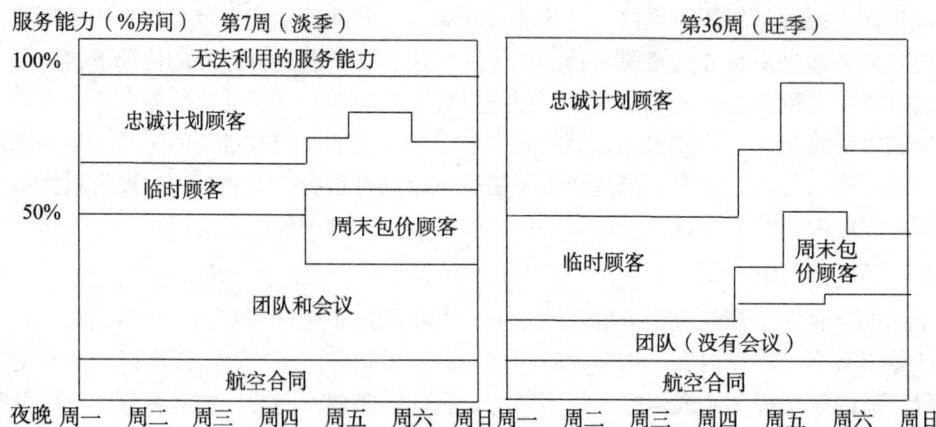

图 11-2　酒店根据细分市场进行服务资源配置

资料来源：Lovelock C, Wirtz J. Services marketing: people, technology, strategy (seventh edition)[M]. Prentice Hall, 2011：248.

响，市场需求有波动性。如果要将一间酒店的客房数量增加，需要总体投资增加，服务设施设备等投入所花的费用较为巨大。通过全球性顾客预订数据库，连锁酒店企业可以根据细分市场进行资源配置，采用收益管理系统可以帮助管理人员做出决策。例如，何时停止接受特定价格的预订，尽管酒店可能还有不少剩余的房间。哪些商务客对酒店的回报率非常高，他们是企业必须优先满足的目标市场，然后才是临时到达的顾客和周末度假的顾客。淡季和旺季的客源构成如何分配才能获得更大的收益等。

二、收益管理流程

收益管理关注如何将服务能力分配给不同的细分的顾客群体，从而使企业获得最大的收益。在此过程中，需要有复杂而先进的技术系统对相关数据进行整理与分析，帮助企业做出正确的决策。其中，技术收益管理系统（technology revenue management system，TRM）最初被应用在大型的酒店集团运营中，后来经过发展应用在其他的服务业中。该系统可分为三个层面。①战略层面。该层面主要分析总部长期的和全局的发展重点，收益管理系统数据针对长期和结构性的决策建立市场细分条件和总体的价格策略。②战术层面。该层面处理中期单独的操作单元，在收益管理系统数据基础上建立起不同市场细分的目标占有率。③操作层面。这一层面关注短期的操作系统执行，收益管理系统数据会决定在短期内以何种价格销售及接受何种细分群体的预订。

以酒店为例，根据系统的流程（图11-3），从技术角度，收益管理系统的运行主要步骤包括以下四步。

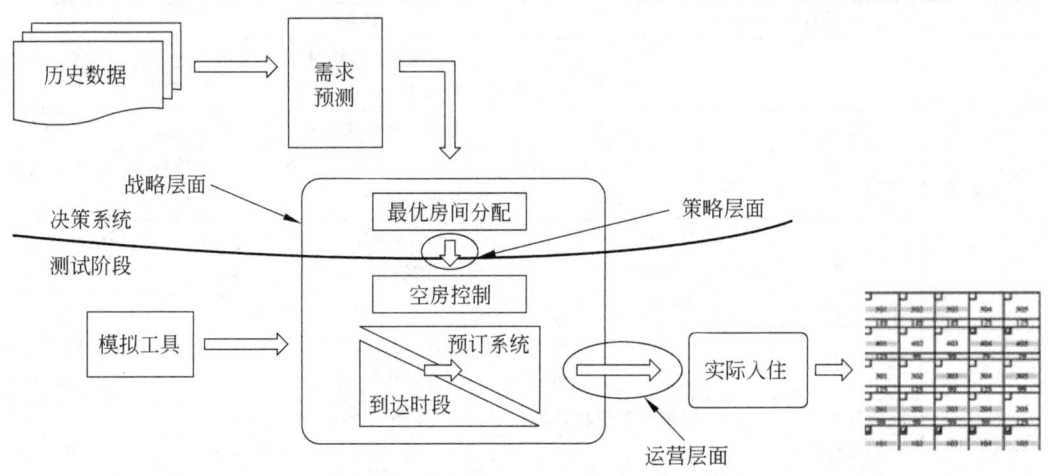

图11-3　技术收益管理系统流程

资料来源：Guadix J, Cortés P, Onieva L, et al. Technology revenue management system for customer groups in hotels[J]. Journal of Business Research, 2010, 63(5): 521.

1. 需求预测

企业对未来需求的预测必须来自于历史数据。例如，酒店根据历史数据中顾客的到店信息、入住长度以及客房类型，+可以预测在短期内的顾客需求。企业可采用市场调查、类比法、集合意见法进行定性预测，也可以采用简单平均法、移动平均法、指数平滑法等时间序列预测法,以及线性和非线性回归分析等因果关系分析法进行定量预测。需求预测的准确性尤为重要,因为它体现了收益管理系统的有效性。因此,企业需要经常性地对系统内的历史数据进行更新,提高模型分析的准确性。

2. 最佳服务能力分配

收益管理系统通过向服务能力模型输入预测的需求数据,从而得出不同细分市场在某一时段可分配的服务能力。最佳服务能力分配模型的建立是以各种价格水平为主要依据的。

3. 服务能力储存控制

这主要包括两个方面:到达人数和预订系统。一方面系统会模拟顾客的到达情况,这些数据有助于服务企业设立顾客到达的子模块;另一方面,根据之前所得到的最佳服务能力分配和顾客到达的子模块数据,可形成预订系统子模块。顾客到达子模块和预订系统子模块是服务企业控制服务能力储存的重要参考因素。服务企业必须根据系统显示的相关标准决定是否接受或拒绝到店顾客的需求。可以采用预定限制和预留保护等方法进行控制。

4. 价格的确定

通过一系列的分析,由销售部门确定每一类型客人的服务价格,并与团体顾客协商价格折扣。在某种意义上,必须在高价和低价顾客之间设置一个"栅栏"。合理的价格栅栏允许顾客根据服务特征和支付意愿来进行自我划分,并且帮助企业将较低的价格仅仅提供给那些愿意接受一定体验限制的顾客。表 11-3 列举了设置价格栅栏的例子。

表 11-3 关键的价格栅栏类别及示例

类别	价格栅栏	举例
有形的栅栏——与产品相关	基本产品	舱位级别(头等舱、商务舱、经济舱),租车的车型,酒店房间的大小和装修,剧院或体育馆的座位安排
	便利设施	酒店的免费早餐、接机服务等,高尔夫球场的免费高尔夫球车,代客泊车
	服务水平	优先等候(不需要排队或排队时间短),改善的服务和饮料选择,服务专线,私人管家,专用账户管理团队
	其他有形特征	桌子位置定价(高层能俯瞰美景的座位),座位定价(靠窗或过道的座位),额外空间的位置(如飞机经济舱第一排或紧急出口处座位)
无形的栅栏——交易、消费或顾客特征	预订的时间	提前购买的折扣
	预订的地点和渠道	顾客网上预订比电话预订便宜,在不同国家预订同一航线的价格不同(如航空中心的价格会更高,因为转机等更为方便)
	使用的灵活性	取消或变更预订的罚金,不可退还的预订费
	时间或使用期限	餐馆 6 点以前的早客特惠餐,酒店预订必须含周六晚上,至少待 5 晚
	消费地点	票价以出发地点而定,尤其是国际航班;票价依位置调整(城市之间,市中心还是郊区)
	消费频率	季节性价格,忠诚顾客享受优先定价、折扣或忠诚福利
	团体成员资格	儿童、学生和老人的折扣,与某些团体的联盟(如校友),参与企业忠诚计划的顾客,团体购买价格
	团体大小	基于团体大小的团体折扣
	地理位置	当地顾客要价比外地游客低,某些国家的顾客要价要高

资料来源:约亨·沃茨,克里斯托弗·洛夫洛克. 服务营销[M]. 韦福祥,等,译. 北京:中国人民大学出版社,2018:156.

三、收益管理面临的问题

企业在运用收益管理时,如果管理不当,则可能会面临以下的问题。

1. 丧失竞争力

收益管理可能导致企业管理者过度关心利润最大化,忽视提供具有长久竞争优势的服务。收益管理策略中的差异定价、拒绝为部分顾客服务等行为会使顾客产生不满意感,影响顾客的消费意向,产生不良的市场口碑。

2. 疏远顾客

当顾客发现自己与其他顾客相比支付了高价钱,如果他们并不了解原因,就会感觉到不公平。为了调和收益管理和顾客的公平感知、满意度、信任与信誉之间的矛盾,企业应设定清晰、合理和公正的价格计划和栅栏并向顾客详细说明。企业应使用高公开价和价格栅栏作为折扣,通过营销沟通传达收益管理带给顾客的利益,使用捆绑方案、产品设计或目标市场变化来隐藏折扣,照顾好忠诚顾客,采取服务补救措施弥补超额预定给顾客带来的损失等。

3. 员工士气问题

收益管理的实施会加大员工的工作难度和工作压力,因为员工需要按照系统的标准对顾客接待、服务价格进行较好的运用。如果员工对服务企业所实行的收益管理策略不了解、不熟悉,工作容易出错,甚至难以完成公司所分配的相关任务。

4. 不健全的激励和奖励系统

如果激励结构不合理,员工可能对收益管理不满意,从而对企业的工作安排产生抵触。企业应该根据服务能力的利用率和服务销售的平均价格对员工进行奖励,增加其执行收益管理措施的积极性。

5. 缺乏员工培训

员工需要了解收益管理的目的及策略,清楚他们如何进行决策和在工作中会受到何种影响,才能更好地执行收益管理的具体措施。否则,员工的个人判断和企业的经营方案容易产生矛盾,影响他们对客服务,导致其在工作中产生不满的情绪。

第三节 排 队 管 理

在实际工作中,顾客的需求量是一个不断变化的值,而服务企业不可能随时调整接待能力来适应顾客的需求变化。在这种情况下,如果服务企业按照高峰期的需求量来设计接待能力,那么在需求低谷期内,大量的接待设施将会被闲置,增加了企业的成本。因此,服务企业的接待能力一般会低于最高需求量。这就导致了在某些时候,顾客需求超过了企业的接待能力,排队将不可避免。服务企业需要对顾客进行有效的排队管理。

一、排队的类型

现实中,企业采取不同的排队策略,如图11-4所示,每种排队的形式各有其优缺点。

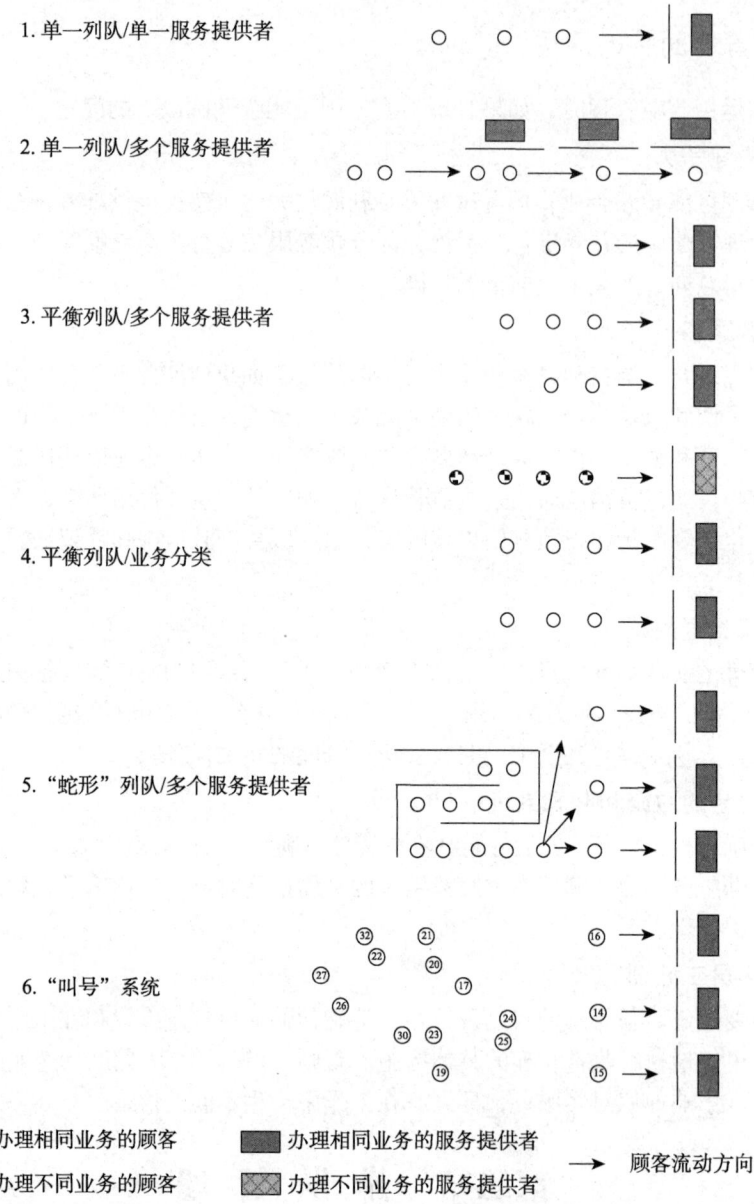

图 11-4　排队的类型

资料来源：约亨·沃茨，克里斯托弗·洛夫洛克，服务营销[M]. 韦福祥，等译. 北京：中国人民大学出版社，2018：255.

1. 单一列队/单一服务提供者

在这种情况下，由于只有一位服务提供者，因此顾客只能排队等候服务。这种先到先得的排队方式会让顾客感到较高的公平感。但是，若需求量过大，顾客的等待时间会较长，容易使其产生不满的情绪。另外，潜在的顾客在看到店铺内的排队情况后，可能会放弃对该服务消费的选择，使服务企业流失一定数量的顾客。

2. 单一列队/多个服务提供者

顾客排列在一个队伍中，然后按照排列的顺序分配给能够提供服务的人员。由于有多个服务提供者，顾客等待的时间会大幅度缩短。同时，当某一服务人员结束对上一名顾客的服务，队列中的下一名顾客能及时接受服务，服务的效率能较好地实现，顾客的感知公平感也较高。但若需求量大大超过服务企业所能提供的服务能力，则仍然会造成店面拥挤、等待时间过长、影响潜在顾客消费等问题。

3. 平衡列队/多个服务提供者

在这种情况下，顾客可以选择在任意一个服务提供者前排队等待服务。然而，由于每一个服务提供者的工作效率不同，每一位顾客所需求的服务时间也不同，因此不同的队列的等待时间也不尽相同。这样容易造成顾客内心产生不公平感，影响其消费体验。

4. 平衡列队/业务分类

服务企业有多位人员提供服务，但是每一位人员所提供的服务内容是不同的。顾客根据自身的需要，在不同的服务窗口前排队。这样的排队方式能够有效地区分不同的业务内容，使服务人员能够专一地处理某一项或几项业务，从而提高服务效率。然而，多数服务企业会根据顾客性质进行分类，如银行将客户分为 VIP 客户和普通客户，酒店将客人分为贵宾客人和普通客人等。这种情况下，一般的顾客会感受到服务的歧视，尤其是当某一服务窗口经常存在空置，而其他窗口的队伍较长时，顾客所产生的不公平感会更强烈。

5. "蛇形"列队/多个服务提供者

实质上，"蛇形"列队也是单一列队的一种，但"蛇形"列队与一般列队相比，能够更好地运用空间，不会形成将队伍排到营业场所外面的情况。另外，由于"蛇形"列队的结构增加了顾客和顾客之间的接触，使他们能够在排队中进行交谈，减少了顾客感知到的等待时间。但是，"蛇形"列队会占用营业场所相当大面积的空间，在一定程度上影响服务人员的工作和企业的日常运作。

6. "叫号"系统

一些服务企业，如银行会设置"叫号机"，顾客在进入服务场所时，先根据所需服务在"叫号机"中索取服务号码，然后等待"叫号"。当系统读出相应的号码时，顾客则可以到相应的服务窗口接受服务。"叫号"系统的实施，大大减轻了服务企业的排队管理压力，使顾客的排队更加合理。服务企业会提供一些休憩设施，让顾客在等待的过程中得到休息。但是，这种方式下，顾客可能会同时索取多个号码，或者轮到号码时人却没有出现，浪费企业的资源，还可能增加后面顾客所感知的等候时间，影响其对该服务的消费选择。

7. 线上排队

随着信息系统和网络的发展，除了传统的排队种类外，出现了线上排队的方式。虚拟的排队方式主要是指顾客通过企业的网站或第三方网络平台进行排队，而系统会及时显示某一服务的排队情况以及预计还需等待的时间。在虚拟的排队方式下，顾客无需事先出现在消费现场，一方面能够给予服务人员和顾客一个良好的服务环境，另一方面，排队的顾客能够利用等待的时间进行其他活动，大大降低其感知的等待时间，增加顾客对服务的满意感。但是，要实行虚拟排队模式，服务企业需要有一个较为完善的信息系统，能够不断根据店内的消费情况和顾客的排队情况，及时给予等候顾客相关的信息，实现有效的排队管理。线上排队的概念有许多潜在的应用。如果消费者愿意提供他们的手机号码或者在公司运营的范围内保持手机畅通，这项策略也适用于游轮、度假胜地以及酒店。

二、排队顾客的划分

由于不同的顾客需要的服务内容不同，能够为企业带来的经济效益也不同，因此，服务企业会倾向于通过市场细分确定排队管理的策略。一般情况下，服务企业会根据以下几个方面将排队的顾客进行划分。

1. 服务的紧急性

这一划分在医院中最为常见，医院会把服务分为一般门诊和急诊。如果遇到紧急情况，病人会优先得到治疗。不同顾客需求的紧急程度不尽相同，服务企业应该将服务能力合理分配到不同的需求上。

2. 服务时间的长度

不同的服务内容所需要的时间是不一样的，服务企业应该针对不同的服务时间安排服务窗口。对于需要长时间服务的情况，企业可以根据顾客的需求增开多个服务窗口，以便更有效地满足顾客需要。

3. 服务的价格

对于支付了不同价格的顾客，服务企业在进行排队管理时也需要做出区分，如保证支付了高价的顾客在最大程度上减少等待的时间等。虽然这一做法会使一般顾客产生不公平感，但企业可以通过规则的制定和对顾客的教育，让顾客明白不同排队等待时间源于不同的服务价格。

4. 顾客的重要程度

服务企业保留其忠诚顾客和 VIP 顾客，会对这些顾客的等待区域做出特殊的划分，体现这些顾客的尊贵性，提高其对服务满意的感知。但这种区分容易造成其他顾客的不公平感，企业要通过科学的服务布局、服务规则的制定和服务沟通，管理顾客情绪。

三、顾客等待管理

分析服务等待的产生原因，从表面上看是服务企业在特定时段中的服务供给无法满足服务需求，挖掘其更深层的原因是由于顾客到达的随机性。如果顾客能够保持同样的平均速率到达，同时服务企业为平均生产量做出计划从而使劳动力和设备的使用达到最优化，那么就不会发生任何服务延迟的现象。但是，由于顾客到达的波动性会导致平均服务接待能力无法与顾客需求相匹配，就会出现服务延迟或服务闲置的现象。如果同时到达一群顾客的话就会加长等待的队伍。如何在特定时段平衡服务需求与服务供给，对服务等待进行有效的管理，从而使其不利影响最小化，是服务企业管理人员面临的实际问题。

1. 实际等待时间与感知等待时间

顾客实际等待时间，从狭义上讲是指从顾客到达服务场所起直到开始接受服务的那一段时间，用时间计量单位如小时、分钟、秒来计量。比如，顾客从到达诊所到被叫到可以接受诊察的那段时间。从广义上讲，顾客实际的等待时间还包括顾客预订后等待确认的时间等时间段。比如，顾客从打电话到诊所预约一直到得到确认时间的那一段时间。但是大部分理论研究的对象都主要指狭义上的实际等待时间。

顾客感知等待时间是指顾客在等待服务过程中对实际等待时间的感知。虽然感知等待时间是建立在实际等待时间的基础之上的，但感知等待时间与实际等待时间不同。研究表明，大多数顾客的感知等待时间都比实际等待时间要长。顾客实际等待的时间主要由服务企业的服务接待能力以及服务生产效率决定。企业使用先进的设施设备，提高服务速度，改进服务流程，以及实行人力资源变革等都会影响顾客的实际等待时间。

等待的成本包括顾客放弃等待的可能性、"跳槽"到竞争对手的可能性、顾客满意度指数下降的幅度、顾客在放弃等待之后归来的意向和在等待过程中企业收入的减少等。感知是一个主观的个人的心理状态。顾客对等待时间的感知是一个复杂的心理过程，感知的主观性决定了其受较多因素的影响。在管理顾客感知的等待时间方面，企业主要应关注如何根据顾客的心理特征，采取一系列的措施来满足顾客的心理需要和期望，以此来缩短顾客感知的等待时间。

2. 影响顾客感知等待时间的因素

顾客感知等待时间会影响顾客对服务质量的感知。感知与期望的差距，会影响顾客的满意感。顾客对等待时间的感知是建立在实际等待时间的基础上，同时会受到多种因素影响的。梅斯特（D.A.Maister）首先提出了影响感知等待时间的 8 个因素：空闲时间与繁忙时间相比感觉更长，过程前的等待与过程后的等待相比感觉时间更长，焦虑使等待感觉更长，不确定的等待时间比已知的等待时间感觉更长，不能说明的等待时间比能说明的等待时间感觉更长，不公平的等待时间比公平的等待时间感觉更长，服务越有价值，顾客期望等待的时间越长，单独等待的时间比群体等待的时间感觉更长。

其他学者在研究中增加了两个因素：不舒适的等待比舒适的等待感觉时间更长，新顾客以及不常惠顾的顾客感觉等待时间更长。

（1）无聊的等待感知时间较长

当顾客在等待的过程中没有其他的事情可做，顾客的内心会感到空虚，从而经常地查看时间。在这种情况下，顾客感知的等待时间会长于实际的等待时间。服务企业可以在顾客等待区增设一些休憩设施，分散顾客的注意力。海底捞火锅店就很好地做到了这一点，他们在顾客等待的时候，提供给顾客各种各样的服务，使顾客不至于无所事事。

（2）未进入服务流程的等待感知时间较长

某些服务企业会把顾客等待的位置安排在服务场所之外，使顾客觉得长时间无法进入服务场所，这会增加其感知的等待时间。若顾客在等待的期间已经可以查看餐牌或得到服务人员的关注，顾客会感到已经进入了真正的服务当中，能有效减少内心等待的不安。

（3）焦虑的等待感知时间较长

当服务的环境使顾客产生焦虑和不安感时，顾客会希望尽快得到服务安排，其感知的等待时间会比实际的时间要长。服务企业应该合理地布置顾客等待的区域，减少可能使顾客产生不安的因素，如令人不安的一些安全隐患或容易让人产生焦虑的环境布置等。

（4）不确定的等待感知时间较长

当顾客对店内顾客的服务情况一无所知时，其内心会产生不安感，会对自己所做出的消费选择产生怀疑，从而增加其感知的等待时间。而某些服务企业则会给予等待中的顾客反馈，告知其还需要等待的时间。在这种情况下，由于顾客已经清楚企业的服务接待情况，对自己的服务需求何时能够被满足较为了解，从而愿意等待。

（5）没有解释的等待感知时间较长

当服务企业无法对顾客的等待给予一个解释时，顾客会对企业的态度产生不满，从而增加其感知的等待时间。因此，服务企业应该告知顾客等待的原因，并表现出乐意为顾客提供服务的诚意，以减少顾客的不满。

（6）不公平的等待感知时间较长

当顾客发现有其他的顾客无需排队就能够得到服务时，会产生强烈的不满情绪。尤其当其等待的时间已经较长时，顾客感知的不公平等待时间会因此而增加。服务企业应该尽量采取措施避免不公平情况的发生。

（7）服务的价值会影响顾客感知的等待时间

不同的服务在顾客心中具有不同的价值，对于价值较高的服务，顾客更愿意为之而等待。反之，若顾客认为该服务不值得花时间等待，其感知的等待时间会长于实际的等待时间。

（8）单独的等待感知时间较长

如果顾客单独一个人等待，缺乏与他人的互动交流，容易产生焦躁的情绪，其感知的等待时间会增加。相反，在群体的等待中，顾客之间能够进行对话，在此过程中，其感知的等待时间会比实际等待时间过得快一些。

（9）不舒适的等待感知时间较长

某些服务场所的等待区域环境较差，顾客在其中难以舒服地进行等待，因此更希望尽快得到服务。不舒适的感觉会让顾客感知的等待时间长于实际的等待时间。

（10）不熟悉的等待感知时间较长

如果某一服务场所对顾客而言较为陌生，顾客会因为缺乏相关的信息而感到焦虑。若无法得到服务企业在等待时间上的保证，则会增加顾客感知的等待时间。而当顾客在熟悉的服务场所进行等待时，因为了解相关的服务流程，清楚服务等待的情况，其感知的等待时间会减少。

3. 顾客实际等待时间的管理

当市场需求波动较大并且高峰时段的需求总是超过服务企业的生产能力时，管理者就必须考虑改变需求模式或者供应能力，从而避免或者减少顾客长时间等待现象的发生。从根本上减少顾客实际等待时间是消除等待的较好方案。服务企业想去改变市场的需求模式是很困难的，因此要从自己的供给能力入手，提高生产能力和生产效率，使得顾客的等待时间最小化。

服务企业可以通过服务流程的设计和改进，减少服务中顾客需要等待的真实时间。例如，航空公司的网上订票系统以及电子客票，使顾客在家中或是办公室就可以通过线上预订、线上支付完成机票的购买，免去了可能出现的排队等待。另外，一些餐厅投资设施设备对传统的点菜系统进行变革，服务员可以通过无线设备与订单系统直接把顾客的菜单传递到厨房，减少服务员与厨房之间传递信息的时间，从而减少顾客等待上菜的时间。

服务企业还可以通过人力资源策略的变革，提高服务人员的工作能力和工作效率，从而减少顾客的实际等待时间。例如，企业可以在服务旺季和忙时雇佣更多的临时员工，以提高供应能力。服务企业也应该在服务淡季和现时对员工进行服务技能方面的培训，使员工的服务更加娴熟，从而减少服务旺季和忙时因技能不熟练而引起的时间延迟和差错，减少顾客服务等待时间。管理人员还可以使用一系列的市场顾客激励措施来调节需求以适应企业的服务接待能力，如前文阐述的收益管理措施，从而减少顾客实际的等待时间。

思考与练习题

1. 选择一项你熟悉的服务，讨论该类服务企业的服务供应能力受到哪些因素的影响。你如何帮助该类企业管理服务供应能力？

2. 选择一项你熟悉的服务，讨论该类服务企业最可能的需求模式是什么？你如何去匹配该类企业的需求与供给能力？

3. 比较网络旅行社和线下旅行社营业厅的服务，它们的需求模式是否相同？在选择平衡需求与供应能力的策略方面是否有差异？

4. 什么是收益管理？收益管理的应用条件是什么？

5. 根据自己作为消费者的经验分别举例描述四种排队策略。各种排队策略的优缺点有哪些？你觉得企业可以采取哪些措施优化顾客的排队问题？

即 测 即 练

自学自测　扫描此码

第十二章 服务生产率

本章分析服务生产率的概念及其构成,阐述顾客对服务生产率的影响,说明服务生产率的测量方法,提出服务生产率的持续改进方法。

- 理解服务生产率的内涵。
- 了解服务生产率的测量方法。
- 理解生产率与提高质量之间的关系。
- 掌握服务生产率的改进策略。

第一节 服务生产率的内涵

生产率关系到一个企业的经济效益和盈利能力。制造业企业通常是以生产过程中投入与产出的比率来度量生产效率,但这种做法对于服务业企业不一定适用。为什么说制造业的生产率概念不能直接应用于服务业?如何从企业运营层面来界定服务生产率?本节内容主要围绕这两个问题展开。

一、传统生产率概念的局限

生产率的概念最早是由经济学家魁奈(Francois Quesnay)提出来的。早期的生产率概念主要是指劳动生产率,即劳动者在一定时期内创造的劳动成果与其劳动消耗量之间的比率。劳动生产率水平可以用单位时间内生产的产品数量来表示,也可以用生产单位产品所耗费的劳动时间来表示。单位时间内生产的产品数量越多,或者生产单位产品所耗费的劳动时间越少,劳动生产率就越高,反之就越低。随着西方经济学理论的发展,生产率概念也由单要素生产率逐渐演变为全要素生产率,即总产量与全部要素投入量之比。在质量恒定的前提下,一定数量的产出所耗费的资源越少,或者一定数量的投入所带来的产出数量越高,生产率就越高。

在 20 世纪六七十年代,有关服务业生产率的测量基本沿用了制造业的做法,即从产业层面来分析每单位劳动力投入所得到的产出以及每单位资本投入所得到的产出。然而,如果用制造业的生产率概念来测量服务业的生产率,很有可能导致后者的增长速度被低估。因此,传统的产出计量方法不完全适合服务业。从运营层面来看,传统的生产率概念及其计量方法是针对封闭式生产系统设计的,而服务过程是一个开放式的系统。服务自身的特点使得传统生产率的概念假设无法成立,相应的生产率计量方法也无法应用于服务企业(见

表12-1）。下面进一步讨论服务生产率为何不能直接套用传统的生产率概念及其计量方法。

表 12-1 传统生产率概念的计量方法无法应用于服务企业

传统的生产率概念假设	服务自身特性
• 生产和消费彼此分离，产品质量依靠产出技术	• 生产与消费同时进行
• 顾客不参与生产过程	• 顾客参与生产过程
• 生产过程的投入和产出是同质的，质量是恒定的	• 服务过程中的投入和产出是异质的
• 生产率与销售量可以分离，可以生产恒定数量的产出	• 服务无法库存，实际的销售量影响生产率
• 产出是有形的，容易将产出数量（按照数量和价值）和投入数量（按照数量和价值）联系起来	• 产出通常是无形的，服务产出很难测量，很难将产出数量（单位服务）和投入数量（数量和价值）联系起来

资料来源：Ojasalo, K. Conceptualizing productivity in service [M]. Helsinki：Hanken Swedish School of Economics, Finland/CERS, 1999：59.

（一）生产与消费分离

传统的生产率概念假设中生产和消费是彼此分离的，顾客不参与生产过程。尽管企业的产品设计和生产会考虑顾客偏好，但顾客并没有直接参与生产过程。所以，产出质量完全由生产方控制，而且可以通过技术管理来实现。但服务却不同，服务的生产和消费是同时进行的，顾客直接参与到生产过程中。这就意味着，服务的投入和产出都会受顾客的影响，企业单方面很难控制。顾客的投入可能会影响企业员工的生产效率，影响顾客感知的服务质量，从而给服务生产过程带来更大的不确定性。

（二）生产过程中的投入和产出同质

传统生产率概念中的"投入"，主要是指企业的生产要素投入。但是服务生产率概念中所涉及的投入，不仅包括服务企业在劳动力、原材料以及资本（土地、建筑物、设备、信息系统和金融资产）方面的投入，也包括服务员工在情感、态度、行为上的投入，以及顾客作为"合作生产者"在体力、时间、精力、信息等方面的投入。在服务过程中，无论是员工的个人投入还是顾客的投入，都会因人而异、因服务而异，并非是同质的。此外，服务产出也很难像产品生产那样保持恒定的质量。一方面，因为服务过程中的投入是异质的，员工和顾客的个人投入会影响服务过程质量和结果质量；另一方面，服务质量是由顾客来评估的，是顾客感知的服务质量，具有很强的主观性。不同顾客对同一服务可能会做出不同的评价，同一顾客在不同时间对同一服务也可能做出不同的判断。

（三）生产率与销售量分开

由于生产过程是封闭的，产出质量是恒定的，传统的生产率概念只需关注投入和产出，无需考虑销售量对生产效率的影响，因此企业可以保持恒定的产出数量，并通过存货来处理过剩的生产能力或市场需求。然而，服务的生产和销售是同时进行的，服务产出数量很大程度上取决于需求数量。由于服务是无法储存的，在销售量小的情况下，企业的生产能力不能被充分利用，造成资源浪费；在销售量大的情况下，企业的生产能力相对不足，又会影响服务质量。也就是说，服务生产率受服务需求的影响。

(四)产出的计量不考虑质量

传统生产率概念中的"产出",主要是指产出数量和产出价值。而服务生产率要强调的不只是产出数量,还要关注质量。在产品生产过程中,因为产出质量是恒定的,所以制造企业改变生产投入或资源结构之后,顾客仍愿意购买产品,产品的价值仍然可以实现。但在服务生产过程中,质量恒定的假设不成立,企业服务投入或资源结果的改变,有可能影响顾客感知的服务质量和顾客价值。也就是说,服务生产率提高的结果可能是服务产出数量增加而质量下降。服务质量降低,企业失去顾客的风险将会增大,即使运营成本降低,经济收益的减少也会让企业得不偿失。如果不能带来好的经济结果,生产率的提高对于企业来说就毫无意义。因此,对服务产出的计量一定要考虑服务质量这一要素。

综上所述,传统生产率概念的多个前提假设在服务生产中都无法成立。当然,这并不是说传统的生产率概念在服务型企业中完全没有用武之地。事实上,这一概念在服务型企业的局部性应用仍然是有效的。例如在既定时间内,一名餐厅服务员服务了多少名顾客,呼叫中心的员工接听了多少通电话,这些反映员工工作效率的信息对企业来说是有价值的。但单凭这些信息企业无法测算整个服务运行的效果,无法了解整个服务过程中有多少资源投入被转化为经济效益和顾客价值。另外,在一些标准化程度非常高的服务中,如语音服务系统,服务提供者的角色类似于封闭生产系统中的生产线,如果基础设施的功能正常,并且顾客知道使用方法,传统的生产率概念仍然会奏效。

二、服务生产率的概念及构成

(一)服务生产率的概念

首先需要说明的是,劳动生产率与生产力是两个不同的概念。生产力是指人们控制与征服自然的能力,而劳动生产率则是指这种能力的效率。生产率这一概念既可用于产业层面,也可用于企业层面。服务业生产率,即第三产业生产率,是从产业层面对整个服务产业的投入产出比率进行测算。服务型企业生产率是从企业层面对生产率进行计量。本章中"服务生产率"是指单个企业的服务生产活动的效率,即服务生产过程中服务提供者和顾客所投入的资源,在多大程度上被有效转化为经济产出和顾客价值。服务提供者的投入,主要是指服务生产者(或服务企业)为了具备为顾客服务的能力而进行的基本资源投入,包括人员、设备、技术、信息等。顾客投入是指顾客的时间投入、顾客为服务提供的信息、顾客的要求等。服务产出既包括产出数量,如顾客数量、销售额、利润、市场占有率,也包括产出质量,即服务过程质量和服务结果质量。

(二)服务生产率的构成

1. 从服务贡献来源看服务生产率的构成

服务生产率与质量是一个事物的两个方面。服务生产率和质量主要有三个来源:服务提供者的独立贡献、顾客的独立贡献,以及双方互动的贡献。相应地,服务质量包括服务提供者引致的质量、顾客引致的质量和互动质量,而服务生产率则包括服务提供者引致生产率、顾客引致生产率和互动生产率(如图12-1)。也就是说,服务生产率取决于服务提供者、顾客以及二者的互动。以理发服务为例，首先，理发店要提供相关设施设备，布置好服务场景；其次，在服务过程中发型师要具备一定的专业知识和沟通技巧，而顾客则需要提供相关信息，说明自己的要求。服务双方的资源投入都会对服务产出质量和价值做出贡献。此外，顾客的资源投入会影响员工的服务方法，服务双方的互动会影响服务过程质量和服务效率。

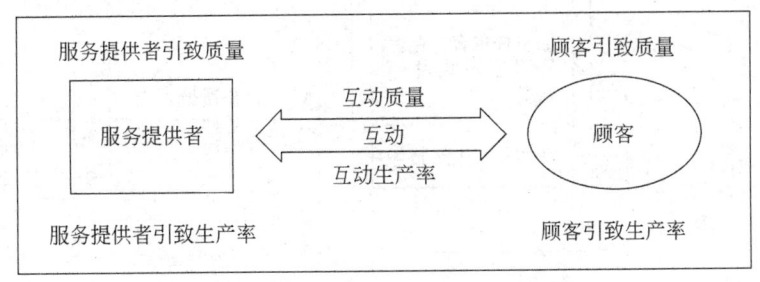

图 12-1　基于贡献的服务生产率模型

资料来源：Gummesson, E. Productivity, Quality and Relationship Marketing in Service Operations. In：Bruhn, M., Meffert, H. (eds) Handbuch Dienstleistungsmanagement. Gabler Verlag, Wiesbaden, 1998：853.

2. 从服务生产过程看服务生产率的构成

服务生产率的测量要综合考虑服务生产过程中不同阶段（投入、服务过程和产出阶段）的效率（如图 12-2）。可以说，服务生产率是内部效率、外部效率和产能效率三者的函数，即

$$服务生产率 = f（内部效率，外部效率，产能效率）$$

其中，内部效率是指资源投入如何有效地转换为服务产出。这里的"投入"既包括服务提供者的投入，如人员、技术、系统、信息、时间等，也包括顾客的投入，即顾客的自我参与以及其他顾客的参与。外部效率是指以既定数量的资源投入，创造更好的感知服务质量，包括服务结果质量和过程质量。产能效率是指服务能力是如何被利用的，与服务需求和服务能力的匹配程度有关。

按照投入产出的转化过程，可以将服务过程分为三个独立的过程：①服务提供者独立生产服务，即后台工作；②服务提供者和顾客在服务互动中生产服务；③顾客使用服务提供者提供的基础设施，独立生产服务。服务提供者的投入直接影响前两个过程并间接影响第三个过程（用虚线箭头表示），顾客的投入直接影响后两个过程并间接影响第一个过程。如果服务企业能有效利用自身资源并引导员工和顾客参与，则服务生产的内部效率或成本效率就越高。如果既定服务投入所带来的服务产出质量（顾客感知的服务质量）越高，则外部效率或收益效率就越高。

另外，服务产出数量是由需求决定的。如果产出数量与需求相匹配，则产能效率就比较高。如果需求过剩，生产能力不足，则可能影响服务质量，导致外部效率低。如果需求不足，生产能力没有被充分利用，则内部效率低。例如，如果餐厅客人太少，那么服务员工就无事可做，设施设备闲置。如果客人太多，服务员工则太过繁忙，又会造成服务质量降低，顾客满意度下降。总之，这两种情况都会导致服务生产率降低。

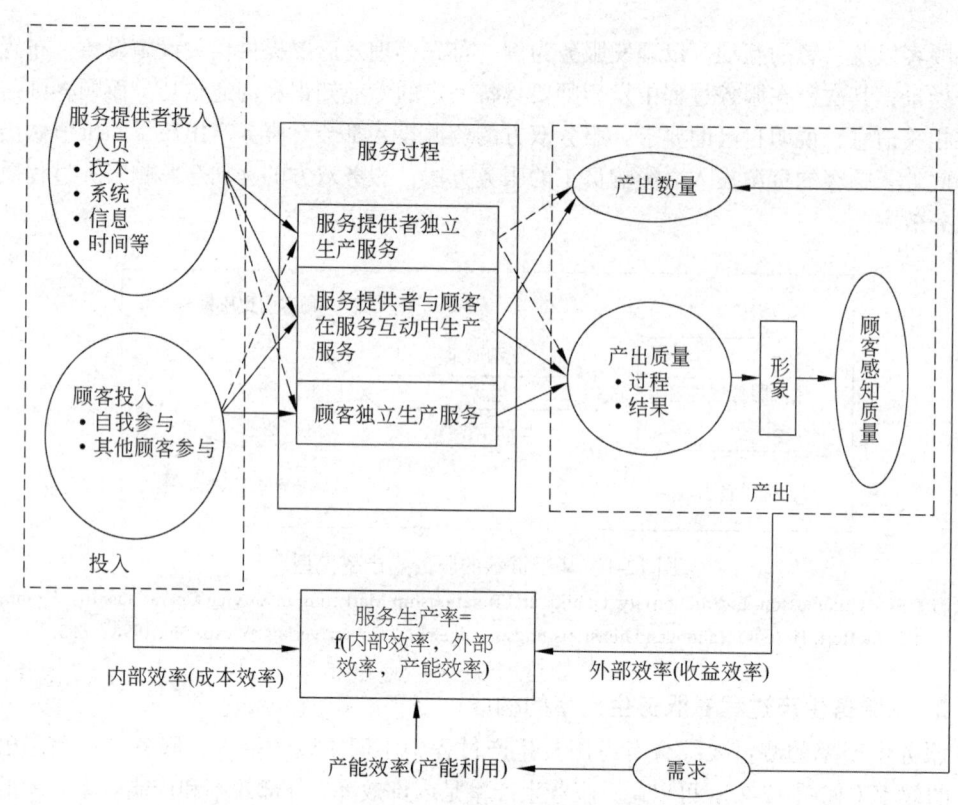

图 12-2 服务生产率模型

资料来源：Ojasalo K. Conceptualizing productivity in service[M]. Helsinki：Hanken Swedish School of Economics, Finland/CERS, 1999：71.

3. 从服务"生产者"看服务生产率的构成

如果将顾客看成是服务的"合作生产者"，则可以从生产者的角度将服务生产率分为两部分：企业的运营生产率和顾客的服务生产率（如图 12-3 所示）。服务质量将企业运营生产率和顾客服务生产率连接起来。企业和顾客的服务投入会影响服务质量，而服务质量反过来会影响企业和顾客的服务产出。值得注意的是，企业产出不是用所服务的顾客数量、交易数量等进行的狭义的测量，而是用销售额、利润等进行的广义的测量。

运营生产率和顾客服务生产率之间还存在直接关系。图 12-3 中，关系①显示了企业投入对顾客投入的影响，如果企业投入更多资源，则顾客需要投入的资源就可以相对减少。关系②显示了企业资源分配对企业与顾客投入关系的影响。也就是说，企业投入变化对顾客投入变化的影响程度取决于企业如何分配投入资源。如果企业增加了投入却分配不合理，例如呼叫中心投入更多的资源用于设备更新而不是员工培训，顾客的投入则不一定会显著减少。相反，如果投入的资源分配合理，顾客的投入则可能显著减少。关系③显示了顾客的服务产出对企业经济产出的影响，即良好的服务绩效和顾客满意度会给企业带来更高的销售额、利润和市场占有率。

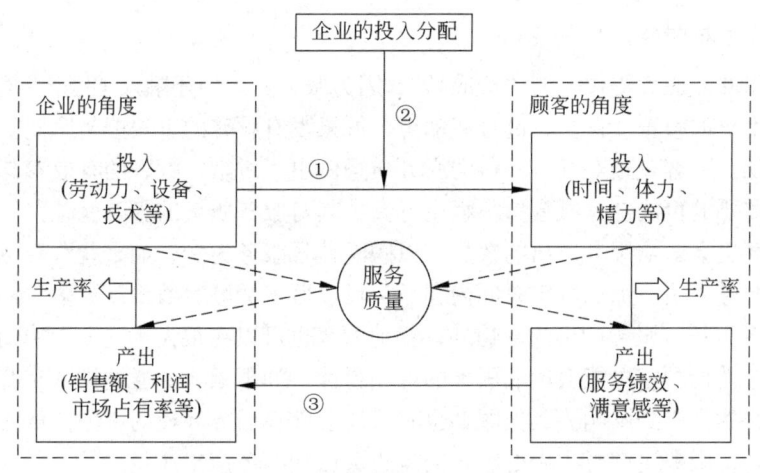

图 12-3 服务生产率与服务质量关系模型

资料来源：Parasuramann A. Service quality and productivity：a synergistic perspective[J]. Managing Service Qaulity, 2002, 12(1)：8.

三、顾客对服务生产率的影响

服务生产率与传统生产率概念最大的区别就是，顾客参与服务的生产和传递过程。顾客参与不仅意味着服务生产的一部分投入来自于顾客，而且顾客参与还会增加服务产出的异质性和不确定性。

（一）顾客对服务投入的影响

在服务过程中顾客需要投入时间、体力、精力等资源。顾客的投入可能会因服务而异。在某些服务场景下，顾客只要人在现场就是一种投入，其余的服务生产工作由服务员工来完成，如上门除虫服务等。这些服务通常标准化程度较高，顾客可以选择的余地较小，企业对顾客投入的控制程度相对较高。更多时候，顾客需要投入一些信息、精力、有形财产来完成或配合服务生产，如理发服务、体检服务等。在这种情况下，顾客是服务生产过程中最基础性的"原材料"，顾客的资源投入质量会对服务产出质量以及服务生产率造成极大的影响。在其他一些服务情境下，顾客会投入更多的资源，甚至比员工更主动地参与服务生产，如减肥健身、管理咨询等。如果服务企业能够将这些顾客看作是自己的兼职员工，那么他们的贡献就可以得到充分的利用，同时企业的边界也会相应延伸。但是企业对这类顾客的控制是有限的，无法像控制员工行为那样来控制顾客的行为。

服务中往往有一部分资源投入是来自于其他顾客，如提供建议、指引以及代办（譬如在自动售票机上帮人买票）等。顾客之间的互动也会对生产率产生正面或负面影响。例如，顾客可以作为其他顾客的角色榜样。新顾客可以从老顾客那里学习到各种相关知识。这就对生产率产生了双重影响，一方面新顾客可以学得更快，员工不用花费大量的时间来教这些新顾客；另一方面老顾客为新顾客提供了各种建议，使得整个服务生产过程更为流畅。但顾客也可能对生产率产生负面影响。例如，顾客之间的互动会造成拖延，或者老顾客提供了负面建议等。因此，生产过程中的顾客互动也会影响企业的绩效。

(二)顾客对服务产出的影响

服务产出并非服务提供者的"产成品",因为服务过程中还融入了顾客的特性和行为。在一些服务中,如教育、保健、健身活动等,如果没有顾客的有效参与,期望的服务产出就不可能出现。顾客直接对其所获得的服务质量做出了贡献。顾客的有效参与可以增大企业满足顾客需要的可能性,顾客参与程度越高,其对服务质量的影响就越大。除了影响服务质量,顾客也会影响服务产出的数量。以医院挂号服务为例,如果就医者熟悉医院和医生无需咨询服务人员,那么既定时间内挂号员可以服务的顾客数量就更多。

除了顾客本身对服务产出的影响外,其他顾客也可以在很大程度上影响到某位顾客所获得的产出。其他顾客可能会影响服务的可获得性。如果顾客要通过排队来获得服务,服务产出质量必然会受到影响。其他顾客也有可能会破坏服务环境的氛围,从而影响服务产出质量。此外,服务生产过程中的顾客交流也会影响服务产出质量。

服务生产率高度依赖于顾客的知识、经验和动机,当顾客的投入涉及信息资源时,服务产出质量还会受顾客诚实程度的限制。如果企业想提高服务生产率,就应该致力于改善顾客的投入质量。

(三)顾客对服务生产率的影响

在服务生产过程中,顾客扮演着两种角色,即顾客作为资源投入者和顾客作为合作生产者。这两种角色带来的不确定性,会增加服务提供者所需投入的资源,并影响服务产出的质量和数量。

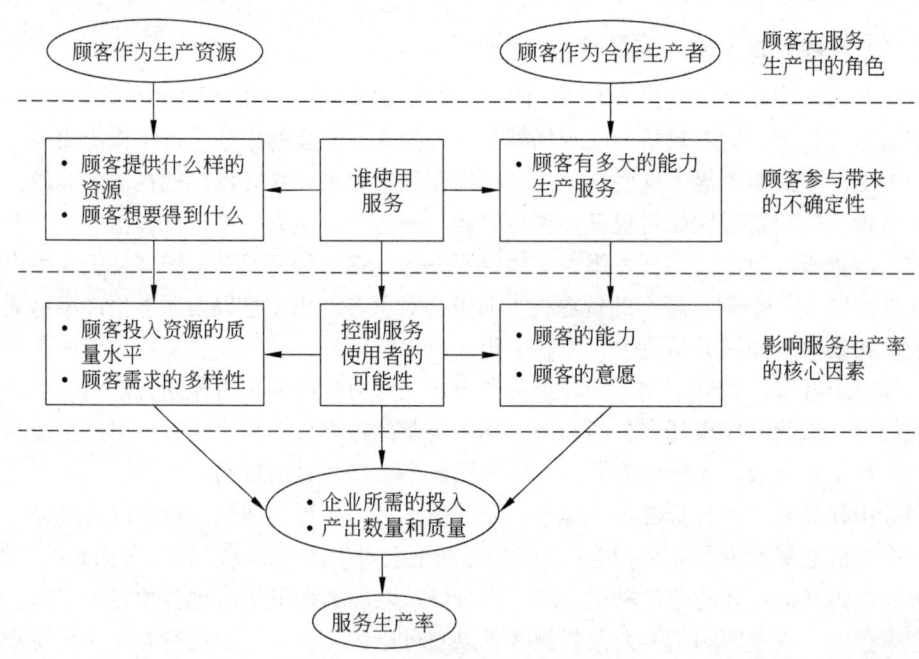

图 12-4 顾客对服务生产率的影响

资料来源:Ojasalo K. Customer influence on service productivity[J].
SAM Advanced Management Journal, 2003, 68(3): 17.

如图 12-4 所示，作为生产资源，顾客能够提供什么样的投入与想要得到什么，这对企业来说是不可预知的。更重要的是，作为合作生产者，顾客有多大的能力来参与服务生产，企业也无从得知。这些问题的答案都取决于企业的顾客是谁。顾客参与所带来的不确定性如何影响服务生产率，我们可以按顾客的两种角色来分析。其一，顾客所投入资源的质量水平以及顾客需求的多样性会影响企业所需的资源投入以及服务产出的数量和质量。其二，顾客参与生产的意愿和能力也会影响企业的资源投入和服务产出。企业除了保证自己的资源投入的数量和质量，还要控制和引导顾客的资源投入的数量和质量，提高顾客的参与能力和参与意愿，才能有效保证服务生产率。

第二节 服务生产率的测量

如何测量服务生产率，是企业面临的一大难题。在传统制造业中，由于质量恒定假设的存在，生产率的度量相对比较容易，可以简单地用产出和投入比率来计算。如果资源投入数量或资源结构的变化导致这一比率增加，就说明生产率提高了。但在服务业中，生产率的度量必须考虑资源投入数量或结构变化对服务质量和企业经济收益的影响。这无疑为服务生产率的测量增加了难度。

一、服务生产率的测量困难

与实物产品不同，服务产品具有无形性、异质性、生产和消费的同时性等特点，而且服务是一个动态过程，其产出也是一种运动形态的使用价值，所以很难分解为"每一单位"的服务。服务企业在计量服务产出时通常会面临以下四种困难。

（一）"服务包"的组成成分难以分解

对于许多服务来说，交易单位往往包括错综复杂地交织在一起的"服务包"。"服务包"的生产通常是相互依赖的，各种组成成分都有自己的特征，很难将其中的单个成分区分开来。例如，顾客在理发店可以享受到物品保管、洗发、按摩、剪发等一系列服务。整个服务过程就是由一系列服务接触构成的，很难将它们割裂开来。由于服务包的单一价格不能清晰地反映其中各组成部分的价格，因此要明确界定系列服务产品的价格也不太可能。

（二）服务产出的表现形式难以确定

服务产出的结果实质上只是一种体验。服务结束后，通常看不到有形的产出。仍以理发服务为例，不能说顾客的新发型就是服务产出，因为除了新发型之外，顾客还可能因为与理发师一次愉快的交谈而有了好的心情。由于没有明确的方法和充分的数据来描述服务产出，有些服务企业可能会在计量时用结果衡量法取代交易衡量法。譬如，银行活期存款量有时被当作银行产出（包括为顾客保管资金、记账、托收承付等）的一部分，有时又被当作银行投入的一部分，因为这是银行资金的来源。

（三）服务产出质量难以测量

服务的无形性等特点加大了服务质量的测量难度，而且有时候顾客并不具备相关专业知识，他们无法判断服务质量的高低。例如，律师提供的法律服务是通过他花费在某个案件上的时间来计算的，而服务的结果（能否胜诉）是靠知识和经验决定的，而不是在案件上的时间投入。另外，有些服务的产出质量本身就与顾客有关。例如，理发服务结果不仅取决于技师、发型师的专业水平，还取决于顾客能否清晰地表达自己对发型风格的偏好。

（四）顾客对服务生产率的影响难以测量

顾客参与服务生产过程，加大了服务产出测量的难度，并为服务生产率的测定设置了诸多障碍。首先，顾客为服务生产提供了劳动，很难将顾客对服务产出的贡献与服务提供者的贡献分离开来。其次，服务产出也取决于服务对象的数量和质量。比如，一个交响乐团在空无一人的音乐厅里演奏，由于没有观众，他们的演出是徒劳的，没有任何产出数量和质量可言。最后，服务需求往往波动较大，而且难以预计，但是服务提供者还是要严阵以待、有求必应。例如，就算某些时间段客人很少，便利店仍然要开门营业，店内设备要照常运转，员工也不能随意离开岗位。这些非生产时段的设备运转和员工参与，不仅要计入便利店的服务投入，也要计入服务产出，因为它们的存在为顾客提供了方便。

二、服务生产率的测量方法

对服务生产率的测量，必须同时考虑顾客和企业两方面的因素。尽管测量局部生产率也能为企业提供有价值的信息，但只有整体生产率才能反映服务运营的真实情况。测量生产率的方法有 3 种，即物化测量、财务测量和综合测量，每一种方法都可以用来测量局部生产率或整体生产率（如表 12-2 所示）。

表 12-2　服务生产率的测量方法

	物化测量	财务测量	综合测量
局部生产率 （产出/单一投入）	服务顾客的数量 员工工作时间	收益 员工成本	收益 员工数量
整体生产率	服务顾客的数量 耗费的总资源	收益 资源成本	收益 资源利用水平

资料来源：Ojasalo, K. Conceptualizing productivity in service[M]. Helsinki：Hanken Swedish School of Economics, Finland/CERS, 1999：133.

（一）物化测量

物化测量是用服务的顾客数量与资源耗费之比来测量整体服务生产率，或者直接用员工工作时间来测量某个服务项目的生产率（局部生产率）。如果酒店管理者想了解客房服务员的工作效率，可以直接测算客房服务员清扫一间客房需要多长时间。为了找出服务生产率的"瓶颈"，酒店还可以将客房服务员的清扫工作细分为多个具体的环节，测算单项时间。以客房清扫中的铺床为例，主要动作包括甩单、包角、套被罩、铺被子、套枕芯、摆枕头等，通过计算客房服务员的铺床平均时间，就可以知道酒店在这个服务环节的生产率。

物化测量实际上是一种传统的生产率测量方法，没有考虑成本和收益因素，忽视了服务质量的变异性以及顾客互动参与所带来的影响。为了避免物化测量的局限，很多服务企业会综合使用物化测量和财务测量。例如餐厅用每个服务员工或每个座位的收益来计算员工生产率，用单位时间内服务的顾客数量与餐厅运营成本之间的比率来计算整体生产率。

（二）财务测量

财务测量是用服务收益与资源投入成本（员工成本）之间的比率测量整体（或局部）服务生产率。财务测量是一种在理论上正确并且在实践上也可行的测量方法。以财务指标来计算服务生产率，其计算公式为

$$\text{服务生产率} = \text{某项服务的收益}/\text{生产此项服务的成本} \tag{1}$$

整体服务生产率的测量可以使用以下公式

$$\text{服务生产率} = \text{总收益}/\text{总成本} \tag{2}$$

如果服务总收益是服务数量、服务质量和服务价格的函数，而总成本是资源投入数量、投入结构和每单位资源投入价值的函数，则可以将公式②转换为

$$\text{服务生产率} = \frac{f(\text{服务数量，服务质量，服务价格})}{f(\text{资源投入数量，投入结构，单位价值})} \tag{3}$$

根据公式（2），如果收益增加的幅度超过成本增加的幅度，就意味着服务生产率提高了。如果成本减少导致收益降低，但收益下降的幅度小于成本下降的幅度，则服务生产率仍然是提高了。对于企业来说，后者可能是一个危险的战略，因为从长期来看，这会有损企业的形象和声誉。

根据公式（3），如果服务投入数量和投入结构的变化导致服务数量的增加，或者导致服务质量的提高，即内部效率或外部效率提高，那么服务生产率也会提高。在服务投入数量和结构与服务数量（需求数量）相匹配的条件下，企业的产能效率高，服务生产率也有可能提高。财务测量在一定程度上可以体现服务生产的内部效率、外部效率和产能效率。

尽管简单易行，但财务测量法不适用于非营利性服务组织，而且服务生产率的测量通常不会单纯使用财务指标。一是因为计算服务"产值"非常困难，这主要是受服务过程中生产投入的异质性、顾客的互动参与以及价格波动的影响。二是因为收益不一定总能反映产出质量。在获得政府补贴或者垄断经营的情况下，企业收益高可能是源于价格因素，而不是服务质量。表 12-3 详细列出了财务测量法的利弊。

表 12-3 财务测量法的利与弊

利	弊
• 计算简单，容易理解 • 容易从公司财务记录中获取相关数据 • 考虑到所有可量化的产出和投入因素，而且从总体水平上能够基本准确地反映服务行业现实的经济情况 • 考虑了产出质量 • 反映了能力利用情况，因为分母包括了所有的成本 • 直接反映了生产率的变化，不需要考虑价格指数的变化 • 可以比较企业的生产率、过去的绩效以及公司目标，而且不受公司规模的影响	• 无法在非营利性服务组织中应用 • 收益并不总能说明产出质量，因为价格通常无法反映顾客感知的服务质量，特别是在提前付款消费的服务中。另外，如果该行业得到政府政策方面的优惠（如补贴），当价格进行调整，或者出现垄断情况时，若用收益来测量产出质量是非常容易引起偏差的 • 无法解释生产率变化的原因以及绩效提高的瓶颈 • 将资本成本分摊到收益中有困难，而且会非常困难 • 收集计算所需要的数据非常麻烦，除非为此专门设计数据收集信息系统

资料来源：Ojasalo K. Conceptualizing productivity in service[M]. Helsinki: Hanken Swedish School of Economics, Finland/CERS, 1999：143.

(三)综合测量

综合测量法是以服务收益与资源利用水平(员工数量)的比率,来测量整体(局部)服务生产率。评价服务生产率不能单纯比较企业的物质投入和收入,还应该体现顾客因素。服务生产率可以用以下模型来计算。

$$\text{服务生产率} = \frac{\text{服务收入}}{\text{基本系统资源投入} + \text{互动过程成本}} \times \frac{\text{满意顾客数量}}{\text{顾客资源投入量}} \quad (4)$$

定义:N_t 表示 t 期内顾客的资源投入,即 t 期内有多少顾客接受服务;

N_{ts} 表示 t 期内满意顾客的数量,即 t 期内有多少顾客感到满意;

N_{ts}/N_t 表示顾客满意率;

I_s 表示基本系统资源投入;

E_t 表示 t 期内顾客平均消费额;

C_{ti} 表示 t 期内平均互动过程成本;

P_t 表示 t 期的服务生产率;

则公式(4)变为

$$P_t = \frac{N_t \times E_t}{I_s + N_t \times C_{ti}} \times \frac{N_{ts}}{N_t} \quad (5)$$

在短期内,因为基本系统资源投入 I_s 通常是固定不变的,而顾客平均消费额度 E_t 变动不大,或者根据顾客满意感的高低有所调整,所以服务生产率的提高取决于平均互动成本 C_{ti} 的降低以及顾客满意率 N_{ts}/N_t 的提高。

第三节 服务生产率的提高

在明确服务生产率的构成和测量方法之后,企业需要不断关注服务生产率的变化,持续改进服务生产率。本节内容先介绍服务生产率与服务质量、服务利润的关系,接着分析服务生产率的改进措施,最后说明服务生产中的学习效应。

一、平衡服务质量与服务生产率

服务质量、服务生产率和利润之间的关系如图 12-5 所示。质量、生产率和利润实际上是从不同角度来实现企业的利益。质量和生产率的提高,最终会导致企业利润的提高。高服务质量带来的高顾客满意度会提升顾客的重复购买率、钱包份额,促进口碑推荐。同样,高服务生产率意味着高利润和低成本。

服务生产率和顾客满意度的关系更加复杂。企业要求一线员工既有效率又有效果地工作,既要为顾客提供令人满意的服务,还要经济有效。例如,医生要为患者提供细致、优质、个性化的诊疗方案,还要在特定的时间内为相当数量的病人服务。社区超市收银员要认识他的顾客、要彬彬有礼,还要准确迅速地计算各种物品的价格,以减少顾客排队时间。这些在质量与数量、最大效果与效率之间的基本平衡,反映的就是服务生产率和服务质量之间的权衡关系。

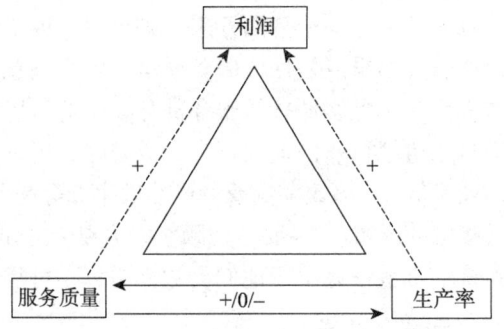

图 12-5　质量、生产率和利润之间的关系

资料来源：约亨·沃茨，克里斯托弗·洛夫洛克. 服务营销[M]. 韦福祥，等，译. 北京：中国人民大学出版社，2018：401.

对服务生产率的一般理解是内部生产率和外部生产率（顾客满意度）之间关系的平衡。尽管内部生产率、服务质量和利润之间可能存在冲突，但也有三者同时提升的例子。例如，如果服务企业通过重新设计服务流程，消除不创造价值的工作步骤，使服务流程更精简、快捷、方便，就有可能实现生产率和顾客满意度的同步提升，并对企业盈利能力产生积极影响。反之，如果生产率提升导致顾客不满的体验增加，则顾客满意度将下降。例如，在提供定制服务的情境下，一线员工工作速度过快会导致顾客感觉过于仓促慌张。在需要人工深度交流的情景下，服务企业使用自动语音提示以提升产能可能会损害顾客的体验。尽管短期产能提升将直接增加企业的利润，但可能会降低顾客满意度，中期或者长期则会导致较低的顾客忠诚度和回头率。

同样，如果服务企业未仔细考虑运营和人力资源，提高顾客满意度的市场战略设计可能会提高成本。例如，在可以使用语音提示的地方增加人工咨询服务、减少教室面积以提升学生上课体验等，这些措施将在中期到长期通过顾客满意度积极影响利润。尽管这些变化在短期内会对利润产生迅速的消极影响，但最终对长期利润的结果取决于直接和间接的相关影响。

此外，一些质量的提高可能不会增加任何产能（例如在不改变成本情况下优化前台接待流程），反之亦然（例如后台部门效率提升不会对顾客接触点有任何影响）。这些例子中，仅存在生产率或顾客满意度提高对利润的积极影响。因此，生产率和顾客满意度之间的关系可能是积极、中立或者消极的。服务质量关注增加顾客立场的均衡利益，产能关注企业的财务成本，如果不合理安排，两者之间存在冲突。企业应综合考量服务质量战略和服务生产率战略。

二、服务生产率的提高

服务生产率的高低受服务企业、服务员工以及顾客等多方面因素的影响。服务企业的资源投入数量和结构、服务系统自身的特点、服务人员的素质以及顾客投入程度，都会影响服务生产率。相应地，企业可以从这些方面着手改进服务生产率。

（一）隔离技术核心

服务生产过程中的顾客参与增加了服务生产率的不确定性。如果服务企业可以将服务系统中顾客高接触部分与顾客低接触部分分隔开来，则可以采取不同的运作方式。对于顾客高接触部分，服务生产率管理的重点是保证服务质量和顾客满意，有时候服务企业为了保证顾客利益只得牺牲效率。对于顾客低接触服务部分，企业可以采用传统的生产线管理方式。比如，顾客可以通过手机银行、网上银行来完成转账、还款等业务，这样就减少了人工服务可能造成的内部效率低、外部效率低或者产能效率低等问题。但隔离技术核心（服务系统中顾客不接触或低接触的区域），也要考虑顾客的需要。例如，有些顾客习惯了面对面的服务，如果与服务系统的接触量太小，他们会觉得服务不可靠、不安全。

（二）平衡服务定制化和服务标准化

服务企业往往会在定制化和标准化的决策中陷入两难境地。一般来说，服务标准化意味着引进新技术和自动化装置，并以此代替人工服务。自动取款机、自动售货机、网上银行、网上商店等都是服务标准化的实施方法。企业以适当的方式进行服务标准化可以同时实现服务质量和内部生产率的提高。例如，银行为顾客提供自动取款机作为基础服务，当顾客想了解理财信息时，银行再提供人员服务。如果企业对所有服务接触都施行标准化，就会出现问题，结果可能是内部生产效率提高了，服务质量却下降了。这对企业短期或长期的经济结果会产生负面影响，因此对标准化和定制化的运用要结合本行业和本企业的实际情况。

（三）加强成本管理

无论是制造型企业还是服务型企业，降低成本都是提高生产率的重要途径。服务企业在考虑削减成本之前，必须清楚地划分出有效成本、无效成本和强制成本。有效成本是指对于企业的价值增值和利润创造具有积极作用的成本支出，如维持服务交互和支持办公运作的成本、员工培训、产品研发等，基本上都属于有效成本。无效成本是指对于企业的价值增值和利润创造没有效用的成本投入，如因组织结构臃肿、人员冗余造成的成本。强制成本是指那些不可避免的成本，尽管它们可能与内部效率和顾客感知服务质量毫无关系，但是此部分成本却是无法减少的，如保险、工商税费等。有效成本有助于巩固服务的外部效率。为了保持良好的服务质量，不能随意减少有效成本，相反应该增加这类投入，而减少无效成本则有助于提高服务生产率和企业利润。

（四）加强员工管理

如果员工的服务技能水平低，顾客可能要付出更长的等待时间，甚至遭遇大大小小的服务失误。如果服务员工缺乏服务技巧、服务态度不友好，也会对顾客感知的服务质量产生负面影响，进而导致服务生产率降低。服务企业应该将员工当作"内部顾客"，把设计好的服务工作以及一些新的服务理念、服务标准和计划等"营销"给员工。服务企业还要重视员工的招聘、培训、人力资源开发和激励，满足员工生理和心理上的需求，积极与员工进行沟通，为员工营造良好的服务氛围，促使员工能够更好地为顾客提供服务。

（五）激励和引导顾客

服务企业可以通过激励和引导顾客的行为来改进服务生产率。首先是增加自助服务。顾客通过自助的方式来获得服务，实际上是"免费"帮服务员工分摊了一部分工作。有些服务企业可能会为了降低成本或者提高内部生产率而这么做。但值得注意的是，服务企业要让顾客看到自己参与自助服务的"好处"。企业可以采取激励措施让顾客使用自助服务。例如，顾客在网上营业厅为手机充值，可以获得一定数额的话费赠送。其次是提高顾客的参与和配合能力。例如，餐饮企业可以向顾客提供足够的参与信息，如自助餐的收费方式、开放时间、用餐规定以及程序等。这样可以将顾客吸收为企业的"兼职员工"，减少服务人员与顾客之间由于各种原因引起的服务差错，缩短服务人员为每位顾客服务的时间，从而提高企业内部生产率，还不影响顾客感知的服务质量。

（六）优化供需结构

服务需求的波动性与企业服务能力的相对稳定性之间的矛盾，严重影响了企业的服务生产率。企业减少需求变动影响的一种办法是创建灵活的生产（供应）能力。例如企业使用兼职员工；对员工实施跨职能的培训，以便在需求高峰时能临时抽调人手；与其他公司共享生产能力。服务企业也可以从改变需求时间着手，来平衡服务需求的高峰和低谷。具体来说，企业可以采用差别定价法，在需求低谷用低价策略刺激需求，而在需求高峰时期则实行高价策略抑制需求。电影院、旅游景点等服务企业都是采用这种策略。企业还可以建立预定和预约制度。医院、航空公司、酒店、美容院等都普遍使用这种策略。另外，服务企业还可以将一种或多种营销支持功能委派给第三方，以此来提高本企业的服务生产率。例如，火车票、飞机票、酒店的预定和支付交易环节都可以通过第三方平台代理机构完成。

三、学习效应与服务生产率

学习效应是指企业的工人、技术人员、管理人员在长期的生产过程中，可以积累产品生产、技术设计以及管理经验，从而通过增加产量使得长期平均成本下降。如果产品在市场上的销售价格不变，单位产品的成本下降，则产品的利润会相应提高。在服务型企业，服务提供者与顾客之间的关系是一个相互学习、积累经验过程。相互熟悉之后，服务双方就更加清楚服务过程中如何互动，如何将产生服务失误、产生质量问题以及信息沟通问题的可能性降到最低。换句话说，服务提供者和顾客通过相互学习，有可能避免在服务过程中产生不必要的成本，或者避免发生对感知服务质量有负面影响的事件。随着累计服务交往次数的增加，服务提供者越来越有经验，为顾客提供服务的成本将降低，进而产生学习效应。

服务供求双方的学习过程会影响服务生产率。随着对服务的熟悉度加深，顾客对服务的期望可能会有所调整，这有利于服务期望与服务实际绩效的匹配，有利于提高顾客感知的服务质量，有利于提高外部生产率。另外，当顾客对服务越来越熟悉，顾客的参与能力会更强，有助于提高内部生产率和外部生产率。从服务提供者的角度来看，随着对顾客的熟悉度加深，服务提供者可以更准确地了解顾客的特殊偏好和要求，这有利于企业提供更加定制化的服务，从而使服务实际绩效与顾客的服务期望更为一致，有利于服务生产的内部效率和外部效率的提高。再者，当服务提供者对顾客有一定程度的了解之后，就会更清楚顾客有多大的参与能力，能够在何种范围内允许顾客参与服务生产，然后通过顾客参与来影响内部生产率和外部生产率。除此之外，服务提供者对顾客的熟悉程度还有助于企业提高产能效率。总之，服务生产中的学习效应可能体现在改善内部效率、外部效率和产能效率等方面。

思考与练习题

1. 服务生产率概念包含哪些内容？
2. 服务自身的特性如何影响服务生产率？
3. 以自助餐厅为例，讨论顾客参与服务过程会如何影响企业的服务生产率。
4. 如何看待生产率与提高质量之间的关系？
5. 在很多服务场所中，排队现象非常普遍。结合所学知识，思考应该如何提升服务生产率，减少顾客排队的时间。

即 测 即 练

自学自测　扫描此码

第四篇　卓越服务

第十三章 服务价值共创

学习目标

本章介绍价值共创的含义、特征以及影响价值共创的因素,阐述基于流程的价值共创框架,引入价值共毁的概念,分析价值共毁的过程,介绍不同情境下的价值共毁。
- 了解价值共创的含义和特征。
- 掌握价值共创的影响因素。
- 理解基于流程的价值共创框架。
- 理解价值共毁的概念。
- 了解价值共毁的机制。

第一节 价值共创的含义与特征

价值共创（value co-creation）被视为植根于服务主导逻辑的服务系统科学理论发展上的核心概念（Vargo 等，2008）。价值共创是相对广义的研究概念，可以分为微观（个体或二元结构，例如 B2B、B2C）、中观（例如社区或行业）和宏观三个层次。这三个层次并非绝对分离，而是相互影响的。价值共创在宏观层面表现为复杂的宏观系统内或与其他复杂系统之间的共创。例如 B2B 网络，政府事业机构与居民群体，行业之间的共创，共享经济，国际贸易等相关情形。价值共创在微观层面指消费者在使用和体验产品和服务的同时与服务提供商通过互动创造价值。学术界近年来关于价值共创主题的研究成果颇丰。

一、价值与价值共创的含义

以瓦戈和卢斯科（2004）为代表的学者提出与传统商品主导逻辑不同的服务主导逻辑,关注消费者的使用价值（value in use）,认为价值并不是嵌入商品的特性,而是在消费者使用商品的过程中形成的,由消费者基于使用价值所决定。随着研究的深入,瓦戈等人（2008）将价值界定为某系统福祉的改善,表现为对环境的适应性或适应能力。格罗鲁斯（2013）将顾客价值定义为顾客在体验自助服务或全方位服务过程之后,感觉到比以前更好的状态。巴提（K. Bharti）等人（2015）将价值共创总结为企业与消费者之间"共同解决问题,互惠的、顾客不可分离的"价值创造流程。还有学者提出体验价值（experience value）、情境价值（value in context）、社会情境价值（value in social context）和文化情境价值（value in cultural context）等概念。服务主导逻辑是目前研究价值共创的主流研究视角,服务主导逻辑认为在价值共创中受益者是价值的唯一评价者,提倡从服务系统的视角去看待价值共创。

服务系统的行动者既是资源的接受者，也是资源的提供者。参与共创的企业与消费者实际上同时扮演着价值受益者与价值创造者两种角色，是一种资源依赖的关系。

学术界目前对消费者价值共创的定义尚未完全统一。不同领域的学者对价值共创内涵的解释大致可归纳为以下两种观点。一种是将消费者价值共创视为一种新的市场思维逻辑。服务营销学者认为，消费者价值共创是商品逻辑向服务逻辑转变的必然产物。价值共创为新的市场现象提供了解释，挑战了"企业沿着价值链创造价值，在市场中交付价值，消费者消耗价值"的传统观点。作为一种思维逻辑，它要求管理者与营销者反思价值创造的过程，将消费者视为价值的共创者。另一种是将消费者价值共创理解为一系列价值创造的实践活动或流程，关注具体情境下的价值共创活动的范围与效果。图13-1展现了价值共创的内涵。从思维方式的角度，价值共创是一种新的市场逻辑，是一种新的市场思维哲学。从企业实践的角度，则可以作为该思维逻辑指导下的一系列包含着消费者共创行为的活动流程。"价值实现"是对价值共创结果的体现，包括了消费者所实现的价值、企业所实现的价值，以及其他利益相关者实现的价值。"资源依赖"是对价值共创情景中行动者角色关系的体现，揭示了价值共创的行动者之间彼此依赖的网络动态关系，共创各方既是资源的贡献者（共创者）或整合者（创造者），也是资源的接受者（受益者）。"互动"是对共创流程中资源整合方式的体现，不同形式与程度的互动可能会影响价值共创的产出。

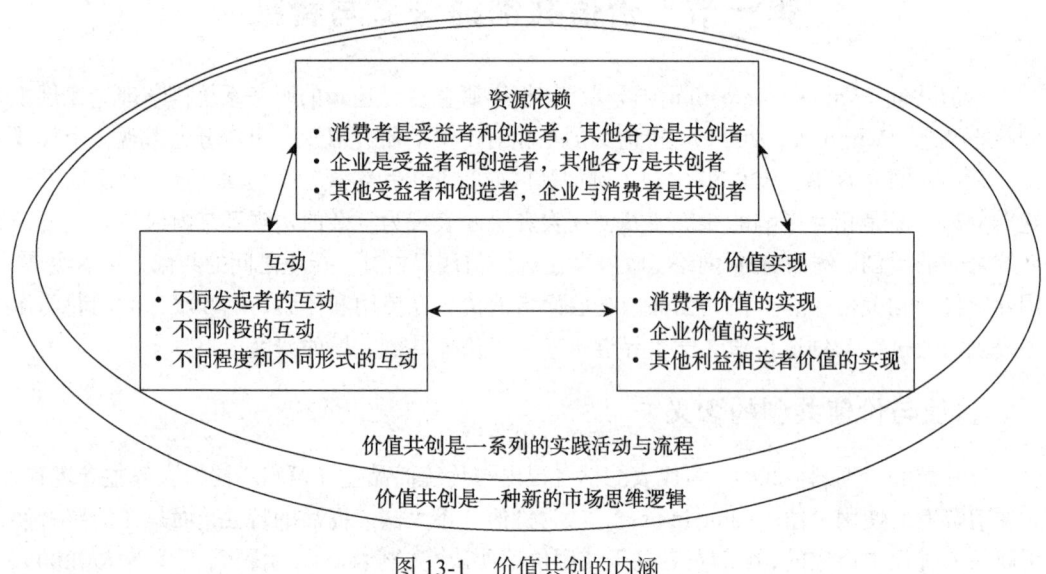

图 13-1　价值共创的内涵

二、价值共创的特征

尽管不同研究视角对"价值实现""互动"与"资源依赖"的内涵在解读上有所区别，但其在本质上却存在共性。"价值实现"显示了共创价值的多维性，"互动""资源依赖"揭示了共创本质的互动性与网络性。三者都发生在特定的情景之下，体现了共创情景的动态性。

1. 价值的多维性

一方面，不同的受益者追求共创价值的维度通常是有差异的。例如，消费者在新产品开发中的共创行为为企业创造了企业层面与个体层面的价值。企业层面价值包括提升生产率，获得新产品或新服务的创意，改善营销效果等。个体层面价值包括更高的顾客满意度，更好的顾客契合等。有学者将共创对消费者的价值归纳为：享乐价值、认知价值、社会价值、个人价值、实用价值与经济价值。另一方面，同一受益者在不同价值维度上的权重亦存在差异，这可能与受益者本身及其所处的情境相关。

2. 流程的互动性

价值创造的本质是互动的和网络的（interactive and networked）。瓦戈和卢斯科认为，价值共创流程中的互动主要体现在两个方面。①消费者在使用过程中与产品或服务的互动。消费者作为资源整合者，运用自身的知识技能使产品或服务满足自身需求。②消费者直接参与企业的生产或服务流程而与企业（或其资源）的互动。消费者作为操作型资源，能动地影响着企业流程及双方价值的实现。格罗鲁斯和古梅鲁斯（J. Gummerus）从互动深度的角度对消费者价值共创的范围进行了更为严格的界定，认为只有消费者与企业资源通过一种持续的、能动的、对话式的流程而进行的互动才能称之为价值共创。除了互动的程度，流程的互动性还体现在互动的范围上。例如，服务系统的观点将互动从消费者—企业的二元关系拓展到服务所涉及的利益相关者的多元关系上。

3. 情境的动态性

价值共创总是发生在特定的情境之下，情境的动态性既强调共创流程可能包含着不同的情境截面，又强调情境自身的纵向发展与变化。从宏观的视角看，价值共创概念的诞生与演化有着一定的时代特征，它反映了不同时空条件下消费者角色与价值观念的变化，以及企业试图适应这种变化而做出的努力。消费者对于价值的定义是动态变化的，企业与技术的发展亦是动态变化的。这种变化使得企业与消费者不得不形成相互反馈、彼此适应的动态关系。通过将对方纳入彼此的反馈回路，共创成为消费者与企业长期相互学习、影响与校正的连续循环过程。从相对微观的视角看，情境的动态性则强调在短时空内，一个服务流程中共创者所历经的情境是动态变化的。

三、价值共创的研究视角

从企业主导的价值创造到顾客参与生产、价值共同生产，再到顾客共同创造价值，这些概念的演变解释了价值共创理论研究视角的变化。传统观点认为，企业是价值的创造者，消费者是价值的接受者和消费者。洛夫洛克和罗伯特·杨（R. F. Young）（1979）在20世纪70年代末提出顾客参与生产（customer participation in production）这一概念，引发了其他学者的进一步探讨。诺曼（R. Normann）和拉米瑞兹（R. Ramírez）（1993）提出价值星系（value constellation）理论。他们认为在价值星系中，每一个参与者的角色都很重要，企业应该重新审视供应商、合作伙伴以及顾客的角色和相互关系。作者特别强调了顾客参与价值创造的重要性和意义。威克瑟姆（S. Wikström）（1996）指出，顾客作为资源和共同生产者，参与到企业的生产活动中并与企业深入互动，能为企业也为顾客自身创造更多价值。

拉米瑞兹（R. Ramírez）（1999）提出价值共同生产（value co-production），明确企业与顾客共同"生产"价值。在共同生产的条件下，价值创造不再是一种线性的传递，而是同步和互动的。顾客是价值创造者而不是价值"承受者"或"破坏者"。顾客作为共同生产者，通过在价值创造过程中的每一个阶段与企业进行互动而创造价值。价值共同生产已经有了价值共创的特征，是价值共创思想的萌芽。共同生产开始关注顾客在价值创造过程中的角色，将顾客作为一种生产要素投入价值创造的活动中，实质是在企业特定的范围内参与生产，价值创造仍然以企业为主导。因此，即使有顾客参与的共同生产，仍然在很大程度上来源于商品主导逻辑的影响。普拉哈德（C. K. Prahalad）和拉马斯瓦米（V. Ramaswamy）（2003）提出价值共创的思想，指出价值由顾客和企业共同创造，价值共创被定义为企业和顾客共同创造价值的行为。从以企业为主导的共同生产演进为价值共同创造，是对价值创造的本质认识的变化。

（一）二元价值网络——生产导向

在商品主导逻辑中，商品的消费与生产分离，价值创造被视为是一个离散的过程。即生产者通过一系列生产活动把价值输入到商品中，通过市场买卖与顾客进行交易，最终实现商品的交换价值（value in exchange）。顾客只是价值的被动接受者。在工业化时期，企业被视为价值的生产者，而顾客被视为价值的使用者和消费者，双方的角色泾渭分明。到了后工业化和信息化时期，随着科技的进步和消费观念的转变，企业和顾客的角色开始发生变化，顾客逐渐被视为价值的共同生产者。顾客和企业之间的互动成为学者关注的焦点。企业从自身价值实现出发，可以将消费者纳入自身的生产或服务流程，与消费者共创企业价值，同时消费者亦获得价值。在瓦戈和卢斯科提出服务主导逻辑之前，大部分价值共创研究遵循上述观点，从企业—顾客二元关系研究产品和服务的生产过程，更多使用"价值共同生产"（value co-production）这一表述。顾客被视为价值的共同生产者，并为生产提供一定的资源，成为企业人力资源的重要组成部分。"共同生产"是价值共创的一部分，顾客在消费、使用或体验之前或过程中与企业共同创造价值。消费更多地被看作是企业运营生产过程的一部分。与消费过程密切相关的产品不再是生产的最终结果和目标，而是顾客参与生产并投入资源的重要过程。此类研究以企业价值实现为出发点，认为消费者可以通过参与企业的生产或服务活动成为企业异质性的资源，共创企业价值。在此过程中，消费者也获得相应的价值。持该观点的研究大多聚焦于定制化、新产品开发以及自我服务的研究情境下消费者参与企业活动的过程与结果。

（二）二元价值网络——消费者导向

瓦戈和卢斯科（2004）提出服务主导逻辑，指出企业只能提出价值主张，顾客是价值创造的主体，价值是在产品或服务提供商与顾客共同创造的过程中产生，并最终根据顾客的使用价值来决定。可以用情境价值来定义价值。企业无法单独创造价值。消费者在使用和体验产品和服务的同时与服务提供商通过互动创造价值。企业从消费者价值实现出发，可以通过参与消费者的使用流程共创消费者价值，企业亦获得价值。服务主导逻辑或顾客主导逻辑的学者通常秉承上述观点。服务主导逻辑认为，价值的聚焦已经从交换价值转换到使用价值。企业不能传递价值，只能提供价值主张，价值通常是由利益相关者独特地、现象地决定，顾客通常是价值的共同创造者。格罗鲁斯认为，价值共创应该是共创消费者价值（value for customer）的过程，企业可以参与消费者的使用流程而共创消费者价值。海诺宁（K. Heinonen）和斯特雷德威克（T. Strandvik）等学者认为，价值共创过程应当以消费者而不是企业作为价值真正的最终受益者，商业逻辑的出发点应定格在消费者而不是企业身上。企业应该寻找机会参与消费者的使用流程，努力帮助消费者实现其特定情境下的使用目标，共创消费者的使用价值或体验价值。在此过程中，企业也会获得相应的价值。

（三）二元价值网络——系统导向

企业流程与消费者流程组成一个动态循环，企业通过与消费者的互动反馈，学习与校正实现"企业—消费者"系统的共同价值。以服务为中心的观点认为，营销不再是孤立的静态过程，而是一个动态过程。企业财务绩效并不是市场交换的目的，而只是"企业价值主张作为市场假设的测试"。企业根据市场反应调整自己的行为，以期在下一个周期更好地服务消费者进而提升长期绩效。这种动态观点将消费者纳入了企业流程的反馈机制（feedback），将营销看作消费者与企业相互学习、相互影响的连续过程。市场的参与者（买卖双方）通过彼此的互动学习，调整关于对方所需资源的判断，并依此提升自己的服务或修正价值主张，同时建议对方如何为双方提供最为合适的资源以提升服务交换的效率与效果。反馈可能是以消费者嵌入企业生产流程之中的形式，亦可以是以企业嵌入消费者使用流程之中的形式发生在市场循环中。消费者价值共创实际是企业—消费者系统不断修正的动态过程，消费者流程与企业流程形成了一个持续性的动态循环。

（四）多元价值网络——系统导向

瓦戈和卢斯科（2016）从服务生态系统的视角提出，所有社会和经济活动的参与者（actors）都是资源整合者，将企业、顾客、供应商等统筹到参与者的视角，关注服务网络系统的价值共创。服务是一切经济交易的根本基础。价值是由多个参与者共同创造，总是包括受益人。价值总是由受益人独特地以现象学的方法来决定的。价值共创通过参与者创造的制度和制度安排来协调。服务生态系统是一个行为者—行为者（actor to actor，A2A）导向的松散耦合的时空结构，强调资源整合、服务提供的互动和制度在价值共创中的重要性。服务生态系统是一个自我调整的系统，企业与消费者以及其他利益相关者在时空上构成服务生态系统，价值共创产生于系统中行为者资源整合的过程，受互惠交换和复杂的服务—服务交换（service to service exchange）系统中的共享体系调节。服务系统进行资源交换的目的是提升系统整体在环境中的适应性（adaptability）与生存性（survivability）。所有的参与者都可以被视为存在于一个依靠其他资源而生存的开放系统中，这种依存性创造了进行交换和互动的需求，进而通过整合资源提升整个系统的福利或健康水平。价值共创不仅局限在将位于价值链末端的消费者力量引入进来，在整条价值链上的所有利益相关者，从股东到原料供应商，都可以被整合起来。从服务生态系统视角进行理解，价值共创在普遍存在的交换关系中连续不断地发生。在这些交互过程中，知识的转换和产生是无穷尽的。参与者在价值共创中不仅利用了所处的社会环境，也对衍生价值的社会环境做出了贡献。

从二元的视角，第一种观点强调营销战略上企业价值实现的优先性，第二种观点强调消费者价值实现的优先性，第三种观点强调企业—消费者的二元关系的系统性与动态性。从多元价值网络的视角，第四种观点强调消费者—企业—其他利益相关者所构成的共同体在长时空内整体价值的实现，从更宏观的层面上强调了资源整合和互动的重要性。随着信息技术的发展、消费者角色的转变以及价值创造实践日益呈现出网络化的特征，服务生态系统理论开拓了价值共创研究的新视角。服务生态系统视角已经超越服务科学视角下服务系统内部和服务系统之间的互动范畴，强调复杂网络系统下的资源互动。

四、消费者价值共创行为的影响因素

在消费者与企业价值共创的二元关系中，影响消费者价值共创的因素包括以下几个方面。

（一）消费者个体因素

从个体层面上看，消费者是否参与共创或在共创中投入多少资源取决他是否知道自己在共创情景中的任务是什么、是否具有能力，以及是否愿意去完成这项任务。因此，消费者个体层面的因素包括情景角色清晰程度、消费者个人能力以及动机等。角色清晰是指消费者是否明晰其角色所被期望的行为，包括是否熟悉具体的角色、贡献或共创途径等。能力是指消费者是否具有足够的资源去完成共创，包括消费者的专业知识、对话能力、自我效能以及精力等。消费者还需有足够的动机去参与价值共创、如财务动机、社会动机、知识获取的动机和心理动机等。

（二）企业的政策与支持

消费者参与价值共创会受到企业层面因素的影响。例如，当一个企业因为信息安全的考虑而对消费者共创活动的范围加以限制时，即使消费者有足够的能力与动机，其价值共创行为也会受到抑制。企业的激励政策、管理支持、顾客授权措施与消费教育等是消费者参与价值共创的前提条件。例如在新产品开发流程中，企业激励顾客的措施可能会调节顾客的共创动机与行为。企业可以承诺增加消费者参与共创的利得或者减少他们参与共创的成本，以鼓励顾客的共创行为。设计合理的共创工具与对消费者的授权等也会影响消费者的价值共创态度。

（三）消费者与企业的关系

消费者与企业的关系可能会影响消费者的共创行为。在其他条件等同的情况下，消费者可能仅仅因为与企业以往建立的良好关系，而投入更多的共创行为。这些关系因素包括社会资本、信任、组织认同与承诺等。信任是关系建立的重要基础之一，这种基础能够影响价值互动过程中的知识交换，信任可以成为价值共创的催化剂。消费者价值共创行为可能会面临暴露自身脆弱性的风险，而信任关系则能抵制这种风险感知对于共创行为的抑制作用。组织认同与承诺增加了消费者的转换成本，使得他们在共创活动中倾向于投入更多定向的努力，而不是转向其他企业。

（四）其他利益相关者的因素与其他环境因素

当涉及多方共创时，其他利益相关者的因素可能会影响到消费者价值共创行为。例如，社区消费者与企业分享信息的行为源于对企业的信任，而这种信任会受到其他消费者对企业评价的影响。消费者决定参与价值共创时，可能会考虑其他利益相关者的态度。

共创的微观环境差异主要体现在消费者处在不同的共创阶段或扮演不同的共创角色。例如，旅行者在计划、决策、准备、旅行及旅行结束的各个阶段，参与共创的流程与内容都是不同的。共创的宏观环境则包括文化制度环境、技术环境以及市场环境等。文化与制度会通过社会结构、符号、意识形态等框定消费者的行为，使得不同文化制度背景下的消费者对价值共创表现出不同的态度和倾向。技术环境则强调共创的技术条件是否在产业层面得到应用（如用户生成内容—UGC依赖于信息技术）。市场因素则可用于解释为什么有些产业会更容易发生共创。例如，当一个产业的产品差异化不能够对消费者产生足够的吸引力与重要意义时，消费者可能并不会去参与共创。

上述各个层面的因素并非完全独立，它们之间可能是彼此关联的。企业层面的因素可能会影响消费者层面的因素，环境层面的因素也可能会和个体、企业、关系等层面的因素存在交互作用，进而影响消费者价值共创行为。例如，企业对消费者的教育活动可能会让消费者明晰自己的角色并提升共创能力。消费者也可能因为展现出强的共创动机或具备良好的共创能力而得到企业更多的事前支持。高度的组织承诺与公平感知较高的消费者通常表现出更强的共创动机。其他利益相关者对企业的背书可能影响消费者对企业的信任关系等。此外，动态的观点还强调以往共创的价值结果会影响共创参与者后续的共创意愿与行为。

第二节　基于流程的价值共创

从实践操作的层面，学术界和企业界都很关注价值共创的流程，希望价值共创的理论能够在企业经营管理的过程中真正实施。

一、基于流程的价值共创框架

图 13-2 展示了基于流程的价值共创框架，该框架将顾客—供应商的关系视为发生在顾客和供应商之间一种纵向的、动态的、经验和活动的互动。框架整合了服务、顾客价值和关系营销中的不同概念，为管理价值的共同创造过程提供了新的见解。基于流程的价值共创框架包括三个主要内容：顾客的价值创造过程，供应商的价值创造过程，以及接触过程。

①在 B2C 关系中，顾客价值创造过程是顾客使用流程、资源和实践来管理其活动的过程；在 B2B 关系中，该过程是客户企业管理其业务及其与供应商企业关系的过程。

②供应商的价值创造过程是供应商使用流程、资源和实践来管理其业务，及其与顾客和其他利益相关者关系的过程。

③接触过程则是发生在顾客和供应商关系间的互动和交换。为了开发共创的机会，需要对接触过程进行良好的管理。

图 13-2 中的箭头代表了顾客和供应商之间的不同接触。双向箭头强调了接触的互动本质。顾客过程和顾客学习间的箭头表明顾客基于关系中的体验参与到学习过程中。顾客学习反过来会对其如何参与未来的价值共创活动产生影响。类似的,供应商的过程和组织学习之间的箭头表明,随着供应商对顾客有了更深入的了解,将拥有更多的机会来改善关系体验的设计,加强与顾客的共同创造。

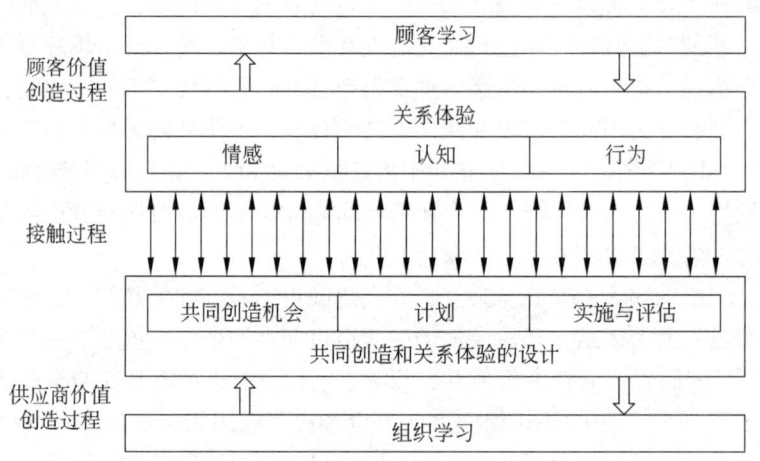

图 13-2 基于流程的价值共创框架

资料来源:Payne A F, Storbacka K, Frow P. Managing the co-creation of value[J]. Journal of the Academy of Marketing Science, 2008, 36(1):86.

二、价值共创流程框架要素

(一)顾客价值创造过程

顾客的价值创造过程可以被定义为顾客为了达到特定的目标而实施的一系列活动。顾客创造价值的能力由其所能获取和使用的信息、知识、技能和其他操作性资源的数量决定。如果供应商希望提高竞争力就必须开发自己的能力,要么增加顾客的资源总量;要么以一种方式来影响顾客过程,这种方式能够使顾客更加有效率和有效果地利用可获取的资源。价值主张促进体验的共同创造。与其说是产品,倒不如说是关系创造了顾客体验。

顾客的价值创造过程是一种动态、互动、非线性的,且常常是无意识的过程。识别顾客过程,需要对供应商所提供的产品和服务是否符合顾客整体活动的需要进行全面了解。例如,一家航空公司使用一种"跟踪"的方法对其提供的产品和服务进行全面了解。在取得商务顾客的许可之后,航空公司派出高素质的员工到达准备出行的顾客家中,陪伴顾客到达机场,然后随顾客一起前往目的地,员工一直陪伴在顾客身边并随顾客返回出发地,回到顾客家中。通过这个全过程的陪同,员工在整个过程中获得的见解有助于航空公司未来新服务的开发。这种方法可以有效描绘旅行体验是如何与商务顾客的消费系统相匹配的。

顾客的价值创造过程包括两个相互联系、相互影响的内容。一个是关系体验,另一个是顾客学习。关系体验包括认知、情感和行为。认知成分强调顾客基于以往的经历、当前的状态和想象中未来的体验来做出判断，也包括潜意识的无形影响。情感成分强调顾客的态度和偏好。行为成分既是顾客体验的来源也直接导致体验。顾客对供应商及其产品的体验是顾客认知、情感和行为共同作用的结果。关系体验导致顾客学习。顾客满意度、顾客参与的程度能够帮助供应商确定关系是否仍在继续，因此供应商的角色就在于提供经验交流和接触，使顾客感知到企业在帮助他们有效利用自己的资源。企业营销沟通的关注点也应该从寻求关注转移到与顾客进行对话以支持其体验和学习的过程。在顾客学习的过程中，可以分为记忆、内化和配比三个层次。记忆是一种简单的学习形式，是顾客的关注，而不是处理情绪和信息的能力。顾客学习的第二个层次是内化，在这一过程中，顾客理解和吸收信息、经验。内化在传统的品牌建设互动中比较常见，目的是在顾客和产品或品牌标识之间建立起一致性和联系。配比是一种双回路学习，顾客反思自己的价值创造行为。这种反思可能使其改变行为，采取新的活动，或以新的方式利用资源。顾客学习不仅能够使顾客充分理解供应商提出的价值主张，而且能够使顾客以一种将价值主张与其生活、目标和愿望相联系的方式做出行为的改变。

（二）供应商的价值创造过程

供应商通过设计和传递相关的顾客经验，以及组织顾客学习来协助价值的共同创造。这个过程包括寻求共同创造的机会，计划、测试和设计与顾客共同创造价值的机会，实施顾客解决方案，管理顾客接触，开发指标以评估企业是否提出了适当的价值主张。组织学习和知识管理的循环过程强调知识是竞争优势的根本来源。换句话说，通过首先关注顾客过程，供应商可以设计自身的流程，使之与顾客过程保持一致。采取这种过程的视角，能够使供应商产生卓越的洞察力，为价值共创创造机会。

共创的机会是价值创造的战略选择。供应商可以获取的机会在很大程度上取决于其所在行业的性质，为顾客提供的产品，以及顾客接触。供应商至少可以考虑以下三种重要的价值共创机会。

①技术突破所带来的机会。新技术解决方案的发展为供应商和顾客共创新产品、服务和体验提供了新的方式。例如，线上音乐平台的出现给消费者购买、存储和享受音乐、音频和文字内容等带来了巨大的变革。

②行业逻辑变化所带来的机会。产业的转型在一定程度上是由于新渠道更加接近顾客所引发的。例如电子渠道使得供应商在时间和空间上更加具有灵活性。行业边界的模糊和整合，意味着可以将不同的知识和技能结合起来，开发共创价值的新方法。例如，宜家通过在传统价值链上重新分配活动，改变了家具行业的传统逻辑。宜家进行家具的设计、物流的控制以及产品的零售，制造商进行生产，而顾客进行家具组装。

③顾客偏好和生活方式变化所带来的机会。基于顾客的学习和知识，供应商可根据顾客偏好和生活方式的变化而不断寻求机会。

与传统的由内向外的业务战略模式不同，为价值共创制订计划是由外向内的。它始于对顾客价值创造过程的理解，目的在于为共创价值提供更好的支持。价值共创要求供应商营销的主导逻辑从制造、销售和服务转变为聆听、定制化和共同创造。由于顾客接触往往发生在顾客与企业的不同部门之间，企业计划应该采取跨职能部门的视角，那些向顾客做出承诺和传递承诺的部门之间应该保持一致。计划制订好后，就是价值共创策略的实施。

开发适当的指标是供应商面临的另一个关键问题。尽管人们呼吁在业务上更多地以顾客为中心，但是缺乏合适的指标来测量和监控顾客—供应商关系。营销指标和测量应该能够对顾客关系中价值共创的潜力进行有意义的评估。鉴于价值共创和服务主导逻辑强调跨越职能部门活动，关系绩效的评估应该包括一系列跨越流程、职能和渠道的指标。"关系回报"有助于识别与顾客和供应商都相关的指标，但是还需要更多的研究来开发共创的测量指标。

在供应商的价值创造过程中，组织学习是另一个重要组成部分。关于顾客价值创造过程的知识不应该仅仅基于诸如顾客满意感测量之类的硬性数据，而是要包含对顾客体验和过程更加深入的理解。对于那些大型的提供多产品、多服务或拥有多部门的复杂企业，知识管理尤为重要。知识管理体系的重构应该围绕顾客过程和顾客体验，而不是围绕产品或者服务本身。企业应确保获取并有效利用顾客知识中的多样化元素，以促进知识管理及其对共创的影响。企业需要围绕价值共创过程的识别来重新设计其知识管理活动和基础设施，并通过定义共创过程，识别该过程中所需要的知识，避免在信息技术方面进行不必要的投资。

（三）接触过程

接触过程包括一系列发生在顾客和供应商之间的互动和交易。接触，也叫作"接触点"（touch points）或"联系"（contacts），有时候产生于由供应商发起的活动中（如发邮件、打电话和开发票等），有时候由顾客发起（如咨询、预定和投诉等），或者由双方共同发起。接触过程涉及不同的职能部门，因此在本质上是跨职能的。例如，营销部策划营销活动，销售部从事销售互动，物流部发送产品和其他组件，生产部要求客户填写担保表，财务部开具账单，呼叫中心处理客户咨询问题。有三种形式的接触可以促进价值共创，分别是沟通接触、使用接触和服务接触。沟通接触意味着供应商实施一些活动，目的在于与顾客联系，促进和实施对话（如广告、互联网页面、宣传册和手册）。使用接触是指顾客使用产品和服务（包括附加服务）的实践。服务接触包括顾客与服务人员或服务设备设施之间的互动。

接触价值创造过程的管理包括为顾客和供应商设定目标，并评估当前的接触是否达到这些目标。供应商可以通过接触设计来共创价值。图13-3以顾客旅游为例，描绘了顾客、供应商和接触过程。在组织与顾客的接触中，存在一个不断沟通的过程。在这个过程中，顾客从企业获得情感、行为、认知等一系列的关系体验，从而更加了解企业产品或服务。企业通过与顾客的接触，可以获得创造的机会，然后进行计划、实施和评估，从而进行初步价值创造和关系体验的设计，最终让企业更加了解顾客需求，并进行价值创造。整个过程就是一个顾客和企业共同进行价值创造活动的过程。

图 13-3　旅游企业的顾客、供应商和接触过程

资料来源：Payne A F, Storbacka K, Frow P. Managing the co-creation of value[J]. Journal of the Academy of Marketing Science, 2008, 36(1)：92.

第三节　价值共毁

价值共创是一个资源整合的过程，需要来自合作双方甚至多方资源的投入。服务生态系统中，行为者的多样化和复杂性增加了协调和合作的难度，整合不同行为者的资源达到价值共创的目标并非易事。因此，价值共创的初衷并非总能得到积极的结果。如果行为者由于自身原因缺乏能力去使用自身或企业提供的资源，或者由于目标不一致产生无意识的资源滥用，或者在互动过程中故意实施机会主义行为，都有可能造成价值共创的失败。以线上医疗服务为例，使用线上自我诊断的患者有可能由于缺乏足够的医疗知识而不能清楚描述自己的症状。电子医疗服务供应商可能因资源匮乏无法为用户提供完整和易于理解的信息，从而导致线上诊断结果不准确，对患者的福祉产生负面的影响。线上医疗服务的双方共同毁坏了本应在互动中产生的价值。针对这一现象，学术界有学者以一种颠覆性的视角讨论价值共创，提出价值共毁（value co-destruction）的概念。

一、价值共毁的含义

普勒（L. Plé）和卡塞雷斯（R. C. Cáceres）（2010）将价值共毁定义为服务系统中的一

个相互影响过程，该过程会导致服务系统中至少一方（个人或组织）的福祉（wellbeing）下降。勒费弗尔（I. Lefèbvre）和普勒（2012）提出，价值共毁是焦点行为者（focal actors）及其网络（networks）在互动过程中导致的至少一个焦点行为者和（或）其网络的福祉下降。史密斯（M. Smith）（2013）将价值共毁描述为，由于企业未能履行其价值主张而造成顾客资源的意外损失。瓦菲亚斯（M. Vafeas）等人（2016）认为，用价值减少（value diminution）表述比用价值共毁更恰当，指出尽管互动和资源整合过程并不完美，价值共创强调的最优结果没有达成，但次优价值仍会带来行为者（顾客或服务提供者）福祉的提升。

学术界对价值共毁的定义和内涵目前并未形成统一的观点。从现有研究来看，价值共毁造成至少一个行为者的福祉未达到最优，可能是次优状态，也可能是福祉遭受损失。价值共毁发生在行为者之间进行互动，或者行为者及其网络与其他行为者及其网络之间进行互动的过程中，可能是直接互动，亦可能是间接互动。价值共毁不是具体的可观测的行为，而是一种状态。

二、价值共毁机制分析

价值形成涉及供给者、需求者、利益相关者等多个主体，其所在的生态系统也发挥着作用。在简单的双边互动中，价值共毁是双方至少有一方的福祉未达到最优的状态。在复杂的生态系统中，价值共毁不仅涉及焦点行为者，其所在网络也囊括在内。价值共毁和价值共创可能共存。图13-4所示的"价值共毁的过程循环理论框架"从价值共毁的影响因素、互动中的资源与流程、状态与动态、结果与反馈，以及干预机制五个方面分析价值共毁的机制。

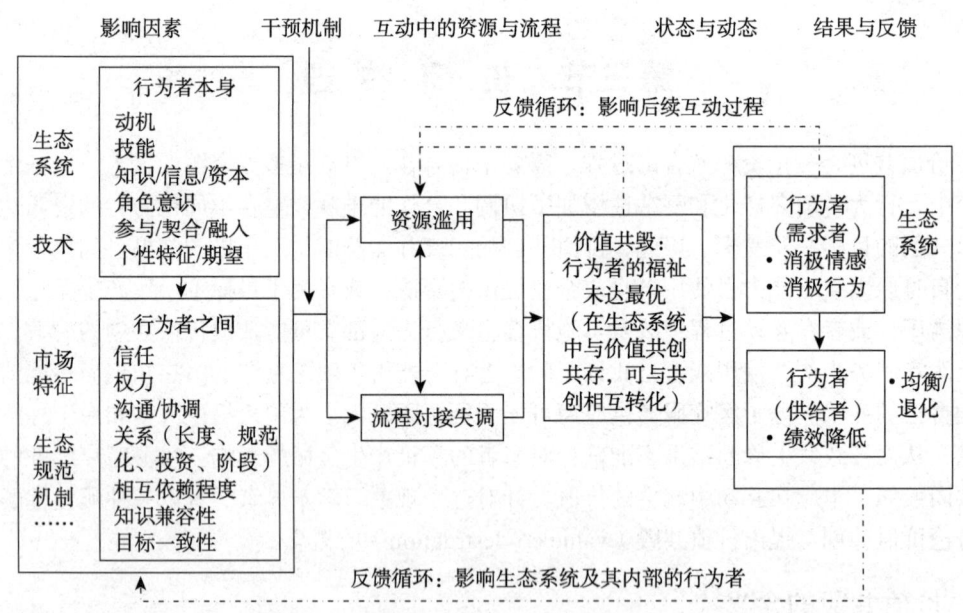

图13-4 价值共毁的过程循环理论框架

资料来源：关新华，谢礼珊. 价值共毁：内涵、研究议题与展望[J]. 南开管理评论，2019，22(6)：94.

(一)价值共毁的影响因素

如图 13-4 所示,在价值形成过程中,不同行为者及其所处的生态系统均发挥着作用。

(1)行为者本身特征影响价值共毁

已有研究认为,行为者本身的技能、知识以及角色意识、融入程度、资本、信息和能力、报复动机等会影响价值形成过程,造成价值共毁。

(2)行为者之间的关系特征影响价值共毁

研究发现行为者之间的信任、协调和沟通、权力关系,以及所处的交换过程和关系阶段在价值形成过程中起着重要作用。即行为者之间不良、不对等的关系往往造成价值共毁。匹配理论认为,当行为者的特征和环境的特点相一致时,更可能产生积极的工作态度和行为。匹配度高的行为者间能产生良好的互动,不匹配则可能导致价值共毁。具体而言,行为者间的沟通风格相异、知识不兼容、目标不一致等可能造成沟通不畅、交流障碍,引发资源滥用和流程对接失调。

(3)生态系统特征影响价值共毁

技术在帮助行为者进行价值共创过程中扮演着不可或缺的角色,但也会带来价值共毁,关键在于行为者如何使用技术以服务于价值创造。生态系统的规范和机制、市场特征等也可能对行为者的实践产生影响。

(二)互动中的资源与流程

在价值共毁内在机制的研究中,"资源"和"流程"是两个重要的关键词。资源滥用(the misuse of resources)是价值共毁的根源所在。资源滥用指行为者未能以其他行为者认为"合适"或"期望"的方式来整合或运用可获得的操作性资源和对象性资源。在价值成功得以共同创造情境下所获得的使用价值(value in use),在价值共毁过程中被称为资源滥用造成的价值毁坏(value destruction through misuse)。资源可能来自其他行为者及其网络,也可能是该行为者自身及其网络所拥有的资源,或是两者的组合。资源的滥用可能是偶然的,也可能是故意的。偶然的资源滥用是指行为者不是出于故意的行为而造成结果与彼此期望的不一致。例如,顾客没有能力使用其自身或企业提供的资源,或没有遵循企业的期望,而占用员工太多时间。故意的资源滥用是指某个行为者通过损害其他行为者的福祉和适应能力来增强自身的福祉和适应能力。例如,企业通过牺牲服务质量来提高服务生产率,员工为增强自尊、工作满意感而做出一些不良行为,顾客采取不当行为或不道德行为,等等。

尽管资源滥用可能是造成价值共毁的关键因素,但也存在正确使用资源最终却造成价值共毁的情况。在服务生态系统中,为了共同创造价值,必须协调参与者的业务流程。勒费弗尔和普勒(2012)将流程对接失调(misalignment of processes)纳入价值共毁的内在机制。流程对接失调是指焦点关系中的一个行为者未能以其他行为者认为"合适"或"期望"的方式适应和协调其流程,使之与其他焦点行为者及其网络、该行为者自身网络的流程不相匹配。这种失调会对关系中的焦点行为者产生不利影响,也会对行为者的网络产生不良结果,引发流程对接失调造成的价值毁坏(value destruction through misalignment)。在焦点行为者间进行互动时,资源滥用(包括资源不足、资源整合不当或没有整合资源等)或流程对接失调(不同行为者流程间的不匹配)将会导致至少一个焦点行为者或与其相关网络的价值共毁。

（三）状态与动态

价值共毁是一种状态。因为服务生态系统的参与者非常复杂，所以任何不恰当的价值共创行为都可能产生负面结果。那么价值共毁应如何界定，在价值共创和价值共毁之间是否存在一种叫做价值未创造（value no-creation）的中间状态，谁是价值的共同毁灭者，谁的价值遭到毁坏，价值体现在哪些方面，是否与价值共创行为类似存在显性的可测量的价值共毁行为，价值共毁的结果是没有实现最优还是福祉减少等，这些问题都需进一步研究。已有研究表明，在服务生态系统中，价值共毁和价值共创可能共存，也存在共毁转变为共创、共创演变为共毁的可能。那么如何界定价值共毁的状态，价值共毁的状态是暂时的还收永久的，它如何进行动态变化，价值共毁的状态如何演变，如何防止从共创走向共毁，采取哪些措施有助于从共毁走向共创等问题都值得进一步深入研究。

（四）结果与反馈

价值共毁影响行为者的反应也影响系统状态。在行为者反应方面，价值共毁会引发需求者的愤怒、失望、焦虑等消极情绪，进而产生抱怨、消极口碑、转向其他服务提供者等行为。从供给角度看，价值共毁无疑会对企业绩效产生不良影响。在行为者越来越依赖网络系统生存的现实面前，探讨价值共毁给系统造成的影响无疑是重要的议题。例如，系统局部的价值共毁不会对系统均衡产生显著影响。系统内同时存在的价值共创和价值共毁共同维持系统的动态平衡，但多个子系统的价值共毁可能造成整个生态系统的退化甚至消亡。

在价值共毁过程中，还存在两类反馈循环。一类是价值共毁及其结果对行为者间的后续互动产生不良影响，表现为价值损失的一方由于福祉没有实现最优，产生消极情感而在后续互动中进行故意的资源滥用。另一类是价值共毁及其结果对行为者、行为者间的关系，甚至生态系统产生直接产生影响。例如在供需关系中，需求方为了避免价值共毁，可能在知识、技能等方面进行投资，或者降低自身期望。供给者为了避免价值共毁，可能更加关注与需求者进行有效沟通，建立长久的关系和信任。生态系统为了实现长远发展，可能通过建立健全行业标准、规范，推动信息技术发展和规范应用等措施，避免整个系统的退化，规避价值共毁的出现。

（五）干预机制

价值共毁研究中亟需解决的另一个重要问题是价值共毁的缓冲机制，即采取哪些干预措施可以有效减少甚至预防价值共毁的发生。但目前学术界大部分的研究关注价值共毁为何发生，较少关注如何积极干预价值共毁。资源滥用和流程对接失调是造成价值共毁的原因，那么企业如何确保资源的合理整合而非滥用，又如何匹配不同行为者间的流程？理解这些因素能够帮助管理者对价值共毁进行积极干预。行为者之间的治理机制，甚至是生态系统层面的规范、标准等，对于防范价值共毁都具有重要意义。

三、不同情境下的价值共毁

对价值共毁的研究涉及二元关系也涉及多元关系。B2C/C2B/C2C 情境下的价值共毁研究从员工（组织）—顾客或顾客—员工（组织）以及顾客—顾客等二元关系出发，主要关注其中一方的行为者由于资源滥用所造成的福祉降低。B2B 的情境更为复杂，互动双方甚至多方各自的特征、双方关系，以及所处的生态系统都会对价值形成产生影响。随着互联网的普及，企业与顾客的互动和资源的整合已经突破传统的物理空间，虚拟空间二元/多元关系价值共毁问题的研究也进入学者的视野。

（一）个体—组织/个体—个体互动情景下的价值共毁

在 B2C/C2B/C2C 情境中，目前的研究主要关注"价值共毁由谁而起"的问题。一些学者关注服务提供者（组织或员工）对顾客资源的滥用所造成的价值共毁，另一些学者关注顾客对资源的滥用所造成的价值共毁，但更多研究采用综合的视角探究行为者间互动造成的价值共毁。例如史密斯（M. Smith）（2013）采用关键事件法研究，发现组织对顾客资源的滥用造成价值共毁，共毁会引发顾客资源的损失，进而使之产生消极情感，引发消极行为，带来互动双方或多方行为者福祉的下降。普勒（2016）认为在价值形成过程中，员工如果能够成功整合顾客资源（包括信息资源、情感资源、物理资源、财务资源、时间资源、行为资源、关系资源、社会资源、文化资源、与角色相关的资源、顾客能力、顾客意愿12类），则会达到价值共创；如果资源整合不当（mis-integration）或没有进行整合（non-integration），则可能产生价值共毁。尹珏林（音译，J. Yin）（2019）等以共享单车为例，发现情感、关系和能量是顾客的核心资源，产品服务和关系是企业的关键资源，双方资源的错误整合和未整合会造成价值共毁。张婷婷（音译，T. Zhang）等（2018）采用关键事件分析法，发现价值共创和价值共毁是顾客体验、员工行为、顾客行为共同作用的结果。当顾客感到高兴、有价值、体验到互惠、受到组织激励、寻求反馈、可以依靠服务补救努力，与乐于助人、有同理心、礼貌和积极响应的员工互动时，就会通过积极的参与行为进行价值共创。当遇到以下情形，如粗暴的员工行为、冷漠、与公司代理人的对抗、技术的失败、缺乏投诉渠道，以及产生报复欲望等，顾客与员工就会产生消极的接触行为，造成价值共毁。

（二）组织—组织互动情景下的价值共毁

在 B2B 的研究情景下，瓦菲亚斯等学者（2016）进行了多案例分析，发现价值共毁是由于关系中伙伴资源不足，或者关系中一方或双方对资源进行滥用所造成的。价值共毁受五个因素的影响，分别是缺乏信任、沟通不足、权力/依赖之间的不平衡、协调不足、人力资本不足。价值共毁的结果表现为次优的创新产出、可能出现的市场表现不佳、创造过程的延长、额外的货币成本，以及客户和（或）代理商对互动体验的不满。米尔斯（G. R. W. Mills）和拉兹德斯特（K. Razmdoost）（2016）采用案例分析法研究教育项目客户、利益相关者和工程供应商间的价值互动，发现本来成熟的、协同的网络关系如果管理不善，可能会演变为不协调的关系，造成资源的撤回，产生价值共毁。富恩特斯（M. E. G. Fuentes）（2019）以英国某大学一项有争议的建筑工程项目（翻新宿舍）为案例分析发现，由于项目经理对服务体验的重视程度不足，将学生视为价值的破坏者而非共创者，最终造成学生、学校和建筑公司等多方的价值共毁。研究还发现，不道德行为、价值观的错位、权力不对等和缺乏情境意识（contextual awareness）等因素也会对项目的结果产生不良影响。

（三）个体—网络平台/智能技术互动情景下的价值共毁

随着信息技术在旅游、公共管理、健康、娱乐等不同领域的广泛应用，技术在给使用者带来收益的同时，也会造成价值共毁。价值共创和价值共毁并非绝对对立，而是可能同时存在于服务系统中。该领域的研究涉及信息通信技术（information and communication technologies, ICTs）、信息系统（information systems, IS）、服务机器人（service robots）、线上游戏软件等技术的使用给使用者带来的价值影响。诺伊霍费尔（B. Neuhofer）(2016) 发现信息通信技术作为一种资源，既会促进游客的旅游体验，也可能带来价值共毁。游客将信息通信技术和自身资源进行整合，通过社会连结、社会分享和共生、精神脱离 3 个方面进行价值共创。信息通信技术则通过为游客逃避日常生活设置障碍，干扰当下的旅游体验，使游客产生压力感和上瘾感等，造成价值共毁。阿普斯特罗姆（E. Uppström）和隆恩（C. Lönn）(2017) 以瑞典森林管理机构和外部社区的合作为案例，探讨 IS 的使用对合作结果的影响，研究发现在合作过程中价值共创和价值共毁都可能出现。如果合作者之间的边界较为复杂，那么价值共毁的风险会增加。凯斯（M. Čaić）等（2018）研究社会辅助机器人在老年人护理价值网络中的潜在作用，发现机器人扮演推动者、盟友和扩展自我的角色时，有助于价值共创；当机器人扮演入侵者、替换者和钝化者的角色时，则可能引发价值共毁。库科（J. Kokko）等（2018）访谈了六位在线视频游戏的玩家，发现价值共创和共毁发生在给予反馈和建立关系的过程中。给予反馈能够鼓励玩家参与，但由于语言滥用会产生危害。建立关系意味着交朋友，但在此过程中也存在竞争。

价值共创研究视角提倡多行为者的共同参与，希望实现价值共创的目标。服务主体应该根据各方资源、能力等条件，选择合适的共创程度，从而减少价值共毁的发生。行为者的目标并非总是一致，每个行为者对服务体验的优先级可能不同。这种异质性导致价值共创只有在行为者间的目标是互补时才可能出现。因此在大多数给定的交换情境中，价值共毁的情况更可能发生。这就要求行为者在价值共毁发生时，采取相应的干预措施，缓解福祉受损的行为者的消极情感，并将其消极行为的影响降到最低。

思考与练习题

1. 如何理解价值共创的含义？价值共创有什么特征？
2. 价值共创的前提条件是什么？
3. 价值共毁是价值共创的对立面吗？为什么？
4. 哪些因素导致价值共毁？
5. 列举一些服务中价值共毁的例子，思考如何防止价值共毁的发生。

即 测 即 练

自学自测 扫描此码

第十四章 顾客体验管理

本章介绍顾客体验的含义与测量、顾客旅程与接触点的概念以及顾客旅程图与顾客旅程主张等概念,阐述顾客体验管理的理论框架和方法。

- 了解顾客体验的内涵和测量。
- 理解接触点管理理论。
- 掌握顾客旅程体验图的绘制方法。
- 掌握顾客体验管理理论与方法。

第一节 顾客体验的含义与测量

随着营销实践的不断发展,营销人员越来越意识到人们真正想要的可能不只是产品或服务,而是那些令人满意和产生愉悦的体验过程。自从派恩(J. Pine II)和吉尔摩(J. H. Gilmore)(1998)在《哈佛商业评论》宣告"体验经济"到来之后,体验逐渐成为一个区别于产品和服务的概念。越来越多的企业开始把顾客体验放在服务供应品的核心位置,产生很多"以体验为核心服务"(experience-centric services)的企业,他们提前精心勾画顾客体验,为顾客体验量身定制创新的服务产品。提供以体验为核心的服务要求企业有系统的管理方式,并且严谨计划和设计好服务传递系统中的有形和无形服务因素,如实体或虚拟的服务场景、服务接触中的人员因素,以及基于顾客体验的服务传递系统等。很多企业设立首席体验官、顾客体验副总裁或体验经理等岗位,专门负责创建和管理顾客体验。

一、顾客体验的定义

对于顾客体验的理解研究经历了不同的发展阶段。艾博特(L. Abbott)(1995)和奥尔德森(W. Alderson)(1957)提出,"人们真正想要的不是产品,而是令人满意的体验。" 20世纪80年代的经验论者认识到情感对决策和体验的影响。派恩和吉尔摩(1998)在《哈佛商业评论》上发文提出市场进入"体验经济",将"体验"概念化为与商品和服务不同的范畴。研究者主张用更广阔的视野看待顾客体验,认为每一次服务接触都会带来顾客体验,无论其性质和形式如何,在商业实践上将顾客广泛地定义为对任何与企业直接或间接关联而产生的内在和主观反应的统称。消费者行为学和营销学理论的研究以及后期关于顾客关系管理、顾客参与、顾客导向等研究为顾客体验的提供了理论启示和基础。

（一）关注消费者决策过程和行为的研究

早期顾客购买行为过程模型展示了顾客从需求识别，到购买，再到评估购买产品的购买过程。例如霍华德（J. A. Howard）和谢思（J. Sheth）提出的顾客购买行为流程模型、描述顾客在购买产品过程中通常经历的四个步骤的 AIDA 模型（注意 attention、兴趣 interest、需求 desire 和行动 action）等，为整体思考顾客体验提供了理论基础。"顾客决策之旅"或"顾客购买之旅"也可以视为顾客在所有构成顾客体验的阶段和接触点中所经历的过程。

（二）关注消费行为结果的研究

营销学中关于满意度、服务质量和关系营销的研究强调了顾客体验和行为结果的联系。确定关键指标评估整体顾客体验非常重要，企业理解和管理顾客体验的关键要素之一就是能够测量和监控顾客对产品的反应，尤其是顾客的态度和看法。满意度的研究中涉及对顾客情感因素和其他因素的测量，可以评估和度量顾客对体验的看法和态度。服务蓝图概念的提出对后期顾客旅程概念的提出颇具影响。服务质量五因素模型和测量量表考虑了哪些因素会影响顾客对服务体验的判断。关系营销研究顾客关键态度的驱动因素，如信任、承诺、转换成本和关系质量等，将顾客体验的重点拓展到包括与体验相关的情感和态度。顾客关系管理重视投资回报率（return on investment）评估，与顾客建立牢固的长期关系，顾客关系管理和顾客价值管理关注优化从顾客处获利的能力和顾客终生价值（CLV），因此需要确定关键接触点和驱动因素。数据分析是顾客关系管理的重要内容，确定各个要素如何相互关联以及与业务成果之间的关系，企业将多渠道纳入顾客体验。

（三）顾客导向研究

顾客导向（customer orientation）侧重顾客体验的内部组织管理，有助于企业内部顾客体验管理和与其他利益相关者进行的外部合作。企业顾客导向是一种以满足顾客需求为目标的经营哲学或企业行为。顾客导向的企业不以短期的销售业绩为考核的主要目标，更多地强调与顾客进行互动，鼓励顾客表达自己的问题，通过对顾客需求的了解，提供帮助他们解决问题的方法。顾客导向把顾客的利益放在首位，能够指导企业有效地为顾客创造价值，在企业范围内培养以顾客为核心的经营理念。在这一文化的影响下，企业将顾客和顾客数据嵌入到组织中，侧重从顾客角度重新设计顾客体验。随着社交媒体快速发展，企业需要创建平台，整合社交媒体，鼓励顾客积极参与价值共创。顾客在价值创造过程中通过体验对价值进行建构，价值创造是顾客对价值的体验性感知。

学术界从不同角度理解顾客体验的设计、交付和管理。从企业的角度来看，本质上是设计和制作供顾客接受的体验。从顾客角度/共创角度来看，顾客体验被认为是顾客与更广泛的生态系统中其他参与者互动的最终结果，顾客在体验共建过程中担任重要角色。顾客体验本质上是一个整体的系统的结构，涉及顾客对企业及其品牌、产品/服务的认知、感知、情感、社交和身体反应。施密特（B. H. Schmitt）（1999）区分了五种类型的体验：感官（sense）、情感（feel）、认知（think）、行动（act）和社会认同（relate）体验。德凯塞尔（A. De Keyser）等人（2020）将顾客体验描述为顾客在与市场参与者的直接或间接交互中，通过认知、情感、实体、感觉、精神和社交元素形成的总体感受。从价值共创的角度来看，可以将顾客体验视为顾客与更广泛的服务生态系统中其他行动者交互的最终结果。

顾客体验可以被概念化为整体的，由多个接触点组成，从一个接触点到另一个接触终点的旅程，涉及顾客的认知、情感、情感、社交和感觉等要素。顾客体验是一个过程，这个过程中的互动和活动跨越多个接触点，同一接触点也可能在服务的多次重复中出现，特别是在顾客重复与同一个组织互动的情况下。顾客先前的经历塑造了对未来互动的期望。

二、顾客体验的测量

顾客体验的测量是一个难题，学术界和实践界目前尚未形成类似于服务质量模型的成熟测量量表。不少学者对顾客体验的量表进行了探索。顾客对服务体验的评价是在服务环境中与公司、相关系统、流程、员工和顾客之间相互作用形成的，顾客通过活动和互动在多个接触点上整合资源来为企业创造价值。对于如何测量顾客体验，不少学者尝试开发出一些量表。麦克-肯尼迪（J. R. McColl-Kennedy）等人（2019）认为，顾客体验由价值创造要素（资源、活动、互动、环境和顾客角色）、离散情绪（喜悦、爱、惊讶、愤怒、悲伤和恐惧）以及接触点的认知反应（抱怨、赞美和建议）组成。克劳斯（P. Klaus）和马克兰（S. Maklan）（2013）提出了顾客体验质量的测量方法，测量维度包括安心、关键时刻、结果聚焦和产品体验四个方面，如图14-1所示。在他们的研究中，没有将顾客体验和顾客体验质量进行严格的区分。所谓产品体验，反映了顾客对拥有选择的感知和比较产品的能力，是评估服务质量感知的关键因素。结果聚焦反映了以目标为导向的体验在消费者行为中的重要性，这与降低顾客的交易成本有关。关键时刻是指顾客旅程中的"关键时刻"，强调服务补救和灵活性的重要性，还包括与关键时刻相关的人际交往能力、对顾客在与服务提供商打交道时对风险感知的影响评估。安心则反映了顾客体验的情感利益，顾客对内心平静的反应往往是考虑与服务提供商建立关系，而不是以"纯粹的交易方式"看待服务本身。

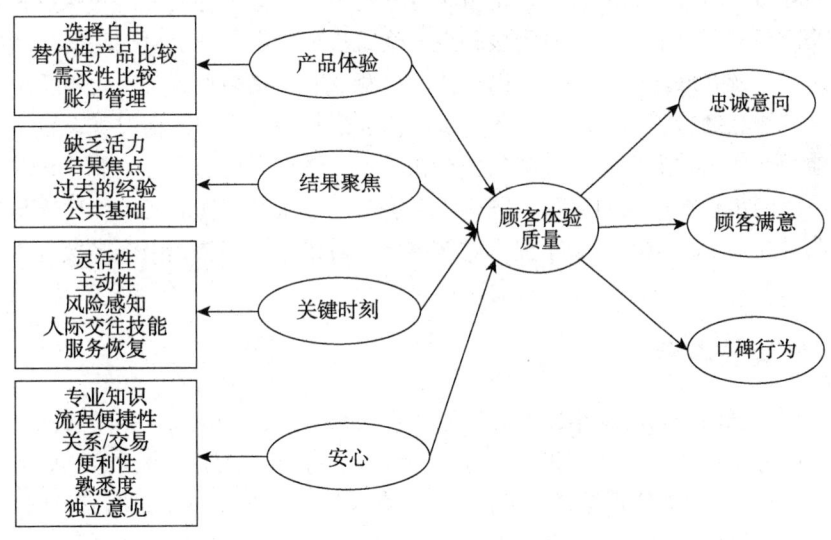

图 14-1　顾客旅程质量测量模型

资料资源：Klaus, P. & Maklan, S. Towards a better measure of customer experience[J]. International Journal of Market Research, 2013, 55 (2)：230.

顾客体验作为一个过程，顾客通过活动和互动在多个接触点上整合资源来为企业创造价值，但是通常很难在多个接触点或者顾客旅程的不同阶段中简洁准确地衡量出顾客体验的价值。如果要想做到这一点，不仅需要制订出每个接触点简单快速的测量方法，还需要对不同行业与不同文化之间的顾客体验差异进行研究，探索顾客体验与其他相关概念的测量有何差异。企业管理者需从各种来源收集定性和定量的数据，互联网技术的快速发展给收集顾客体验数据带来了新思路。例如，研究者可以应用数字情感指数、文本分析来衡量特定的接触点，预测以往用传统的调查手段获得的测量指标。研究者还可以采用眼动追踪、脑电图、磁共振成像、生物识别和面部编码等神经科学方法来实现对顾客体验更精确的、即时的测量。这些方法弥补了传统的市场顾客态度调查的不足，对企业理解影响顾客体验的因素以及顾客体验与顾客行为之间的联系提供新的见解。此外，从顾客旅程的角度进行分析可以通过考虑不同接触点对购买和销售的归因来进行定量分析。研究人员不仅可以检查销售效果，可以检查不同的接触点（品牌、顾客、合作伙伴和外部）如何同时影响顾客旅程不同阶段的顾客体验，还可以基于渠道整合的概念并将其扩展到"顾客接触点集成"这一视角，利用广泛的接触点和顾客体验的动态性质，研究品牌和品牌标识对顾客体验的作用。

第二节　顾客旅程与接触点

每一个消费者都可能经历从需求识别、信息搜索、替代性评估到购买决策，再到购后行为的整个过程。消费者的整个购买过程犹如一段旅程，跨越了多个渠道和无数个接触点。每一个接触点和渠道在理论上都会影响顾客的体验和情感状态。顾客最终购买产品或服务的决策行为往往不是单一接触点或渠道决定的，而是受多层次、多触点、多渠道因素的累进影响。顾客旅程所带来的顾客体验是市场竞争优势的关键来源之一。接触点在顾客旅程中扮演了关键组成成分的角色。单个接触点的优秀表现一定程度上可以映射至顾客体验的提升。然而，当顾客旅程中分布着难以计数的接触点时，接触点的管理便不止单纯局限在对各个单一接触点的管理上，因为在各个接触点表现都相当优秀的情况下，顾客旅程整体也可能很糟糕。从绩效上来看，大多数公司在单一接触点表现都很好，而让某些公司在行业中脱颖而出的是顾客旅程的表现。顾客满意度与顾客旅程表现的相关性比其与接触点表现的相关性要高 30%~40%。为了提升顾客体验，着眼于顾客旅程中众多接触点的管理是必要的。

一、顾客旅程的内涵

顾客旅程概念的确切起源难以准确追溯。肖斯塔克（L. Shostack）（1982）率先提出服务蓝图（blueprint）概念，通过设置服务可视线和服务有形因素等方法绘制服务蓝图进行服务设计，进而提升服务管理绩效。此后，卡尔博内（L. P. Carbone）和史蒂芬（H. Stephan）（1994）进一步提出体验蓝图概念，用图例表示顾客体验路径并描述其各自功能。牛津企业咨询公司（Oxford SM）（1998）提出顾客旅程映射的服务设计方法，可以视为基于顾客中心主义视角的服务蓝图的可视化呈现，这一方法在服务设计行业中广为流传。与顾客旅程映射方法类似，肖恩（C. Shaw）和依文思（J. Ivens）（2002）绘制了餐饮服务的顾客体验图，包括接触点、顾客期望、情感路径等。戴维（C. David）等人（2009）提出了消费者决策旅程概念。特金（B. Temkin）（2010）发布了一份题为"顾客旅程制图"的报告，"顾客旅程"概念的提出得到了学术界的认可。但顾客旅程目前尚未有严格的统一定义。学术研究上顾客旅程、顾客旅程图、顾客体验图、体验蓝图、服务旅程等相似概念经常互用。总的来说，顾客旅程可以从两个视角来理解：一种是从顾客需求产生到购买决策再到购后行为整个消费过程的描述性工具；另一种是以顾客体验为中心的全服务流程设计方法。

多数学者在定义顾客旅程时强调接触点的集合，故而顾客旅程图也被称为接触点图或关键时刻图。还有一些学者在定义顾客旅程时，强调事件或服务接触，认为顾客旅程是一个比顾客忠诚更开放的过程，顾客旅程是顾客生命周期里离散的具体经历。他们将顾客旅程描述为整个顾客体验过程。

交易可能发生在企业与消费者之间，或企业与企业之间，这两种交易性质下顾客旅程的定义和阶段划分存在一定差异。从企业与消费者之间发生的交易看，顾客旅程指顾客在整个购买阶段中，通过多种渠道和媒体与企业之间的多个接触点互动所获得的体验，一般划分为购买前、购买中和购买后三个顾客与企业的互动阶段。在购买前阶段中，顾客会确定需求，发现一些可选的品牌和产品，搜索信息并建立入选考虑范围的集合。消费者可能通过企业的官方网站了解品牌和产品，也可能通过综合性电商（如淘宝、京东和拼多多等）进行产品及其价格比对的研究型消费。在购买阶段，消费者进行选择、订购和支付等操作，此时消费者可以自由地选择渠道和接触点。在购买后阶段，消费者进一步地发生发布评价、口碑和产品退货等消费者行为。从企业与企业之间发生的交易看，顾客旅程指满足顾客业务需求的关系流程，划分为投标前参与、谈判、实施和运行四个阶段。无论是企业与消费者还是企业与企业，在这些情境下，顾客旅程的重要性都是不言自明的。顾客旅程带来的顾客体验为企业获得市场竞争优势。顾客旅程不仅常用于领先的体验式服务提供商的服务管理和设计中，在公共部门服务的管理和设计也有身影。

顾客旅程概念的内涵包括以下几个方面。
①顾客旅程是基于顾客中心主义视角的经历。
②顾客旅程是由若干接触点连接的完整旅程，而非单一接触点的体验。
③顾客旅程体验是动态的波动过程。
④顾客旅程可能涉及多渠道的交互过程。
⑤旅程持续时间或长或短，因人而异，具有可重复性和非线性。

二、顾客旅程可视化

顾客旅程管理是指基于顾客旅程视角分析、建模、管理或设计服务流程的方法和实践，涉及了解和管理顾客在整个消费旅程中的体验。顾客旅程和接触点的观点与传统上认为服务设计主要是产品设计的观点不同。产品设计解决了单个服务元素的设计，但忽略了顾客和服务组织之间动态的、持续的联系，顾客旅程和接触点的整体设计思想弥补了这一问题。弗斯坦（A. Følstad）和科瓦莱（K. Kvale）（2018）将顾客旅程管理划分为顾客旅程图和顾客旅程主张，前者是指基于现状分析现有服务流程和活动过程，后者是指面向未来进行生成性服务设计，提出了将顾客旅程可视化的管理思路。

（一）顾客旅程图

顾客旅程图的核心是将顾客旅程进行可视化。顾客旅程映射包含的主要要素是服务背景、阶段划分、接触点、情感曲线、服务机会点和痛点。顾客旅程可视化过程中包括各种类型的信息，如顾客情绪、顾客需求、顾客要求和痛点。在如何管理顾客旅程的问题上，来自麦肯锡公司的营销专家尼古拉斯·梅克勒（Nicholas Mekler）、凯文·内尔（Kevin Neil）和罗伯特·派克（Robert Pack）三人共同提出了以下六条行动原则。

①从顾客的角度来分析这段顾客旅程的本质。
②了解顾客在这段旅程中会如何经过每个接触点。
③预测顾客在旅程每一部分中的需求、期待和愿望。
④了解哪些可行，哪些不可行。
⑤针对最重要的差距和机会确定优先事项以改善顾客旅程。
⑥认真解决问题根源，重新设计旅程，提供更优质的端对端体验。

顾客体验不是单一渠道的，而是全渠道的综合体验过程。顾客旅程可能是单渠道的，也可能是多渠道的。随着渠道分裂的加速，顾客旅程的全渠道整合管理日渐成为新的市场趋势。在服务过程中，顾客体验不是静态的稳定状态，而是一个动态的波动过程。在构建顾客旅程图过程中，需要描绘出顾客在旅程的各个阶段、在线下线上渠道的行为或体验，即形成跨渠道可视图，该图将每一种渠道与顾客旅程的各个阶段连接成为"泳道"。全渠道的内涵是指线下线上渠道的融合，其外延并非特指分销渠道或销售渠道的概念，而是指全渠道营销，即包括全渠道的产品设计和生产、全渠道的服务、全渠道的定价、全渠道的店铺位置和环境，以及全渠道的传播或沟通。总的来说，全渠道顾客旅程具有很强的个人主义色彩，同时又适用于任何单一互动、顺序效应和顾客旅程模式的影响。由于渠道的收益和成本各不相同，消费者不仅表现出多渠道行为，有时也表现出对某一个渠道的独特依赖性。消费者的渠道惯性随时间变化，不同的顾客在顾客旅程的不同阶段对于渠道的忠诚度也存在一些动态的变化。

图14-2以某品牌的共享单车顾客为例，对如何绘制全渠道顾客旅程体验进行描述。具体步骤如下：①交代绘制顾客旅程的背景；②通过消费特征等方面绘制顾客画像；③分阶段、分步骤地绘制顾客旅程图；④选择便捷、省钱等体验层次描绘顾客体验的情感状态和曲线；⑤结合前述的顾客旅程，进行企业的核心机会点或体验痛点分析。

顾客在体验共享单车的过程中可能经历以下接触点：广告、注册、押金、搜寻、选择、定位、扫码、开锁、推走、骑行、到达、锁车、支付、分享等。在上述所有接触点中，不存在每一个接触点的体验满意度都是一致的，通常都会存在一个情感波动曲线。换言之，可能存在一个体验满意度最高的接触点（如车辆分布较为合理，顾客搜寻非常方便），也可能存在一个体验满意度最低的接触点（如到达后的锁车程序过于繁琐，提供给顾客扫码界面不容易找寻），即所谓的痛点。顾客旅程管理的关键在于识别出到底哪些接触点是关键接触点，即最高体验点和最低体验点，然后采取相应地改进措施或市场竞争策略。

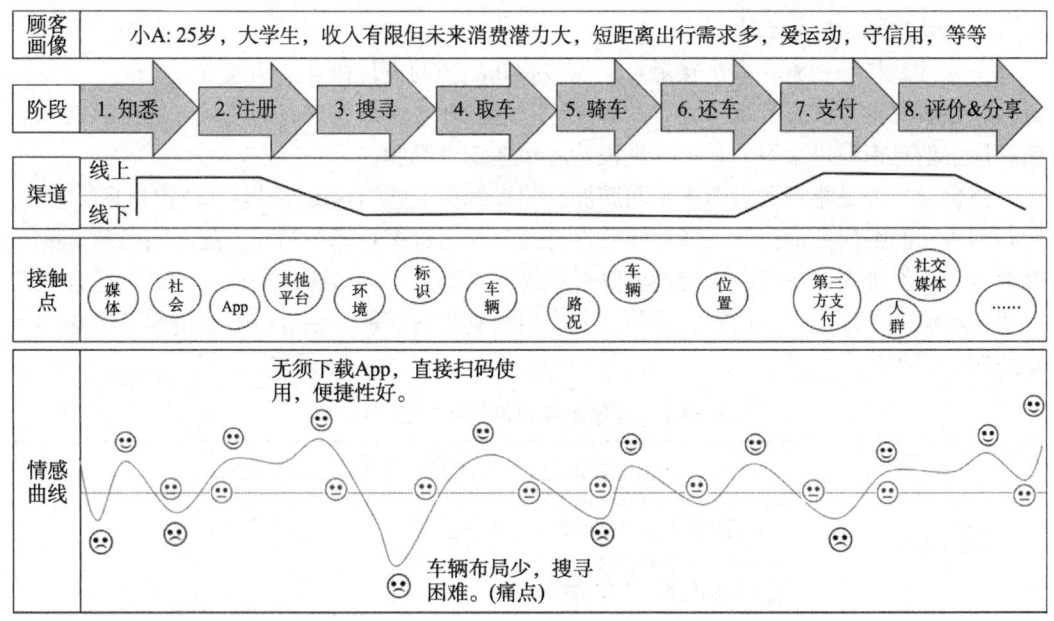

图 14-2 共享单车全渠道顾客旅程图示例

（二）顾客旅程价值主张

顾客旅程主张（customer journey proposition）也称为顾客旅程设计，是一种面向"未来"服务流程的顾客旅程设计理念和方法。顾客旅程主张与上述顾客旅程地图的区别在于，前者是对未来的规划，而后者是对现状的描绘。服务主导逻辑和价值共创理论强调，企业不能单独创造或传递价值，顾客感知价值是在顾客参与下与企业共同创造的，企业只能提出价值主张。所谓价值主张，就是企业对顾客做出的一种服务或体验质量承诺。例如，亚朵酒店为顾客设计了这样一个顾客旅程体验——"一杯欢迎茶的温暖"。当顾客步入酒店大堂，服务人员首先微笑问候，然后为顾客接下行李，接着递上一盏热茶，让顾客稍作休息的同时办理入住手续。热茶一盏虽小，却可见酒店在用心打造极致的顾客旅程体验。

企业通过新技术、新流程和组织结构可以重新获得主导权，进而对原有顾客旅程进行全新设计和管理。服务企业应该能够设计跨越多个触点的旅程，并在企业自身的基础上构建这些能力，使其即使放到外部的生态和联盟中，也能同样发挥作用。企业在提出顾客旅程主张时往往邀请真实的顾客一起参与设计，强化顾客旅程体验的真实感。最典型的例子是旅游线路设计，从出发到回程，顾客旅程设计可以细化到 24 小时的具体活动和流程。游客的参与可以让旅游线路规划和活动流程更加符合游客需求，因而提升游客旅程体验质量。库恩（C. Kuehnl）等人（2019）提出有效顾客旅程设计应该包括三个维度：接触点的主题连贯性、一致性和情境敏感性，如表 14-1 所示。

主题连贯性是指消费者将多个接触点视为共享一个共同的品牌主题，这有助于将品牌识别为实现给定生活方式、目标或愿望的相关选择。主题锚定在所有接触点，嵌入基础的精神价值主张，并在所有品牌拥有的接触点上传达品牌的相同含义。换言之，主题连贯性能够有效地支持顾客更容易地将多个接触点处理为语义知识图式，将品牌与其特定的生活方式、活动或愿望联系起来。

一致性是指消费者在多个接触点上能够感知品牌的设计语言、沟通方式、交互行为、流程和导航逻辑方面具有统一设计的程度。它通过在多个品牌拥有的接触点轻松识别、评估和检索信息来促进学习,从而帮助消费者快速识别品牌。

情境敏感性是指消费者对多个品牌拥有的接触点的感知程度,即对其特定目标、情境、偏好和活动的响应和适应性。情境敏感性有助于提高顾客目标与品牌产品之间的契合度,因此有利于促进顾客对便利、控制和降低风险的认知。情景敏感的企业能够提供适合个人消费者环境的个性化顾客旅程,并帮助顾客根据其当前环境、偏好或活动更容易地与多个品牌拥有的接触点互动。

表 14-1 有效顾客旅程设计的三个维度

有效顾客旅程设计维度	达到的目的
主题连贯性	这个品牌的接触点是以主题为基础的 该品牌的接触点具有明确的主题理念 该品牌追求主题概念 这个品牌代表一个特定的主题和活动
一致性	该品牌在不同的接触点上传达了统一的印象 这个品牌在不同的接触点上是一致的 该品牌的各种接触点呈现出同质的形象 该品牌的不同接触点是以协调一致的方式设计的
情境敏感性	当我遇到这个品牌时,我感觉它会考虑到我的具体活动、兴趣或需求 这个品牌的不同接触点与我的个人情况非常吻合 我觉得这个品牌的不同接触点很适合我的日常生活和日常工作 这个品牌的不同接触点之间的联系让我的活动变得简单和有趣、快速

资料来源:Kuehnl, C., Jozic, D. & Homburg, C. Effective customer journey design: consumers' conception, measurement, and consequences[J]. Journal of the Academy of Marketing Science, 2019 (47): 562.

作为日益复杂和数字化的消费市场中顾客价值的重要来源,有效的顾客旅程设计不仅是提升顾客品牌体验的重要途径,而且通过影响品牌态度对顾客忠诚度产生积极影响。同时在产品类型上存在差异,有效的顾客旅程设计更强烈地影响功利主义品牌态度,而品牌体验更强烈地影响享乐品牌态度。

三、接触点的分类

顾客旅程在改善顾客体验中发挥着重要的作用,而接触点作为顾客旅程的关键组成部分,其研究价值同样很重要。接触点是顾客和提供商、产品/服务的每一次交互,是提供商促进服务接触和创造顾客互动的方式。它发生在顾客接触组织的任何时刻,并且可能跨越多个渠道。类似于服务接触,顾客接触包括渠道或物理环境本身,顾客在这些触点上与企业或产品的互动都会影响其体验。顾客旅程中包含了无数个接触点,还可能涉及单个或多个服务提供商。渠道通常是指销售渠道,即产品/服务所有权转移过程中所经过的各个环节连接起来形成的通道。顾客旅程视角下的渠道概念特指消费者的购买路径。顾客通过多种渠道和无数接触点与企业产品/服务进行互动,从而导致更复杂的顾客旅程。例如,展厅现象和网搜现象,前者是指顾客在实体店搜索然后去网上购买的现象,后者是指顾客在网上搜索然后去实体店购买的现象。随着科技发展和线上应用的推广，电子渠道接触点成为顾客最常使用的一类接触点，它指的是零售商用来为消费者提供在线购物机会的特定数字购物格式，常见的格式有移动应用等。

企业与企业之间的交易中的接触点涉及不同参与者的各种形式的交互，这些参与者可能来自供应商企业、顾客企业或合作伙伴企业。在B2B的顾客旅程的不同阶段中，上述参与者扮演的接触点控制的角色也有所不同。例如，供应商企业在投标前阶段的接触点控制，是通过销售代表了解顾客企业采购部门的业务需求来实现的。关注每一个接触点的服务体验，打造连贯的服务体验，是服务企业制胜的重要法宝。企业如果从旅程开始到结束都能为顾客提供最佳体验，则可以收获顾客满意度的提高、销量和顾客保留率的增加、端对端的服务成本降低，以及员工满意度的提升。

接触点的分类方式有多种，被广泛采纳的分类方式之一是莱蒙（K. N. Lemon）和范霍夫（P. C. Verhoef）（2016）提出的按照品牌拥有的、合作伙伴拥有的、顾客拥有的和社交/外部接触点四类来划分接触点。根据产品/服务的性质或顾客旅程情境，每个类别接触点的强度或重要性在每个阶段可能有所不同。也就是说，每一个触点的影响功效不一样，而且具有动态迭代的特征。

（1）品牌拥有的（brand-owned）接触点

这些接触点是由公司自主设计和管理，并在公司控制下的顾客互动。具体而言，这类接触点包括所有品牌自有媒体（如广告、网站等）和营销组合的任何品牌控制元素（如产品属性、包装、服务、价格、销售团队等）。

（2）合作伙伴拥有的（partner-owned）接触点

这些接触点是由公司的一个或多个合作伙伴共同设计、管理或控制的顾客互动，合作伙伴包括营销机构合作伙伴、分销渠道合作伙伴、供应商合作伙伴等。现实中，品牌拥有和合作伙伴拥有的接触点之间的界限可能存在模糊地带。例如，一家公司可能会创建自己的智能手机应用程序（App），显然这是品牌拥有的接触点。但这个App同时又在Google Android平台和Apple iOS平台上运行，而平台功能更新和改进需要该公司及时跟进更新App的功能和设计。这表明合作伙伴也可能影响一些品牌拥有的接触点。

（3）顾客拥有的（customer-owned）接触点

这些接触点是顾客行为，是整体顾客体验的一部分，公司、其合作伙伴或其他人不会影响或控制。例如，顾客在预购阶段考虑自己的需求或愿望。再如，在购买过程中，顾客对支付方式的选择主要是顾客拥有的接触点，尽管合作伙伴也可能发挥作用。当个人消费和使用占据中心位置时，顾客拥有的接触点主要体现在售后阶段，顾客可以独立或与公司共同成为价值的共同创造者，顾客可能以公司不希望的方式使用产品的情况。例如，国内传统的痰盂在西方国家上市后，并没有作为痰盂使用，而是作为日常生活容器使用，而且较为畅销。

（4）社交/外部的（social/external）接触点

这些接触点体现了旅程同伴顾客（fellow customer）在顾客体验中的重要作用，在整个体验过程中，顾客被可能影响流程的外部接触点（如其他顾客、同行影响、独立信息源、环境）所包围。实际上，在顾客经历的所有阶段，同伴都可以施加影响，无论是主动的还是被动的，尤其是在购买过程中消费的产品和服务（如剧院、音乐会、餐厅、体育赛事、移动应用程序等）。这些同伴的影响可能是巨大的，与广告效果相当甚至更大。

四、服务接触点的管理

从企业角度来说，顾客旅程中的接触点管理可从接触点数量管理、服务目标管理、服务内容管理、优先级管理、切换管理和绩效管理六个方面入手。

（一）数量管理

接触点数量管理意味着解决"设置多少个接触点才合适"的问题。有学者认为，企业可以通过考虑渠道结构和跨渠道的相似性，来找到降低复杂性的方法，进而减少接触点的数量，即通过研究渠道来合并和减少接触点。企业还可以根据不同顾客和不同场景调整接触点的数量，如按照离线/在线搜索偏好和以商店/网络为中心的购买偏好等维度来划分顾客的细分市场，并有选择性地为各细分市场提供接触点。有研究发现，比起低不确定性规避文化的顾客，高不确定性规避文化的顾客倾向于体验较少数量的渠道，并且不太可能从不同渠道中购物，因此跨国企业在国际化时要根据进入市场的具体情况等来调整渠道和接触点的数量。随着消费情境逐渐转移到线上，有学者发现数字环境接触点的增加可能使顾客面临选择过载、对购买缺乏信心和对购买决策不满意等情况。设置合适数量的接触点，可以平衡简化操作和流畅体验，从而有助于顾客体验。

（二）服务目标管理

接触点服务目标管理意味着解决"如何使接触点服务目标都致力于改善顾客体验"的问题。接触点的目标管理面临一定的挑战。例如，服务设计和服务传递的部门的相互独立可能会导致各接触点的目标一致性不够高，企业内部各个职能部门"各司其职"但忽略了协作的重要性，从而影响顾客旅程的整体体验。顾客体验中的接触点管理需坚持以体验为中心的基调，涉及围绕服务体验的服务接触或"关键时刻"的管理。为提升接触点服务目标的一致性，企业可考虑下述做法。

①采取网络视角，即在顾客旅程中以顾客为中心，采用网络视角考虑所有接触点。这意味着顾客在与提供商的任何接触中，各个接触点不仅需要考虑本接触点与顾客的互动，还要考虑其他服务提供商为整体服务所扮演的角色。例如，在财务管理服务中，律师需考虑网络视图中顾客与投资建议者、资产计划者等之间的接触点。不同接触点的服务提供者互补构成了整个服务。

②以顾客为中心，即确保所有接触点都强化以顾客为中心的核心观点，以创造整体体验。这要求将看似不相关的元素（如技术、第三方提供商、品牌信息等）无缝衔接，避免顾客只是孤立地感知服务的各个部分，应让顾客享受到一种集成的服务体验。

③建立"人际关系"，即各接触点需要做好顾客共情和揭示顾客感受，更好地理解顾客的显性和隐性需求，与顾客建立有意义的联系，创造包括情感参与、情感投入和具有人情味的顾客体验。

此外，为提升顾客粘性，服务提供商追求重复的顾客旅程，而在重复的顾客旅程中，各接触点的服务目标会因服务类型不同而存在差异。方便性服务的目标是提供一致和可预测的、技术简化的平稳旅程，而娱乐性服务的目标是提供故意不一致、不可预测性的黏性旅程，以保持顾客的兴奋。

总的来说，接触点目标管理应以顾客为中心，兼顾顾客旅程中的其他接触点，最终以提升顾客体验为目的，具体做法因实际情境而异。

（三）服务内容管理

接触点服务内容管理意味着解决"如何让不同接触点提供不同服务内容来发挥优势"的问题。一方面，不同情境的接触点需设置不同的服务内容。在顾客旅程分析中，每个接触点的强度和重要性在每个阶段可能会有所不同。服务提供者应当关注顾客如何与多个接触点互动，了解顾客对接触点的选择。研究发现，不同零售商、产品类别特征和消费者偏好会影响接触点的选择和使用。比如当购买享乐型产品时，消费者最早在购买前两周就开始访问社交媒体和实物产品页面。而对于购买实用型产品，消费者会在最终购买前两周利用第三方评论，并在购买时相对更多地使用搜索引擎、交易页面和竞争对手的产品页面。最终没有购买行为的消费者的接触点的使用也是不同的。顾客的在线使用偏好也会影响接触点服务内容，因为移动设备在何时对他们发挥怎样的作用存在差异。

另一方面，不同类型接触点需设置不同的服务内容。当接触点按照拥有者进行划分时，各类型接触点需搭配合适的服务内容。例如研究发现，服务外包会将接触点转变为合作伙伴拥有的接触点。当服务内容是消费者容易不满意的时候，服务外包有利于品牌评价，而当服务内容是消费者容易满意的时候，服务外包会降低评价。因此，服务外包中合作伙伴拥有的接触点需搭配消费者容易不满意的服务内容。当接触点按照在线和离线进行划分时，在线/离线接触点在不同服务内容上有各自的优势。例如，电子邮件可以引导消费者通过搜索渠道进行购买。零售商可以在线上吸引顾客，并提供从在线接触点到实体店无缝衔接的体验。随着情境和接触点类型的变化，各接触点的服务内容也应得到合理的安排，即发挥各接触点的优势来提供有助于顾客旅程的顾客体验的服务内容。

（四）优先级管理

接触点优先级管理意味着解决"如何在有限资源的情况下合理安排接触点的优先级"的问题。当服务供应商的资源有限时，需斟酌如何合理分配资源使得效益最大化，其中确定顾客旅程中对关键顾客有最大影响的关键接触点至关重要。按照重要性高低逐个识别关键接触点，便于企业对接触点的优先级进行管理。顾客旅程可以分为核心服务前、核心服务和核心服务后三个阶段，因此企业可以通过辨别核心服务来缩小关键接触点的范围。关键接触点的识别也需在跨文化情境下进行调整。例如，在集体主义文化中，社交接触点在整个顾客旅程中起着举足轻重的作用，因此企业应该在社交媒体营销、影响者营销和社交媒体方面投入更多资源。又如，在高度不确定性回避文化中，相比起在线渠道，顾客更可能使用电话渠道，因为其比在线渠道更有助于减少不确定性和建立信任。

（五）切换管理

接触点切换管理意味着解决"如何使消费者在不同接触点之间顺畅地切换"的问题。接触点切换的可预测性是消费者满意度的组成部分，其可以增加认知控制，减少认知努力，最小化风险。接触点的主题衔接、一致性和上下文敏感性也有助于增强顾客忠诚感。这些都凸显了接触点切换管理的重要性。

接触点切换管理可以从主题衔接、一致性和上下文敏感性入手。具体来说,接触点的主题衔接指消费者将多个接触点感知为一个品牌的程度,这有助于品牌被识别为实现特定生活方式、目标或愿望的相关选择。接触点的一致性指消费者对于接触点在沟通信息、交互行为和导航逻辑等方面的感知统一程度。接触点的上下文敏感性指消费者认为多个品牌拥有的接触点对他们的特定目标、情境、偏好和活动具有响应性和适应性的程度,有助于提供个性化顾客旅程,增加顾客目标和品牌产品之间的契合度,促进顾客旅程中对便利、控制和低风险的感知。

(六)绩效管理

接触点切换管理意味着解决"如何有效地得知并提升各接触点的绩效"的问题。接触点的绩效可能受到客观因素的影响。例如,单个接触点的效果可能取决于它在整个顾客旅程中的出现时间。但在顾客旅程中,有的接触点不可避免会花费更多的服务时间,因此如何公正地评估各接触点的绩效,使重要的关键接触点处于优先事项并得到更多的资源是亟待解决的问题。

为评估各接触点的绩效,企业必须确定适当的指标,并创建适当的测量系统和激励措施,使相关职能部门和员工对顾客旅程的结果负责,从而将对单一接触点的关注转移到对顾客旅程的重视上来。另外,即使已经使用了类似顾客满意度的综合性指标,每次顾客旅程还需要定制指标。确定接触点的绩效责任归属也是绩效管理工作的一部分。尤其是确认外部接触点责任归属有利于绩效溯源,并找到改进顾客体验的切入口。无论服务是否外包,顾客旅程中的接触点都是服务供应商的责任范围。当接触点包含合作伙伴的品牌并在合作伙伴的控制下时,顾客认为供应商的责任较小。

学术界也尝试采用模型进行接触点的绩效管理。例如,李红双(音译,H. A. Li)和卡纳安(P. K. Kannan)(2014)提出通过综合模型评估访问和购买阶段之前的接触点的遗留和溢出效应,以正确衡量多个渠道和重叠营销活动的增量贡献,并帮助优化营销预算。安德尔(E. Anderl)等人(2016)提出使用风险模型来考虑接触点及其之间的相互作用,包括顾客如何使用特定接触点、这些接触点的效果,以及一个接触点的使用如何影响其他接触点的使用和有效性。麦克-肯尼迪等人(2019)提出编码所有的价值创造要素、顾客情绪和认知反应,确定和识别顾客认为至关重要的接触点,了解各接触点工作良好、工作不佳或需要改进的状态的模型,并建议企业专注于理解价值创造要素、顾客情绪和顾客在不同接触点的认知反应。不同模型针对的可能是绩效管理中的不同方面,企业可以在顾客旅程不同阶段、不同类型接触点抑或是不同情境中整合发挥各种模型的作用。

第三节 顾客体验管理

顾客体验管理(customer experience management,CXM)是指企业在战略和执行上对顾客旅程的各个阶段和元素进行分析、设计、优化等,致力于提供卓越的总体顾客体验。在商业实践中,一些公司将顾客体验管理视为顾客关系管理的一部分,实际上,顾客体验管理在很多方面都不同于顾客关系管理。传统顾客关系管理的重点主要集中在顾客为公司创造的价值上，注意力放在诸如顾客生命周期价值等指标上，而不是为顾客创造价值。简而言之，顾客关系管理更注重价值的提取和获得，而顾客体验管理则更强调价值的共同创造。

一、管理顾客体验的全过程

施密特（2003）将顾客体验管理定义为从战略上管理顾客对产品或公司的全部体验的过程。它包括五个步骤：①分析顾客的体验世界；②构建体验平台；③设计品牌体验；④构建顾客体验；⑤进行持续创新。分析顾客的体验世界首先要识别用户体验的真实场景是什么，这种消费场景对用户而言代表了什么样的社会文化体验。例如，红酒消费不仅是售出一瓶酒，而是"浪漫的用餐体验"或者"工作之余的生活憩息"。体验平台是顾客体验管理战略和具体实施之间的连接点，提供动态的、全感知的、多维度的顾客体验。设计品牌体验应该包括：①特色体验和产品美学应该成为顾客品牌体验的跃升点；②品牌标志、包装、零售空间等嵌入有让人想要"去看和去感受"的吸引力；③广告和宣传中应该植入有关品牌体验的适宜的体验信息和想象空间。构建顾客体验需要通过体验平台与顾客交互才能施展，品牌体验一旦设计就相对稳定，但顾客界面则是动态的和交互性的。持续创新是顾客体验管理必不可少的步骤，只有企业持续进行创新才能向消费者传达出企业能够为消费者创造新的有关体验，持续创新才能吸引新的顾客。此外，麦克-肯尼迪等人（2019）还提出了顾客体验改善的主要途径：从顾客的角度出发，确定根本原因，发现有风险的部分，捕获顾客的情绪和认知反应，发现并防止销售额下降，确定改进顾客体验的行动优先级来管理顾客的旅程。

二、顾客旅程管理 TCQ 框架

德凯塞尔（A. De Keyser）等人（2020）将顾客体验拆分为 12 个组件，进而将这些组件聚合为三个结构模块：①接触点（touchpoint），即顾客与品牌/公司之间的互动点；②情境（context），即顾客内部和/或外部的情境可用资源；③质量（quality），即反映顾客对与品牌/公司互动的反应性质的属性。最终建构了顾客体验管理 TCQ 框架，如图 14-3 所示。

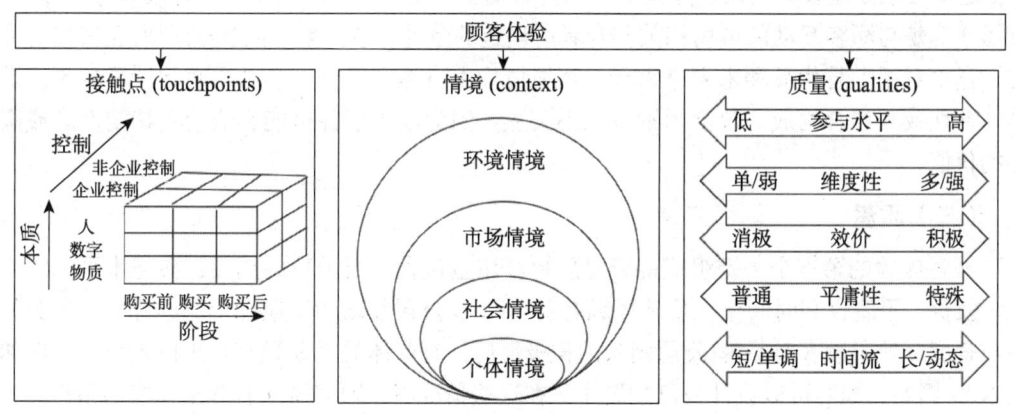

表 14-3　顾客旅程管理 TCQ 框架

资料来源：De Keyser A, Verleye K, Lemon K N, Keiningham T L, Klaus P. Moving the customer experience field forward: Introducing the touchpoints, context, qualities (TCQ) nomenclature[J]. Journal of Service Research, 2020, 23(4): 440.

（一）接触点

接触点（touchpoints）反映了品牌或公司与顾客在整个顾客旅程中的个人接触，这些接触点对于顾客体验的形成至关重要。如果没有任何实际的或想象的交互，就不会有顾客体验。

接触点的控制（control）反映了谁负责顾客与品牌/公司之间的接触点。接触点可能由品牌/公司控制，也可能不受控制。接触点的本质反映了品牌/公司在接触点中的表现方式，接触点可以是人（如一线员工）、数字（如 ATM、网站）、物理（如商店环境）或其组合。近年来，数字接触点以及特别是智能服务正在迅速发展。接触点的阶段反映了一个特定阶段，在该阶段中所有接触点都是沿着顾客旅程发生的。例如，预购买阶段包括与顾客在购买决策之前与特定接触点互动的所有时刻，通常被称为消费者决策过程中的需求识别、信息搜索和评估等。购买阶段涉及购买决策和行动期间与接触点的顾客互动，这涉及与消费者选择、订购、付款、取货和交付相关的所有时刻。后购买阶段包括与产品或服务的实际使用和消费时刻相关的接触点，如品牌社区等。

（二）情境

由于顾客与品牌/公司的互动所处的环境不同，顾客在不同的时间点可以体验到不同的接触点。广义而言，情境（context）是一种条件状态，它决定了一个人在某个时间点可以直接或间接利用的资源。此外，情境也是顾客体验的主观本质，因为体验对每个顾客都是唯一的。情境包括特定时间和/或地点的所有个人、市场、社会和环境因素，并且通常是暂时性的。

个人情境反映了顾客旅程中各个接触点的瞬时个人状态。现有的顾客体验研究表明，每个人都具有内在的主观性，并受其自身逻辑（即思维方式）的影响，而这种逻辑不仅仅是由顾客—品牌/公司互动形成的。社会情境反映了顾客的社会关系所创造的瞬时条件。顾客不会在社会真空中行动，而是在很大程度上与周围环境共享现实。他们被大量其他人（如家庭成员和朋友）和集体（如家庭、文化团体或社区）包围，使其承担不同的（社会）角色。这些角色伴随着影响顾客体验的不同行为期望，并且强烈影响顾客的思维和行为方式。市场情境是与顾客互动的市场相关参与者所创造的条件，包括重点品牌/公司所在市场的补充、竞争对手、替代品和未来进入者。环境情境由自然、经济、公共或政治性质的更广泛的外部性或其组合构成。政治因素也值得关注，因为政治事件可能影响消费特定产品或服务的价值。

（三）质量

顾客体验的第三个关键组成部分是质量。质量包含一组独特的属性：参与水平、维度性、效价、平庸性和时间流，反映了顾客对与品牌/公司互动的反应和反应的性质。体验的参与程度反映了顾客对品牌/公司刺激的积极反应。有些体验需要顾客付出巨大努力。例如在 Nike 网站，顾客可以设计自己的鞋子。在这些情况下，顾客扮演着非常积极的角色。相反，其他体验可能只需要很少或根本不需要顾客的积极参与，如参加古典音乐会或听讲座。然而，任何体验都是从低参与（即被动反应）到高参与（即主动反应）。

体验的维度性来源于品牌/公司与顾客之间在整个顾客旅程中的接触可能产生的不同类型的响应。一般来说，顾客体验具有认知和情感维度，与接触点相关的不同线索可能引发这些反应。这些反应的强度和存在取决于服务接触。

体验的时间流是顾客的另一个固有特性，与顾客判断体验的长短有关，并反映其感知的动态（即节奏和速度）。与其他特性一样，时间流取决于顾客的主观感知，是一个从短到长、从单调到动态的连续体。换言之，顾客体验的范围从瞬间的短暂体验（如30秒的过山车项目）到持久的长期体验（如跨大西洋的飞行），其动态性各不相同。

体验的效价是指顾客对与品牌/公司互动的消极、中性或积极反应，这三个层面都可能对顾客具有价值。一个连续体可以从负到正区分开来。然而，也有学者指出，顾客体验可以同时是积极的和消极的。例如，顾客在昂贵的晚餐上挥霍，沉迷于食物，看恐怖电影。

体验的平庸性反映了顾客对品牌/公司互动的反应的"共性"。更准确地说，任何经验都可以绘制在一个从普通到非凡的连续体上。顾客的普通体验，如每周购物，是普通、正常、频繁的日常体验，强度较低。反过来，具有非凡性质的顾客体验是不常见的，并且超出了日常生活的范围（如蹦极），因此强度高。非凡的体验往往是为了新奇、惊喜或打破日常琐碎，并有可能创造难忘的体验。

三、以体验为中心的服务设计

服务型企业不仅要有系统的服务科学管理方式，而且要策划、设计好服务传递系统中的各种有形和无形要素，如实体或虚拟的服务场景、服务接触中的人员，以及基于顾客体验的服务传递系统等。具体而言，以体验为核心的服务设计包含以下几个方面。

（一）服务接触和服务提示

以顾客体验为核心的服务设计，包括从产品、服务、环境等发出服务提示的精心策划，也包括对围绕服务传递体验进行的接触点设计。顾客旅程涉及所有基于顾客视角的相关服务事件和交付活动。顾客旅程也可描述为在服务设计流程中的一个具体框架，用来理解顾客在旅程中的感受和行为，以及他们的动机和态度。以顾客体验为核心的服务设计，应该将顾客放在服务体系的核心位置，通过改善服务接触点和顾客旅程作为出发点，设计、调整和管理相应的服务接触和服务提示。例如，迪士尼公司在服务设计上，围绕顾客出游预期、目的、偏好等来设计顾客旅程和体验。

（二）感官设计

顾客通过五官（视觉、听觉、嗅觉、味觉、触觉）来获取和感知外界环境信息，从而形成一系列的情感反应。例如，零售店的音乐、颜色和灯光等都会影响顾客的情绪和行为，甚至在顾客没有察觉的情况下也能被影响。以顾客体验为核心的服务设计，强调利用现有条件和结合具体服务场景，为顾客提供良好的视觉、听觉、嗅觉、味觉、触觉体验。服务环境的感官设计可以唤起顾客特定的情感反响，有效的氛围管理有助于创造良好的顾客体验。

同时，环境因素也会影响员工的认知、情感和生理反应，进而影响顾客和员工之间的社会交往，包括接近（如逗留、探究和互动行为）和逃避行为（如离开或忽视行为）。通过影响员工认知和积极情绪，进而提升顾客感官体验，是以体验为核心的服务设计的重要一环。

（三）构建一线员工与顾客间的友好关系

服务一线员工是顾客体验的直接共创者。以体验为核心的服务设计，最富有激情的地方就是提升员工和顾客间的交互作用，这对共创良好的顾客体验至关重要。顾客和员工之间超越纯粹的信息交换或服务产品交易而建立起来的关系，对提升顾客的满意度、忠诚感和正面口碑宣传均有积极的影响。企业应该通过一线员工与顾客建立积极的舒适的交互关系，包括关怀和友好，以及基于类似心理的一种个人联系。

此外，为了向顾客传递高级的顾客体验，整个服务供应链应该关注整体的顾客体验。在以体验为核心的服务中，后台工作人员致力于前台一线服务体验的场景布置，他们也是该场景中的组成部分。这就意味着他们应该与顾客的一线体验紧密相连，应该充分了解顾客的体验，而且清楚地知道在服务场景中他们要扮演的角色。增强后台和前台一线体验的联系有很多种方式。例如让前台和后台员工共用桌子，设立外联项目以增加后台员工接触顾客的机会，"工作炫耀"——让后台员工在顾客面前展示他们的工作职责等。

（四）注重事件的戏剧结构

脚本理论强调，服务过程中的顾客、员工等就像在扮演小说、话剧和电影里的角色一样，服务过程中的事件顺序、推进节奏和持续时间对顾客感知非常重要。以体验为核心的服务设计应注重事件的戏剧结构，主张适当安排服务的各个活动事件。正如戏剧的高潮部分通常让人印象深刻，实际上，顾客通常很难记住服务体验中的每一个瞬间，他们只会记得或者放大最为糟糕或愉悦的体验和感觉。服务企业应该借鉴戏剧的表现手法，设计好服务事件的高潮，让顾客记住最精彩和最美好的体验。研究表明，顾客在服务最后的体验比在服务开始的体验更让人印象深刻，因此，以体验为核心的服务设计还要特别注意打造服务过程最后的旅程和体验，不能让原本良好的顾客体验"草草收尾"。

（五）协调和管理顾客间关系

顾客体验不仅受到服务一线员工的影响，还受到服务环境中其他顾客的影响，尤其是在顾客共享一个服务环境的时候。顾客之间的互动不仅可能提升顾客感知价值，也可能破坏彼此的感知价值。其他顾客的着装打扮、顾客间的社交和互动往往能使顾客感知到良好的服务体验。而其他顾客的不文明行为、服务环境的拥挤程度等会让顾客感知到糟糕的体验，甚至覆盖企业原本营造的高质量服务体验。例如，顾客在餐厅用餐，隔壁桌的客人大声喧哗还抽烟，且不听服务人员劝阻，这时该顾客在该餐厅用餐的体验就不会太好。在服务实践中，顾客很多时候是不受企业控制、设计和管理的，使得顾客很难避免其他顾客的负面影响。建立顾客品牌社区被认为是一个可行的提升顾客体验的方式，激发顾客在社区里分享他们的服务体验，这种情感蔓延通常会直接影响社区里的其他顾客，进而提升顾客体验。

思考与练习题

1. 选择一个你所熟悉的服务场景，绘制一份详细的顾客旅程体验图。
2. 根据你最近一次在餐厅吃饭的经历和旅程，重点分析营销机会点和服务体验痛点在哪里。
3. 对于在线旅游提供商（例如携程网）来说，用来解释顾客体验的服务生产模型是否仍然是一个有效的框架？
4. 假设你是一家五星级酒店的总经理，请你制订一个调查酒店服务体验评价计划，把需要考虑的体验因素都涵盖在该评价计划中。

即测即练

自学自测　扫描此码

第十五章 智能服务

本章介绍智能技术与智能服务的概念、特征,智能技术在服务接触中的作用,阐述智能服务体验以及服务价值的实现,探讨顾客对智能服务的接受和相关挑战。

- 理解智能技术、智能服务以及智能服务系统的定义及特征。
- 了解智能技术在智能服务中的不同作用。
- 理解智能服务给顾客和服务提供商带来的价值。
- 掌握顾客接受智能技术的影响因素。
- 理解智能服务技术悖论。

第一节 智能服务特征与智能服务系统

随着人工智能、大数据分析、机器人与物联网等创新技术的进步与应用,许多服务企业竞相推出了智能服务,利用智能技术改善其服务运作模式。例如,应用在家庭、医疗保健、酒店和餐馆等不同场景的机器人改变了我们的生活,服务机器人在酒店大厅迎宾接待顾客,线上虚拟服务机器人代替了传统的人工客户服务,大数据 AI 应用程序取代传统的投资组合经理等。智能技术改变了服务的游戏规则,通过提供更方便快捷、更及时优质的服务,重塑顾客的服务体验。

一、智能技术

巴兹(A. M. Baz)(1996)将智能定义为具有感知和控制双重能力的对象或系统。除了传感和控制能力,智能技术还包括与其他设备和网络的连接。在服务领域,马里诺娃(D. Marinova)(2017)将智能技术定义为能够使企业和顾客从服务互动中学习,共同创造价值的工具(包括信息、软件和硬件),并随着时间的推移,可以不断适应并为客户提供定制的、理想的服务。智能技术通常被描述为一种应用程序或管理系统、智能产品或智能设备,具有感知其环境变化、并在新的环境下执行措施以增强其功能的能力。智能技术的主要特征表现为通过使用智能对象(如应用程序、产品或设备)来捕捉实时数据,整合数据,并允许利益相关者做出更好的决策以及获得更好的体验。

以信息或应用软件作为载体的智能技术,例如基于位置的服务、基于情境的服务和增强现实的应用,已被越来越多地用于协助游客导航、寻找地点、检索信息、进行预订等场景。谷歌、必应或其他搜索引擎的智能搜索是另一种应用,通过使用强大的服务器来进行计算以及使用智能算法来弄清用户查询的含义,并推送用户想要查找的结果。这些搜索引擎使用智能算法推断出哪些内容与用户想要查找的问题更相关。以硬件作为载体的智能技术通常以一种智能设备或产品的形式出现，智能设备或产品可以感知周围环境，促进实时数据收集，与使用者持续沟通和互动反馈。例如，酒店通过智能技术的应用为顾客创造更便利的住宿体验，如智能恒温器可以检测室温的变化和用户的喜好，并提供自动的个性化温度控制，顾客可以通过语音指令、智能手机或其他设备来控制房间的设备设施。其他一些常见的智能产品包括智能灯、智能安全摄像机和智能扬声器等智能技术和智能产品也在酒店服务场景中得到应用。

二、智能服务的特征

为了能够充分理解智能服务的定义，必须强调常规服务和智能服务之间的区别。在常规服务中，洛夫洛克和沃茨（2011）将服务定义为由一方提供给另一方的经济活动，以获取买方的金钱、时间和精力。顾客期望从获得的商品、劳动力、专业技术、设备、网络和系统中得到价值，但他们通常不获得任何物质要素的所有权。与常规服务、电子服务不同，智能服务将物理和数字媒介融合在一起提供服务，其交互性质不仅包含客户到服务提供商、客户到客户、客户到服务，还包括服务到服务提供商、机器/设备/传感器到机器/设备/传感器。此外，智能服务一般会利用核心的智能技术（如传感器、物联网等），并基于特定情境的响应为客户提供个性化与无缝的体验。智能服务与常规服务和电子服务有很大的不同，后两者主要关注服务的交付和服务提供商与客户之间的对等互动，而智能服务则强调服务提供者、顾客、智能技术（通过无线技术互联的物体、设备和传感器）、服务（内部和相互）和交付渠道之间的互动。智能技术除了智能（感知和控制），还能够与其他设备连接，通过使用具有传感、计算、通信和控制能力的智能设备/物体/传感器加强常规服务，进而创造了一个动态同步网络。表15-1总结了常规服务、电子服务和智能服务之间的主要区别。

表15-1 常规服务、电子服务和智能服务之间的主要区别

属性	常规服务	电子服务	智能服务
空间	物理	数字	物理和数字媒介融合在一起提供服务的空间
核心技术	无	网站	设备和传感器、智能手机、应用程序、物联网
交互性质	客户到服务提供商，客户到客户，客户到服务	客户到电子服务提供商，客户到客户	客户到服务提供商，客户到客户，客户到服务，服务到服务提供商，机器/设备/传感器到机器/设备/传感器（接触点到接触点）
服务可得性	开/关（取决于可访问性）	随时提供的服务	基于情境的响应式智能服务
体验性质	个人亲自到场	在线	互动的本质带来了新的个性化和无缝的客户体验

资料来源：Kabadayi, S., Ali, F., Choi, H., Joosten, H., & Lu, C. Smart service experience in hospitality and tourism services: A conceptualization and future research agenda[J]. Journal of Service Management, 2019, 30(3): 326–348, 330.

关于智能服务概念的界定，奥尔门丁格（G. Allmendinger）和隆布雷丽亚（R. Lombreglia）（2005）将智能服务定义为向（或通过）具有感知和连接功能的智能产品（或设备）提供的服务。智能产品（或设备）指的是同时显示物理组件（即机械和电子部件）和数字组件（即数据存储、软件和嵌入式操作系统）的物体。这些产品或设备既能连接，又能感知周

围环境，并进行实时数据收集、交流、互动和反馈，以实现高效的操作、优化、分析、整合和其他数字化的业务功能。智能服务提供者（技术、产品、设备等）与服务接受者及其周围环境进行交互，为企业提供收集、处理和生产信息的手段，也为顾客提供问题的解决方案。根据卡巴达伊（S. Kabadayi）等人（2019）的观点，智能服务通过集成技术和数据的智能使用来实现顾客服务的个性化和主动化，可以根据不断变化的客户反馈和情况在特定时间和地点预测和满足客户需求。因此，智能服务具有数据驱动、预测性和适应性三个主要特征。

1. 数据驱动

智能服务是由数据驱动的，并与技术系统相结合。它需要强大的硬件和软件系统将服务连接到互联网和/或其他电子渠道，以促进服务提供者和客户以及服务本身之间的交互。为了获取特定客户和情况的数据，智能服务还依赖于通过内置控制和/或反馈设备进行数据交换。例如，在智能家居服务中，家用电器（如智能冰箱、智能洗衣机等）可以通过物联网技术与移动设备（如手机、平板电脑等）并进行数据交换和同步，使用户可以随时随地通过移动设备来控制家用电器。此外，那些使用多代理技术且基于位置服务和移动通信数据的智能软件也能通过数据的获取、分析与预测等手段来为顾客实现成功的智能服务体验。例如，当顾客到达某个旅游目的地后，携程旅行软件能为顾客智能推荐当地著名的且符合顾客偏好的旅游景点。而这种智能服务的成功实现在于该软件能够通过手机访问顾客的位置信息，并获取顾客以往的旅游消费记录以及在软件页面的浏览历史等数据。

2. 预测性

能够预测顾客的需求是智能服务的又一主要特征。智能服务不仅可以预测（并满足）顾客未来的需求，还可以向顾客推荐或者提供顾客从未想过或考虑过的新产品与服务。服务企业通过分析收集顾客或者市场相关的数据，在问题发生之前提供服务来解决问题并满足顾客预期的需要。例如，在酒店服务中，红外线传感器检测到顾客在房间内，并防止清洁人员在顾客在房间内时进入。又如，餐厅根据顾客过去的用餐情况知道客人对甜点的偏好，在餐厅系统提醒餐厅服务人员在顾客即将到达餐厅就餐时提前准备好甜点。再如，依托嵌入全球定位系统的智能设备，智能导航服务具有预测性，如果前方某处交通拥堵，原先的导航路线将被重新规划，从而为出行者缩短行车时间，提供更好的出行体验。作为预测性服务，智能服务一般很少或不需要服务提供商的指令输入、控制或干预。例如，酒店的服务接待机器人可以基于内置的预测性和感知性组件主动为顾客开启服务模式，带领顾客办理登记手续并引领顾客入住房间，而服务全程可以没有任何人类员工的额外参与。此外，智能服务还可以根据其他相似的顾客的数据或知识预测未来的需求，并建议或提供顾客没有意识到的且可能会喜欢的服务。例如，京东网上商城的"猜您喜欢"和"为您推荐"等商品推荐功能就是智能服务预测性的典型应用之一。

3. 适应性

适应性反映了智能服务能够根据不断变化的顾客和情景输入进行调整的特征。例如，线上购物平台的机器学习算法可以根据顾客对推荐的反应，随着时间的推移改进推荐的内容和时间。智能服务的适应性可能包括一系列活动，如技术和流程，旨在通过提供和实现共同创造机会来改善顾客服务体验。例如，酒店房间中的传感器测量顾客的体温，预测顾客所需的房间温度并进行相应调整。如果顾客觉得房间太冷或太热，那么可能会要求更高或更低的温度，传感器则可根据收集的顾客数据分析及时调整室温。适应性意味着在下一次的智能服务中，除了测量同一位顾客的体温外，该功能背后的智能技术还将检索顾客前一天的反馈，并将温度调整到顾客想要的水平。因此，酒店房间系统能够实时调整服务选项以适应不断变化的环境。适应性组件可以促进服务提供者与顾客更进一步的价值共创。

三、智能服务系统的概念

智能服务系统是提供智能服务的智能产品和服务提供商的配置，具有感知环境、自主学习、动态适应和决策行动以实现特定目标的能力。根据亨肯斯（B. Henkens）等人（2021）的观点，智能服务系统包含四个特性：意识性、连接性、行动性和动态性（如图 15-1 所示）。上述特性每一个都是必不可少的，服务系统需要具备这些特性才能实现智能化。

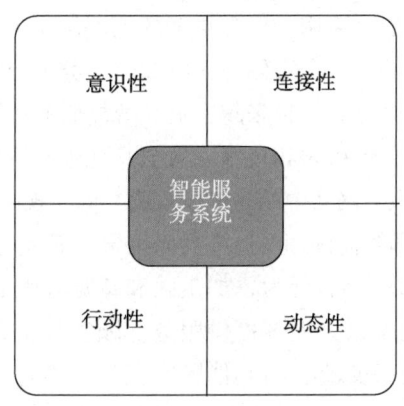

图 15-1　智能服务系统特性

1. 意识性

意识性指感知与智能服务系统和/或其周围环境相关的信息的能力。这些信息是通过嵌入智能服务系统的传感器捕获的。例如，沃尔沃的智能汽车服务可以感知关于汽车本身需要维护的部件和周围环境（如路况和天气状况）的数据。

2. 连通性

连通性指通过物联网连接智能服务系统中不同行为者的能力，即顾客、智能产品和服务提供商。例如，亚马逊的智能音箱 Echo 能够通过蓝牙或者 Wi-Fi 连接到用户手机，像朋友一样与用户交流，能为用户播放音乐和新闻、在网上下单、用 Uber 叫车、定外卖等，也可以链接许多智能产品（如智能恒温器、智能手表）和服务提供商（如食品杂货店、零售商）。

3. 行动性

行动性是根据计算过程独立决定和行动的能力。计算过程指对通过智能服务系统的传感器收集的数据进行分析和处理的过程。计算过程使智能服务系统能够在没有用户干预的情况下做出决定并采取行动。例如云迹科技推出的酒店机器人"润",通过与酒店各种设施(如电梯、自助售货机与客房电话等)进行物联,可以在没有酒店服务人员的干预下自主完成引领带路与客房送物等任务。

4. 动态性

动态性指的是基于智能服务系统的关系性和周期性的学习和适应能力。这种性质体现在智能服务系统中行为者之间的持续互动,从而使智能产品和服务提供商能够学习顾客的偏好,并随着时间的推移调整其智能服务。例如,谷歌旗下的 Nest 智能恒温器在多次互动的基础上学习并适应顾客的首选室温,从而及时调整室内的温度和湿度。

基于上述的这些特性,智能服务系统可以被界定为基于感知、连接网络、情境感知计算和无线通信等技术资源,能够进行学习、动态适应和自主决策的服务系统。

四、智能技术在服务接触中的作用

随着智能技术的不断发展与应用,服务接触的范围从简单的企业—顾客二元互动到复杂的多元互动,通过各种界面将多个实体(人类和非人类)聚集在一起,人与人、人与技术以及技术与技术的互动在服务场景越来越常见。智能服务接触是由复杂的服务系统促成的,这些系统是资源的配置,包括人和技术、人与其他服务系统互动,共同创造价值。因此,智能服务接触往往是由服务网络中的多个供应商共同实现的。智能技术的应用使服务界面正逐渐演变为技术主导,即智能助理在服务界面主导而不是人类(员工)主导。智能手表之类的可穿戴设备可以追踪用户的行为,如走路和睡觉等生活习惯,服务提供商可以通过分析数据并经由人工智能客服为顾客提供服务。顾客与企业的互动以自动化的方式进行,顾客与机器接触、与设备交流、与其他顾客互动,参与服务流程,共同创造愉快的服务体验。

在不同的服务情境中,智能技术的使用方式及其在服务接触中的作用是不同的。根据拉里维埃(B. Larivière)等人(2017)的观点,智能技术发挥三种主要的作用,包括增强(augmentation)、替代(substitution)和网络促进(network facilitation),如图 15-2 所示。

表 15-2 智能技术在服务接触中的三种作用

	增强	替代	网络促进
主要特点	用技术协助和补充员工的能力。技术可以与员工共同发挥作用,以提供更好的服务体验结果	整个服务过程不需要服务员工的积极参与服务,服务完全由技术提供	技术充当连接和关系的推动者,通过使用网络技术来促进服务交换
示例	腾讯觅影,科大讯飞"晓医"人工智能机器人	FlyZooHotel,腾讯财经的新闻写作机器人 Dreamwriter	58同城、滴滴打车

(一)增强

增强意味着智能技术在服务接触中协助和补充服务员工的能力,也被称为智能增强

（intelligence augmentation），反映技术支持人类思维、分析和行为的情况。智能技术作为一种增强手段，能够增强员工的服务传递能力，与员工共同发挥作用，为顾客提供更好的服务体验。例如，汽车租赁公司为一线服务员工配备智能耳机，使得员工可以直接与主管和人工智能代理（如AI客服）沟通，获得有关可用车辆或车辆所在地周边详细、准确的信息，并立即提供给顾客。用于客户服务业务的对话机器人以及用于业务流程管理的机器人流程自动化（RPA）都可以大幅提高员工业务能力，帮助员工摆脱单调重复性的工作，让员工专注于服务传递中更复杂的任务，特别是那些需要创造力和共情能力的，旨在于解决具体问题的任务。例如，腾讯觅影由腾讯AI技术团队进行图像处理增强，借助深度学习技术，它具备筛查可疑食管癌的能力。科大讯飞的"晓医"人工智能机器人具备提取和分析单个患者数据的能力。这些新兴的智能增强技术正协助医生进行诊断，为人类医生准确判断病例和制定医疗服务解决方案提供更好的帮助。

（二）替代

智能服务机器人、传感器融合、深度学习算法和智能设备的进步使员工在传统的服务接触中的地位和工作内容发生变化。智能技术的第二个重要的作用体现在对服务员工的替代，除了传统的大众服务之外，越来越多的企业采用智能技术取代成本较高的人工。例如，菲住布渴酒店（Fly Zoo Hotel）是阿里巴巴旗下的一家未来酒店，是全场景人脸识别酒店，酒店从预订登记，到入住体验，再到退房环节，都由机器人提供服务，整个过程没有人类服务员出现。随着智能技术的发展，智能服务系统越来越多地取代更高层次的工作，提供更先进的服务。例如，腾讯财经推出了国内第一篇由新闻写作机器人Dreamwriter撰写的文章，率先开启了利用机器人进行新闻生产的新模式。Dreamwriter是腾讯财经开发的自动化新闻写作机器人，根据算法在第一时间自动生成稿件，瞬时输出分析和研判，1分钟内将重要资讯和解读送达用户。

（三）网络促进

智能技术的网络促进是指技术作为连接和关系的促成者发挥作用。在数字平台和物联网迅速发展的背景下，智能技术的这一作用变得更加突出。网络协调者的服务模式不是专注于取代人类员工，而是寻求利用智能技术作为连接服务接触中的多个实体（包括人类和技术）的方式，通过一个特定的网络平台来促成多方价值或利益的实现。例如，58同城使用一个基于技术的平台来促进愿意出租其房产的私人房主与旅行者之间的互动以达成交易。滴滴打车平台将私人司机和需要乘坐的顾客联系起来。58同城和滴滴打车都不拥有相关的实体资产（如酒店和汽车），而只是通过使用网络技术促进服务交换。

第二节　智能服务体验

为了更好地促进智能技术在服务行业的推广与应用，除了认识智能技术在服务接触中的不同作用之外，还需要深入理解智能技术如何影响或重塑顾客的服务体验，以及智能服务可以为服务互动的双方（顾客与服务提供者）带来哪些不同的利益。

一、智能服务体验特点

以智能技术为媒介的智能服务可以有效促进服务提供者与顾客的实时互动,从而带来优化的自主服务和完全不同的体验。从顾客的角度来看,智能技术的应用有诸如个性化、持续互动、实时监控等优势,不少企业通过将传统的服务体验转变为智能服务体验来全面提升顾客的体验。卡巴达伊等人(2019)将顾客的智能服务体验(smart service experience)定义为顾客对智能服务的主观反应。他们认为智能服务体验的特点主要体现在四个方面,即顾客授权(empowerment)、无缝体验(seamless experience)、服务传递准确性(accurate service delivery)、隐私和安全(privacy and security)。

(一)顾客授权

顾客授权是指顾客被赋予自己可以控制或改变服务预先设置的内容和过程的权力。被授权的顾客在服务交换过程表现得更有控制力。在智能服务体验中,服务提供者将先进的智能技术整合到服务传递系统中,为顾客提供与企业共同创造服务体验的机会。顾客享有更多的自主权和控制权,不仅可以自由选择是否与企业共同创造服务体验,也可以自由选择在共创服务体验中由自己单独完成或承担的任务。例如在医疗或金融服务中,知识平台(如腾讯医典和谷歌金融)、社交媒体平台(如丁香园和芝麻金融)允许顾客承担许多以前由医生和财务规划师等服务提供者执行的基于知识的任务。顾客拥有服务过程中更多的参与权和决定权,他们感受到的服务过程中的自主性更多,控制力更强。

(二)无缝的体验

智能技术的集成促进了无缝的智能服务体验。服务提供者通过多种智能技术或系统将一整套服务的各个流程和接触点进行无缝衔接,为顾客提供更新颖更快捷顺畅的服务体验。例如,在阿里旗下的菲住布渴酒店中,当顾客进入大堂时,互动景观大屏首先映入眼帘,机器人"天猫精灵福袋"代替服务员完成对客人的迎宾、登记、指引的任务。随后的无感梯控、无触门控自动进行宾客人脸识别,智能点亮顾客入住楼层,并在顾客到达房间之前自动开启房门。当顾客入住房间后,专属的客房管家天猫精灵智能音箱将被唤醒,顾客直接对室内温度、灯光、窗帘、电视等进行语音控制。顾客还可以通过客房管家发出送餐、送水等客房服务指令,随即会由机器人"天猫精灵太空蛋"和"天猫精灵福袋"将服务送到客房。整个服务流程通过智能技术的应用使顾客的住店服务环环相扣,实现无缝连接,提升了顾客在酒店的整体体验。

(三)准确的服务传递

准确的服务传递在创造顾客的智能服务体验方面起着重要作用。智能服务通过众多设备的感知、计算、通信和控制过程的能力,自主自动决策,在正确的时间、正确的地点为正确的人提供正确的服务。例如,世纪联华超市应用的智能购物车可以实现智能导航、智能导购、自助结算、人脸识别、精准推送优惠券等多项数字化购物体验。当顾客通过智能购物车屏幕登录个人会员信息解锁用车之后,智能购物车上可以根据顾客购物记录以及个人喜好推荐相应的商品、广告或者促销券,以此实现千人千面的顾客营销。当顾客推着购物车走到促销商品的相关区域时,购物车会自动弹出"逛走优惠券",实现更加精准的营销。

(四)隐私和安全

智能服务获得了对顾客需要、欲望、偏好和行为的洞察力,供应商能够将个性化和定制化的体验作为服务传递的一个目标。但为了从个性化服务中获益,顾客必须愿意让服务提供商访问他们的信息。为了获取方便快捷的服务体验,顾客往往必须通过牺牲个人隐私来获取个性化服务,这就导致个性化—隐私悖论。当智能对象(如产品或设备)能够自主为用户做出决策或者服务提供商可以随意访问个人诸如个人健康、消费行为、财务状况等敏感信息时,智能服务被认为是有风险的。人们对数据安全和侵犯隐私的问题日益关注。例如,智能音箱(如天猫精灵、叮咚和小爱)往往有一个持续活跃的麦克风,记录所有的请求,将其发送到一个服务器,该服务器对其进行分析并给予顾客所要求的反馈。顾客的私人信息,尤其是银行卡账户信息都可能被存放在设备的供应商处。智能音箱通过连接诸如支付宝、滴滴出行等第三方应用,可以为顾客查询周边服务,如吃喝玩乐、乘车路线、买票订票等,用户甚至可以脱离手机直接通过语音命令直接在购物平台进行下单购物,非常便利。如何在规避隐私风险同时获得个性化的服务,顾客往往面临隐私风险与个性化服务两者平衡的难题,这也是智能服务体验的挑战。

二、智能服务的价值

鉴于智能技术的优势和应用,智能服务创造的服务体验可以为顾客和提供服务的企业带来不同的价值,如图15-2所示。

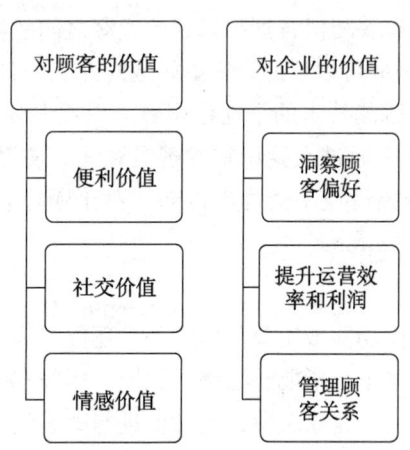

图15-2 智能服务的价值

(一)为顾客带来的价值

顾客价值是顾客在判断、选择、使用产品或服务时对收益和成本的评估结果。智能服务可以通过不同方式为顾客创造不同类型的价值,主要包括便利价值、社交价值以及情感价值。

1. 便利价值

智能服务的便利价值主要是指智能服务帮助顾客实现简单、快速、高效完成任务的价值。智能服务的便利价值具体包括以下五个方面。

①节省时间。例如在机场办理登机手续、护照检查和酒店入住,智能服务可以通过使用面部识别、虹膜扫描或指纹等技术减少服务流程中顾客等待时间。

②决策便利性。智能服务利用户个人资料和过去偏好,通过算法帮助顾客做出初步选择,为顾客推荐其最有可能选择的选项,减少顾客作出决策花费的时间和精力,使决策过程变得更加容易。

③获得个性化服务。算法、机器学习和人工智能等技术的应用使智能服务能够定制服务以满足顾客个人化的需求。例如推荐顾客最喜欢的电视剧、到哪家餐厅用餐、去哪里玩、决定特定优惠在特定时间和地点使用是否适合等。

④避免不愉快的活动或者任务。智能服务可以帮助顾客执行各种繁琐的任务。例如帮助顾客计划和组织旅行相关的活动,如天气预报状况、预订航班和景点门票、安排住宿、餐饮、交通和购物活动等。顾客可以从繁琐的任务中脱身,更好地享受旅行的体验,专注于做他们喜欢的事情。

⑤服务的可获得性。即服务随时可用,智能服务具有预测性,可以在顾客意识到这种需求之前就预测到顾客将需要什么,特别是对于服务接待容量有限的热门服务。例如人气很旺的餐厅,智能服务可以帮助顾客提前进行预订或作其他必要的安排,以确保顾客需要时可以获得。

2. 社交价值

智能技术能够促进那些有着相似背景和偏好的顾客之间的社会互动。在社交网络、虚拟社群与论坛上,智能社交服务可以帮助顾客更好地匹配到与自己相似兴趣与爱好的好友,促进知识交流与经验分享。智能技术的个性化服务可以提升使用者的身份、地位和形象。例如,酒店机器人服务员可以通过人脸识别发现老顾客,主动欢迎接待顾客,并叫出顾客的名字。接受这样的特殊招待或享受优惠待遇,对于顾客来说有一种受尊重被特别款待的感觉。

3. 情感价值

智能服务除了给顾客提供功能或工具价值之外,还能带来情感方面的价值。情感技术(如情感感知设备和应用程序)是指能够检测、识别、解释和响应,并展示先天情感或模拟人类情感的智能技术,可用于建立关系,包括促进与顾客的沟通,丰富情感服务体验。例如,一些聊天机器人和虚拟助理的开发者使用人工智能来建立认知信任,在为用户的问题提供快速和准确的解决方案的同时,常常将聊天机器人打造为用户的朋友。例如,流利说(一款英语学习软件)的 AI 智能外教 Alix 可以全程陪伴、鼓励、赞赏、监督用户完成每日英语的学习。提供智能服务的社交机器人可以提供情感支持,帮助自闭症儿童或老年人减轻压力和孤独感、长期独立、维护尊严、改善福祉和生活质量。

(二)为企业带来的价值

在竞争日益激烈的服务市场环境下,智能服务作为企业保持竞争优势和实施差异化战略的重要手段,可以帮助服务企业更好地了解顾客偏好,以实现其经济价值和关系价值。

1. 提升企业洞察顾客偏好的能力

智能服务和智能服务体验在很大程度上依赖于对现有信息和顾客数据的使用。顾客在与智能服务的互动过程中可以为企业提供具有挖掘价值的数据，包括顾客何时、何地使用服务以及使用服务的时长。例如，智能设备使用的传感器可以提供关于顾客偏好和行为的实时数据，并有能力追踪和存储顾客的偏好和行为的相关数据，从而使服务提供者能够实现以顾客为导向的服务目标。

2. 提高企业运营效率和利润

智能服务系统可以加快或简化操作程序。智能技术的应用使企业内部各个部门可以自动交换数据，实现客户数据的及时搜索和共享，提高运营效率，最大化地提高企业的营业额和利润。例如，智能系统可以帮助酒店经理制订更好的营销策略和价格计划，提高客房的总体收益。酒店前后台数据的联动也可以帮助管理人员更合理排班，优化酒店劳动力的使用计划，提高用工的效率，减少劳动力的浪费。此外，顾客积极的智能服务体验还可能会增加顾客继续光顾服务提供者的意愿，从而增加顾客对企业的终身价值。

3. 促进顾客关系的管理

信息技术和先进的分析技术能够支持无处不在的客户沟通和越来越多的客户数据，使企业能够提供个性化的服务并建立与顾客一对一的关系，对客户进行有效的管理。例如，嵌入人工智能虚拟助手 Siri 可以帮助用户规划好每日的工作安排，并在各个时间点及时通知用户。企业利用海量数据预测顾客将点击哪些广告、顾客可能喜欢哪些产品或哪些客户可能流失；使用类似于人类的聊天机器人（如淘宝的客服"小蜜"、支付宝的智能理财助理"支小宝"等）作为增强或替代人类员工的服务，可以随时随地、无间断、全天候地与顾客进行智能互动，避免因沟通不及时或不周到而导致顾客流失。

第三节　智能技术接受模型与智能技术悖论

智能技术系统的采用过程漫长且成本高昂，企业有必要了解顾客接受智能技术的驱动因素。所有的创新技术都可能面临某种形式的用户抵制，企业也必须努力克服顾客对智能技术的抵制，才能更好地促进顾客的智能服务体验。

一、智能技术接受模型

在零售服务情境下，罗伊（S. K. Roy）等人（2018）在戴维斯（F. D. Davis）（1989）的技术接受模型（TAM）的基础上，提出智能技术接受模型，探讨顾客接受智能技术的意图以及影响顾客对智能技术接受的驱动因素。该研究模型提出了技术信念（感知有用性和感知易用性）、智能技术相关的系统特征（卓越的功能和感知适应性）、顾客的技术准备度特征和组织特征（企业声誉）在顾客对智能技术的感知接受（态度和行为意向）中的作用。如图 15-3 所示模型以社会认知理论作为基础理论，认为社会环境、个人和行为因素是决定顾客行为的关键因素。

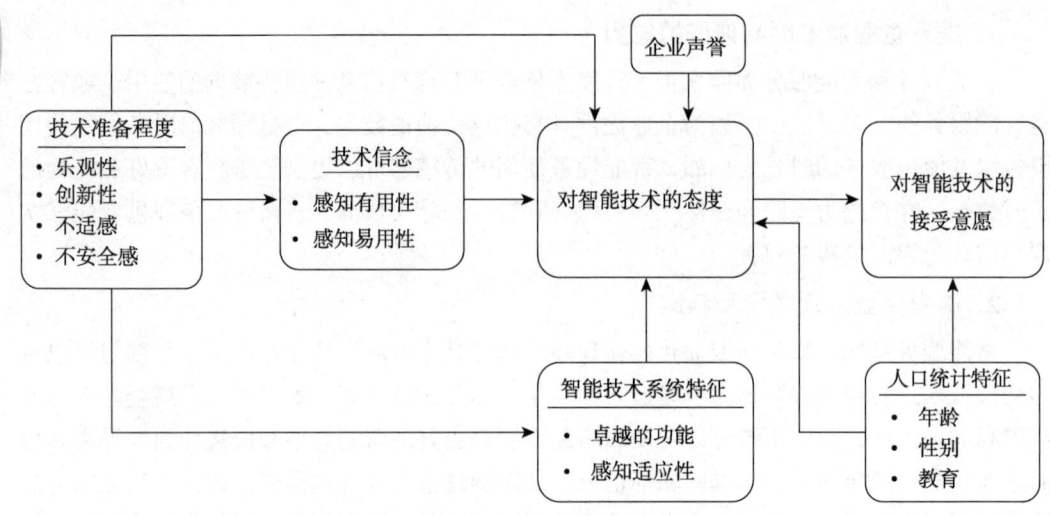

图 15-3　顾客接受智能技术的理论模型

资料来源：Roy, S. K., Balaji, M. S., Quazi, A., & Quaddus, M. Predictors of customer acceptance of and resistance to smart technologies in the retail sector[J]. Journal of Retailing and Consumer Services, 2018(42)：147-160, 148.

（一）技术准备度

技术准备度是顾客接受和使用新技术的倾向。技术准备度与顾客对高科技产品和其提供的服务的看法、信念和感受有关。顾客对技术可以同时持有有利和不利的信念，在这些信念之间的平衡决定了顾客接受或拒绝一项新技术的倾向性。因此，对技术持积极态度的顾客更有可能接受一项新技术和其提供的服务，而那些持消极看法的顾客则有可能抵制新技术产品和其提供的服务。根据潘拉索拉曼（A. Parasuraman）（2000）的观点，技术准备度是对技术倾向的全面衡量，主要分为四个不同的维度：乐观、创新性、不适感和不安全感。乐观是一种积极的感觉，即新技术为顾客提供了更多的控制、效率和灵活性。创新性是指对新技术的接受使顾客成为技术先锋或思想领袖的倾向。不适感与顾客对新技术缺乏控制和理解的感觉有关。不安全感指的是顾客对新技术满足其目标的能力的不信任和怀疑。乐观和创新被认为是促进顾客采用新技术的倾向的推动因素或技术信念，而不安全感和不适感则是抵制接受新技术的阻碍因素。因此，技术准备度包括促进因素和阻碍因素，它们共同形成了顾客对新技术信念有利或不利的态度或看法。高技术准备度的顾客更有可能发现新技术的实用性、易用性、适应性以及相对的优势，并对新技术持赞成态度，因为他们更容易理解智能技术的先进特性和功能，了解如何使用智能技术来完成他们的目标和任务。

（二）技术信念

根据戴维斯（1989）的技术接受模型，顾客对新技术的接受主要受两个因素的驱动，即感知有用性和感知新技术的易用性。感知有用性是指智能技术能够帮助顾客更有效率地完成任务目标的能力。感知易用性是指顾客使用智能技术完成任务目标的难易程度。感知有用性和感知易用性可以直接影响顾客对智能技术的态度，而态度直接影响顾客对智能新技术的接受意愿。

（三）智能技术特征

1. 卓越的功能

卓越的功能指为顾客提供的智能技术比现有技术更优越或功能更先进的程度。智能技术的应用使智能服务系统具备意识性、连接性、行动性和动态性，可以为顾客提供独特和无缝集成的服务体验。当顾客认为智能技术具有优越的特点和功能时，他们更有可能信任它，认为它能提供高质量的智能服务。相反，如果顾客认为智能技术没有提供比现有技术更优越的利益或功能时，他们可能会抵制。

2. 感知的适应性

智能技术能在多大程度上适应环境、顾客和服务情景的变化，对其能否成功被接受至关重要。感知的适应性指的是智能技术提供丰富的、个性化的服务体验的能力。适应性高的智能技术可以更好地了解和分析顾客的行为模式和个人背景，使其能够通过提供更有效的服务体验来适应顾客的不同需求。因此，感知的适应性将是影响顾客对智能技术的态度以及接受意愿的重要决定因素。

（四）企业声誉

企业声誉指顾客通过对企业产品和服务的直接接触或间接信息接收（如口碑评论）形成的一种认知。此外，企业声誉还代表了企业向顾客和其他利益相关者展示的一种能够创造价值的能力。良好的企业声誉是建立在企业长期的卓越服务表现之上的，可以给顾客留下深刻的印象和积极的评价。因此，具有较高声誉的企业能够获得顾客对企业提供的智能技术更有利的态度和行为。

（五）人口统计特征

人口统计特征主要包括顾客的年龄、性别、教育等，是影响顾客智能技术态度的重要变量。例如，年龄会影响顾客对技术的看法，包括技术的结果，如使用和绩效；与服务有关的看法，如服务满意度。老年群体对于智能技术的应用可能会持比较保守的态度，犹豫甚至是抵制，使用频率也相对较低。有研究发现，女性对技术表现出更大的焦虑。具有较高教育水平的人可能更有能力去理解和判断智能技术的作用以及由智能技术所带来的影响。

二、智能服务技术悖论

对于智能技术的服务体验，顾客可能会出现相互矛盾的动机，他们甚至预料到自己存在相互矛盾的看法。相反观点的共存是悖论的本质特征。虽然智能服务能够满足顾客许多方面的价值需求，但顾客也会受到由智能技术本身产生的潜在风险带来的困扰。潜在的风险与价值的实现同时存在，而潜在风险的规避又可能会与顾客想获得利益和价值形成冲突，进而会影响顾客的整体服务体验，以及这些服务提供的价值实现。智能服务中可能出现的技术悖论和企业面临的挑战（表15-3）体现在以下几个方面。

表 15-3　技术悖论与企业面临的挑战

悖论名称	主要的矛盾点	企业面临的挑战
渴望探索与感知限制	渴望探索新的选择,但害怕在选择上受到限制	确保智能服务提供内容所需的数据类型不会让顾客感到选择受限
服务个性化与隐私关注	渴望个性化内容,但不希望隐私被侵犯	在创造智能服务体验的同时解决顾客对个人数据被滥用的担忧
定制化与公平感	渴望定制化服务,但担心被差别地对待	设计和提供既能满足个人需求,又能保持公平感的智能服务
人类替代与人类接触	渴望通过智能技术替代人类获得高效一致的智能服务,但不愿失去有感情的人类接触	了解顾客在何时更喜欢让人类互动由技术来代替,或者通过技术使互动增强

（一）渴望探索与感知限制

顾客渴望通过智能技术探索新的选项,又害怕在选择上受到限制。换句话说,顾客选择智能服务可能会被激励去发现新的东西,从智能技术给予自己的全面建议或者推荐中获益,同时害怕由于自己对技术的路径依赖而错过更好的选择。这个悖论反映了智能服务个性化的一个基本问题。一套预选的选项有助于减少信息过载和搜索成本（效率）,但它可能会造成错过相关选项或考虑因素的风险（决策自主权）。顾客很可能不了解技术推荐背后复杂的数据管理过程,在智能设备完成预定功能后,他们可能感觉到自己无法影响机器,担心落入智能设备的控制之中,自己几乎没有机会提供个人意见或者做出其他可能更加有意思或者更好的选择。顾客对使用智能技术缺乏决策自主权的看法也与技术服务的路径和流程有关,如果技术在顾客不知情的情况下收集了其相关信息,而不是通过其有目的的自我披露,那么顾客可能会更担心体验智能服务的结果。因此,服务企业需要确保智能服务的提供内容所需的数据类型不会让顾客感到选择受限。

（二）服务个性化与隐私关注

顾客需要获得个性化的服务但又不希望披露自己的身份或敏感信息。智能服务体验的成功设计和传递依赖于详细的顾客数据来预测其需求和定制产品。然而,大部分顾客不愿意向服务提供商提供或分享他们的个人信息数据。当顾客知道服务提供商在他们不知情的情况下收集、储存、使用他们的个人数据时,他们可能没有安全感。例如,酒店顾客可能反对酒店记录他们所做的一切,如他们在客房观看影视的记录,或者在餐厅饮食时的选择。尽管这些数据被用来在以后为他们提供定制的服务,以创造更好的体验,但他们仍然可能拒绝企业通过智能服务侵犯他们的隐私。企业面临的挑战是如何设计智能服务并创造智能服务体验,同时解决顾客对其个人数据可能被使用的担忧。

（三）定制化与公平感

企业需要通过定制化区分不同顾客需求偏好与顾客公平感知之间存在矛盾。智能服务为服务企业提供了定制和区分其产品以满足用户特定需求和偏好的机会。然而,在某些情况下,一些顾客可能会认为这种顾客之间的差别是不公平的。他们可能会质疑,为什么自己不能享受到其他顾客享受到的一些额外待遇。这种不公平的感觉会影响顾客的整体服务体验。企业面临的挑战是如何设计和提供既能满足个人需求,同时又能保持公平感的智能服务。

(四)人类替代与人类接触

企业使用智能服务替代人类服务以获得更高效、更一致的服务,以及降低人力成本目标与顾客渴望人性化服务和社交需求两者之间存在的矛盾。尽管顾客可能认可智能技术替代人类服务所带来的诸多好处,但创造积极和难忘的体验不仅仅取决于设备或技术本身特征。对许多顾客来说,与其他顾客和工作人员的人际互动在创造服务体验方面有重要的意义。然而,许多智能服务的设计是通过使用技术和机器,并经由传感器与其他机器进行交流,取代高成本的、易错的和耗时的顾客与工作人员的互动。没有人类接触的服务在一些顾客看来是没有温度和感情的服务,虽然智能服务可能更加高效无差错,或者技术的应用可以增强人类的互动。企业可以使用机器人来增强其服务人员的能力,并减少他们的工作量,通过简化互动并在正确的时间提供相关信息,从而给顾客带来更好的服务体验。企业要了解自己的顾客什么时候喜欢让人与人之间的互动被技术取代或被增强,再相应地设计智能服务的框架和结构。

企业为顾客提供智能服务时,不仅需要致力于利用智能技术为顾客创造价值和满意,同时要不断关注和考虑智能技术背后的潜在风险,在智能服务技术的价值实现与潜在风险之间找到平衡,通过持续完善或优化智能服务设计,为他们的顾客创造更加积极、独特与无缝的智能服务体验。

思考与练习题

1. 解释智能技术、智能服务与智能服务系统的概念定义与主要特征。
2. 智能技术在服务接触中有哪些不同的作用?分别对顾客和服务提供者产生哪些影响?
3. 顾客的智能服务体验可能受到哪些因素的影响?顾客和服务提供者在智能服务中分别实现哪些价值?
4. 解释智能技术接受模型的具体内涵,顾客接受智能技术的驱动因素和阻碍因素。
5. 智能服务过程中可能存在哪些技术悖论?服务企业应如何应对?

即 测 即 练

自学自测 扫描此码

第十六章 服务创新

本章对服务创新的概念和特征、服务创新的研究视角等进行系统的阐述，探讨服务创新的制约因素和驱动力，介绍开放式服务创新概念。
- 了解服务创新的三种不同研究思路或方法。
- 理解服务创新的特征。
- 掌握服务创新的分类。
- 了解服务创新工作系统框架。
- 明确服务创新的驱动力。
- 理解开放式服务创新。

第一节 服务创新内涵

创新对于组织长期发展具有重要意义，服务企业通过创新在市场竞争中吸引顾客，保持领先地位。服务开放系统的创新与传统制造业的创新既有区别也有联系。本节主要介绍服务创新的定义，研究视角，基本特征和不同类型。

一、创新与服务创新

（一）创新的定义

"创新"（innovation）一词源于拉丁语"innovare"，意为更新、制造新的东西或某种改变。关于创新的研究开始于20世纪初，约瑟夫·熊彼特于1912年在其著作《经济发展理论》一书中首次提出创新理论，认为创新就是建立一种新的生产函数。在熊彼特的定义中，创新（新组合）包括五种情况：①一种新产品的采用，这种产品具有某些新的特征；②一种新生产方法的引入，这种方法不一定是建立在新的科学理论基础上，而是满足商业上处理产品的一种新的生产方式；③一个新市场的开辟或进入；④一种新的生产原料和半成品的获取或控制；⑤一种新的工业组织形式的实现，如造成或打破一种垄断。即创新包括产品创新、技术创新、市场创新、资源配置创新和组织创新。

创新的界定存在广义和狭义之分。广义的观点认为，价值创造的任何变化，从渐进式的改进到根本性的突破，都属于创新并应该进行研究，如德鲁克认为任何使现有资源的财富创造潜力发生改变的行为都可以称之为创新。狭义的观点只将特定类型的价值创造的变化——显然超出渐进式改进和现有系统的优化——纳入创新的范围并进行研究。

（二）服务创新的定义

由于服务创新活动发生的范畴不只局限于服务业本身，还包括制造业、非营利性公共部门，因此服务创新也包括狭义和广义两个层面。广义的服务创新是一切与服务相关或针对服务的创新行为与活动。狭义的服务创新则指发生在服务业中的创新行为与活动。在研究中服务创新（service innovation）、新服务开发（new service development）和服务设计（service design）常常相互替代使用。然而服务设计更侧重设计原则，是系统地将设计原理和方法应用于服务开发。新服务开发注重开发过程，是为市场开发新产品的过程。服务创新则强调开发过程的结果。

表 16-1 列出了服务创新的不同定义。本书将服务创新定义为：在服务过程中应用新思想和新技术来改善和变革现有的服务流程和服务产品，以提高现有的服务质量和服务效率，扩大服务范围，更新服务内容，增加新的服务项目，为顾客创造新的价值，最终形成企业的竞争优势。

表 16-1 服务创新的不同定义

视角	定义内容
过程视角	• 服务创新是与创新有关的所有变化过程。
内容视角	• 服务创新是指增加新服务、改进服务提供方式，以及扩展现有服务等活动。一个组织的成功与否依赖于它能否很好地通过服务创新来开辟新市场。 • 服务创新是商业模式、服务捆绑、社交产品、体验方面、流程变化、行为变化和品牌认知的创新。 • 服务创新是提供给客户新的解决方案，它不提供有形的产品，是人力资本、技术、组织和能力的集成，具有很强的异质性。服务创新包括两种主要形式，一是结合新问题或概念形成新的解决方案；二是以生产力、质量的提升等更有效率的方式解决同样的问题。
结果视角	• 服务创新是指对于企业、市场环境或者竞争对手来说新的服务思想、服务实践和目标。 • 服务创新是指产生新的、发生明显变化的服务观念或服务交付系统，它通过提供新的或改进的解决问题的办法，为客户提供更多的附加价值。 • 服务创新是一种新的流程或产品，可以被一个或多个利益相关者采用并为其创造经济或非经济价值。
整合视角	• 服务创新是指服务概念、客户互动方式、服务交付系统或相应服务技术发生新的或明显改变。这些改变产生一种或多种相对企业或市场来说新的服务功能，并确实改变了服务或产品提供给市场的方式。 • 服务创新一种新的、有意义的变化。这种变化可能分别单独地发生在服务理念、与客户相互交往的渠道、技术理念、服务传递等之中，也可能同时发生在它们的多个组合之中。这种变化会导致企业技术、人力资源、组织能力、企业架构等的结构性变革，引致企业的一种或多种新的服务功能的产生，进而改变企业在市场上销售的产品和服务。 • 服务创新是技术创新、商业模式创新、社会组织创新以及需求创新的组合，其目标在于改进现有服务系统（渐进式创新）、创造新的价值主张（产品）或创建新的服务系统（激进式/根本性创新）。激进式服务创新通常会创造一个人数众多的新顾客群（如公共教育—学生、专利制度—发明者、货币市场—小投资者）。服务创新也可能是现有服务元素进行重新组合的结果。 • 服务创新是对各种资源进行重组，从而创造出在给定背景下对某些行为者有利（即体验价值）的新颖资源。 • 服务创新是对多样化资源的重新组合，从而创造出有价值的新资源。

资料来源：Witell L, Snyder H, Gustafsson A, et al. Defining service innovation: A review and synthesis[J]. Journal of Business Research, 2016, 69(8): 2863-2872。

二、服务创新的三种研究视角

服务创新的研究发展了三种不同思路或方法：技术专家视角（technologist）、服务导向视角（service-oriented）和整合方法。这三种不同思路也是学者对服务创新的研究由浅入深的过程。

（一）技术专家视角

技术专家视角认为，服务创新与制造业创新没有本质区别，即使有差别也是微小的，因此可以使用相同的方法进行分析。这个流派的研究方法被称为同化方法（assimilation approach），是服务创新研究中最早采用的分析方法，影响范围较大。该方法关注技术，特别是信息通信技术在服务创新中扮演的角色。例如技术在服务业中传播和扩散的速度和程度，技术的采用对服务业生产率、就业、贸易等的影响，技术在服务业中所引发创新的性质、结构、过程和演变规律。

在采用技术专家视角的研究中，最有影响力的为逆产品生命周期（reverse product cycle，RPC）理论。传统的工艺产品创新中，生产者都是先开发出新产品，然后改进产品质量，最后在生产技术成熟的基础上改进生产过程和生产方法，降低生产成本，提高生产效率。而服务部门的创新主要表现为技术引入型创新，技术的引入改变了服务产品的生产过程，进而引发了服务产品的创新。服务创新会经历一个从渐进性创新和服务效率的改善，到根本性创新和服务质量改善，再到产品创新的逆生命周期过程。

基于技术专家视角的服务创新研究是创新理论的一大进步。它对发生在服务业中的创新，特别是与技术有关的创新进行了较为深入的研究，为后续服务创新研究奠定了基础。但该视角也存在局限性，如只考虑技术方面的创新而忽视了服务创新的多面性，无法全面揭示服务创新的过程和实质，且多数服务创新是非技术性的。

（二）服务导向视角

服务导向视角认为服务业和制造业在本质上不同，强调以服务本身的特征为起点进行研究，因此该视角的研究方法被称为差别方法（demarcation approach）。该视角的基本假设是，服务本身的特性引发了很多技术方法难以发现的创新形式，这些创新比由技术引发的创新更为频繁，并成为服务创新的主体。由于服务导向方法发现并解释了服务创新的多样性和独特性，进一步扩大了服务创新的研究领域和范畴，因此已成为服务创新研究的主要方法。

基于服务导向视角形成的一个重要概念是服务生产（servuction），它指出创新过程中服务提供者和顾客间"合作生产"这一突出特征。这是对物质产品生产和服务生产进行区分的根本属性。这种互动使得区分服务的产品创新和过程创新变得困难。服务提供者和顾客间的紧密关系也成为服务创新的一个基本的重要因素。

与技术专家视角相比，服务导向视角是服务创新理论的一大发展，它克服了前者只关注技术创新的不足，认为服务创新也具有非技术创新特征，同时把创新的范畴扩大到产品、过程、市场和组织等方面，为整合视角研究奠定了基础。但是服务导向视角对服务创新的界定过于宽泛，可能会导致创新行为、条件与创新本身相混淆；过于强调服务的特点而忽略了制造业和服务业创新可能的共性。

（三）整合方法

随着产业融合趋势的加强，将服务和产品视为具有共同功能的对象进行统一的创新整合分析成为当今创新研究的一个重要趋势。整合方法不再争论制造业与服务业创新的不同，而是采用整合的思想去研究一种对服务业和制造业都适用的创新理论模型，因此又称为综合方法（synthesis approach）。该视角以产品和服务边界的日益模糊以及两者的相互融合、相互作用和相互增强为背景，试图建立一个既有别于传统制造业创新又能适用于制造业和服务业创新的理论体系。

采用整合方法进行的服务创新研究中，较有代表性的是加尔罗（F. Gallouj）和温斯坦（O. Weinstein）(1997)提出的一般产品定义模型。他们将产品（不论其属于制造领域还是服务领域）定义为顾客能力特征、企业技术特征、企业能力特征和结果特征的组合，并以此为基础提出六种创新模式：根本性创新（radical）、改进型创新（improvement）、渐进性创新（incremental）、专门化创新（Ad Hoc）、重组创新（recombination）以及形式化创新（formalization innovation）。

服务创新研究中的整合视角适应了当今服务业和制造业迅速发展和融合的趋势。整合视角通过吸收技术专家视角和服务导向视角的研究成果，能够对经济中发生的创新行为进行整合研究，揭示不同产业创新的内在一致性，把创新理论整合运用到更加广阔的领域，而不是在制造业与服务业之间硬性划分界限。

三、服务创新的特征

尽管服务创新和制造业创新存在很多共同点，如都需要高层管理者参与，将组织文化和系统与创新过程结合起来，更加正式化、结构化和积极主动，有高质量的员工和其他资源等，但是服务区别于有形商品的特性使得服务创新也有其自身的特点。

（一）创新部门的设立问题

制造业常常用研发费用，即组织在新创意和新产品上进行研发的资金投入数量，来衡量其创新努力。但研发投入与服务创新之间的联系没有制造业那么密切。在服务业，专门的研发或研究部门往往没有受到足够的重视，研究机制有时候是分销、内部服务供应、营销、环境设计或人力资源等职能的一部分，并通常被冠以业务流程再造或业务拓展等名称而被包含在其中。造成这种差别的原因，一是服务业的大部分创新为非技术性创新，涉及较小的和渐进的变化，通常很少需要专门的机构研发。企业直接购买制造业中某项创新产品或技术而非投资研发进行服务创新。例如电子银行是一种通过现有互联网、个人电脑和软件即可实现的服务创新，但是所采用的技术和产品都是现有的，银行并未出资建设自己的网络或个人电脑。二是研发费用仅仅是企业创新费用中的一部分。相对于制造业创新，服务创新更加强调人力资本、组织等因素，与过程变化、组织安排和员工培训有关的费用占据服务环境中创新费用的较大份额。此外，服务的创新常常直接源自消费者的特殊需求，这很少能促使企业形成一个"集中的"研发部门。因此在服务环境中，研发活动比较隐蔽，研发程度也难以展现。

（二）顾客参与创新活动

顾客参与服务生产的特征决定了在服务创新中，客户的需求是创新的出发点，也是其最终完成的结束点。在制造业的生产过程中，顾客只是最终产品的被动接受者或使用者，既不参与产品的生产和传递，也不与制造商发生交互作用，是独立的生产过程。在服务业，顾客积极参与到整个生产和传递过程中，并与服务提供者发生交互作用，是合作生产的过程。服务企业不可能像制造业那样以事先精确确定的形式生产出最终产品。很多服务创新是在与顾客的交互作用中根据顾客需求生产的，是在不同环境中针对特定的非标准化问题产生的，因此是一种"定制化"的产品。这种相互作用使得区分服务的产品创新和过程创新变得困难。顾客以各种不同形式积极参与服务创新过程是服务创新最重要的特征。在此过程中，顾客扮演了兼职员工的角色。

（三）新服务与现有系统的匹配

由于服务创新需要将新的服务运营、服务流程与现有的业务活动整合在一起，因此与产品生产企业相比，新服务与现有系统的匹配对于服务企业更为重要。服务业前台和后台的职能必须以一种整合的方式进行运作，才能克服不同职能在目标和时间范围上的差异。在服务企业，前台的设计常常以满足顾客需求为目标，而后台总是强调运作效率和产出最大化。这种不一致会延伸至新服务开发，表明组织惯性对服务创新的影响比其对产品创新的影响更加重要。这也解释了为什么激励和授权管理，良好的沟通、协调，以及减少组织内部的冲突和权力斗争被认为是创新，尤其是服务创新的基本原则和关键点。

此外，服务创新形式多样，更多是非技术性创新，主要表现为服务流程和工艺创新、服务传递系统创新和客户界面创新。服务创新所产生的知识产权不是依靠专利，而主要依靠商标和版权或其他保守商业秘密的机制来保护。服务创新的结果并不一定表现为有形商品，而是一种概念性、过程性的创新活动，具有明显的无形性。服务业创新的新颖度范围更广，是可复制创新和解决特定顾客问题的不可复制创新的混合体。表 16-2 总结了服务创新与制造业创新的区别。

表 16-2　服务创新与制造业创新的区别

一般结论
◇ 服务创新可以被迅速模仿
◇ 在服务部门，很少进行研发工作。因此对于服务创新，研发不是一个好的指标
成功方面
◇ 与有形商品开发相比，人际关系策略（the human relations strategy）对新服务的成功有更强的影响
◇ 与企业营销知识不匹配的新服务会极大地增加企业的协调问题
◇ 与有形商品开发相比，消费者感知的产品利益对新服务成功的影响较小
开发方面
◇ 在无形产品的设计和开发过程中，技术不是十分重要
◇ 诸如概念测试或市场测试等开发活动在服务创新中（基本）不存在
◇ 相对于制造业，缺乏熟练员工和缺乏来自顾客的信息更会阻碍服务创新，服务部门的组织问题也更为严重
财务方面
◇ 服务部门用于创新活动的费用要低得多
◇ 固定资产投资在服务业比在制造业的意义更为重大
◇ 创新成本的分配方面，服务产品创新中只有 5%用于专利与许可，而有形商品创新中这一比例高达 20%

资料来源：Küpper C. Service innovation: A review of the state of the art. Working paper, University of Munich, 2001: 4.

四、服务创新的类型

对服务创新的分类可以从多种角度进行,本节着重介绍三种分类标准:按照创新对象、创新性质和创新主导者(表 16-3)。服务创新的某些形式与制造业创新类似,如都包含了产品创新、市场创新等。但更重要的是,服务业还包括一些由服务本身的特性所决定的创新形式,如专门化、形式化创新等。

表 16-3 服务创新的基本类型

分类标准	类型名称	概述
创新对象	产品创新	对市场而言全新服务的引入
	过程创新	新过程的引入
	组织创新	新组织要素的引入
	市场创新	市场中的新行为,如新市场开发、原有市场细分等
	技术创新	由技术引发的创新
创新性质	传递创新	新的或改进的服务传递过程和方法
	重组创新	不同服务要素的组合或分解引发的创新
	专门化创新	针对特定顾客问题的解决办法
	形式化创新	服务要素可视性和标准化程度的变化
创新主导者	供应商主导型创新	创新(一般是技术创新)来自于硬件行业(外部供应商)
	服务企业主导型创新	创新和创新的实施都发生在服务企业本身
	客户主导型创新	创新是服务企业对顾客明确需求的响应
	服务企业协助型创新	服务企业提供投入来影响发生在客户企业内部的创新
	范式创新	对价值链中的所有参与者都会产生深远影响,意味着全新的基础设施、新类型的知识

(一)按照创新对象分类

很多学者采用产品—过程框架来研究服务创新。其中,产品创新是对市场而言全新服务产品的开发和引入,与制造业的产品创新类似,如保险公司设计和开发一个新险种。过程创新是指服务生产、传递的程序或流程的变化,可分为后台(生产过程)创新和前台(传递过程)创新,如银行叫号机的使用就是一种前台创新。针对银行业的研究发现,产品创新的采用频率更高,过程创新跟随着产品创新。两种创新常常伴随着发生,尤其是在高绩效的银行中。与产品创新相比,过程创新包括更多的系统性知识,创新过程涉及更复杂的知识,且该创新更多发生在组织内部,成本更高,也比产品创新更加有效。

组织创新是组织要素的增减,组织形式和结构的变化,管理方法和手段的更新及引入,如激励系统、柔性组织、自我管理团队等。组织创新包括多单元组织(multi-unit organizations),指服务管理系统在多单元的组织中进行复制,如建立连锁;服务的新组合(new combinations of services),指服务活动、服务部件和服务片段的新组合;顾客作为协同生产者(customer as co-Producer)。

市场创新是指服务企业在市场中的新行为,包括开辟全新市场,在原有市场内开发新的细分市场,进入另一行业和市场,以及在市场上与其他行为主体间关系的变化等。技术创新是指已有技术或新技术在服务组织中的引入而产生的创新。例如基于信息技术的金融信息化建设,极大地促进了金融服务的创新,包括网络银行、电子货币等。

(二)按照创新性质分类

传递创新(delivery innovation)是指服务企业的传递系统或整个服务产业传递媒介中的创新,包括企业与顾客交互作用界面的变化。它充分反映出服务创新的顾客参与和交互作用特性。

重组创新(recombination innovation)又称为结构创新(architectural innovation),是指服务企业在现有知识库、既定的技术基础和确定的技术轨道上,通过将已有服务要素进行系统性的重新组合或重新利用而产生的创新。重组创新包括新服务要素的增加、两种或两种以上已有服务要素的组合、已有服务要素的分解。

专门化创新(Ad Hoc innovation)是指针对顾客的特定问题在交互作用过程中提出解决方案的创新。在那些需要服务提供者和顾客进行大量互动的产业,如咨询服务业和信息服务业,专门化创新是一种非常重要的创新形式。在此过程中,服务提供商协同利用过去积累的知识和经验,以积极和新颖的方式创造新的解决方案,满足客户的独特需要。这种类型的创新在顾客—服务提供者界面上产生,由顾客和服务提供者共同完成,因此创新效果在很大程度上依靠与客户的沟通和交流。由于专门化创新与积累性的学习过程密切相关,会产生新知识并被解码,解码后的知识能够在不同环境中重复使用,因此扩大了组织记忆。此外,顾客—服务提供者界面的存在也有助于限制创新的可复制性,在一定程度上保护了创新。

形式化创新(formalization innovation)是指各种服务要素的可视性和标准化程度发生变化,不涉及服务要素的量变或质变。其实现形式包括使服务要素更加有序、对服务要素进行详细说明、减少服务要素的模糊性、赋予服务要素具体形式等。例如,咨询顾问将所积累的经验、思路或程序整理为书面文字,进而形成标准化的工具或方法,以便今后可以重复使用。

(三)按照创新主导者分类

根据创新投入(如设备、资本和人力资源)的供应商、服务企业以及客户企业或服务创新产品的最终使用者在创新中扮演的不同角色,可以将服务创新分为五类,如表16-4所示。从供应商主导型创新到服务企业协助型创新,客户企业和服务创新产品使用者对创新过程的影响逐渐增强,而范式创新会对价值链上所有的参与者都产生影响。

表 16-4 按照创新主导者的服务创新分类

创新类型	供应商角色	服务企业角色	客户/顾客角色	举例
供应商主导型创新	创新来源	创新实施者	创新服务产品使用者	微波炉引入咖啡店和餐馆、点钞机、智能手机
服务企业主导型创新	服务设备提供者	创新来源和创新实施者	创新服务产品使用者	新养老金和储蓄计划、新旅游产品、新购物形式
客户主导型创新	服务设备提供者	创新实施者	创新来源和创新服务产品使用者	绿色酒店满足顾客环保要求、门到门运输

续表

创新类型	供应商角色	服务企业角色	客户/顾客角色	举例
服务企业协助型创新	服务设备提供者	对客户企业的创新有影响	创新实施者	提供专家、定制化的软件包、培训或书面建议
范式创新	服务设备提供者	创新实施者	创新服务产品使用者	地下交通、多频道按次计费电视、多功能芯片

资料来源：Hertog, P., Bilderbeek, R. Conceptualizing service innovation and service innovation patterns. Utrecht：Research Programmer on Innovation in Services (SIID) for the Ministry of Economic Affairs, Dialogic, 1999.

也有学者将创新分为电子创新和人员创新。前者是主要通过互联网为客户带来利益的新服务，如苹果的 iTunes 就是一个很好的例子。人员创新主要是通过人际互动提供新的服务。在那些严重依赖员工生产和提供服务的行业（如旅游、接待、快递），主要依赖人员进行创新，如海底捞的快乐等候。事实上，不论以何种方式进行分类，服务创新都可以看作是新服务概念、新顾客界面、新服务传递系统以及技术这四个维度的不同组合，如图 16-1 所示。

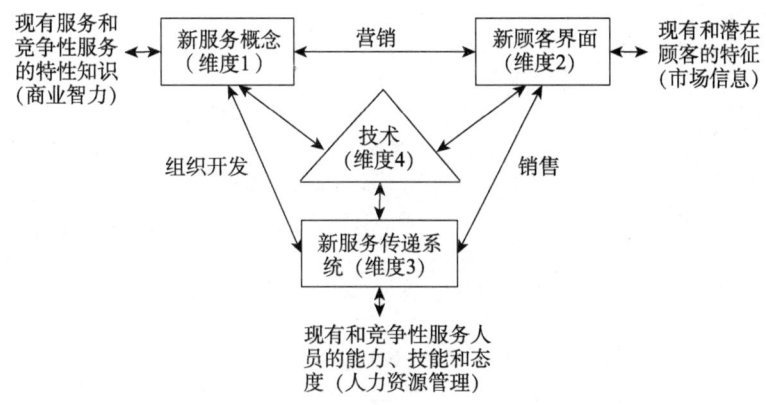

图 16-1　服务创新的四维度模型

资料来源：Hertog P, Bilderbeek R. Conceptualizing service innovation and service innovation patterns. Utrecht：Research Programmer on Innovation in Services (SIID) for the Ministry of Economic Affairs, Dialogic, 1999：5.

第二节　服务创新驱动和制约因素

服务主导逻辑将服务界定为实体通过行为、过程和表现，运用知识和技能实现其他实体或自身的利益的过程。对服务创新的分析应该采取系统的观点。本节介绍服务创新的工作系统框架，探讨服务创新的驱动力和制约因素。

一、服务创新工作系统框架

图 16-2 的服务创新工作系统框架由九个基本元素构成。该工作框架必须在基础设施、战略和环境等背景下，将参与者、信息和技术嵌入到过程和活动中，然后上升到企业的产

品和服务，再为顾客创造价值。整个过程都是双向而非单向流动，这是一个系统导向的框架。该系统框架从两个层面阐释了服务创新，一方面提供了服务创新的整体视角，另一方面指出与服务系统创新相关的具体元素。在整体层面，该框架指出服务创新必然涉及服务系统的创新，包括匹配市场环境的战略，而不仅仅是改变顾客可见的内容。在具体元素方面，该框架揭示了服务创新涉及服务系统中多个元素相互作用和相互协调。如工作系统框架所展示，服务创新涉及很多要素，因此任何试图以单一绩效指标为目标（如每小时每人的服务产量）而设计和实施服务创新的做法都是目光短浅的。对潜在服务创新的评价一方面应该基于效率、一致性、员工满意度和其他面向内部的指标的改进程度，另一方面对内部和外部顾客来讲，顾客眼中的绩效与其所承担的总成本如时间和精力消耗，包括对服务响应性、可靠性、总体体验以及符合标准和期望的感知相联系。工作系统中不同元素的属性为宏观层面设计服务创新奠定了基础，如与过程和活动相关的服务创新涉及流程的结构化程度、流程复杂性和流程的服务节奏，参与者的激励程度和参与者预期的技能水平等问题。将该工作系统具体元素相关的设计决策整合起来，就形成整体的服务系统特征，如系统是集权/分权，系统的能力、可扩展性、弹性程度、敏捷性和透明度等。

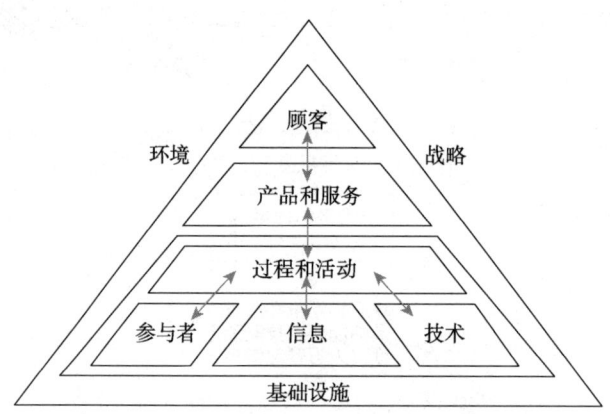

图 16-2　工作系统框架

资料来源：Alter S. Service system fundamentals：Work system, value chain, and life cycle[J]. IBM Systems Journal, 2008, 47(1)：20.

（1）顾客

服务系统要面对许多不同需求、关注点多样化的顾客。有些顾客是服务系统的直接受益者，有些顾客则不然，但他们也有兴趣参与到服务系统中。例如，一个服务的直接受益者可能不是那些付费的顾客（如医疗服务由保险买单，雇主承担员工的咨询费用）等。针对某一顾客群体的服务创新可能不会对其他顾客产生任何影响，也可能使其他顾客得到更坏或更好的服务。因此，服务创新工作系统应明确创新给不同的顾客可能带来什么影响，或者带来什么利益。

（2）产品和服务

服务创新经常涉及产品和服务的组合（为顾客服务的过程中可能伴随着有形产品的创造和转移）。创新者的目标在于设计或改进服务系统，达到内部效率和顾客满意度之间的平衡，应该从有形因素和无形因素整体考虑服务创新会涉及哪些要素。

（3）过程和活动

与服务创新有关的过程和活动的变化，往往能够同时支持多重目标的实现。例如创新可以提高顾客对产品和服务的体验，提高供应商的效率，降低成本，提升服务质量（不论顾客能否直接观察到这些改进）。服务创新设计不仅是改变那些在流程图或业务规则中可能捕捉到的流程细节，而是要涵盖整个过程和活动。服务创新中与过程和活动相关的词汇是过程设计特征，如结构化程度、整合度、复杂性、工作的多样性、自动化程度、节奏、时间压力、中断次数、潜在错误，以及异常处理的形式。每个相关问题的决策都可以在管理层进行讨论，以确定具体情境下的指导方针，进而有助于做出详细的选择，甚至纳入未来的流程图和业务规则。

（4）参与者

服务创新的成功取决于参与者的特征，包括参与者的技能、知识、激励以及服务理念。服务创新通常需要改变参与者的角色和行为。随着顾客知识的增加，越来越多的服务创新与自助服务结合起来，顾客承担着以前由服务员工所执行的职能。服务创新通过自动化可以替代系统参与者之前所扮演的角色。例如，使用烹饪机器人的餐厅，技术员取代了之前厨师参与者的角色，专注于维护服务系统的技术和基础设施设备。

（5）信息

服务创新常常需要使用不同的信息，或实现信息准确性、可及性、时效性等的完善。如工作系统框架中箭头所示，只有将信息融入服务系统的过程和活动中，信息才真正有助于服务创新。

（6）技术

几乎所有主要的服务系统都离不开技术。理解和分析特定情境中的服务创新需要将技术纳入整个系统考虑，而不仅仅是关注具体的信息使用。

（7）环境

一个服务系统所处的环境包括组织文化，相关的法规、政策和程序，市场竞争，组织历史，以及所在行业技术的发展。即使处于相同的业务部门、组织或行业，在某一情境中成功的服务创新在另一种情境中可能有着完全不同的结果，原因在于服务系统所处的环境不同。

（8）基础设施

服务创新的成功与失败在很大程度上取决于人力、信息和技术的运作。服务系统常常与其他工作系统共用这些资源，因此服务创新的设计和评估不应该止步于服务系统这一边界，还要确定与外部基础设施的关系。

（9）战略

服务创新有时涉及服务系统战略的转变，其中包括对其顾客的价值主张和生产策略。价值主张意味着企业如何满足顾客的需求，有什么样的显性或隐性成本转嫁到顾客身上。生产策略则关系到服务供应商如何执行具体的运作。当创新策略与组织战略相冲突时，服务创新就会遇到阻力。

二、服务创新的驱动力

服务创新的驱动力是形成创新模式的基础,也是创新过程中的重要决定因素,因此对驱动力的正确识别和把握是服务企业制定服务创新战略的前提。影响服务创新驱动力的因素分为外部和内部因素,下面从外部轨道和外部行为者(外部因素)以及服务企业内部因素等进行分析。

(一)外部轨道

轨道是在社会系统中(如一个国家、一个国际性的产业网络、一个地区性的专业网络等)中传播的概念和逻辑。这些概念和逻辑通过很多难以准确识别的行为者进行传播和扩散,并与周围的动态环境相适应。轨道会对企业施加重要作用,使其在轨道约束的范围内进行创新。

服务企业的创新活动主要受到五类轨道的制约,分别是服务专业轨道、管理轨道、技术轨道、制度轨道和社会轨道。其中最重要的是服务专业轨道,指来源于不同服务专业,如律师、医疗、金融、交通、咨询中的一般性知识、基本方法和行为准则。该轨道由特定服务部门的性质所决定,创新活动的发生必须以此为基础。第二类为管理轨道,指企业组织、运行机制、流程管理的概念和逻辑,如激励机制、服务管理系统等。第三类是技术轨道,指服务生产和传递所遵循的技术使用逻辑,如信息和通信技术、网络技术等,该轨道常常引发大量创新。第四类为制度轨道,指服务企业外部制度环境的一般演变规律和趋势,包括政治环境、法律环境等的变化。该轨道对服务企业创新活动的影响比制造业更大,可能促进或抑制创新的发生。第五类为社会轨道,指一般性社会规则和惯例的演进,如生态环境意识的增强会对服务创新活动产生重大影响。五类轨道相互交织、相互作用,共同对服务企业的创新活动产生影响。

(二)外部行为者

行为者指人、企业或组织,是服务创新的主体,其行为对服务创新活动有重要影响。在外部行为者中,顾客是最重要的主体之一,他们常常是信息及创新思想的来源,并参与到服务企业的创新过程中。服务提供者和顾客间的界面可以看作一个实验室,创新在这里被合作生产出来。顾客协作可以减少总体服务开发时间,并促进服务创新的快速传播,从而增加服务创新的数量。

竞争者对创新活动也十分重要,服务企业可以通过模仿竞争对手的创新行为而在自身内部产生创新。由于服务创新难以通过专利等来保护,因而竞争者的率先创新会引发跟随者的模仿。

供应商特别是知识供应商是创新思想的重要来源和创新活动的推动者,可以为服务企业提供大量创新思想,并帮助企业实施创新,是一种"服务企业协助型创新"。此外,技术供应商、软件供应商在创新过程中也可能成为重要的合作者。公共部门对服务企业的创新活动也会产生一定影响,但作用相对小一些。一方面公共部门需要服务,另一方面它可以为服务企业提供创新所需的知识、开发和管理经验,为服务企业培训员工,并针对服务创新进行专门研究。此外,公共部门的管制也可能引发创新,如很多金融服务是由税收法律的变化而产生的。

（三）服务企业内部因素

虽然不同服务组织的创新过程不尽相同，但是存在一些共同的内部因素影响其创新，这些因素包括企业良好的组织创新氛围、与顾客和商业伙伴合作的能力、知识整合机制，以及员工的合作等。

1. 组织创新氛围

与文化相比，氛围更容易测量和管理，也更容易改变。为了建立自由、宽松的、鼓励冒险与试错的创新软环境，营造创新氛围是服务企业的较好选择。组织创新氛围是组织成员感知到的工作环境中支持创造力和创新的程度。这种氛围促使管理人员充分授权，并相信员工会在一定的自由度内为顾客提供最大的利益，因此组织创新氛围不仅可以维持竞争优势和股东利益，而且可以提高顾客和员工的满意感。创新氛围包括环境自由、组织支持、团队合作、学习成长、能力发挥等内容，即组织要营造这样一种氛围，员工所处的工作气氛和谐、自由，可以自由设定工作目标与进度，不受干扰地独立工作。组织鼓励员工创新性思考和试错，并提供专业技术、信息与设备等方面的支持。团队成员拥有共同目标，在工作过程中经常交换心得、相互协助，并以沟通协调的方式解决问题与冲突。组织为员工提供良好的教育机会，鼓励员工参与学习活动。员工所从事的工作具有挑战性，工作内容给员工发挥的空间，主管能够适当授权以支持员工创新。

2. 与顾客和商业伙伴合作的能力

服务主导逻辑认为顾客总是价值的共同创造者；企业不能传递价值，只能提出价值主张。这也暗示了在服务创新过程中，顾客扮演着非常重要的角色。他们更多是知识的提供者，而非创新任务的直接执行者。服务企业可以通过访谈、焦点小组和团队讨论等方式对用户进行广泛咨询，获得顾客对特定问题的信息和反馈。在服务开发过程中，与顾客合作的能力可以将其转化为企业的操作性资源，更好的定制服务，能够增强新服务市场成功的可能性，减少开发时间，促进服务创新的快速扩散。基于此，服务企业可以促进创新，增强竞争力。

正如服务主导逻辑阐明的那样，所有社会和经济主体都是资源的整合者，因此与商业伙伴合作是服务创新的又一潜在知识来源，尤其是当服务企业属于并依赖于一个供应商网络或者其他商业伙伴时。研究表明，网络合作伙伴参与企业创新不仅可以增强创新的内在过程，而且可以扩张创新结果的外部市场。将商业伙伴纳入创新过程，并将其作为一种机制来促进变革的能力，已经成为有效进行服务创新的核心。

3. 知识整合机制

当组织缺乏信息整合和共享机制时，即使可以从组织外部（如顾客和商业合作伙伴）和员工处获得知识，这些知识也无法用于服务创新。知识整合机制（knowledge integration mechanisms，KIM）是一种促进各类知识的获取、分析和整合，以及在不同部门间传播的正式流程和结构。它可以促进企业能力和市场知识的结合，进而创造成功的新服务，降低创新过程中的低效率，并能帮企业进一步开发所获取的知识来赢得竞争优势。关于组织学习的研究表明，诸如知识整合机制之类的正式流程对于组织开发复杂的隐性知识的潜能十分重要，因此服务企业有必要建立知识整合机制，加强组织学习。

4. 员工的合作

在服务领域，与顾客直接接触的一线员工通常被认为是外部知识转化为内部知识最为重要的接口，员工因此成为一种有价值的内部驱动力。尽管一些学者认为一线员工参与新服务开发可以帮助识别顾客需求，促进创新的实施，防止用流程—效率取代顾客需求，但是这也意味着员工工作量的增加。与服务人员进行有效的合作可以加快新服务开发的速度，员工所收集的关于顾客问题的大量信息、员工自身的知识和经验等都可以提供有价值的创新思想，员工合作对于服务创新会产生促进作用。

三、制约服务创新的因素

尽管存在许多促进服务创新的因素，但是服务企业在创新过程中也会遇到来自内部和外部的诸多障碍，对创新障碍的识别和克服是服务创新管理的重要内容。

宏观环境方面的制约因素包括政治与法律障碍和金融障碍。由政府管制、立法引起的市场进入障碍间接阻碍了行业内部的知识共享和经验学习。税收带来服务企业收入的减少，加之劳动力市场管制带来成本的增加，共同减少了创新所需要的资源。此外，由于难以获得银行资金和风险投资，即外部融资困难，小型服务企业进行创新的难度更大。

中观环境方面的制约因素主要为市场风险，如创新被竞争者模仿的危险、顾客对服务创新的接受程度等。有些顾客天生乐于接受任何创新，但他们在顾客中的比例较低。大多数顾客不会立刻接受某种新服务，除非他们充分了解该项创新。创新服务的推广受到顾客使用新服务能力的限制。而行业结构的刚性、竞争的缺乏、生产能力的过剩则导致服务创新驱动力不足。

微观环境方面的制约因素包括组织对服务创新的管理能力不足、人力资源缺乏等。服务创新活动的计划和实施不同于企业日常运作，也不同于制造业创新。如果服务企业没有良好的创新氛围，缺乏与外部顾客和商业伙伴合作的能力，无法招募到并培训出合格的员工，缺乏相应的技术设备或技术不成熟等，即使有充足的财力资源也无法顺利进行服务创新。

第三节　开放式服务创新

随着新兴技术的复杂程度不断增加、用户需求个性化水平持续提高，传统的企业独自封闭创新的范式越来越难以适应快速迭代的服务创新要求。越来越多的企业选择打破组织边界，利用组织内、外的各种资源进行开放式服务创新（open service innovation）。企业把新服务的开发工作向组织之外的其他人员和其他组织开放，以获取各种新的创意，让组织外部的行为者参与到创新实践中。企业在产品或服务开发过程中都与顾客展开了直接协作。也有一些企业与供应商、其他外部人员，甚至是竞争对手开展合作。通过"由外而内"与"由内而外"两个途径，达到充分利用外部资源，加速企业创新，最终将企业创新成果进行商业转化的目的。

一、对开放式服务创新的理解

（一）开放式创新

开放式创新（open innovation）概念最初由 Chesbrough 在《开放式创新：进行技术创新并从中赢利的新规则》一书中首次提出。传统的封闭创新是指企业完全或单独掌控从创意到新产品上市的全过程。传统的企业认为创新活动应该严格地控制在企业内部，企业建立自己的产品实验室或研发中心，甚至有些在企业内部进行保密地研发、生产，直到推向市场，以此获得产品在市场上的优势地位，从而得到超额的边际利润。开放式创新是一种全新的创新模式，旨在打破组织固有的边界，进行更广泛的资源整合。开放式创新体现了创新要素之间的互动、整合与协同。企业需与创新利益相关者保持密切的合作关系，创新知识可以实现跨组织边界的自由流动。相比内部创新，开放式创新速度更快、成本更低、收益更高。

迄今为止，开放式创新的概念内涵尚未达成共识，大致可以分为三个流派。

（1）资源流派

该流派认为企业开放式创新的实质是跨越组织内、外边界的各类创新资源的自由流动，即企业打破边界约束，从内部和外部共同获取创新的资源。学者将开放式创新定义为"创新资产和创新资源在不同组织之间的流动"，"企业利用和整合内、外部资源进而共同创造市场价值的一种新商业模式"。

（2）过程流派

该流派强调开放式创新是一种创新的过程，其本质上是对知识流动的管理和利用过程。从知识管理的角度来看，开放式创新就是跨越组织边界的知识探索、维护和利用的过程。

（3）认知流派

该流派认为开放式创新不仅是一些受益于创新的技术层面上的实践活动，也是一种创造、转化以及研究这些实践的基础认知模式。实行开放式创新的企业不仅将先前隐藏在组织内部的创意和资源向外展示，同时以创新为目的贡献者能够获取彼此的知识并且共享开放式创新成果。

（二）开放式服务创新

20世纪80年代以来，服务区别于有形商品的独特性逐渐成为基本的服务营销研究范式，即服务具有无形性、异质性、生产和消费的同时性（即不可分割性）和易逝性。服务营销学者普遍认为，服务的独特性可能会影响开放式创新在服务生产和消费过程中的发展。

随着开放式创新理念的流行，开放式服务创新很快成为服务创新的重要趋势之一。服务创新是服务提供者通过开发现有的或创造新的实践和/或资源，或以新的方式整合实践和/或资源来创造新的价值主张，具体表现为被一方或多方利益相关者所采用且能够创造价值的新流程或新产品。服务创新是企业进行新服务开发（new service development，NSD）的结果，二者不可混淆。总体而言，开放式服务创新是一种特殊的开发创新实践类型，也是一种新兴的服务开发实践，包括参与者的能力、参与者之间的组织共同创造以及参与者之间的联系。

二、开放式服务创新的类型

米伦（P. Myhren）等学者（2017）将开放式服务创新总结为三种类型：内部团队开发（internal group development）、卫星团队开发（satellite team development）和火箭团队开发（rocket team development），如图16-3所示。值得注意的是，企业在实践中通常不会只采用某一种开发模式，而是同时采用几种。

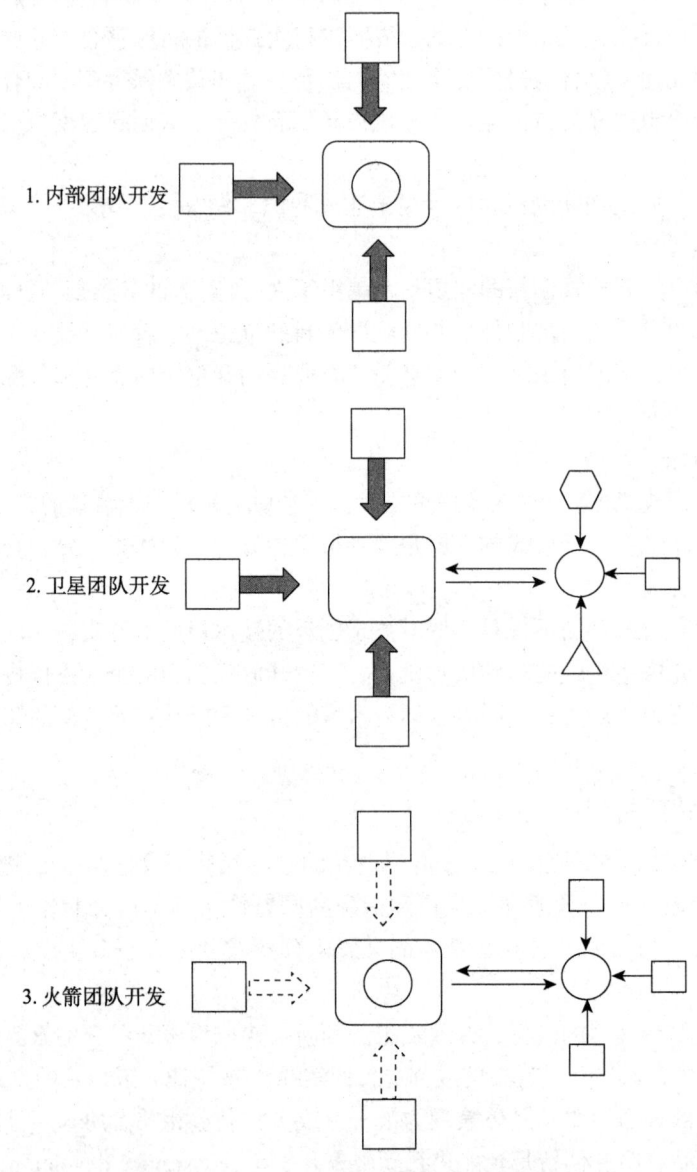

图16-3　开放式服务创新类型示意图

资料来源：Myhren P, Witell L, Gustafsson A, et al. Incremental and radical open service innovation[J]. Journal of Services Marketing, 2017, 32(2)：106.

开放式服务创新的关键是筛选具有恰当能力的参与者。在注重渐进性服务创新的开放式服务创新小组（内部团队开发和卫星团队开发）中，由于服务改进需要深入的讨论，因此更倾向于同质的能力和学历。当开放式服务创新小组（火箭团队开发）注重于根本性服务创新时，则异质的能力和教育背景更为优越，因为根本性创新可能需要获得不同类型的资源。在开放式服务创新中，开发团队必须根据创新程度的不同选择和不同团队共同完成开发任务。一般来讲，使用综合开发团队有助于提高新产品开发的有效性，还可以通过成立多个综合开发团队同时执行多个创新项目来节省开发时间。与渐进性服务创新相比，根本性服务创新要求参与者之间的互动强度更高，同时需要参与者具有异质的能力，此时更适合选择综合开发团队来完成开发任务。创新程度的不同还会影响参与者之间的关系和互动方式。侧重于渐进性服务创新的项目应包括具有正式和深厚联系的参与者。

（一）内部团队模式

内部团队模式主要适宜于渐进性服务创新，开发工作在开放式服务创新小组内进行，目标是逐步改善现有服务。对于每个开放式服务创新小组来说，参与者的能力具有同质性，即参与者有共同的教育背景和知识；参与者之间的关系是正式的且有深度的，参与者之间信任程度较高。

微信（WeChat）是腾讯公司于 2011 年推出的提供即时通讯服务的应用程序，最初是由张小龙所带领的产品团队打造的。随着微信的不断迭代和发展，如今的微信已经远远超出了即时通信工具的范畴，涉及的服务能力包括移动电商入口、用户识别、数据分析、支付结算、客户关系维护、售后服务和维权、社交推广等。微信已成为一个闭环式移动互联网商业解决方案的提供者。回顾其发展历程可知，微信开放式服务创新是一个渐进性服务创新的过程。2011年，微信上线语音对讲功能。2012年，微信开通朋友圈，注册用户突破2亿。2014年，微信支付公布，以"微信公众号+微信支付"为基础，致力于帮助传统行业将原有的商业模式移植到微信平台。2016 年，微信小程序正式上线，腾讯云能够提供小程序在云端服务器的技术方案。2019年，微信宣布升级《微信外部链接内容管理规范》，微信治理能力提升。2021年，微信小程序日活跃量超过 4.5 亿，日均使用次数相较 2020 年增长了 32%。2022 年，微众银行（微信支付）数字人民币钱包上线，腾讯接入数字人民币开始提供服务。在此过程中，微信企业内部团队起到主导的作用。

（二）卫星团队模式

卫星团队开发主要适宜于渐进性服务创新，开发工作从开放式服务创新小组的建议开始，然后建立项目并形成综合开发团队。该团队由项目经理和开放式服务创新小组的一名成员和进行服务改进的技术专家组成。项目完成后，综合开发团队将结果提交给开放式服务创新小组审批。对于每个开放式服务创新小组来说，参与者的能力具有同质性，即参与者有共同的教育背景和知识。然而，参与者之间的关系是非正式而有深度的，参与者之间信任程度较高。

海尔是国内企业进行开放式创新实践的先驱和典范。海尔在 2013 年设立 HOPE 平台（Haier open partnership ecosystem），定位为全球资源网络、创新者社区、一站式服务平台，致力于打造全球最大的开放式创新生态系统和全流程创新交互社区，吸引全球资源和用户参与，持续产出创新成果。创新者社区的搜寻、扩散、粘合，最大限度地发挥了用户乘数效应，使海尔能够连接到更多资源。HOPE 平台发展成为交互、检索、对接、成果评价、交易保障的一站式服务平台，吸引了更多的资源方加入，为海尔的创新发力。

（三）火箭团队模式

火箭团队开发主要适宜于根本性服务创新，开发工作从开放式服务创新小组的建议开始，然后建立项目并形成综合开发团队。项目完成后，综合开发团队将结果提交给开放式服务创新小组审批。对于每个开放式服务创新小组来说，参与者的能力具有异质性，即参与者有不同的教育背景和知识。参与者之间的关系是非正式而有广度的。当一个开放式服务创新小组致力于根本性服务创新时，更广泛的关系能够实现知识溢出，有利于确定发展根本性服务创新时所需的不同的知识层次。

以百度公司在自动驾驶领域正在推进的一项颠覆性创新实践为例。2013 年，百度开始进行自动驾驶技术的研发。2017 年，百度开始构建以开发平台为核心的开放式创新网络。2020 年，百度自动驾驶开放式创新平台已经拥有 200 多家合作创新伙伴（包括汽车制造商、零部件供应商、芯片公司、传感器公司等），覆盖从硬件到软件的完整产业链，吸引了全球 36000 多名开发者参与自动驾驶汽车的研发。2022 年，百度在重庆和武汉两城率先开展全自动商业化运营，百度自动驾驶处于全球领先。

三、开放式服务创新面临的挑战与机会

人们通常将企业的行业属性划分为服务业或制造业，但越来越多的证据表明，产品服务化正成为制造企业发展日益重要的一个方面。制造业企业正在扩大其产出的服务部分。从这个角度来看，服务不再是服务提供商的职权范围，也成为制造业企业为获取额外价值或留住客户群而采用的更广泛商业模式的特征。服务使制造商能够更接近他们的客户，增强对用户需求的理解，加强关系并提高客户忠诚度。然而，提供复杂的产品、流程和服务组合对企业知识库的组织提出了具体挑战。它可能需要重组不同的资源，包括来自不同来源的知识输入。这可以推动企业加强对外部知识的搜索，这些知识可能是维持综合商业模式所必需的。

随着服务主导逻辑的兴起，商品和服务不再被视为"产品"的二元子集，取而代之的是"一切经济皆是服务经济；服务是交换的基础；有形商品是服务提供的分销机制"等新的范式。企业进行开放式服务创新的最终目标是更好地与多个行动者实现多方价值共创。不仅顾客始终是价值的共创者，价值网络中的所有行动者都是不可分割的资源整合者和创新创意贡献者。越来越多的企业纷纷采用开放式创新社区（open innovation community）的模式让外部用户参与到企业的知识、产品及服务创造中来。未来，开放式服务创新可能呈现出更加高效的商业形态。

随着人工智能、大数据等数智技术的快速发展，企业创新范式已经由传统的封闭式创新逐渐演变为协调内部和外部资源的开放式创新。中国作为新兴经济体，企业创新能力相对薄弱，需要利用开放式创新模式来突破组织边界，进而获取更丰富的外部知识并重塑自身的技术创造力，以应对现今复杂多变的国际经济形势。这也是中国经济向高质量发展阶段迈进的关键挑战和机会。

思考与练习题

1. 创新对服务企业的长期生存和成长有什么样的重要性？为什么？你是否认为这种重要性对所有服务行业是一样的？为什么一样或不一样？

2. 收集3家开展服务创新的企业资料，运用书中介绍的服务创新驱动力考察每家企业创新的动力。

3. 服务创新总是有益的么？为什么？讨论服务创新的边界。

4. 开放式服务创新如何实现价值共创？

即 测 即 练

自学自测　扫描此码

参考文献

[1] 巴特·范·路易,保罗·格默尔,洛兰德·范·迪耶多克. 服务管理[M]. 吴雅辉,王婧,李国建,译. 北京:中国市场出版社,2006.

[2] 陈伟,吴宗法,徐菊. 价值共毁研究的起源、现状与展望[J]. 外国经济与管理,2018,40(6):44-58.

[3] 戴维·埃德尔曼,马克·辛格. 设计顾客旅程[J]. 哈佛商业评论,2015(11):98-107.

[4] 丁宁主编. 服务管理[M]. 3版. 北京:清华大学出版社·北京交通大学出版社,2018.

[5] 范秀成,杜琰琰. 顾客参与是一把"双刃剑"——顾客参与影响价值创造的研究述评[J]. 管理评论,2012,24(12):64-71.

[6] 范秀成. 服务管理学[M]. 天津:南开大学出版社,2006.

[7] 克里斯廷·格罗鲁斯. 服务管理与营销:服务利润逻辑的管理(第4版)[M]. 韦福祥,姚亚男等,译. 北京:电子工业出版社,2019.

[8] 高良谋,马文甲. 开放式创新:内涵、框架与中国情境[J]. 管理世界,2014,24(6):157-169.

[9] 关新华,谢礼珊,皮平凡. 服务主导逻辑的内涵与理论渊源探究[J]. 服务科学和管理,2017,6(1):48-61.

[10] 关新华,谢礼珊. 价值共毁:内涵、研究议题与展望[J]. 南开管理评论,2019,22(6):88-98.

[11] 华成钢,白长虹,张辉. 共创还是共毁:移动信息技术对旅游体验价值的影响研究述评[J]. 外国经济与管理,2020,42(2):137-152.

[12] 简兆权,令狐克睿,李雷. 价值共创研究的演进与展望——从"顾客体验"到"服务生态系统"视角[J]. 外国经济与管理,2016,38(9):3-20.

[13] 简兆权,秦睿. 服务主导逻辑:核心概念与基本原理[J]. 研究与发展管理,2021,33(2):166-181.

[14] 李朝辉,卜庆娟,许倩倩,等. 价值总是被共同创造吗?——价值共同破坏研究综述与展望[J]. 财经论丛,2019(5):94-103.

[15] 李东红,陈昱蓉,周平录. 破解颠覆性技术创新的跨界网络治理路径——基于百度Apollo自动驾驶开放平台的案例研究[J]. 管理世界,2021,37(4):130-159.

[16] 李飞. 全渠道顾客旅程体验图——基于用户画像、顾客体验图和顾客旅程图的整合研究[J]. 技术经济,2019,38(5):46-56.

[17] 梁海山,魏江,万新明. 企业技术创新能力体系变迁及其绩效影响机制——海尔开放式创新新范式[J]. 管理评论,2018,30(7):281-291.

[18] 令狐克睿,简兆权,李雷. 服务生态系统:源起、核心观点和理论框架[J]. 研究与发展管理,2018,30(5):147-158.

[19] K. 道格拉斯·霍夫曼,约翰·E.G. 贝特森,范秀成. 服务营销精要:概念、战略和案例(中文改编版)[M]. 2版. 北京:北京大学出版社,2008.

[20] 理查德·诺曼. 服务管理:服务企业的战略和领导[M]. 3版. 北京:中国人民大学出版社,2006.

[21] 马克·戴维斯,贾内尔·海内克. 服务管理:利用技术创造价值[M]. 王成慧,郑红,译. 北京:人民邮电出版社,2006.

[22] 桑杰夫·波多洛伊,詹姆斯·A. 菲茨西蒙斯,莫娜·J. 菲茨西蒙斯. 服务管理:运作、战略与信息技术[M]. 张金成,范秀成,杨坤,译. 9版. 北京:机械工业出版社,2020.

[23] 瓦拉瑞尔A. 泽丝曼尔,玛丽·乔·比特纳,德韦恩D. 格兰姆勒. 张金成,白长虹服务营销[M]. 杜建刚,杨坤,译. 7版. 北京:机械工业出版社,2017.

[24] 瓦拉瑞尔A. 泽丝曼尔,玛丽·乔·比特纳,德韦恩D. 格兰姆勒. 服务营销[M]. 张金成,白

长虹等,译.6版.北京:机械工业出版社,2014.11.

[25] 约亨·沃茨,克里斯托弗·洛夫洛克.服务营销[M]. 韦福祥等,译. 8版. 北京:中国人民大学出版社,2018.

[26] 詹姆斯 A. 菲茨西蒙斯,莫娜 J. 菲茨西蒙斯,服务管理:运作、战略与信息技术[M]. 张金成,范秀成,杨坤,译.7版.北京:机械工业出版社,2013.

[27] 克里斯廷·格罗鲁斯.服务管理与营销:服务竞争中的顾客管理[M]. 韦福祥等,译. 3版. 北京:电子工业出版社,2008.

[28] 尼古拉斯·梅克勒,凯文·内尔,罗伯特·派克,粟志敏.从"接触点"到"顾客旅程"——如何从顾客的角度看世界[J]. 上海质量,2016(12):41-45.

[29] 沈鹏熠,占小军,范秀成.基于线上线下融合的混合服务质量——内涵、维度及其测量[J]. 商业经济与管理,2020(4):5-17.

[30] 汪纯孝,岑成德,谢礼珊,等.服务型企业整体质量管理[M]. 广州:中山大学出版社,2001.

[31] 王雎,曾涛. 开放式创新:基于价值创新的认知性框架[J]. 南开管理评论,2011,14(2):114-125.

[32] 望海军,汪涛. 顾客参与、感知控制与顾客满意度关系研究[J]. 管理科学,2007,20(3):48-54.

[33] 吴心钰,王强,苏中锋. 数智时代的服务创新研究:述评与展望[J]. 研究与发展管理,2021,33(1):53-64.

[34] 谢礼珊,汪纯孝.服务型企业员工心理受权与工作绩效实证研究[M]. 北京:旅游教育出版社,2004.

[35] 杨广,李美云,李江帆,苏春. 基于不同视角的服务创新研究述评[J]. 外国经济与管理,2009,31(7):9-15.

[36] 杨震宁,侯一凡,李德辉,吴晨. 中国企业"双循环"中开放式创新网络的平衡效应——基于数字赋能与组织柔性的考察[J]. 管理世界,2021,37(11):184-205.

[37] Aas T H. Open service innovation:The case of tourism firms in Scandinavia[J]. Journal of Entrepreneurship, Management and Innovation, 2016, 12(2):53-76.

[38] Akaka M A, Vargo S L. Extending the context of service:From encounters to ecosystems[J]. Journal of Services Marketing, 2015, 29(6/7):453-462.

[39] Allmendinger G, Lombreglia R. Four strategies for the age of smart services[J]. Harvard Business Review, 2015, 83(10):131-136.

[40] Ballantyne D, Varey R J. Creating value-in-use through marketing interaction:the exchange logic of relating, communicating and knowing[J]. Marketing Theory, 2006, 6(3):335-348.

[41] Bandura A. Social Foundations of Thought and Action:a Social Cognitive Theory[M]. Prentice-Hall, Inc, Englewood Cliffs, NJ, 1986.

[42] Barwitz N, Maas P. Understanding the Omnichannel Customer Journey:Determinants of Interaction Choice[J]. Journal of Interactive Marketing, 2018, 43:116-133.

[43] Baz A M. Method and device for active constrained layer damping for vibration and sound control[J]. The Journal of the Acoustical Society of America, 1997, 101(5):2424-2424.

[44] Bell D. The coming of post-industrial society:A venture in social forecasting[M]. New York:Basic Books, 1973.

[45] Biege S, Lay G and Buschak D. Mapping service processes in manufacturing companies:industrial service blueprinting[J]. International Journal of Operations & Production Management, 2012, 32(8):932-957.

[46] Bitner M J. Servicescapes:the impact of physical surroundings on customers and employees[J]. The Journal of Marketing, 1992, 56(April):57-71.

[47] Caldwell C, Hibbert S A. The influence of music tempo and musical preference on restaurant patrons'behavior[J]. Psychology and Marketing, 19, 2002, 11:895-917.

[48] Carbonell P, Rodriguez-Escudero A-I. Antecedents and consequences of using information from customers involved in new service development[J]. Journal of Business & Industrial Marketing, 2014, 29(2): 112-122.

[49] Chan W K, Yim C K, Lam S S K. Is customer participation in value creation a double-edged sword? Evidence from professional financial services across cultures[J]. Journal of Marketing, 2010, 74(May): 48-64.

[50] Chase R B. The customer contact approach to services: theoretical bases and practical extensions[J]. Operations Research, 1981, 29(1): 698-706.

[51] Chesbrough H W. Open Innovation: The New Imperative for Creating and Profiting from Technology[M]. Boston, MA: Harvard Business School Press, 2003.

[52] Court D, Elzinga D, Mulder S, et al. The consumer decision journey[J]. McKinsey Quarterly, 2009, 3(3): 96-107.

[53] David C. Brand in in the digital age[J]. Harvard business review, 2010, 88(12): 62-69.

[54] Davis F D. Perceived usefulness, perceived ease of use, and user acceptance of information technology[J]. MIS Quarterly: Management Information Systems, 1989, 13(3): 319-339.

[55] De Keyser A, Verleye K, Lemon K N, Keiningham T L, Klaus P. Moving the Customer Experience Field Forward: Introducing the Touchpoints, Context, Qualities (TCQ) Nomenclature[J]. Journal of Service Research, 2020, 23(4): 433-455.

[56] Casado Díaz, A.B. and Más Raiz, F.J. The consumer's reaction to delays in service[J]. International Journal of Service Industry Management, 2002, 13(2): 118-140.

[57] Dong B, Evans K R, Zou S. The effects of customer participation in co-created service recovery[J]. Journal of the Academy Marketing Science, 2008, 36: 123-137.

[58] Droege H, Hildebrand D, Forcada M A H. Innovation in services: Present findings, and future pathways[J]. Journal of Service Management, 2009, 20(2): 143-145.

[59] Etgar M. A descriptive model of the consumer co-production process[J]. Journal of the Academy of Marketing Science, 2008, 36(1): 97-108.

[60] Fishbein B, McGarry L S & Dillon P S. Leasing: A step toward producer responsibility[M]. New York, Inform, Duke University, Nicholas School of the Environment, Tufts University, The Gordon Institute, 2000.

[61] Fitzsimmons J A, Fitzsimmons M J. Service management, 3rd Edition[M]. McGraw-Hill, New York, 2001.

[62] Gallouj F and Weinstein O. Innovation in services[J]. Research Policy, 1997, 26(5): 537-556.

[63] Gianiodis P T, Ettlie J E, Urbina J J. Open service innovation in the global banking industry: Inside-out versus outside-in strategies[J]. Academy of Management Perspectives, 2014, 28(1): 76-91.

[64] Goldstein S M, Johnston R, Duffy J, Rao J. The service concept: the missing link in service design research?[J]. Journal of Operations Management, 2002, 20: 121-134.

[65] Grönroos C, Gummerus J. The service revolution and its marketing implications: Service logic vs service-dominant logic[J]. Managing Service Quality, 2014, 24(3): 206-229.

[66] Grönroos C, Ojasalo K. Service productivity: towards a conceptualization of the transformation of inputs into economic results in services[J]. Journal of Business Research, 2004, 57: 414-423.

[67] Grönroos C, Voima P. Critical service logic: making sense of value creation and co-creation[J]. Journal of the Academy of Marketing Science, 2013, 41(2): 133-150.

[68] Grönroos C. Service logic revisited: who creates value? And who co-creates?[J]. European Business Review, 2008, 20(4): 298-314.

[69] Grönroos C. Service marketing and management[M]. Lexingtion Books, Lexington, Mass, 1990.

[70] Guadix J, Cortés P, Onieva L, et al. Technology revenue management system for customer groups in hotels[J]. Journal of Business Research, 2010, 63(5): 519-527.

[71] Gustafsson A, Snyder H, and Witell L. Service innovation: A new conceptualization and path forward[J]. Journal of Service Research, 2020, 23(2): 111-115.

[72] Hameed W U, Nisar Q A, Wu H C. Relationships between external knowledge, internal innovation, firms' open innovation performance, service innovation and business performance in the Pakistani hotel industry[J]. International Journal of Hospitality Management, 2021, 92: 102745.

[73] Hamilton R, Ferraro R, Haws K L, Mukhopadhyay A. Traveling with Companions: The Social Customer Journey[J]. Journal of Marketing, 2021; 85(1): 68-92.

[74] Harris L C, Goode M M. Online servicescapes, trust, and purchase intentions[J]. Journal of Services Marketing, 2010, 24(3): 230-243.

[75] Harris L C, Reynolda K L. The consequences of dysfunctional customer behavior[J]. Journal of Service Research, 2003(2): 144-161.

[76] Henkens B, Verleye K, Larivière B. The smarter, the better?! Customer well-being, engagement, and perceptions in smart service systems[J]. International Journal of Research in Marketing, 2021, 38(2): 425-447.

[77] Herhausen D, et al. Loyalty Formation for Different Customer Journey Segments[J]. Journal of Retailing, 2019, 95(3): 9-29.

[78] Heskett J L, Sasser W E, Schlesinger L A. The service profit chain[M]. New York, The Free Press, 1997.

[79] Hollebeek L, Clark M, et al. Virtual reality through the customer journey: Framework and propositions[J]. Journal of Retailing and Consumer Services, 2020, 55: 102056.

[80] Hopkins C D, Grove S J, Raymond M A, Laforge M C. Designing the e-servicescape: implications for online retailers[J]. Journal of Internet Commerce, 2009, 8(1-2): 23-43.

[81] Hsieh A, Yen C. The Effect of Customer Participation on Service Providers' Job Stress[J]. The Service Industries Journal, 2005, 25(7): 891-905.

[82] Jackson S E, Schuler R S. A meta-analysis and conceptual critique of research on role ambiguity and role conflict in work settings[J]. Organizational Behavior and Human Decision Processes, 1985, 36(1): 29-37.

[83] Jain S K, Gupta C. Measuring service quality: SERVQUAL vs. SERVPERF scales[J]. The Journal for Decision Makers, 2004, 29(2): 25-37.

[84] Järvi H, Kähkönen A, Torvinen H. When value co-creation fails: Reasons that lead to value co-destruction[J]. Scandinavian Journal of Management, 2018, 34(1): 63-77.

[85] Jin D, Chai K-H, Tan K-C. New service development maturity model[J]. Managing Service Quality, 2014, 24(1): 86-116.

[86] Johnston R. Achieving focus in service organizations[J]. Service Industries Journal, 1996, 16(1): 10-20.

[87] Jones P, Peppiatt E. Managing perceptions of waiting times in service queues[J]. International Journal of Service Industry Management, 1996, 7(5): 47-61.

[88] Kabadayi S, Ali F, Choi H, Joosten H, Lu C. Smart service experience in hospitality and tourism services: A conceptualization and future research agenda[J]. Journal of Service Management, 2019, 30(3): 326-348.

[89] Kellogg D L, Youngdahl W E, Bowen D E. On the relationship between customer participation and satisfaction: Two frameworks[J]. International Journal of Service Industry Management, 1997,

8(3): 206-215.

[90] Keltner B, Finegold D. Market segmentation strategies and service sector productivity[J]. California Management Review, 1999, 41 (4): 84-103.

[91] Klaus, Stan Maklan. EXQ: A Multiple-Item Scale for Assessing Service Experience[J]. Journal of Service Management, 2012, 23(1): 5-33.

[92] Klaus, Stan Maklan. Towards a Better Measure of Customer Experience[J]. International Journal of Market Research, 2013, 55(2): 227-246.

[93] Kranzbühler A, Kleijnen M H P & Verlegh P W J. Outsourcing the pain, keeping the pleasure: effects of outsourced touchpoints in the customer journey[J]. Journal of the Academy of Marketing Science, 2019, 47(2): 308-327.

[94] Kuehnl C, Jozic D, Homburg C. Effective customer journey design: Consumers' conception, measurement, and consequences[J]. Journal of the Academy of Marketing Science, 2019, 47(3): 551-568.

[95] Larivière B, Bowen D, Andreassen T W, Kunz W, Sirianni N J, Voss C, Wünderlich N V, De Keyser A. "Service Encounter 2.0": An investigation into the roles of technology, employees and customers[J]. Journal of Business Research, 2017, 79: 238-246.

[96] Lashley C, McGoldrick J. The limits of empowerment: A critical assessment of human resources strategy for hospitality operations[J]. Empowerment in Organizations, 1994, 2(3): 31.

[97] Lashley C. Employee empowerment in services: A framework for analysis[J]. Personnel Review, 1999, 28(3): 169-191.

[98] Lefebvre I, Plé L. Emergence of value co-destruction in B2B context[C]. In Gummesson E, Mele C, Polese F (Eds.). Service dominant logic, network & systems theory and service science: Integrating three perspectives for a new service agenda. Napoli: Giannini, 2012.

[99] Lemon K N, Verhoef P C, Understanding Customer Experience Throughout the Customer Journey[J]. Journal of Marketing, 2016, 80(6): 69-96.

[100] Lengnick-hall C A. Customer contributions to quality: a different view of the customer-oriented firm[J]. Academy of Management Review, 1996, 21(3): 791-824.

[101] Lindenmeier J, Tscheulin D K. The effect of inventory control and denied boarding on customer satisfaction: The case of capacity-based airline revenue management[J]. Tourism Management, 2008, 29(1): 32-43.

[102] Llosa S, Chandon J, Orsingher C. An empirical study of SERVQUAL's dimensionality[J]. The Service Industries Journal, 1998, 18(2): 19-35.

[103] Loiacono E T, Watson R T, Goodhue D L. WEBQUAL: A measure of website quality[J]. Educators' Conference Proceedings, 2002, 13: 432-432.

[104] Lusch R F, Vargo S L, Tanniru M. Service, value networks and learning[J]. Journal of the Academy of Marketing Science, 2010, 38(1): 19-31.

[105] Maister D A. The psychology of waiting lines, in the service encounter, Czepiel J A, Solomon M R, Surprenant C F (eds) [M]. Lexington, MA: Lexington Books, 1985.

[106] Marinova D, de Ruyter K, Huang M.-H., Meuter M L, Challagalla G. Getting Smart: Learning From Technology-Empowered Frontline Interactions[J]. Journal of Service Research, 2017, 20(1): 29-42.

[107] McColl-Kennedy J R, Zaki M, Lemon K N, et al. Gaining customer experience insights that matter[J]. Journal of service research, 2019, 22(1): 8-26.

[108] Mehrabian A, Russell J A. An approach to environmental psychology[M]. Cambridge, MA: Massachusetts Institute of Technology, 1974.

[109] Myhren P, Witell L, Gustafsson A, Gebauer H. Incremental and radical open service innovation[J].

Journal of Services Marketing, 2018, 32(2): 101-112.

[110] Neely A D. Exploring the financial consequences of the servitization of manufacturing[J]. Operations Management Research, 2009, 1(2): 103-118.

[111] Ojasalo K. Conceptualizing productivity in service[M]. Helsinki, Hanken Swedish School of Economics, Finland/CERS, 1999.

[112] Ojasalo K. Customer influence on service productivity[J]. SAM Advanced Managent Journal, 2003, 68(3): 14-19.

[113] Oliva R and Kallenberg R. Managing the transition from products to services[J]. International Journal of Service Industry Management, 2003, 14(2): 160-172.

[114] Ordanini A, Parasuraman A. Service innovation viewed through a service- dominant logic lens: A conceptual framework and empirical analysis[J]. Journal of Service Research, 2011, 14(1): 3-23.

[115] Örtquvist D, Wincent J. Prominent consequences of role stress: A meta-analytic review[J]. International Journal of Stress Management, 2006, 13(4): 399-422.

[116] Ostrom A L, Bitner M J, Brown S W, Burkhard K A, Goul M, Daniels V S, Demirkan H, Rabinovich E. Moving forward and making a difference: Research priorities for the science of service[J]. Journal of Service Research, 2010, 13(1): 4-36.

[117] Parasuraman A, Zeithaml V A, Berry L L. A conceptual model of service quality and its implication for future research[J]. Journal of Marketing, 1985, 49: 41-50.

[118] Parasuraman A, Zeithaml V, Berry L L. SERVQUAL: A mutiple-item scale for measuring consumer perceptions of service quality[J]. Journal of Retailing, 1988, 64: 12-40.

[119] Parasuraman A. Technology Readiness Index (Tri)[J]. Journal of Service Research, 2000, 2(4): 307-320.

[120] Parasuramann A. Service quality and productivity: a synergistic perspective[J]. Managing Service Quality, 2002, 12(1): 6-9.

[121] Patrício L, Fisk R P, Cunha J F, Constantine L. Multilevel service design: From customer value constellation to service experience blueprinting[J]. Journal of Service Research, 2011, 14(2): 180-200.

[122] Patricio L, Gustafsson A, Fisk R. Upframing service design and innovation for research impact[J]. Journal of Service Research, 2018, 21(1): 3-16.

[123] Payne A F, Storbacka K, Frow P. Managing the co-creation of value[J]. Journal of the Academy of Marketing Science, 2008, 36(1): 83-96.

[124] Plé L, Chumpitaz Cáceres R. Not always co-creation: introducing interactional co-destruction of value in service-dominant logic[J]. Journal of Services Marketing, 2010, 24(6): 430-437.

[125] Plé L. Studying customers' resource integration by service employees in interactional value co-creation[J]. Journal of Services Marketing, 2016, 30(2): 152-164.

[126] Plé L. Why do we need research on value co-destruction?[J]. Journal of Creating Value, 2017, 3(2): 162-169.

[127] Prahalad C K, Ramaswamy V. Co-creation experiences: The next practice in value creation[J]. Journal of interactive marketing, 2004, 18(3): 5-14.

[128] Prahalad C K, Ramaswamy V. The new frontier of experience innovation[J]. MIT Sloan Management Review, 2003, 44(4): 12-18.

[129] Prior D D, Marcos-Cuevas J. Value co-destruction in interfirm relationships[J]. Marketing Theory, 2016, 16(4): 533-552.

[130] Puccinelli, Nancy M, et al. Customer Experience Management in Retailing: Understanding the Buying Process[J]. Journal of Retailing, 2009, 85(1): 15-30.

[131] Quinn J B, Baily M. Information technology: increasing productivity in services[J]. Academy of Management Executive, 1994, 8 (3): 28-47.

[132] Quinn J B, Baruch J J, Paquette P C. Technology in services[J]. Scientific American, 1987, 257(6): 50-58.

[133] Randhawa K, Wilden R, Gudergan S. Open service innovation: The role of intermediary capabilities[J]. Journal of Product Innovation Management, 2018, 35(5): 808-838.

[134] Riegger A S, Klein J F, Merfeld K, Henkel S. Technology-enabled personalization in retail stores: Understanding drivers and barriers[J]. Journal of Business Research, 2021, 123: 140-155.

[135] Rosenbaum M S, Massiah C. An expanded servicescape perspective[J]. Journal of Service Management, 2011, 22(4): 471-490.

[136] Roy S K, Balaji M S, Quazi A, Quaddus M. Predictors of customer acceptance of and resistance to smart technologies in the retail sector[J]. Journal of Retailing and Consumer Services, 2018, 42: 147-160.

[137] Santos J B, Spring M. New service development: managing the dynamic between services and operations resources[J]. International Journal of Operations & Production Management, 2013, 33(7): 800-827.

[138] Schau H J, Akaka M A. From customer journeys to consumption journeys: A consumer culture approach to investigating value creation in practice-embedded consumption[J]. Academy of Marketing Science Review, 2021, 11(3): 9-22.

[139] Schmitt B. Customer experience management: A revolutionary approach to connecting with your customers[M]. Hoboken: Wiley, 2003.

[140] Schumpeter J A. The theory of economic development[M]. Cambridge, MA: Harvard University Press, 1934.

[141] Semeijn J, van Riel A C R, van Birgelen M J H, et al. E-services and offline fulfilment: How e-loyalty is created[J]. Managing Service Quality, 2005, 15(2): 182-194.

[142] Sheu C, McHaney R, Babbar S. Service process design flexibility and customer waiting time[J]. International Journal of Operations & Production Management, 2003, 23(8): 901-907.

[143] Shostack G L. How to Design a Service[J]. European Journal of Marketing, 1982, 16(1): 49-63.

[144] Siebert A, Gopaldas A, et al. Customer experience journeys: Loyalty loops versus involvement spirals[J]. Journal of Marketing, 2020, 84(4): 45-66.

[145] Singn J. Boundary role ambiguity: Facets, determinants, and impacts[J]. Journal of Marketing, 1993, 57(2): 14.

[146] Smith A M. The value co-destruction process: a customer resource perspective[J]. European Journal of Marketing, 2013, 47(11/12): 1889-1909.

[147] Stamper C L, Johlke M C. The impact of perceived organizational support on the relationship between boundary spanner role stress and work outcomes[J]. Journal of Management, 2003, 29(4): 571-581.

[148] Szalavetz A. Tertiarization of manufacturing industry in the new economy: experiences in Hungarian companies[R]. Hungarian Academy of Sciences Working Papers, 2003.

[149] Trischler J, Pervan S J, Kelly S, Scott D. The value of codesign - the effect of customer involvement in service design teams[J]. Journal of Service Research, 2018, 21(1): 75-100.

[150] Troye S V, Supphellen M. Consumer participation in coproduction: "I made it myself" effects on consumers' sensory perceptions and evaluations of outcome and input product[J]. Journal of Marketing, 2012, 76(2): 33-46.

[151] Vafeas M, Hughes T, Hilton T. Antecedents to value diminution: a dyadic perspective[J]. Marketing

Theory, 2016, 16(4): 469-491.

[152] Vakulenko Y, Shams P, et al. Service innovation in e-commerce last mile delivery: Mapping the e-customer journey[J]. Journal of Business Research, 2019, 101: 461-468.

[153] Van Biema M, Greenwald B. Managing our way to higher service-sector productivity[J]. Harvard Business Review, 1997(July-August): 87-97.

[154] Vandermerwe S, Rada J. Servitization of business: adding value by adding services[J]. European Management Journal, 1988, 6(4): 314-324.

[155] Vargo S L, Lusch R F. Evolving to a new dominant logic for marketing[J]. Journal of Marketing, 2004, 68(1): 1-17.

[156] Vargo S L, Lusch R F. Evolving to a new dominant logic for marketing[J]. Journal of Marketing, 2004, 68(1): 1-17.

[157] Vargo S L, Lusch R F. Institutions and axioms: An extension and update of service-dominant logic[J]. Journal of the Academy of Marketing Science, 2016, 44(1): 5-23.

[158] Vargo S L, Lusch R F. It's all B2B…and beyond: Toward a systems perspective of the market[J]. Industrial Marketing Management, 2011, 40: 181-187.

[159] Vargo S L, Lusch R F. Service-dominant logic: continuing the evolution[J]. Journal of the Academy of Marketing Science, 2008, 36(1): 1-10.

[160] Vargo S L, Maglio P P, Melissa Archpru Akaka. On value and value co-creation: A service systems and service logic perspective[J]. European Management Journal, 2008, 26(3): 145-152.

[161] Verleye K. The co-creation experience from the customer perspective: Its measurement and determinants[J]. Journal of Service Management, 2015, 26(2): 321-342.

[162] Wetzels M, Ruyter K D, Lemmink J. Role stress in after-sales service management[J]. Journal of Service Research, 1999, 2(1): 62.

[163] White A L, Stoughton M, Feng L. Servicizing: The quiet transition to extended product responsibility[R]. Submitted to: U.S. Environmental Protection Agency Office of Solid Waste. Boston: Tellus Institute, 1999.

[164] Yi Y, Nataraajan R, Gong T. Customer participation and citizenship behavioral influences on employee performance, satisfaction, commitment, and turnover intention[J]. Journal of Business Research, 2011, 64(1): 87-95.

[165] Yoo B, Donthu N. Developing and validating a multidimensional consumer-based brand equity scale[J]. Journal of Business Research, 2001, 52(1): 1-14.

[166] Youngdahl W E, Kellogg D L, Nie W, et al. Revisiting customer participation in service encounters: does culture matter[J]. Journal of Operations Management, 2003, 21: 109-120.

[167] Zeithaml V A, Bitner M J, Gremler D D. Service Marketing, 4th Edition[M]. New York: McGraw-Hill, 2006.

[168] Zeithaml V A, Parasuraman A, Malhotra A. Service quality delivery through web sites: A critical review of extant knowledge[J]. Journal of the Academy of Marketing Seienee, 2002, 30(4): 362-375.

教师服务

感谢您选用清华大学出版社的教材！为了更好地服务教学，我们为授课教师提供本书的教学辅助资源，以及本学科重点教材信息。请您扫码获取。

》教辅获取

本书教辅资源，授课教师扫码获取

》样书赠送

企业管理类重点教材，教师扫码获取样书

 清华大学出版社

E-mail: tupfuwu@163.com
电话：010-83470332 / 83470142
地址：北京市海淀区双清路学研大厦 B 座 509

网址：http://www.tup.com.cn/
传真：8610-83470107
邮编：100084